U0000055

貓頭鷹書房

有些書套著嚴肅的學術外衣，但內容平易近人，非常好讀；有些書討論近乎冷僻的主題，其實意蘊深遠，充滿閱讀的樂趣；還有些書大家時時掛在嘴邊，但我們卻從未看過……

如果沒有人推薦、提醒、出版，這些散發著智慧光芒的傑作，就會在我們的生命中錯失——因此我們有了**貓頭鷹書房**，作為這些書安身立命的家，也作為我們智性活動的主題樂園。

貓頭鷹書房——智者在此垂釣

貓頭鷹書房 448

阿拉伯人五百年史（上）

The Arabs: A History

尤金・羅根◎著

黃煜文◎譯

貓頭鷹

貓頭鷹書房 448

阿拉伯人五百年史(上)

作　　者　尤金・羅根
譯　　者　黃煜文
選書責編　張瑞芳
校　　對　魏秋綢
版面構成　張靜怡
封面設計　徐睿紳

行銷業務　鄭詠文、陳昱甄
總 編 輯　謝宜英
出 版 者　貓頭鷹出版

發 行 人　凃玉雲
發　　行　英屬蓋曼群島商家庭傳媒股份有限公司城邦分公司
　　　　　104 台北市中山區民生東路二段 141 號 11 樓
　　　　　畫撥帳號:19863813;戶名:書虫股份有限公司
城邦讀書花園:www.cite.com.tw　購書服務信箱:service@readingclub.com.tw
購書服務專線:02-2500-7718~9(周一至周五上午 09:30-12:00;下午 13:30-17:00)
24 小時傳真專線:02-2500-1990;25001991
香港發行所　城邦(香港)出版集團/電話:852-2508-6231/傳真:852-2578-9337
馬新發行所　城邦(馬新)出版集團/電話:603-9057-8822/傳真:603-9057-6622
印 製 廠　中原造像股份有限公司
初　　版　2019 年 5 月
定　　價　新台幣 1200 元/港幣 400 元(上下冊不分售)
I S B N　978-986-262-380-0

讀者意見信箱　owl@cph.com.tw
投稿信箱　owl.book@gmail.com
貓頭鷹知識網　www.owls.tw
貓頭鷹臉書　facebook.com/owlpublishing

【大量採購,請洽專線】(02) 2500-1919

城邦讀書花園
www.cite.com.tw

國家圖書館出版品預行編目資料

阿拉伯人五百年史 / 尤金・羅根 (Eugene Rogan) 著 ; 黃煜文譯 . -- 初版 . -- 臺北市 : 貓頭鷹出版 : 家庭傳媒城邦分公司發行 , 2019.05
面 ;　公分 . -- (貓頭鷹書房 ; 448-449)
譯自 : The Arabs: a history
ISBN 978-986-262-380-0 (全套 : 平裝)

1. 歷史 2. 阿拉伯

735.9　108004953

各界推薦

尤金·羅根講述的阿拉伯現代史著重在推動其發展的關鍵要素，如西方的宰制、民族國家的建立、專制政權的出現、政治伊斯蘭主義的挑戰以及對自由主義的渴望等。不依循從文化刻板印象或暴力此種常見的分析視角，羅根認為阿拉伯世界的發展實源於在民族主義、資本主義與全球化時代下，阿拉伯世界內部多重力量彼此競相建構社群感的結果。羅根詳細檢視這段歷史下的個人經驗，不僅為這段歷史增添人的向度，也清楚呈現個人生命選擇中最重要的一面。這部引人入勝的作品能讓我們清楚了解今日阿拉伯世界的重要性。

——梁元禎，中研院史語所副研究員

精心構築的歷史之旅……如果你想了解現代阿拉伯人的面貌以及他們與西方世界的關係，這本書是最佳選擇。

——基什薇爾·福克納，《遠見》

面對這個複雜而充滿爭議的地區，本書樹立了學術的里程碑。西方學者研究中東的作品汗牛充棟，但絕大多數是從外在的角度觀察。羅根使用大量阿拉伯史料，從阿拉伯人自己的角度講述阿拉伯人的歷史。這是個迷人的故事，而且有幸得到最優秀的史家尤金．羅根來撰寫它。

——艾維．施萊姆，《鐵牆：以色列與阿拉伯世界》作者

尤金．羅根要講述的這段歷史是血腥、多樣而吸引人的，而且讓我們感到羞愧的是，這段歷史經常受到忽略……想了解伊斯蘭世界為何與西方充滿嫌隙，這是一本必讀的指南。

——麥可．派伊，《蘇格蘭人報》

如此面面俱到的作品相當少見……這是每個人都必須閱讀的作品，對於阿拉伯世界近來的歷史提供清楚、生動而可靠的概觀。

——史蒂芬．豪，《新人文主義》

終於看到一名認真學者完成的重要新作，書中對於未來舉足輕重的地區做了完整的背景介紹。羅根講述一段權力快速變遷的歷史，而我們很難不被書中洋溢的熱情感動……羅根完成了深刻的歷史作品。他為這個世代做出偉大的貢獻。

——馬克．艾倫，《字板》

■導讀

阿拉伯悲歌

林長寬／成功大學歷史學系

「阿拉伯人歷史」究竟是「誰」的歷史？「阿拉伯人」又如何自稱呢？西方現代學者著作中常可見到Arab[1]的用詞，如：*The **Arabs** in the History*[2]、*History of **Arabs**, from the Earliest Times to the Present*[3]，甚至 *A Literally History of the **Arabs***[4]。學理上，「阿拉伯人」並非民族或種族的稱謂，今日的「阿拉伯人」一詞是被創造指稱「民族」。阿拉伯人通常以「部族人」自稱，從古至今皆然。實質上，所謂的「現代阿拉伯歷史」實為中東現代史之核心；而這與近現代歐斯曼帝國[5]與歐洲帝國主義殖民的歷史有關，因為現代阿拉伯民族主義國家建立之前，阿拉伯人及其土地受歐斯曼帝國統治，後因歐洲殖民勢力的進入，方造成現代阿拉伯國家的建立。

本書作者尤金．羅根為現代中東史專家，師承牛津中東史學大師 Albert Hourani（一九一五～一九九三），其重要著作 *A History of the Arab Peoples*[6]為一部阿拉伯人通史，羅根的書可謂修補了其老師經典作的當代歷史。他們的著作皆具學術權威。羅根的著作引用大量被過去學者所忽略的原始資料，如當事人的見證與寫作，而當事人則包含了不同的聲音如政治人物、知識分子、學生、男人與女人、詩人以及小說家，具名或不具名皆有。這本書不但提供相當豐富的資訊，對人物的刻劃相當深入簡出，其敘述有助讀者理解至今仍動盪不安的中東阿拉伯人歷史，特別是十九世紀以降的發展。

此書的內容從西元十六世紀歐斯曼人（Osmanlıs）征服「阿拉伯人土地」談起，接著轉入歐洲帝國主義勢力在阿拉伯人土地上的競爭，說明冷戰時期阿拉伯人的地位與扮演的角色，一直到當代美國如何延續歐洲帝國主義集團對中東阿拉伯國家的操控運作，整本書的內容提供了五個世紀豐富的歷史。任何人若想理解為何今日伊斯蘭世界之所以對抗西方當可從羅根的書找到答案。

書中主角「阿拉伯人」其存在空間實包含了阿拉伯半島、兩河流域、大敘利亞地區（Bilad al-Sham, Levant地中海東岸）、埃及、北非與尼羅河上游的蘇丹；而其探索的內容則包括現代史各層面，特別是阿拉伯人的政治、文化認同，從「歐斯曼主義」（Osmanlılık）到阿拉伯主義（Arabism）與伊斯蘭主義（Islamism），議題更觸及國家獨立與外力介入的衝突、阿拉伯－以色列衝突與和平問題、埃及納瑟爾（Nasser）總統提倡的「納瑟爾主義」（Nasserism）[7]，以及所衍生的政治、經濟衝突，最後更談論伊斯蘭價值與世俗化主義的衝突。這本現代阿拉伯人歷史全書有三分之二內容在敘述二十世紀阿拉伯人的活動，甚至觸及賓－拉登（Bin Laden）的國際暴力活動，對阿拉伯國家政治發展花相當篇幅討論。雖然羅根描述阿拉伯世界事件，他也不忘將國際情勢帶入討論中，這充分表明整個中東阿拉伯世界的發展與國際形勢息息相關。

雖然羅根在他之前的著作《鄂圖曼帝國的殞落：第一次世界大戰在中東》（*The Fall of the Ottomans: the Great War in the Middle East*, 1914-1920），談到了歐斯曼帝國末期的阿拉伯世界，但是篇幅不多，因此這本阿拉伯人史可謂延續了上述書的內容，但也回溯歐斯曼帝國末期阿拉伯省分對抗伊斯坦堡中央政權的歷史，這與歐洲帝國殖民勢力在中東的運作有密切關係。歐斯曼帝國所統治的阿拉伯地區自從十九世紀末期即被英國、法國等殖民勢力所控制。被稱為「近東病夫」（與清帝國的「東亞病夫」相對應）的歐斯曼帝國因而對其管轄境內的阿拉伯人無法有效控制管理，再加上歐洲的民族主義意識逐漸流入阿拉伯人社會與帝國殖民勢力的刻意操作，現代阿拉伯國族主義國家方得進入醞釀期；而在歐斯曼帝國瓦解將近半個世紀後，阿拉伯人的現代國家才得建立。

阿拉伯人在七世紀建立伊斯蘭政權，延續到十三世紀中葉方被蒙古人入侵所滅。之後突厥人[8]一直是伊斯蘭世界（中東地區）伊斯蘭政權的主導者，在政治活動上阿拉伯人扮演被動角色，這也顯示十三世紀後葉以降，阿拉伯人的歷史是相當模糊的；但有些學者或作者卻以「阿拉伯人」代表其他穆斯林族群如波斯人、突厥人為歷史活動的主角，因而誤導了中東歷史的論述。事實上，歐斯曼帝國統治下的阿拉伯人多以「部族」群體存在，深受「歐斯曼化」（Osmanlization）影響，而阿拉伯人也承認歐斯曼蘇丹為法理上的伊斯蘭領導者（Khalifah），這種觀念一直到十九世紀末受到歐洲思潮刺激後才有「阿拉伯伊斯蘭」的正統性觀念產生，即所謂的「Nahdah」（復興）。

現代阿拉伯人的 Nahdah 意謂阿拉伯人將從過去的「被統治」轉向「自己作主」的方向發展，恢復過去「阿拉伯伊斯蘭」光榮，這是羅根書中論述的重要議題。阿拉伯人建立伊斯蘭後轉而發展出跨洲大帝國，但由於波斯人與突厥人在伊斯蘭帝國的崛起，導致阿拉伯人在政治舞台失掉主導權。而 Nahdah 雖然試圖恢復「過去的榮耀」，但非一統的帝國榮耀，其主因是歐洲帝國主義者「分而治之」的操作。因此二次大戰後，許多阿拉伯國家的建立事實上仍帶有「部族性」的政治實體，這也是今日中東阿拉伯國家動盪，無法團結統一重建「伊斯蘭帝國」之實因。「伊斯蘭」統一了阿拉伯部族，「伊斯蘭」是政治運作的依據，但現代阿拉伯人已無法再以伊斯蘭作為團結之向背。無疑地，這是受到西方思潮的衝擊，也可謂歐洲勢力（現在的美國、俄羅斯、中國更是）成功地分裂了阿拉伯人的團結，此論調隱藏在羅根的論述中。

誠如羅根所言，他的寫作提供西方國家政策制定者、知識分子去注意阿拉伯人自己的經驗與歷史的理解。現代阿拉伯人歷史可謂在當代世界超強勢力設定規則下的折衝談判過程，他們是西方帝國殖民勢力的玩偶。阿拉伯人受治於歐斯曼人，更被西方人宰制，至今仍脫離不了。這也使得羅根主張穆斯林恐怖活動的存在，西方超強國家無法推卸責任。西方霸權先前所訂的遊戲規則若不調整，阿拉伯人的暴力活動將持續。

本書總共十五章，前四章敘述歐斯曼帝國的占領大敘利亞地區、伊拉克、埃及、北非，以及阿拉伯半島西部地區的 Hijaz（漢志）。從十六世紀起，歐斯曼人即不斷南下擴張勢力。十八世紀末拿破崙入侵埃及，開啟了阿拉伯人對抗歐斯曼帝國的契機。當時埃及總督穆罕默德．阿里（Muhammad Ali，一七六九～一八四九）心向歐洲文明，帶領阿拉伯人脫離伊斯坦堡蘇丹的直接管理，這也將阿拉伯人帶入「現代化時期」。現代化的結果導致阿拉伯人在經濟發展上必須仰賴歐洲的「銀行家」，埋下經濟殖民的種子。第五章處理了法國在北非的殖民歷史，這是繼英國入侵埃及後（一八八二），法國與英國在海外的競爭對抗。歐洲的律法取代了之前的歐斯曼帝國的伊斯蘭法，並刺激了阿拉伯民族主義的出現。第六章的內容主要處理一次大戰後歐斯曼帝國的瓦解，阿拉伯人土地受到英法兩國的託管，並瓜分之，這創造了疆界筆直的現代中東阿拉伯諸國。

第七、八章則處理兩次大戰之間英法帝國主義殖民下阿拉伯人土地的歷史發展，其中特別提到對殖民者的抗爭。第九章主要論述巴勒斯坦的問題，其中更說明猶太人建國的祕辛；而因為英國的處理不當，導致衝突至今仍不斷。此歷史陳述反應出阿拉伯國家之建立乃各懷鬼胎的算計結果，為私自利益而犧牲巴勒斯坦阿拉伯人的權利。這段歷史是現代阿拉伯人的悲歌序曲。接著的十、十一章細述「阿拉伯主義」的興起與瓦解。阿拉伯主義首先由埃及總統阿卜杜－納瑟爾（Jamal 'Abd al-Nassir，一九一八～一九七〇）提出，試圖整合各新興阿拉伯國家對抗猶太人國家－以色列；但只有少數二、三個國家回應。由於英、法的退出，使得蘇聯與美國乘機而入，將之作為冷戰的場域。而阿拉伯國家也因為受到冷戰影響，造成內部政治分裂，動盪不斷；而且是意識形態如西方資本主義與東方社會主義在這個地區的對抗。

論及現代阿拉伯人歷史時，必然處理「石油」議題，而OPEC組織更不容忽視。第十二章處理了OPEC的形成，以及一九七三年石油禁運美國的事件導致以色列得到美國更大的支持。此時埃及與以色列的建交更讓美國進一步控制中東阿拉伯國家，也使得俄羅斯的影響力相對地降低。而一九七〇年代也見證了伊朗伊斯蘭革命成功後，伊斯蘭主義分子團體對獨裁政府的挑戰。這也意謂阿拉伯新世代逐漸拋棄阿拉伯民族主義與共產社會主義。接著在第十三章，伊斯蘭主義運動詳盡地被討論，亦即羅根所稱的「伊斯蘭力量」（power of Islam）在阿拉伯社會的成長擴散。阿拉伯人在這時期重新思考「伊斯蘭價值」對其國家民族的重要性，認為唯有伊斯蘭主義方能對抗西方的帝國主義與世俗化主義，解決其所帶來的問題。

羅根在第十四章談論冷戰之後的歷史演變。蘇聯的瓦解相對改變了中東阿拉伯國家的政治結構，一些獨裁政權不再仰賴蘇聯的政治與軍事援助。一九九〇年的伊拉克入侵科威特，給美國一個很大的機會在中東展現軍力。羅根的書初版完成時，中國崛起尚不被認真思考，那時紅色力量只間接地支援阿拉伯國家的獨裁政權。現在隨著一帶一路的操作，中國正式取代俄羅斯成為美國在中東競爭的對手，這是他始料未及的。最後，羅根談到九一一之後美國在阿拉伯國家大力運作「反恐戰爭」活動。一系列的活動使得阿拉伯國家中的伊斯蘭激進主義分子更強化 Jihad（抗戰）以對抗美國及其中東「盟友」。羅根特別提到美國前總統歐巴馬二〇〇九年在開羅的演講，主張阿拉伯人的生活與國家發展自決應被尊重，這給阿拉伯人帶來莫大的鼓舞，他們將不再受到西方超強勢力直接或間接在文化、經濟或政治的干預與壓迫。然而事與願違，川普上台後扭轉了歐巴馬的政策，更進一步利用以色列去控制阿拉伯國家，且對伊斯蘭激進團體極盡能力打擊。

整體而言，羅根的這本阿拉伯人現代史提供了客觀的歷史事實，更隱約批判了西方勢力，特別是美國對中東的政策與種種不當活動。他中立地指出阿拉伯國家中激進分子的恐怖活動之所以猖獗，最該負責任的是美國。雖然他為阿拉伯人辯解，卻也不忘批判阿拉伯人自己分裂所造成的問題。這是一本現代阿拉伯人通史，文筆流暢，適合沒有歷史背景的入門讀者，但對專業的阿拉伯歷史研究者可能得失望了。總之，這是一本易讀的大學教科書，陳述了現代阿拉伯人悲歌；而且與之前的《鄂圖曼帝國的殞落：第一次世界大戰在中東》整理出一部完整的「現代中東史」。

注釋

1. Arab 一詞出現在歷史上相當早，其起源相當模糊，至今尚無定論，一般泛指沙漠中的貝都因人（Bedouin）。詳細討論參閱：G. Marçais, "al-'Arab" in *Encyclopaedia of Islam*, New edition, vol.1, Leiden: E. J. Brill, 1986, pp. 524-533.
2. 此書為著名猶太裔英國學者 Bernard Lewis（一九一六～二〇一八）的早期著作，屬於簡明版通史。此書雖然在西方中東史學界被肯定，但一些觀點被視為「反阿拉伯人」，主因是 Lewis 是「錫安主義」（Zionism）支持者。此書早被翻譯成多種語言流通。中文版參見：蔡百銓譯，《阿拉伯人的歷史》，台北市：聯經出版社，一九九三。
3. 黎巴嫩裔美國學者 Philip K. Hitti（一八八六～一九七八）的 *History of the Arabs* 屬於早期的經典作，此書的出版奠定了西方的「阿拉伯史」研究，早在一九三九年就出了第二版，後來持續出到第十版，歷久不衰。此書亦有阿拉伯文版，中文版則是中國穆斯林學者馬堅從阿拉伯文版所翻譯的《阿拉伯通史》，第十版，北京：新世界出版社，二〇〇八。
4. Reynold A. Nicholson（一八六八～一九四五）的 *A Literature History of the Arabs*（一九一九年出版）是歐洲東方學末期的經典作，不僅探討古典「阿拉伯人的文學」，更是談論「阿拉伯人的文化」。此書重點在論述七至十三世紀之間的歷史發展；而在蒙古人入侵中東之後，「阿拉伯文學」逐漸被其他伊斯蘭的語種（如波斯文）文學所取代，一直到十九世紀末的阿拉伯「文藝復興」（al-Nahḍah）才有現代阿拉伯文學的出現。
5. 考量到讀者的熟悉度，本書正文翻譯成鄂圖曼帝國。
6. 黎巴嫩裔英國學者 Albert Hourani 其 *A History of the Arab Peoples* 一書的寫作兼顧了西方與伊斯蘭史學理論，而且由於他是社會史專家，此書更詳論社會、經濟方面的發展，可謂超越了 Hitti 與 Lewis 的著作。此書也有阿拉伯文翻譯版。
7. Nasserism 主要談的是 Pan-Arabism（泛阿拉伯主義）提倡阿拉伯國家的團結，以及 Arab Socialism（阿拉伯社會主義）。
8. 考量到讀者的熟悉度，本書正文翻譯成土耳其人，是歐洲拉丁化後的音譯。

■台灣版序

如果想了解中東，必須知道中東的歷史

「如今身為阿拉伯人並不是件愉快的事，」這是黎巴嫩記者卡西爾在二〇〇五年遇刺身亡前做的簡短回顧，他又說，「有些人覺得自己遭到迫害，有些人則是仇視自己；強烈的焦慮使整個阿拉伯世界暗潮洶湧。」

卡西爾寫作的時間是在二〇〇一年九月十一日美國遭受恐怖攻擊，以及二〇〇三年美國率領聯軍推翻海珊政權之後。卡西爾的祖國黎巴嫩被敘利亞占領，黎巴嫩政府也在獨裁者巴沙爾．阿薩德的控制之下。阿拉伯知識分子只能辯論兩種邪惡之中何者為輕——阿拉伯獨裁政權還是外國入侵。在歷史上，他們從未感到如此無力。

我開始撰寫本書是在二〇〇五年，正值卡西爾所說的「阿拉伯沉痾」的巔峰期。我認為西方正走向與阿拉伯及伊斯蘭世界衝突的道路上，學者有義務接觸一般大眾，協助他們理解二十一世紀阿拉伯政治複雜的現實基礎。我當時認為，現在也依然深信，如果你想了解震撼今日阿拉伯世界的諸多危機，你必須知道一些歷史。我相信，西方讀者若能從阿拉伯人的觀點了解歷史，將能更深入了解中東。

當然，東亞的視角大不相同。東亞從未試圖宰制中東，也從未是阿拉伯政治暴力的特定目標。對台灣、香港、新加坡、中國、日本與兩韓來說，中東地區帶有的是經濟意義，而非政治或地緣戰略意義。亞洲國家從中東獲取能源，阿拉伯世界則是亞洲重要的出口市場。

經濟利益的重要性不下於政治利益。因此，東亞對於中東穩定的重視程度也不下於西方世界。當中東地區不安造成油價飆漲時，東方生活水準直接受到影響。全球對恐怖主義的回應衝擊了世界各大陸。所有的人都對於因為戰爭與戰爭造成的饑荒、疾病與無家可歸而受苦的人感到同情。

遺憾的是，從卡西爾時代之後，阿拉伯世界的情況一直持續惡化。二〇一一年阿拉伯之春帶來的人民革命橫掃北非與中東，推翻突尼西亞、埃及、利比亞與葉門的獨裁政府。然而，專制政府垮台造成的權力真空卻被擁有武器的人填充，阿拉伯之春的希望也淪為內戰與衝突——利比亞、敘利亞與葉門。自稱伊斯蘭國的團體攻占伊拉克與敘利亞，主張他們建立的是暴力的哈里發國。這些衝突摧毀一座又一座的城市，數百萬人離鄉背井到鄰國或地中海對岸的歐盟尋求庇護。

在我撰寫本書之時，這些衝突仍在進行，毫無停止跡象。但本書的指導原則仍跟過去一樣。如果你想了解中東何以會發生如此可怕的事，你必須知道一些中東的歷史。今日各種問題的解釋都要從最近的過去尋找。歷史也提供一些例子，顯示阿拉伯人的創造力與樂觀性，這些也許可以做為解決中東地區根深柢固麻煩的基礎。

把造成中東不穩定的衝突予以解決，不僅合乎西方利益，對東方也同樣有利。鑑於東亞與日俱增的全球影響力與經濟力量，東亞將在中東事務上扮演更為重要的角色。我希望這本書能對中文世界前往中東旅行或工作的人帶來幫助，也希望這本書能對想促進二十一世紀全球和平的人有所助益。

在此我要感謝貓頭鷹出版社給我這個機會與中文讀者分享我的作品，這是莫大的榮幸。

尤金・羅根

牛津，二〇一八年七月

阿拉伯人五百年史　目次

書中常見敬稱與頭銜

伊瑪目（imam）**：**對什葉派而言，伊瑪目就是神選中來帶領他們的先知後裔，在十二伊瑪目派和伊斯瑪儀派中，伊瑪目的教義是完全正確的。對順尼派而言，伊瑪目有時會和哈里發交互使用，這詞也可用來榮耀某些偉大學者。

貝伊（bey）**：**原為中亞部落首領的稱謂，之後歷經各時代，後來成為鄂圖曼帝國屬地的一種頭銜，有「總督」、「老爺」等意思。其意涵多為軍政首長或貴族，在鄂圖曼帝國時期，次於汗或帕夏。十九世紀之後，鄂圖曼帝國的「貝伊」相當於軍職中的上校。近代的貝伊通常是一種尊稱，有先生的意思。

埃米爾（Amir）**：**指將領或軍事領袖，有時則指統治者家族成員。

帕夏（Pasha）**：**阿拉伯文作「basha」，突厥頭銜，通常用來稱總督、統治者。地位在首相（vezir）之下，貝伊之上。

謝赫（Shaykh，**或其他類似英文拼音**）**：**字面意義為長老，是阿拉伯文中表示尊敬的稱謂，通常是指部族的酋長或宗教領袖。

謝里夫（Sharif）：先知穆罕默德的後裔。順尼派稱穆罕默德外孫哈珊的後代為謝里夫。

薩伊德（Sayyid）：是對穆斯林的尊稱，有領袖的意思，指涉穆罕默德另一外孫侯賽因（胡笙）的後代。有時則為人名的一部份。

導論

哈姆迪在獄中得知突尼西亞獨裁總統倒台。當天是二〇一一年一月十四日，宰因・阿比丁・賓・阿里已經統治突尼西亞超過二十三年。這名獨裁者的倒台，哈姆迪在其中扮演不小的角色，然而她不敢跟獄友吐露此事。哈姆迪是西迪布濟德這座小鎮的督察員，她被指控羞辱一名街頭小販，這名小販後來自焚死亡，在突尼西亞全國各地引發抗爭，最終在北非與中東點燃一連串民眾革命，這些革命又稱阿拉伯之春（Arab Spring）。

四個星期前，二〇一〇年十二月十七日，哈姆迪在家鄉的果菜市場巡查。西迪布濟德是突尼西亞一個偏遠的小城，不僅很少有觀光客前往，連政府也不聞不問。四十多歲的哈姆迪穿著藍色制服，身上的肩章與袖標加強了她的權威感，此外她還有兩名男性同事陪同。大多數的無照小販一看到督察員接近就跑個精光，但二十六歲的攤販布瓦吉吉卻拒絕離開。哈姆迪認識布瓦吉吉，她先前已經警告過他，不許在市場附近無照販賣水果。十二月十七日那天，布瓦吉吉堅不退讓，並且指控督察員騷擾與收賄。爭論演變成彼此叫囂，布瓦吉吉護衛自己的手推車，而督察員則沒收這名年輕人的貨物。

督察員與布瓦吉吉的這場影響深遠的爭吵，實際上究竟是什麼情況，說法莫衷一是。這名年輕攤販的朋友與家人堅稱哈姆迪侮辱與掌摑布瓦吉吉（在中東社會，這是個嚴重的侮辱），然後命令她的同事沒收他的水果與磅秤。哈姆迪矢口否認她曾對這名攤販動手，她表示，當督察員上前沒收他的貨物時，「布瓦吉吉攻擊我們而且割傷我的手指」。這些細節很重要，儘管布瓦吉吉的反應很激烈，他的朋友與其他不相關的人依然竭力解釋他隨後採取的行動。[1]

督察員的做法讓布瓦吉吉氣憤難平。衝突發生後，布瓦吉吉立刻到西迪布濟德市政府討公道，但他不僅未得到同情的聆聽，反而又遭到羞辱與毆打。於是他改找省長，但省長也拒絕見他。布瓦吉吉終於失控。他的妹妹巴斯瑪解釋說，「我哥哥經歷的事，從運水果的手推車被沒收，到被一個女人侮辱與掌摑……這些足以讓他失去理智，尤其沒有任何市府官員願意見他，他無法申訴他遭到的苛待。」

事情發生在正午時分，省長官署周圍的街道擠滿民眾，布瓦吉吉把稀釋液淋在自己衣服上，然後朝身上點火。旁觀者拍下這可怕的一幕，其他人衝上前試圖滅火，但布瓦吉吉身上已百分之九十燒傷。他倒地之後，被人送往鄰近城鎮本阿魯斯的醫院救治。

布瓦吉吉自焚的絕望舉動令西迪布濟德民眾震驚不已。大家都能理解他所感受到的不公不義，一般民眾只是為了餬口而努力維持生計，但政府卻對他們百般刁難。當天下午，布瓦吉吉的朋友與家人臨時起意前往省長官署外，在布瓦吉吉自焚的地方示威抗議。他們朝鐵門丟擲硬幣，叫道：「這就是你要的賄賂！」警察用警棍驅散民眾，但次日卻有更多抗議群眾回到現場。到了第二天，警方使用催淚瓦斯並且朝群眾射擊。兩人遭警方射中重傷死亡。布瓦吉吉的情況則是不斷惡化。

西迪布濟德發生示威抗議的消息傳到首都突尼斯，在這裡，焦躁不安的年輕人口，包括大學畢業生、專業人士與受過教育的失業者透過社群媒體傳遞布瓦吉吉的慘狀。他們把布瓦吉吉想成自己的一員，誤以為他是一名失業的大學畢業生（事實上，布瓦吉吉連高中都沒念完，但他賺錢供自己的妹妹上大學），為了餬口淪落到賣菜為生。他們成立臉書群組，瘋傳布瓦吉吉的故事。一名在阿拉伯衛星電視半島電視台工作的記者得知這則故事。結果，國營的突尼西亞新聞媒體不報導西迪布濟德的騷動，反而是半島電視台報導了這則新聞。西迪布濟德底層民眾反抗腐敗與苛政的故事開始透過半島電視台夜間新聞向全球阿拉伯人播送。

布瓦吉吉自焚事件激起了怒火，民眾開始反對突尼西亞總統宰因·阿比丁·賓·阿里統治下的各種倒行逆施：腐敗、濫權、無視民眾痛苦、經濟上不提供年輕人機會。半島電視台報導突尼西亞的示威抗議使阿拉伯世界民眾感同身受，因為他們身邊也充斥類似問題。賓·阿里執政二十三年，卻未提出任何良策。示威抗議從西迪布濟德開始延燒到其他窮困的內陸城鎮，例如凱賽林、塔拉、曼澤爾布贊因，而後在突尼斯爆發。

突尼西亞城市的緊張情勢升高，賓·阿里不得不做出回應。十二月二十八日，自焚事件的十一天後，突尼西亞總統到醫院探視垂死的布瓦吉吉。原本低調報導全國示威抗議的突尼西亞國營媒體，此時突然大篇幅報導總統探視的新聞，並且在報紙與電視上刊登憂心忡忡的總統詢問負責治療的醫師畫面。布瓦吉吉此時已喪失意識，他全身燒傷，紗布裹得密不透風。賓·阿里邀請布瓦吉吉的家人到總統府，承諾盡一切努力救治他們的兒子。此外，他下令逮捕市府督察員哈姆迪，指控她因掌摑布瓦吉吉而導致這起自焚事件。

二〇一一年一月四日，布瓦吉吉傷重不治。突尼西亞抗議人士把這名街頭小販視為烈士，而市府督察員則成了賓·阿里政權的替罪羊。她被囚禁在加夫薩，與一般犯人關在一起，由於民眾大多指責她對布瓦吉吉的死負有責任，因此沒有任何律師願意為她辯護。哈姆迪隱藏自己的身分，不讓同處一室的獄友知道，她宣稱自己是一名老師，因為「掌摑一名小男孩」而被關進來。「我不敢告訴她們真相。」她日後坦承。2

在一月份的頭兩週，示威抗議蔓延到突尼西亞各主要城鎮。警方進行暴力鎮壓，造成兩百人死亡，數百人受傷。不過，突尼西亞軍方卻拒絕聽令於賓．阿里政權，他們不願干涉這場民眾抗爭。賓．阿里發現自己得不到軍隊的效忠，而任何讓步也無法平息抗議民眾的怒火，於是決定退位，並於二〇一一年一月十四日逃往沙烏地阿拉伯，他的做法震驚了突尼西亞與整個阿拉伯世界。哈姆迪與獄友從電視上得知發生這樣的大事。突尼西亞人民似乎辦到了不可能的事：藉由民眾抗爭，他們推翻了阿拉伯世界地位數一數二鞏固的獨裁者。

突尼西亞革命衝擊整個阿拉伯世界。各國總統與國王緊張地看著公民行動將他們的同類趕下台。賓．阿里身為「終身總統」並非孤例。利比亞獨裁者格達費從一九六〇年開始掌權。葉門總統薩利赫從一九七八年開始，埃及總統穆巴拉克則是一九八一年，這些人全扶植自己的兒子繼承大位。敘利亞阿薩德家族從一九七〇年十一月開始統治至今，敘利亞也是第一個完成家族繼承的阿拉伯共和國。二〇〇〇年，哈菲茲．阿薩德去世，由他的兒子巴沙爾．阿薩德接任總統。阿拉伯世界的分析家推測，如果地位鞏固的突尼西亞獨裁者都會倒台，那麼同樣的事在其他地方也可能發生。3

在專制政權底下生活的阿拉伯世界民眾，對於突尼西亞人的挫折與壓抑感同身受。二〇〇五年六月，黎巴嫩記者薩米爾．卡西爾遇刺身亡，他在阿拉伯之春之前數年就已經為阿拉伯世界下了「阿拉伯沉痾」（Arab Malaise）的診斷。他評論說：「如今身為阿拉伯人並不是件愉快的事，有些人覺得自己遭到迫害，有些人則是仇視自己；強烈的焦慮使整個阿拉伯世界暗潮洶湧。」這股不安在社會各階層生根，並且蔓延到整個阿拉伯世界，最後引爆二〇一一年革命。4

早在阿拉伯之春革命發生之前數年，埃及已經有人動員倡議變革。二〇〇四年，一群活動分子組成埃及變革運動，這個組織更為人所知的名稱是「Kifaya」（字面意思是「夠了！」），旨在抗議穆巴拉克長年統治埃及而且準備安排自己的兒子加麥勒繼任總統。同樣在二〇〇四年，無黨無派的埃及國會議員艾曼·努爾成立「明日黨」。他於二〇〇五年大膽投入選戰與穆巴拉克競選總統，獲得民眾關注，但努爾因此付出高昂代價：他遭受可疑的選舉舞弊指控，被判處三年徒刑。二〇〇八年，一群精通電腦的年輕反政權人士組織四月六日青年運動，他們在臉書聲援工人爭取權利。到了二〇〇八年年底，四月六日青年運動的成員已達數萬，其中許多人原本對政治活動興趣缺缺。

無論這些組織如何吸引年輕世代，在二〇一一年之前，埃及草根運動完全不是穆巴拉克政權的對手。二〇一〇年十二月的埃及國會選舉，執政的民族民主黨囊括八成以上席次，然而這場選舉也被認為是埃及史上舞弊最嚴重的選舉。民眾普遍認為年邁的穆巴拉克想透過完全服從的國會為兒子繼任總統鋪路。在幻滅下，絕大多數埃及民眾選擇杯葛選舉，拒絕承認新的立法機構能代表民意。而在選後不到兩個月的時間，埃及民眾便從消極杯葛變成積極要求穆巴拉克下台。

受到突尼西亞這個先例的啟發，埃及活動分子於二〇一一年一月二十五日在開羅市中心解放廣場發起大規模示威抗議。湧入廣場的抗議者數量史無前例，達到數十萬人之多。一波波抗議浪潮構成了一月二十五日運動，橫掃了埃及各大城市，包括亞歷山卓、蘇伊士、易司馬儀利亞、曼蘇拉、三角洲地區與上埃及，全國因此陷入停頓。

在這十八天裡，全世界只能眼睜睜地看著埃及改革運動挑戰穆巴拉克政權——而且贏得勝利。埃及政府使出齷齪的伎倆。先是釋放監獄囚犯造成恐慌與混亂，然後讓便衣警察攻擊解放廣場上的抗議者，最後發動支持穆巴拉克的反示威遊行。總統的手下使出非常手段，騎著馬與駱駝衝向示威群眾，造成八百多人死亡與數千人受傷的慘劇。但抗議人士意志堅定，不受穆巴拉克政權脅迫影響，抗議者的人數反而愈來愈多。此外，埃及軍方也拒絕支持政府並且宣布示威者的要求具有正當性。

與之前的賓・阿里一樣，穆巴拉克深知沒有軍方的支持就不可能保住自己的位子。如果考量到穆巴拉克本人是前空軍將領，那麼軍方的沉默就更令人感到驚訝。二〇一一年二月十一日，埃及總統下台，解放廣場一片歡呼之聲，全國各地也開始熱烈慶祝。近三十年的執政，穆巴拉克看似不可動搖。他的下台充分顯示二〇一一年阿拉伯革命將從突尼西亞與埃及延燒到整個阿拉伯世界。

二月十五日在班加西爆發的示威，開啟了利比亞人民反對格達費長達四十一年獨裁統治發動的革命。同樣在二月，沙那、亞丁與塔伊茲也聚集了抗議民眾，要求葉門獨裁者薩利赫下台。二月十四日，麥納瑪的珍珠廣場也出現抗議群眾，把阿拉伯之春帶到了巴林。三月，敘利亞南方城市德拉出現非暴力示威遊行，引發巴沙爾・阿薩德總統殘酷政權的血腥鎮壓，由此開啟阿拉伯之春最悲劇性的一章。

哈姆迪出獄的時候，突尼西亞與整個阿拉伯世界已經不再是過去的樣子。哈姆迪最終找到一名律師（一名女性親戚），並且在二〇一一年四月十九日的法庭審訊中無罪釋放。她的獲釋正值突尼西亞走出布瓦吉吉悲劇事件的陰影，在賓・阿里政權傾覆之後，準備迎向建立新政治紀元的希望與挑戰。她重新回到西迪布濟德市府工作，但她不再巡查市場。她不再穿著制服與戴著大盤帽，而是穿著便服與纏上伊斯蘭頭巾。從她的新穿著可以看出，阿拉伯世界已從軍事專制體制朝伊斯蘭民主制度新實驗邁進。[5]

二〇一一年阿拉伯革命震驚了全世界。在經過專制政權穩定統治數十年後，前所未見的時代帶來的快速與戲劇性的變遷吞沒了整個阿拉伯世界。阿拉伯的政治板塊彷彿從地質觀察階段轉變成即時連線。面對不確定的未來，想得到指引的最好辦法還是求助於過去，這個簡單的真理往往被政治分析家忽略。這種狀況在西方很常發生，我們經常貶損歷史的現存價值。如政治評論者喬治．威爾所言：「當美國人說某件事『是歷史』的時候，意思是說這件事無關緊要。」[6]這實在錯得離譜。西方政策制定者與知識分子如果想了解阿拉伯之春的根源與二〇一一年後阿拉伯世界面臨的可怕挑戰，就必須花更多心力在歷史上。

近代阿拉伯民族在國內外經歷各種重大挑戰。他們試圖擺脫外國強權的支配，並且力求改革，讓政府不那麼專制，更能向民眾負責。這些是近代阿拉伯史的重要主題，而這些主題形塑了這本書的寫作。

阿拉伯人非常以自己的歷史為榮，特別是伊斯蘭教興起後的前五個世紀，也就是西元七世紀到十二世紀。這是偉大的伊斯蘭帝國以大馬士革、巴格達、開羅與哥多華為中心宰制世界的時代。你可以主張伊斯蘭教在初期的幾個世紀使阿拉伯人形成一個民族，使用共同的語言（阿拉伯語），阿拉伯半島各部族都來自相同的種族根源，而且絕大多數都信仰順尼派伊斯蘭教。所有的阿拉伯人在回顧早期伊斯蘭時代時都認為那已經是過去的事，當時阿拉伯人是支配世界的強權；然而這段歷史卻讓伊斯蘭基本教義派心有戚戚焉，他們認為阿拉伯人正是在恪守伊斯蘭信仰時最為強大。

從十一世紀末開始，外力的入侵使伊斯蘭世界陷入混亂。一〇九九年，十字軍在血腥圍城後攻占耶路撒冷，開啟長達兩個世紀的十字軍王國外來統治時期。一二五八年，蒙古人洗劫阿拔斯哈里發國首都巴格達，居民的鮮血染紅了底格里斯河。一四九二年，天主教收復失地運動（Catholic Reconquista）將最後一批穆斯林逐出伊比利半島。然而開羅仍保有伊斯蘭權力中心的地位，在馬木路克蘇丹國（一二五〇～一五一七）控制下統治了相當今日埃及、敘利亞、黎巴嫩、以色列、巴勒斯坦、約旦與沙烏地阿拉伯紅海沿岸各省的領土。

直到十六世紀鄂圖曼征服後，阿拉伯人才屈服於外國的統治之下。從一四五三年「征服者」梅赫美德攻下拜占庭首都君士坦丁堡開始，鄂圖曼土耳其人便從這座被他們改名為伊斯坦堡的城市統治他們不斷擴張的帝國。伊斯坦堡橫跨博斯普魯斯海峽，市區橫跨歐亞大陸。雖然鄂圖曼伊斯坦堡是順尼派穆斯林帝國的首都，卻與阿拉伯人的土地相隔遙遠。伊斯坦堡距離大馬士革一千五百公里（九百四十英里），距離巴格達二千二百公里（一千三百七十五英里），距離隔絕整個大陸的開羅三千八百公里（二千三百七十五英里）。不僅如此，鄂圖曼帝國的行政語言是土耳其語，不是阿拉伯語。阿拉伯人於是在異族的統治下走向現代。

過去五個世紀有四個世紀的時間，鄂圖曼人統治著阿拉伯人。在這段漫長時期裡，帝國改變了，統治也跟著改變。在征服後的第一個世紀，鄂圖曼人的統治並不嚴苛：阿拉伯人必須承認蘇丹的權威，尊敬蘇丹的法律與真主的律法（sharia，伊斯蘭法）。非穆斯林少數族群有權處理自己社群的事務，擁有自己的社群領袖與宗教律法，但相對地他們必須向政府繳納人頭稅。從各方面來說，絕大多數阿拉伯人似乎都能平靜看待自己在當時最強大的世界帝國裡所處的地位，就像生活在廣大穆斯林帝國裡的穆斯林一般。

到了十八世紀，統治出現重大變化。鄂圖曼帝國在十七世紀臻於極盛，但在一六九九年卻首次喪失領土於她的歐洲對手，這些領土包括克羅埃西亞、匈牙利、外西凡尼亞與烏克蘭的波多利亞。需錢孔急的帝國開始拍賣國家官職與各省農地做為包稅收入。偏遠省分的豪強藉機兼併廣大土地，累積充足的財富與力量挑戰鄂圖曼政府的權威。十八世紀下半葉，埃及、巴勒斯坦、黎巴嫩、敘利亞、伊拉克與阿拉伯的這類地方領袖對鄂圖曼的統治構成嚴峻的挑戰。

到了十九世紀，鄂圖曼人進行重大改革以平息國內的挑戰與遏止歐洲鄰邦的進犯。這個改革時期產生一套新的規則，包括從歐洲引進的公民身分新觀念。鄂圖曼蘇丹的改革試圖在行政、兵役與稅賦做到讓所有臣民（土耳其人與阿拉伯人）權利與責任完全平等。他們宣導新的身分認同，也就是鄂圖曼主義（Ottomanism），藉此弭平鄂圖曼社會的種族與宗教隔閡。這項改革雖然無法讓鄂圖曼人抵禦歐洲人的入侵，但確實讓中央政府鞏固對阿拉伯省分的控制，在民族主義逐漸侵蝕鄂圖曼在巴爾幹的地位時，阿拉伯省分對鄂圖曼的重要性卻與日俱增。

然而，激勵鄂圖曼改革的觀念卻產生新的國家與社群觀念，讓阿拉伯世界一些民眾對於自己在鄂圖曼帝國的地位感到不滿。他們開始對鄂圖曼的統治感到焦躁不安，認為鄂圖曼的統治是造成阿拉伯人在二十世紀之初生活仍相對落後的元兇。相對於阿拉伯過去的偉大，今日鄂圖曼帝國面對強大歐洲鄰邦的逼迫，領土日朘月削，而阿拉伯人又處於從屬的地位，於是阿拉伯世界許多人開始要求阿拉伯社會改革與尋求阿拉伯獨立。

一九一八年，第一次世界大戰結束，鄂圖曼帝國崩解，對阿拉伯世界許多民眾來說，這是追求獨立與民族光榮的新紀元開端。他們想從鄂圖曼帝國灰燼中復興大阿拉伯王國，而他們也得到美國總統威爾遜呼籲的民族自決所激勵，這出自他著名的十四點和平原則。阿拉伯人最後希望落空，他們發現新世界秩序根據的是歐洲原則而不是威爾遜的十四點。[7]

英國與法國利用一九一九年巴黎和會將現代國家體系強加於阿拉伯世界（所有阿拉伯地區，阿拉伯半島中部與南部除外），使其落入某種形式的殖民統治。在剛脫離鄂圖曼統治的敘利亞與黎巴嫩，法國在這兩處殖民地建立共和政府。與此相對，英國在阿拉伯屬地伊拉克與外約旦建立空洞的西敏立憲君主制模式*。巴勒斯坦是例外，英法不顧當地住民反對，承諾在此建立猶太民族家園，使當地建立民族國家政府的努力化為泡影。

殖民強權在每個新阿拉伯國家建立首都做為政府所在地，並且要求統治者制定憲法，成立由民眾選舉產生的議會。疆界由接鄰的國家進行協商，其劃定往往相當獨斷而且充滿火藥味。許多阿拉伯民族主義分子反對這些措施，他們認為這麼做會分化與削弱阿拉伯民族，阿拉伯民族唯有統一才能重新獲得應有的地位，成為受尊敬的世界強權。然而，在歐洲規則的介入下，唯有歐洲承認的民族國家才能成為具正當性的政治活動者，它們與帝國的淵源不在考慮之列。

殖民時期一項延續至今的影響是民族國家民族主義（例如埃及或伊拉克的民族主義）與泛阿拉伯民族主義意識形態之間的緊張關係。到了一九四〇與五〇年代，阿拉伯國家開始捍衛他們從殖民統治獨立的地位，各國分立成為定局，但問題是絕大多數阿拉伯人認為殖民時期產生的小民族主義根本不具正當性。對於想在二十世紀讓阿拉伯變得偉大的人來說，唯有大阿拉伯民族主義運動才能提供願景，號召大量群眾為單一目標而努力，也只有這樣才能讓阿拉伯人在當時的強權之間取得應有的地位。殖民經驗使阿拉伯人分裂成好幾個民族，而非單一的民族社群，阿拉伯人至今仍承受這個苦果。

第二次世界大戰粉碎了歐洲對世界的影響力。戰後的去殖民化時期，亞洲與非洲國家紛紛藉由武力從殖民統治下獨立。二十世紀下半葉，美國與蘇聯崛起成為宰制世界的強權，兩國之間的對抗，也就是所謂的冷戰，成了這個新時代的主要特徵。

莫斯科與華盛頓對全球霸權的競爭極為激烈。當美國與蘇聯試圖將阿拉伯世界納入自己的勢力範圍時，中東便淪為超級強權對抗的競技場之一。即使在各國追求獨立的時代，阿拉伯世界仍有近半個世紀（從一九四五年到一九九〇年）受到外國規則（冷戰規則）的限制所操弄。

冷戰規則很簡單：一個國家只能是美國或蘇聯的盟友，不可能同時與兩國建立良好關係。阿拉伯人普遍對美國的反共產主義或蘇聯的辯證唯物主義沒有興趣。阿拉伯各國政府尋求中間路線並且參與不結盟運動，但徒勞無功。最後，阿拉伯世界每個國家都被迫選邊站。

參與蘇聯陣營的阿拉伯國家自稱「進步派」，但西方卻形容他們是「激進派」。這個群體包括曾在二十世紀下半葉經歷革命的阿拉伯國家：敘利亞、埃及、伊拉克、阿爾及利亞、葉門與利比亞。加入西方陣營的阿拉伯國家，如自由派的突尼西亞與黎巴嫩共和國，以及保守派君主制國家摩洛哥、約旦、沙烏地阿拉伯與波斯灣阿拉伯國家，這些阿拉伯國家被「進步派」阿拉伯國家冠上「反動派」的稱號，但西方卻認為這些阿拉伯國家是「溫和派」。結果形成超級強權與阿拉伯人之間的恩庇侍從關係，在這個

* 依循英國國會體制的議會民主制。

關係中，阿拉伯國家從各自投靠的超級強權取得軍隊需要的武器與經濟發展需要的援助。

只要這兩個超級強權存在，整個系統就會維持制衡關係。無論蘇聯人或美國人都無法單方面在阿拉伯地區採取行動，因為擔心此舉會引發對手報復。華盛頓與莫斯科的政府官員害怕引發第三次世界大戰，因此極力阻止中東擴大爭端。阿拉伯領袖也學到在兩強之間挑撥離間，以投向對方陣營來要脅恩庇國給予更多武器或發展援助。即使如此，到了冷戰結束時，阿拉伯人清楚了解到，與冷戰之初相比，他們並未獲得更高的獨立地位、發展與尊重。隨著蘇聯崩潰，阿拉伯世界也進入新時代，而且條件對他們更加不利。

一九八九年柏林圍牆倒塌，之後不久冷戰也跟著結束。對阿拉伯世界來說，新單極世界的出現是從一九九〇年伊拉克入侵科威特開始。當蘇聯投票支持聯合國安理會決議授權美國率軍對抗克里姆林宮的老盟友伊拉克時，單極世界已昭然若揭。穩定的冷戰時代已然過渡到美國獨霸世界的時代，阿拉伯世界許多國家擔心接下來還會出現更糟糕的事。

後冷戰時期，美國的中東政策缺乏一貫性。從一九九〇年代開始，歷任美國總統推動的政策差異性極大。蘇聯崩潰時，老布希擔任美國總統，對他而言，冷戰結束標誌著新世界秩序的開始。在柯林頓時期，國際主義與多邊合作仍是美國政策的主軸。二〇〇〇年小布希當選美國總統，新保守勢力抬頭，美國轉向單邊主義。二〇〇一年九一一恐怖攻擊事件之後，布希政府的外交政策對整個阿拉伯地區造成毀滅性的衝擊，反恐戰爭以穆斯林世界為焦點，把阿拉伯人當成主嫌。歐巴馬試圖扭轉布希政府的諸多政策與減少美國在阿拉伯地區的軍隊數量，在這段過程中也降低美國在當地的影響力。

美國支配下的單極時代，其規則證明對現代阿拉伯世界最為不利。沒有其他強權牽制美國行動，阿拉伯各國政府發現自己面臨實際入侵與政權改變的威脅。把九一一事件發生後的那幾年形容成阿拉伯歷史上最悲慘的時期一點也不過分，阿拉伯之春只是這段時期一個短暫而悲劇性的喘息時刻。薩米爾・卡西爾在二〇〇四年的評論在今日看來似乎更加寫實，他說：「如今身為阿拉伯人並不是件愉快的事。」

過去兩個世紀以來絕大部分的時間，阿拉伯人一直努力從外國強權統治下爭取獨立。在此同時，阿拉伯各民族也試圖限制國內統治者的專制權力。阿拉伯之春代表過去這一個世紀以來阿拉伯人努力建立責任政府與法治最新的一章。

直到十八世紀末為止，絕對主義是歐洲與地中海世界標準的統治形式。在一七八九年法國大革命之前，只有大不列顛與荷蘭共和國成功讓君主權力從屬於民選機構。一七八九年後，西方開始出現制憲熱潮——一七八九年在美國，一七九一年在波蘭與法國，一八一四年在挪威，一八三一年在比利時。新的政治秩序正在形成，在這個秩序裡，法律約束統治者的權力而臣民取得法律地位較高的公民資格。

一八〇一年到一八二五年，造訪歐洲的阿拉伯人在巴黎與倫敦受到新政治觀念的薰陶，於是將這些觀念引進國內。一八三一年，埃及神職人員里法阿・塔赫塔維從巴黎返國後便著手將法國一八一四年憲章翻譯成阿拉伯文。過去一直生活在埃及總督穆罕默德・阿里專制統治下，塔赫塔維對於法國憲法對國王的約束以及擴大對公民的保障感到驚訝。突尼西亞改革家亥爾丁受到塔赫塔維著作的啟發，支持以立憲來限制突尼西亞總督的專斷統治。突尼西亞於一八六一年立憲，埃及則是一八八二年，這兩個最早立憲的阿拉伯國家也是最早經歷阿拉伯之春革命的國家，這也許不是偶然。

第二波立憲改革浪潮與第一次世界大戰後歐洲殖民統治的引進發生於同時。一九二三年的埃及憲法、一九二五年的伊拉克憲法、一九二六年的黎巴嫩憲法與一九三〇年的敘利亞憲章，每一部憲法都表達阿拉伯人為了從歐洲殖民強權統治下獨立而做的努力，而這一切努力的基礎則是具正當性的政府與法治。這些憲法賦予阿拉伯國家民選多黨立法機構，但殖民當局卻想盡辦法要破壞阿拉伯國家的主權。在妥協下，自由派立憲政府成了歐洲殖民統治的延伸。

一九四八年巴勒斯坦戰爭，以色列軍隊擊潰阿拉伯各國，取得百分之七十八的巴勒斯坦託管地（Mandate Palestine），建立新猶太國家，此後阿拉伯自由主義便一蹶不振。軍事準備不足，使愛國軍官與國王及總統產生嫌隙。阿拉伯宣傳品把新成立的以色列武裝部隊貶低成一群「猶太烏合之眾」，而以色列軍隊的勝利瞬間瓦解阿拉伯民眾對剛獨立的阿拉伯各國政府的信心。阿拉伯世界進入新的革命時代，敘利亞（一九四九年）、埃及（一九五二年）、伊拉克（一九五八年）、葉門（一九六二年）與利比亞（一九六九年）紛紛發生軍事政變，堅定果斷的行動者登上權力頂端並且成為技術官僚政府的領導者。軍事政權既是狂熱的民族主義者，也是阿拉伯民族主義者，他們承諾開創一個社會正義、經濟發展、軍力強盛與獨立自主的新時代。這些新軍事統治者只要求一件事，那就是民眾的完全服從。這像是一種社會契約，半個多世紀以來，阿拉伯民眾心甘情願接受專制統治以換取政府承諾滿足他們的需要。

二十一世紀初，昔日的阿拉伯社會契約崩解。到了二〇〇〇年，除了產油國，所有的阿拉伯國家顯然都無法實現承諾。逐漸地，所有的經濟機會全掌握在一小撮地區統治者的好友親族手裡。貧富懸殊的程度令人咋舌。阿拉伯國家非但未能解決民眾的正當怨言，反而變本加厲以專制手段壓迫民眾與日俱增的不滿。更糟糕的是，這些專制政權透過世襲來積極維持家族對政治的控制，例如年邁的總統安排兒子接替自己的職位。因此，阿拉伯地區不僅社會契約崩解，失敗的政權也依然戀棧職位遲遲不願交出權力。

二〇一一年，阿拉伯人民發起運動，想重新限制統治者的權力。開羅市中心解放廣場上的標語寫著：「人民不該畏懼政府，政府應該畏懼人民。」曾有短暫的時間，阿拉伯之春成功讓阿拉伯統治者對民眾感到畏懼。遺憾的是，這樣的場景未能持續下去，革命讓位給反革命，強人重新掌權，唯有突尼西亞是例外，二〇一〇年十二月哈姆迪與布瓦吉吉之間的致命衝突使這裡成為民眾抗爭的首發地。我們現在無法得知，突尼西亞在民眾抗爭後出現的脆弱憲政秩序是否將成為未來阿拉伯社會秩序的先驅，抑或只是阿拉伯之春唯一成功的異數。

但是，強調阿拉伯歷史緊張的一面，而忽略阿拉伯世界吸引人的地方，也是一種錯誤。我畢生都在學習中東的歷史，阿拉伯歷史吸引我的地方在於它的豐富與多元。我的童年在貝魯特與開羅度過，我對中東的興趣一直持續到回美國讀大學之時，我開始學習阿拉伯文與土耳其文，好讓自己能夠閱讀阿拉伯的一手史料。翻閱宮廷紀錄與編年史、檔案文件與手稿、日記與回憶錄，阿拉伯歷史既讓我感到熟悉，又充滿異國風情。

過去五百年來，阿拉伯世界經歷了與全球各地居民大致相同的經驗。民族主義、帝國主義、革命、工業化、都市化、女權的爭取——現代人類歷史的重要主題都在阿拉伯世界上演過。但阿拉伯人的特別之處在於：他們的城市外觀、他們的音樂與詩歌、他們身為伊斯蘭選民的特殊地位（《古蘭經》至少十次強調真主要把最終的啟示授予給說阿拉伯語的人）以及阿拉伯人從摩洛哥一路延伸到阿拉伯半島的國家社群。

阿拉伯人基於語言與歷史而形成共有的認同，在這個認同之下，阿拉伯人顯示的多樣性更加讓人充滿興趣。他們既是一個民族，又是多個民族。當旅人從摩洛哥橫越北非抵達埃及，將會發現沿途的方言、書法、地貌、建築與料理，乃至於政府形式和經濟活動類型，全像萬花筒一樣千變萬化。如果旅人繼續穿越西奈半島進入肥沃月灣，類似的差異將在巴勒斯坦與約旦、敘利亞與黎巴嫩以及伊拉克之間出現。從伊拉克往南來到波斯灣阿拉伯國家，阿拉伯世界顯然受到鄰近伊朗的影響。阿曼與葉門則反映出東非與南亞的影響。所有這些民族都擁有自己獨特的歷史，但他們也認為彼此之間擁有共同的阿拉伯歷史。

撰寫本書時，我試圖客觀看待阿拉伯歷史的多樣性，並且平衡處理北非、埃及、肥沃月灣與阿拉伯半島的經驗。在此同時，我也試圖顯示各地區歷史的關聯性。舉例來說，法國在摩洛哥的統治如何影響法國在敘利亞的統治，以及反對法國統治摩洛哥的暴亂如何影響反對法國統治敘利亞的暴亂。不可避免地，有些國家在敘事中占了較大篇幅，有些國家則是令人遺憾地受到忽略，對此我感到抱歉。

我運用廣泛的阿拉伯史料，使用親身經歷阿拉伯動盪歲月的當事人陳述：相較於早期的編年史家，我更喜歡各色各樣的知識分子、寫日誌者、政治人物、詩人與小說家、出名或不出名的男男女女。對我來說，這件事再合理不過，那就是光靠阿拉伯史料撰寫阿拉伯人的歷史，其實就跟光靠俄羅斯史料撰寫俄羅斯人的歷史沒什麼兩樣。具有權威的外國人，如政治家、外交官、傳教士與旅行家，對於阿拉伯歷史有著珍貴的洞察力，值得我們分享。但我相信西方讀者若能透過親身經歷那個時代的阿拉伯男女的眼睛來觀看阿拉伯，將可看見截然不同的阿拉伯歷史。

注釋

1. 巴斯瑪（Basma Bouazizi，布瓦吉吉的妹妹），引自 'Controversy over "the Slap" That Brought Down a Government,' *Asharq Al-Awsat*, February 2 2011；哈姆迪，引自 Karem Yehia, 'Tunisian Policewoman Who "Slapped" Bouaziz Says "I Was Scapegoated by Ben Ali"' *Ahram Online*, December 16 2014.。也可見 Yasmine Ryan, 'The Tragic Life of a Street Vendor: Al-Jazeera Travels to the Birthplace of Tunisia's Uprising and Speaks to Mohamed Bouazizi's Family,' AlJazeera.com, January 20 2011；Kareem Fahim, 'Slap to a Man's Pride Set Off Tumult in Tunisia,' *The New York Times*, January 21 2011。
2. 哈姆迪在數次訪談中提到這起事件。見 Yehia, 'Tunisian Policewoman Who "Slapped" Bouazizi,' and Radhouane Addala and Richard Spencer, 'I Started the Arab Spring. Now Death is Everywhere, and Extremism is Blooming,' *Daily Telegraph*, December 17 2015.
3. Roger Owen, *The Rise and Fall of Arab Presidents for Life* (Cambridge, MA: Harvard University Press, 2012)；Joseph Sassoon, *Anatomy of Authoritarianism in the Arab Republics* (Cambridge: Cambridge University Press, 2016).
4. Samir Kassir, *Being Arab* (London: Verso, 2006), 出自作者的〈導論〉。
5. 哈姆迪討論她纏的頭巾，見 'Interview with Fadia Hamdi [*sic*],' video posted by CorrespondentDotOrg on YouTube, July 11, 2012, http://www.youtube.com/watch?v=JSeRkT5A8rQ.
6. George Will, 'Take Time to Understand Mideast Asia,' *Washington Post*, October 29, 2001.
7. Eugene Rogan, *The Fall of the Ottomans: The Great War in the Middle East, 1914-1920* (New York: Basic Books, 2015).

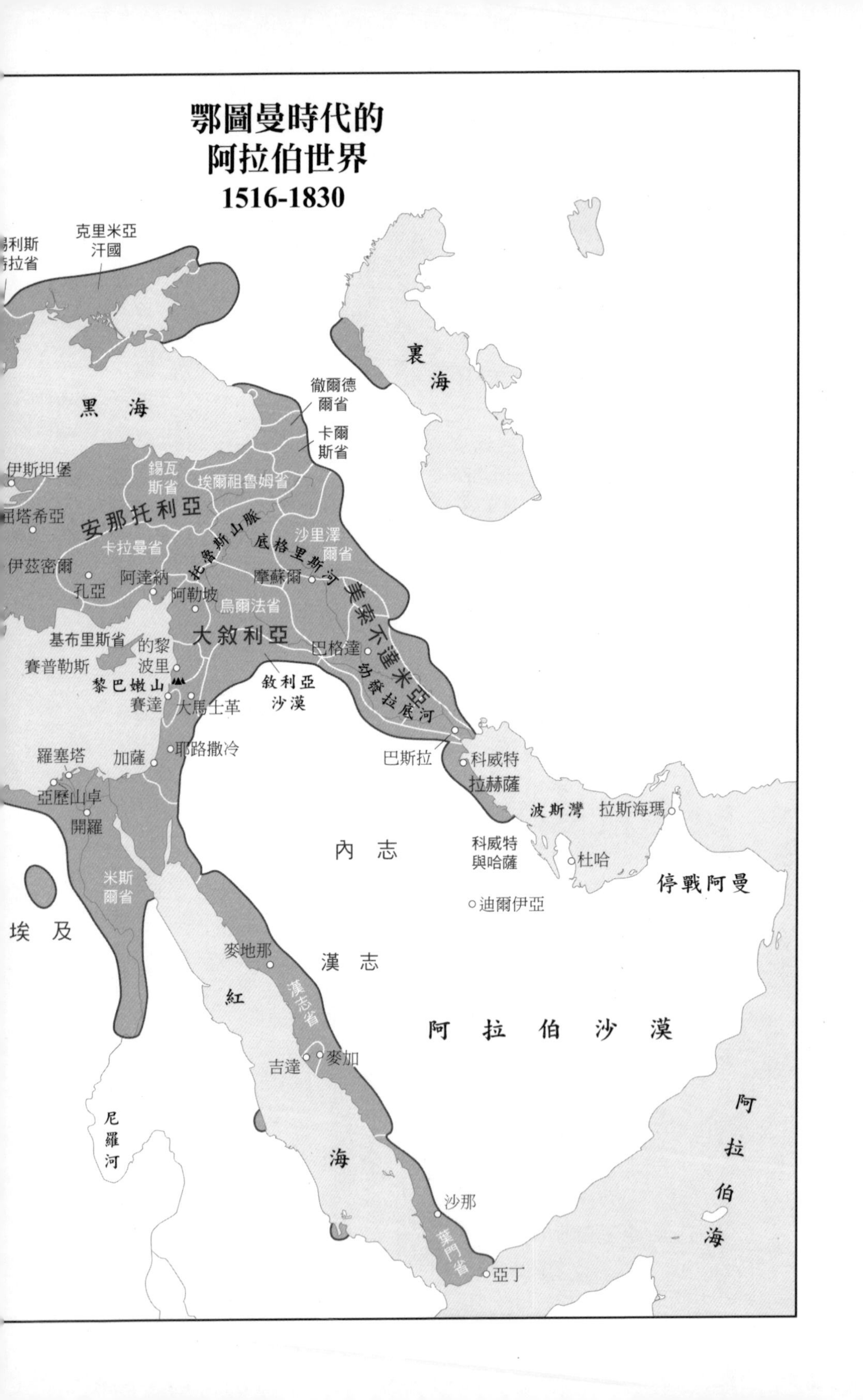
鄂圖曼時代的
阿拉伯世界
1516-1830
克里米亞
汗國
黑　海
裏
海
徹爾德
爾省
卡爾
斯省
伊斯坦堡
錫瓦
斯省
埃爾祖魯姆省
安那托利亞
卡拉曼省
托魯斯山脈
底格里斯河
沙里澤
爾省
伊茲密爾
孔亞
阿達納
阿勒坡
摩蘇爾
烏爾法省
美索不達米亞
幼發拉底河
基布里斯省
大敘利亞
的黎
波里
賽普勒斯
巴格達
黎巴嫩山
賽達
大馬士革
敘利亞
沙漠
巴斯拉
科威特
拉赫薩
羅塞塔
加薩
耶路撒冷
亞歷山卓
開羅
波斯灣
拉斯海瑪
內　志
科威特
與哈薩
杜哈
米斯
爾省
停戰阿曼
迪爾伊亞
埃　及
麥地那
漢　志
紅
漢志省
阿　拉　伯　沙　漠
吉達
麥加
尼
羅
河
海
阿
拉
伯
海
沙那
葉門省
亞丁

大 西 洋
摩爾達維亞公國
埃格里省
卡尼賈省
布丁省
蒂米什瓦拉省
外西凡尼亞公國
瓦拉幾亞公國
波斯納省
埃迪爾內
魯梅利亞
愛琴海
丹吉爾
休達
梅利利亞
奧蘭
阿爾及爾
特萊姆森
費茲
摩洛哥
阿爾及利亞
突尼斯
突尼斯省
西西里島
伯羅奔尼撒半島
雅典
納瓦里諾灣
馬爾他
克里特島
的黎波里
西特拉布魯斯省
地 中 海
撒 哈 拉 沙 漠
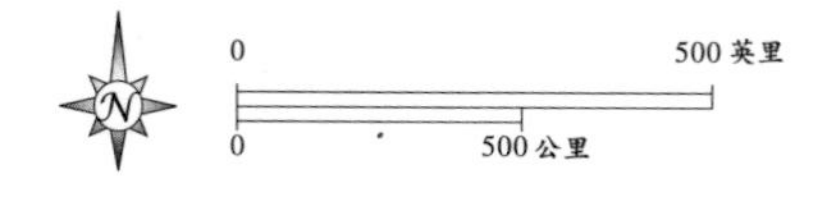
0
500 英里
0
500 公里

第一章　從開羅到伊斯坦堡

馬木路克王朝第四十九任蘇丹阿什拉夫．康斯赫．加烏里在熾熱的陽光下檢閱戰鬥部隊。馬木路克從一二五〇年建立王朝以來，一直統治著這個最古老也最強大的伊斯蘭國家。這個以開羅為首都的帝國，地跨埃及、敘利亞與阿拉伯半島。康斯赫年過七旬，統治這個帝國已有十五年。現在，他在瑪爾吉．達比克，也就是敘利亞城市阿勒坡郊外位於帝國北界的原野地帶，面對著馬木路克有史以來最大的威脅。康斯赫將會戰敗，而他的失敗將導致帝國的滅亡，為日後鄂圖曼土耳其人征服阿拉伯地區鋪路。這場戰事的時間是一五一六年八月二十四日。

康斯赫纏上輕便的頭巾，用來阻擋敘利亞沙漠灼熱的陽光。他披著象徵王室的藍色斗篷，肩上挑著戰斧，騎在阿拉伯坐騎上檢閱他的軍隊。馬木路克蘇丹出征時會親自率領軍隊作戰，而且幾乎整個政府都要隨行。這就好像美國總統率領半數閣員、國會參眾兩院領袖、最高法院法官以及所有主教拉比，大家全穿上戰袍與軍官士兵一起趕赴戰場。

馬木路克大軍的指揮官與四名大法官站在蘇丹的紅色旗幟下。他們的右方站著帝國的精神領袖，哈里發穆塔瓦基勒三世，他也立起自己的旗幟。哈里發同樣纏上輕便的頭巾，披著斗篷，肩上挑著戰斧。

康斯赫周圍圍繞著先知穆罕默德的四十名子孫，他們將《古蘭經》裝在黃色絲盒裡，然後將盒子纏在自己頭上。神祕的蘇菲（Sufi）教派宗教領袖也舉起綠、紅、黑三色旗幟加入穆罕默德後裔的陣容。

康斯赫與他的隨從看到兩萬名馬木路克士兵在他們周圍的平原聚集，雄壯威武的景象令他們印象深刻，同時也感到安心。馬木路克——在阿拉伯文中，這個詞指「所有物」或「奴隸」——是一個社會等級，指菁英奴兵。在歐亞大草原與高加索的基督教地區生活的年輕男性被帶到開羅，他們改信伊斯蘭教並且接受軍事訓練。這些年輕男性與自己的家人及故鄉分離，因此完全忠於他們的主人——不僅忠於擁有他們的人身的主人，也忠於教導自己的老師。在接受最高標準的戰技訓練並且被灌輸對宗教虔信與對國家忠誠之後，成年的馬木路克便能獲得自由並且成為統治菁英階層。他們是擅長肉搏戰的終極勇士，擊敗過中世紀最強大的幾支軍隊：一二四九年，馬木路克擊敗法王路易九世率領的十字軍；一二六〇年，他們將蒙古大軍逐出阿拉伯地區；一二九一年，他們把最後的十字軍趕出伊斯蘭土地。

馬木路克的軍容壯盛。勇士們穿著色彩絢爛的絲質戰袍，他們的頭盔與甲冑出自手藝最好的工匠之手，他們的武器是鑲金的硬化鋼。華麗服飾的展示是騎士精神的展現，也標誌著戰士的自信，深信自己必能取得勝利。

另一方面，與馬木路克對陣的是鄂圖曼蘇丹久經戰陣的戰士。鄂圖曼帝國興起於十三世紀末，當時這個土耳其穆斯林小君侯國在安那托利亞（今土耳其的亞洲領土）與信仰基督教的拜占庭帝國進行聖戰。到了十四與十五世紀，鄂圖曼已經統一其他土耳其君侯國並且征服拜占庭在安那托利亞與巴爾幹的領土。一四五三年，鄂圖曼第七任蘇丹梅赫美德二世成功攻下先前所有穆斯林都未能得手的君士坦丁堡，並且完全征服拜占庭帝國。梅赫美德二世因此被稱為「征服者」。君士坦丁堡改名伊斯坦堡，成為鄂圖曼的首都。梅赫美德二世的後繼者以同樣的野心擴充帝國領土。一五一六年這天，康斯赫即將與俗稱「冷酷者」（the Grim）的鄂圖曼第九任蘇丹塞利姆一世（統治期間一五一二～一五二〇年）交戰。

弔詭的是，康斯赫原本是為了避免戰爭才在北疆展示武力。鄂圖曼與波斯薩法維帝國交戰。薩法維統治的地區大約是今日的伊朗，與鄂圖曼一樣說的是突厥語，它的種族根源或許是庫德族。薩法維統治者是充滿領袖魅力的易司馬儀（統治期間一五〇一～一五二四年），他明定伊斯蘭教什葉派為薩法維的官方宗教，這使他與順尼派的鄂圖曼帝國陷入意識形態衝突。[1]一五一四年到一五一五年，鄂圖曼人與薩法維人爭奪安那托利亞東部，鄂圖曼人逐漸占上風。薩法維統治者緊急尋求與馬木路克人結盟以防堵鄂圖曼人的威脅。康斯赫對於薩法維並不特別同情，但他想維持區域的勢力平衡，希望馬木路克大軍在敘利亞北部出現就能將鄂圖曼的野心遏止在安那托利亞，波斯由薩法維控制，至於阿拉伯世界則是馬木路克的勢力範圍。因此，馬木路克的部署主要是對鄂圖曼的側翼構成戰略威脅。鄂圖曼蘇丹不想冒險進行兩面作戰，因此與薩法維停戰，專心對付馬木路克。

馬木路克派出數量龐大的軍隊，但鄂圖曼的部隊更勝一籌。鄂圖曼訓練有素的騎兵與步兵數量是馬木路克的三倍。當時的編年史家估計，塞利姆的軍隊總計有六萬人。鄂圖曼除了人數，在科技上也有巨大優勢。馬木路克是舊式軍隊，強調個人劍術，鄂圖曼的現代火藥步兵配備了滑膛槍。馬木路克軍隊緊抱中世紀的軍事觀念，鄂圖曼軍隊則代表十六世紀戰爭的現代面孔。鄂圖曼的士兵擁有豐富的戰鬥經驗，他們追求的是勝利的成果，而非藉由肉搏戰來爭取個人榮譽。

兩軍於瑪爾吉．達比克交戰，鄂圖曼的槍砲擊斃了一排又一排的馬木路克騎士。馬木路克右翼在鄂圖曼攻勢下瓦解，左翼則潰散逃走。左翼指揮官是阿勒坡總督哈伊爾貝伊*，屬於馬木路克階層。據說他在戰前就已經與鄂圖曼人私下勾結，轉而效忠冷酷者塞利姆。戰爭才剛開打，哈伊爾便立即倒戈，把勝利奉送給鄂圖曼。

馬木路克蘇丹康斯赫驚恐地發現自己的軍隊兵敗如山倒。戰場上飛砂走石，雙方都無法看清對方的蹤影。康斯赫求助宗教顧問，催促他們祈禱得勝，因為他已經對自己的士兵不抱任何期望。一名馬木路克指揮官認為已無法扭轉頹勢，他撤下蘇丹的旗幟，將它摺好，然後向康斯赫說道：「蘇丹主上，鄂圖曼已經擊敗我們。情況緊急，請您立刻移駕到阿勒坡。」也許戰敗的現實太令人難以承受，蘇丹聽完他的稟報後竟然中風，半身癱瘓。康斯赫試圖上馬，卻當場墜馬身亡。他的遺體遭四散奔逃的隨從遺棄，再也未能找到，彷彿大地開了個口子，將跌落地面的蘇丹吞吃下肚。

沙場上塵埃落定，這場屠殺才真正顯露它可怕的一面。「年輕人的頭髮突然變得灰白，怒氣足以熔化鐵石，」馬木路克編年史家伊本・伊亞斯回憶說。戰場散布著屍體，瀕死的人與馬匹哀嚎著，前來搶掠物品的鄂圖曼士兵很快結束他們的生命。他們留下「無頭的屍體，許多死亡的臉孔覆滿了沙土，而這一切的恐怖」很快就在烏鴉與野狗的啃食下一掃而空。[2]馬木路克遭受前所未有的慘敗，帝國經此打擊，再也無法恢復元氣。

瑪爾吉・達比克之役的勝利使鄂圖曼入主敘利亞。冷酷者塞利姆在未遭受任何抵抗下進入阿勒坡，之後又兵不血刃占領大馬士革。戰敗的消息在九月十四日，也就是戰後三個星期後傳回開羅。生還的馬木路克指揮官齊聚開羅選舉新任蘇丹，決定由康斯赫的副手阿什拉夫・圖曼拜伊繼任。圖曼拜伊將成為馬木路克的末代蘇丹，他在位的時間只有短短三個半月。

冷酷者塞利姆從大馬士革寫信給圖曼拜伊，他給對方兩個選擇：投降，但可以保有對埃及的統治權，只是埃及必須成為鄂圖曼的附庸；或者反抗到底，最後遭到殲滅。圖曼拜伊讀到塞利姆的信時，內心感到惶恐而落淚，因為他不可能選擇投降這條路。恐懼開始牢牢控制了馬木路克蘇丹的士兵與臣民。為了維持紀律，圖曼拜伊下令禁止販售葡萄酒、啤酒或大麻麻醉劑，違者處死。然而編年史家表示，憂心忡忡的開羅居民完全不理會禁令，面對即將來臨的入侵威脅，他們選擇以藥物與酒精來尋求解脫。[3]當得知鄂圖曼征服濱海城市加薩並且處死一千名鎮民時，開羅全城居民頓時陷入恐慌。一五一七年一月，鄂圖曼大軍進入埃及，朝馬木路克首都前進。

一月二十二日，塞利姆抵達開羅北郊，圖曼拜伊的士兵已喪失戰鬥意志。許多部隊紛紛開小差。政府公告員在開羅街上威脅擅離職守者會被絞死在自家門前。藉由這種手段，圖曼拜伊集結他所能召集到的所有士兵——一支由兩萬名騎兵、步兵與貝都因部族組成的非正規軍隊伍。圖曼拜伊記取瑪爾吉·達比克的經驗，廢除騎士不許使用火器的禁令，讓大多數士兵配備滑膛槍。他也將一百輛貨車排成一列，上面搭載輕型火砲，以對抗敵軍。開羅平民百姓不分男女前來戰場為將士吶喊助威，也祈禱他們得勝。未領軍餉、缺乏信心而且極不可靠的馬木路克軍隊面對作戰之日的到來，與其說他們是一群爭取勝利的

＊貝伊原為中亞部落首領的稱謂，之後歷經各時代，後來成為鄂圖曼帝國屬地的一種頭銜，有「總督」、「老爺」等意思。其意涵多為軍政首長或貴族，在鄂圖曼帝國時期，次於汗或帕夏。十九世紀之後，鄂圖曼帝國的「貝伊」相當於軍職中的上校。近代的貝伊通常是一種尊稱，有先生的意思。

戰士，不如說只是想在戰場上保命的烏合之眾。

戰爭於一五一七年一月二十三日爆發，「一場激烈的戰鬥，」伊本·伊亞斯寫道，「光是提起交戰過程就足以讓人感到可怕、恐懼得驚慌失措。」戰鼓擂起，馬木路克騎兵策馬越過原野。他們衝進「如蝗蟲般」眾多的鄂圖曼大軍。伊本·伊亞斯表示，接下來的戰鬥要比瑪爾吉·達比克的失敗還要慘烈，土耳其人「像烏雲一樣從四面八方湧來」，「他們的滑膛槍發出震耳欲聾的噪音，攻擊極其猛烈」。不到一小時的時間，馬木路克守軍蒙受重大傷亡，全軍撤退。圖曼拜伊比其他指揮官奮戰更久的時間，也從戰場撤離，並且誓言改日再戰。[4]

勝利的鄂圖曼大軍湧入開羅，大掠三日。無助的市民百姓只能任憑入侵的軍隊宰割，眼睜睜看著家園財產遭到掠奪。唯一能禁止鄂圖曼士兵暴力的只有鄂圖曼蘇丹，於是開羅民眾竭力向他們的新主人輸誠。星期五在清真寺的主麻拜，傳統上都是以馬木路克蘇丹為名來進行祝禱，現在卻改為塞利姆蘇丹祝禱，這是傳統上承認最高權威的做法。「真主保佑蘇丹，」傳道人吟詠道，「蘇丹之子，兩大陸與兩大洋的君王；兩軍的征服者，兩伊拉克的蘇丹，兩聖城的僕人，凱旋的國王塞利姆。喔，兩世界的主人，願他戰無不勝。」冷酷者塞利姆對開羅的降伏做出回應，他指示大臣公開發布赦令與恢復城市秩序。

擊敗馬木路克大軍後，塞利姆蘇丹等待了近兩個星期才進入開羅。這是開羅民眾首次有機會近距離觀察新主人。伊本·伊亞斯對於這位鄂圖曼征服者有著生動的描繪：

> 當蘇丹行經開羅時，受到所有民眾的歡呼。大家形容他臉的膚色白皙，下巴的鬍子刮得乾乾淨淨，筆挺的鼻子與一雙大眼，身材矮小，纏著小頭巾。他的舉止輕浮，躁動不安，騎在馬上不斷地東張

西望。據說他年約四十歲。他缺乏歷任蘇丹的威嚴。他的性格令人厭惡，嗜血，脾氣火爆，無法忍受對方辯解。5

塞利姆在開羅待得並不安穩，因為馬木路克蘇丹依然逃亡在外。鄂圖曼人知道，只要圖曼拜伊還活著，他的黨羽就會陰謀讓他復辟。唯有公開處死才能徹底粉碎這些希望。一五一七年四月，冷酷者塞利姆獲得大好良機，貝都因部族背叛逃亡的圖曼拜伊，將他交給鄂圖曼人。塞利姆逼迫圖曼拜伊在開羅市中心遊街以去除民眾的懷疑，證明他的確是被罷黜的馬木路克蘇丹。圖曼拜伊遊街的終點是祖維拉門，這是開羅這座四周築起城牆的城市的主要城門之一。行刑人押著圖曼拜伊，然後在驚恐的群眾面前將他絞死。絞索斷了——有人說斷了兩次——彷彿反映神意不准許弒君的行為。「他一交出自己的靈魂，響亮的哭喊聲隨即從群眾之中傳出，」史家記錄著，捕捉了民眾對這史無前例的景象的震驚與恐懼。「我們過去從未目睹這樣的事件，埃及蘇丹居然在祖維拉門被絞死，這是從來沒有過的事！」6

對塞利姆蘇丹來說，圖曼拜伊的死是件值得慶賀的事。馬木路克王朝的滅亡使塞利姆得以完全征服馬木路克帝國，並且將其財富、土地與榮耀完全收歸他的王朝所有。在將敘利亞、埃及與阿拉伯的漢志省納入鄂圖曼帝國版圖之後，塞利姆終於可以返回伊斯坦堡。漢志是伊斯蘭教的發源地，有著特殊的重要性。穆斯林相信真主最初是在漢志的城市麥加把《古蘭經》啟示給先知穆罕默德，而先知穆罕默德最初建立的穆斯林社群就在離麥加不遠的麥地那。現在，塞利姆可以在蘇丹的尊號上添加宗教的正當性，也就是麥加與麥地那兩座聖地的僕人與守護者。這些收穫鞏固了塞利姆身為世上最大伊斯蘭帝國蘇丹的地位。

在離開開羅之前，塞利姆要求看一齣著名的埃及皮影戲，這是在照亮的布幕上以人物剪影演出的人偶戲。他微服混入群眾觀賞演出。皮影師傅做了一個祖維拉門的模型以及受絞刑的圖曼拜伊蘇丹人偶。當絞索連斷兩次時，鄂圖曼蘇丹「看到這幅景象不禁大樂。他賞賜師傅兩百第納爾*與一件象徵榮譽的棉天鵝絨斗篷。『我們啟程前往伊斯坦堡時，你也一起隨行，這樣我的兒子也能看到這齣戲，』塞利姆對師傅說道。」[7]他的兒子蘇萊曼將在三年後承接鄂圖曼帝國皇位，並且繼承塞利姆從馬木路克王朝身上征服的一切。

鄂圖曼征服馬木路克帝國是阿拉伯歷史的一個重大轉捩點。這場馬木路克劍士與鄂圖曼火槍兵決定命運的交戰，標誌著阿拉伯世界中世紀的結束與近代的開始。鄂圖曼的征服也意味著這是伊斯蘭教興起以來首次阿拉伯世界向非阿拉伯首都俯首稱臣。六六一年到七五〇年，第一個伊斯蘭王朝伍麥亞在大馬士革統治快速擴張的帝國。阿拔斯王朝哈里發在巴格達統治當時最龐大的穆斯林帝國。開羅建城於九六九年，在一二五〇年馬木路克王朝來臨前，開羅做為首都不過四百年的歷史。一五一七年之後，阿拉伯人透過非阿拉伯首都制定的規則重新調適自己在世界的地位，而這項政治現實也成為近代阿拉伯歷史的決定性特徵。

然而，從馬木路克到鄂圖曼的政權轉移，要比冷酷者塞利姆進行血腥征服之初許多人所擔心的來得平順。阿拉伯人早在十三世紀就曾受過說突厥語的異邦人統治，而鄂圖曼人在許多方面都與馬木路克人十分類似。鄂圖曼帝國與馬木路克帝國的菁英都來自信仰基督教的奴隸。兩個帝國都是官僚體制的國家，奉行宗教律法，以強大的軍隊保護伊斯蘭領土抵禦外來威脅。此外，認為明確的阿拉伯認同就會拒絕「外人」統治，這種判斷恐怕下得太快。在民族主義時代之前，認同來自於一個人所屬的部族或城市或出身。如果阿拉伯人以更廣義的認同來思考，那麼他們判斷的基準比較有可能基於宗教而非種族。對大多數阿拉伯人，也就是順尼派穆斯林來說，鄂圖曼人是他們完全可以接受的統治者。行政中心從阿拉伯遷移到橫跨歐亞大陸的伊斯坦堡，對當時的阿拉伯人來說似乎不構成任何問題。

阿拉伯民族在評估統治者從馬木路克人轉變成鄂圖曼人時，態度通常是務實的，很少帶有意識形態。他們比較關心的是法律與秩序的問題以及合理的賦稅，至於阿拉伯人被土耳其人統治背後所代表的意義，他們並不是那麼在乎。十九世紀初，埃及史家阿卜杜・拉赫曼・賈巴爾提的著作捕捉了早期鄂圖曼統治的這個面向：

> 在統治之初，鄂圖曼人是正統哈里發（Rightly-Guided Caliphs）以來〔伊斯蘭〕社群最好的統治者之一。[8]他們是最強大的宗教捍衛者與異教徒的反對者，因此他們透過征服來擴大真主給予他們與他們的代理人的領土。他們控制了地球上最適合人居的地區。來自遙遠的周邊國家都向他們臣服。他們留心國事，捍衛國土與邊疆。他們支持伊斯蘭宗教儀式而且……禮敬宗教領袖，維護麥加與麥地那這兩座聖城，遵從伊斯蘭律法與實踐揭櫫的司法規定與原則。他們的統治堅若磐石，權勢屹立不搖，國王敬畏他們，自由民與奴隸服從他們。[9]

＊西元七世紀起，穆斯林世界使用的金幣，直到十五世紀漸漸被取代。

敘利亞的村民與城市民眾對於馬木路克帝國的滅亡並不感到哀傷。伊本・伊亞斯提到，飽受重稅與專制統治之苦的阿勒坡居民不讓敗逃的馬木路克人進城，他們「對待馬木路克人比在瑪爾吉・達比克擊敗馬木路克的鄂圖曼人還苛刻」。當冷酷者塞利姆進入阿勒坡時，「整座城市歡聲雷動，市集點起蠟燭，到處都是為他祈禱的聲音，居民慶祝」從馬木路克的暴政中解脫。[10]大馬士革編年史家穆罕默德・伊本・突倫（一四七五～一五四六）提到，大馬士革民眾對於政治主人的轉換並不感到驚慌。他還表示馬木路克統治末期充滿了重稅盤剝、官員腐敗、中央政府大權旁落、馬木路克埃米爾*的無恥野心、鄉野盜賊橫行與統治失靈造成的經濟凋敝。[11]相較之下，伊本・突倫認為鄂圖曼的統治值得稱述，鄂圖曼人為大馬士革省帶來了法律、秩序與合乎常規的賦稅制度。

馬木路克王朝的滅亡對鄂圖曼帝國的影響遠超過阿拉伯世界。鄂圖曼帝國的核心地區在巴爾幹半島與安那托利亞，首都伊斯坦堡橫跨了帝國的歐亞省分。阿拉伯地區遠離鄂圖曼核心，而阿拉伯人是這個多民族帝國的新組成分子。阿拉伯人本身就是內容多樣的民族，共通的阿拉伯語言可以進一步區分成各種方言，當一名阿拉伯人從阿拉伯半島經肥沃月灣前往北非時，各地的方言根本無法溝通。絕大多數阿拉伯人與鄂圖曼土耳其人一樣是（現在亦然）順尼派穆斯林，此外仍分裂出可觀的穆斯林小宗派、基督教社群與猶太人。阿拉伯世界有著龐雜的文化多樣性，不同阿拉伯地區有著不同的飲食、建築與音樂傳統。歷史也區隔了阿拉伯各民族，伊斯蘭教創立後的數百年間，不同的地區分屬不同的王朝統治。阿拉伯世界的整合從根本上改變了地理空間，也改變了鄂圖曼帝國的文化與人口。

現在鄂圖曼人面臨真實的挑戰，他們必須建立新行政組織來統治新取得的阿拉伯地區。阿拉伯人加入鄂圖曼帝國，正值帝國往波斯、黑海地區與巴爾幹半島快速擴張的時期。帝國政府訓練與派駐適任行政官員統治新地區的能力趕不上帝國領土擴張的速度。只有最靠近鄂圖曼核心地帶的地區，例如敘利亞北部城市阿勒坡，才會施行鄂圖曼本身的制度。離安那托利亞愈遠的地區，鄂圖曼人愈傾向於保留當地既有的政治秩序，確保以最平順的方式移轉政權。鄂圖曼人重視實用而不重視意識形態，他們感興趣的是維持法律與秩序，關切的是如何從新領土穩定徵稅，而不是將自己的生活方式強加在阿拉伯人身上。結果，在征服初期，鄂圖曼的阿拉伯省分仍維持豐富的多樣性與廣泛的自治模式。

鄂圖曼人在敘利亞與埃及首先面臨的挑戰是如何把馬木路克官員組織成效忠鄂圖曼的政府。只有馬木路克人擁有知識與經驗為鄂圖曼人統治敘利亞與埃及。但鄂圖曼人無法仰賴馬木路克人的忠誠。鄂圖曼統治的最初十年經常爆發激烈的叛亂，一些關鍵的馬木路克人試圖脫離鄂圖曼帝國，恢復馬木路克在敘利亞與埃及的統治。

征服馬木路克帝國後的最初幾年，鄂圖曼人幾乎完全保留了原先的政府機構，交由馬木路克埃米爾（將領或「指揮官」）統治。他們以阿勒坡、大馬士革與開羅為中心，將前馬木路克的領土分成三個省分。阿勒坡是第一個完全施行鄂圖曼制度的省分。該省由鄂圖曼人擔任總督，政治與經濟生活完全與鄂圖曼帝國緊密整合。雖然民眾當時不可能知道這件事，但鄂圖曼的征服將為阿勒坡開啟一段真正延續到十八世紀的黃金時代，這座城市將成為亞洲與地中海之間陸路貿易的重要中心。雖然距離海岸約八十公里，阿勒坡仍吸引荷蘭、英國與法國黎凡特公司來此設點，而且成為阿拉伯世界最具國際色彩的城

＊埃米爾（amirs），指將領或軍事領袖，有時則指統治者家族成員。

市。[12]莎士比亞在《馬克白》裡讓第一個女巫提到一名水手的妻子，「她的丈夫是老虎號的船長，到阿勒坡去了，」（第一幕第三場）他在環球劇場裡的觀眾知道她說的是哪裡。

蘇丹塞利姆選任馬木路克人擔任大馬士革與開羅的總督。他任命的這兩個人可說是南轅北轍。塞利姆指定詹比爾迪．加札利擔任大馬士革總督。詹比爾迪曾經是馬木路克的敘利亞總督，在瑪爾吉．達比克英勇對抗鄂圖曼人。他率領馬木路克軍攻擊在加薩的塞利姆部隊並且受傷。他與剩餘的部隊撤退到開羅，協助圖曼拜伊防守城市。塞利姆顯然尊敬詹比爾迪對馬木路克君主展現的正直與忠誠，他希望詹比爾迪能把這份忠誠轉移到鄂圖曼新主子身上。一五一八年二月，塞利姆任命詹比爾迪為大馬士革總督，讓他享有馬木路克時代總督擁有的所有權限，而相應地詹比爾迪每年必須上繳二十三萬第納爾的貢金。[13]將這麼大的權力轉移到一個人身上，而且對於他的權威沒有任何制衡機制，這種做法顯然風險很大。

在開羅，塞利姆選擇的是哈伊爾貝伊，他曾是前馬木路克的阿勒坡總督。哈伊爾貝伊在瑪爾吉．達比克戰役之前就已經與塞利姆書信往來。瑪爾吉．達比克戰役中，哈伊爾貝伊故意自亂陣腳，讓鄂圖曼人獲得優勢。他後來遭圖曼拜伊逮捕，囚禁在開羅監獄裡。塞利姆攻下開羅後釋放了哈伊爾貝伊，然後表彰這位前阿勒坡總督的貢獻。然而，塞利姆從未忘記哈伊爾貝伊曾背叛他的前馬木路克君主，而根據伊本．伊亞斯的說法，塞利姆用雙關語把哈伊爾貝伊（Khair Bey）稱為 Khain Bey，即「背叛者爵爺」。[14]

由於塞利姆蘇丹相當長壽，這些行政安排並未受到挑戰。一五二〇年十月，塞利姆去世的消息傳了開來，年輕的王子蘇萊曼登上鄂圖曼皇位。有些馬木路克人認為自己效忠的是征服他們的塞利姆蘇丹而不是他的整個王朝。隨著皇位更替，新任蘇丹蘇萊曼面臨阿拉伯省分的連番叛亂。

首起馬木路克叛亂爆發於大馬士革。詹比爾迪．加札利想重建馬木路克帝國，他自稱蘇丹，襲用帝王的稱號馬利克．阿什拉夫（al-Malik al-Ashraf，最尊貴的君王）。他穿上馬木路克人的服裝與纏上輕便的頭巾，並且禁止大馬士革的民眾穿著鄂圖曼人的服裝。他禁止主麻拜時講道者提及蘇丹蘇萊曼之名。他著手將敘利亞境內的鄂圖曼士兵與官員予以肅清。的黎波里、霍姆斯與哈馬幾座城市也起兵響應。他籌組軍隊，準備奪取鄂圖曼人控制的阿勒坡。[15]

阿勒坡民眾依然忠於鄂圖曼蘇丹國。他們為塞利姆的去世哀悼並且以蘇萊曼之名行主麻拜。總督得知叛軍逼近，於是著手鞏固阿勒坡的防務。十二月，詹比爾迪圍困阿勒坡。叛軍砲轟阿勒坡城門，將燃燒的箭矢射進城內，但守軍修復了損壞，讓詹比爾迪的軍隊無法得逞。大馬士革人持續圍城十五天後撤退。大約有二百名阿勒坡居民在圍城期間死亡，陣亡士兵也差不多是這個數字。[16]

詹比爾迪眼見叛亂遭受挫折，於是返回大馬士革鞏固自身的地位並且召集軍隊。一五二一年二月，他在大馬士革城外與鄂圖曼大軍作戰。他的人馬一下子就被擊潰，而詹比爾迪也在戰爭中身亡。大馬士革陷入恐慌。由於響應詹比爾迪脫離鄂圖曼帝國重建馬木路克統治的空洞口號，大馬士革人失去了和平臣服鄂圖曼統治能獲得的好處。

鄂圖曼大軍剛擊敗詹比爾迪，就轉而劫掠大馬士革。根據伊本．突倫的說法，超過三千人被殺，城區與鄰近村落都遭到搶掠，婦女與兒童都被擄走。詹比爾迪的頭顱與割下來的一千名陣亡士兵的耳朵全都當成戰利品送往伊斯坦堡。[17]大馬士革的馬木路克勢力至此完全消滅。因此大馬士革將由伊斯坦堡任命的鄂圖曼總督治理。

在埃及，鄂圖曼人的統治不斷受到挑戰。雖然塞利姆對於開羅馬木路克總督的忠誠感到懷疑，而且稱他「背叛者爵爺」，但哈伊爾貝伊直到一五二二年去世之前都能維持鄂圖曼在埃及的秩序。鄂圖曼當局花了大半年的時間才找到接替他的新總督。中東兩個省分的總督利用埃及總督空位期間，於一五二三年五月發動叛亂，一些馬木路克人與貝都因領袖響應。這場亂事很快就被駐埃及的鄂圖曼守軍平定，許多馬木路克叛亂分子隨後遭到囚禁或殺害。

接下來的挑戰來自新任鄂圖曼總督本身。艾哈邁德帕夏*嚮往成為鄂圖曼政府的首相（vezir）。他因為僅被任命為埃及行省總督而深感挫折，為了滿足野心，他在埃及自立為獨立統治者。一五二三年九月，艾哈邁德帕夏就任後不久，開始解除駐開羅鄂圖曼守軍武裝，然後將眾多步兵送上船運回伊斯坦堡。他釋放因參與前一年暴亂而被囚禁的馬木路克人與貝都因人。艾哈邁德帕夏於是自立為蘇丹，並且命令他的支持者殺死駐守城堡的剩餘鄂圖曼部隊。與詹比爾迪一樣，艾哈邁德帕夏以自己的名義行主麻拜與鑄幣。然而他的叛亂為時不長。對手攻擊他，迫使他撤退到鄉野地帶，一五二四年三月，他在鄉間遭到捕獲與斬首。伊斯坦堡派遣新總督到開羅，明確指示要肅清馬木路克勢力並且將埃及完全置於中央政府的統治之下。此後，蘇萊曼蘇丹的表現輕易贏得阿拉伯臣民的支持，在他統治期間，再也沒有任何叛亂能威脅鄂圖曼。

塞利姆征服不到十年，埃及、敘利亞與漢志都已牢牢掌握在鄂圖曼人統治之下。帝國首都伊斯坦堡成為整個帝國執行命令者與立法者的發源地。政府階序的頂端是蘇丹，蘇丹是絕對君主，他說的話就是一切。蘇丹住在托普卡匹皇宮，外圍有高牆，從這裡可以俯瞰帝國首都、博斯普魯斯海峽與金角灣。從皇宮城牆往下坡路走，在宏偉城門的後方是首相與其他大臣的官署。這個行政中心因為最明顯的特徵

——城門——而得名。以土耳其文稱呼是Bab-i Ali（高門），這個說法用法文表示是 La Sublime Port，英文化之後就成了 Sublime Porte，或簡稱「the Porte」。宮廷與高門這兩個機關為阿拉伯省分建立全新的政府形式，讓整個帝國成為一體。

鄂圖曼人的統治帶來新的行政常規。十六世紀鄂圖曼的行省體系採取的是封建主義形式，中央政府分封土地給軍事指揮官做為酬庸。總督可以管理自己土地上的司法系統與徵稅。總督也可以利用土地的收益來維持一定數量的騎兵以及向國庫上繳固定數額的稅收。與歐洲封建主義不同的是，鄂圖曼的封建制度不是世襲制，因此無法產生與蘇丹權力相抗的貴族。這種制度非常適合快速擴張的帝國，因為征服領土的速度太快，國家來不及產生訓練有素的官員來進行管理。官員的工作是簿記，詳細記錄帝國的財富。官員要編纂詳細的稅收登記簿，列出應納稅者、家戶、農田的數量，以及各省各村的收入。這些登記簿照理每三十年要更新一次，不過在十六世紀時，國家開始忽視這項簿記工作；到了十七世紀，登記工作完全荒廢。[18]

鄂圖曼位於敘利亞的新省分——阿勒坡、大馬士革與日後的沿海省分的黎波里（位於今日的黎巴嫩）——分割成更小的行政單位，分別交由軍事指揮官來管理。行省總督可以取得最大的封地，擁有一定數量的軍隊，並且要向蘇丹上繳固定的稅收以供蘇丹從事戰爭與支應國庫需要。行省的軍事指揮官取得次大的封地，其他下層指揮官則依照自身階級取得土地，並且依照自身階級率領一定數量的軍隊為蘇丹作戰。[19]這套修正過的封建制度從未在埃及施行，埃及依然由鄂圖曼總督與馬木路克指揮官之間不穩

*帕夏（Pasha），阿拉伯文作「basha」，突厥頭銜，通常用來稱總督、統治者。

定的夥伴關係來進行統治。

在阿拉伯行省任職的人員全由伊斯坦堡中央政府任命，這些人多半不是阿拉伯當地人士。與馬木路克人一樣，鄂圖曼人也有自己的奴隸招募制度，他們施行的地點主要在巴爾幹行省。在一年一次的徵召中，年幼的基督教男孩從村落遭人帶走，這種徵召土耳其文稱為德夫希爾梅（devshirme），也就是「男孩稅」。他們被送往伊斯坦堡，在那裡改信伊斯蘭教，接受訓練為帝國服務。體格健壯的男孩送去接受軍事訓練，然後加入精銳的耶尼切里（Janissary）步兵團。天資聰穎的男孩則送進宮廷接受文官訓練，日後在宮裡辦事或者擔任官員。

從現代的標準來看，男孩稅無疑是野蠻的：孩子淪為奴隸，在與家人分離下長大，而且被迫改信伊斯蘭教。然而，就當時而言，在階級森嚴的社會裡，這是他們唯一的晉身階。透過男孩稅，農民之子可以成為將領或首相。事實上，鄂圖曼軍隊與政府的菁英階層多少局限在德夫希爾梅的招募上。阿拉伯人雖然絕大多數是自由的穆斯林，卻完全排除在這項招募制度之外，這表示鄂圖曼帝國初期權力菁英的構成，阿拉伯人占的比例明顯偏低。[20]

蘇丹蘇萊曼二世在位時期的一項偉大創新是在法律上定義了每個鄂圖曼省分的行政結構。在西方，蘇萊曼被稱為「大帝」（the Magnificent），但在鄂圖曼，蘇萊曼有個土耳其稱號，叫卡努尼（Kanuni），也就是「立法者」的意思。蘇萊曼死後兩百多年，埃及史家賈巴爾提讚揚他在法律與行政改革上的成就：「卡努尼蘇丹蘇萊曼樹立了政府行政的原則，建立了完整的帝國，組織了所有行省。他照耀黑暗，高舉宗教的光明燈火，澆熄異教徒的氣燄。這個國家﹝也就是埃及﹞依然是帝國的一部分而且從那時起直到今日仍舊遵從鄂圖曼的法規。」[21]政府法規刊載在憲法文件上，稱為《世俗法》，然後頒布各省。各省憲法清楚說明總督與納稅人的關係，並且明確規定雙方的權利與責任。以那個時代而言，這些憲法乃是政府負責的極致表現。

一五二五年，平定艾哈邁德帕夏叛亂後不久，第一部省憲在埃及起草。蘇丹蘇萊曼二世的首相易卜拉欣帕夏把引進《世俗法》以恢復蘇丹對埃及的權威視為核心使命。《世俗法》的內容極為廣泛，把行政架構往下涵蓋到村落層級，而且明定官員的職責使其包括維持治安、維護灌溉系統與徵稅，此外也針對土地測量、宗教捐贈、穀倉維護與海港營運的相關規定做了清楚解釋。這部省憲甚至提到總督與國家諮詢議會開會的頻率（每星期四次，與伊斯坦堡的帝國議會一樣）。[22]

鄂圖曼行政官員需要有紀律且可靠的軍隊來執行法律。各省總督管轄的部隊由鄂圖曼正規軍與當地招募的非正規軍組成。精銳部隊稱為耶尼切里，部隊指揮官由伊斯坦堡當局任命。像大馬士革這樣的城市會駐紮五百名到一千名耶尼切里來維持當地秩序。此外還有騎兵部隊，騎兵的給養完全仰賴各省歲入。根據鄂圖曼史料記載，十六世紀的最後二十五年，阿勒坡、的黎波里與大馬士革三省總共駐紮了八千名以上的騎兵。[23]這些部隊有當地招募的步兵與北非傭兵做為補充。

除了總督與軍隊，鄂圖曼行政組織的第三個要素是司法機構。伊斯坦堡中央政府派遣首席法官到各省首府主持伊斯蘭法院。雖然基督徒與猶太人有權在自己社群的宗教法庭解決爭端，但許多人還是選擇到穆斯林法院提告或記錄交易。伊斯坦堡頒布的所有帝國法令都要在法院公開宣讀並且記載於法院登記簿中。除了刑事案件，法院也為爭執雙方提供仲裁，為民眾的商業契約與土地買賣進行公證，以及登記民眾人生的重要轉折，如結婚與離婚、安置孤兒寡母與分配死者個人遺產。所有的案件與交易全正式記錄在法院登記簿裡，許多紀錄至今依然留存，成為了解鄂圖曼帝國城鎮日常生活的珍貴資料。

蘇丹蘇萊曼二世證明是鄂圖曼帝國最成功的一位統治者。在他統治的四十六年間，蘇萊曼完成了從他父親開啟的征服阿拉伯世界的偉業。一五三三年到一五三八年，他從波斯薩法維帝國手中奪取了巴格達與巴斯拉，在這些地方鄂圖曼大軍被多年來深受什葉派薩法維王朝迫害的順尼派民眾視為解放者。伊拉克的征服在戰略與意識形態上至關重要。蘇萊曼二世鞏固了帝國，攻占歷史悠久的阿拉伯首都巴格達為他的功業再添一筆，而什葉派伊斯蘭教義往順尼派國家傳布的行動也因此止步不前。

一五三〇年代與一五四〇年代，蘇萊曼二世的軍隊從埃及往南占領阿拉伯半島南端的葉門。一五二五年到一五七四年，蘇萊曼轉向地中海西部，鄂圖曼帝國拓疆至北非沿海地區，利比亞、突尼西亞與阿爾及利亞成為繳納貢金的屬國。到了十六世紀末，除了阿拉伯半島中部與摩洛哥蘇丹國以外（這兩個地區位於鄂圖曼帝國領土以外），所有阿拉伯國家都以某種形式受到鄂圖曼的控制。

每個阿拉伯國家分別在不同時間、特殊條件與特定歷史與行政背景下併入鄂圖曼帝國。鄂圖曼在每個省的統治各有其獨特的故事，這些歷史是在這些國家於不同條件下成為帝國省分時形塑出來的。

鄂圖曼征服北非，仰賴的與其說是傳統戰爭，不如說是海上劫掠，當然，在某些人眼中這些人與海盜無異，但就在另一些人看來他們卻是海上名將。十六世紀，英格蘭在對抗實力更為強大的西班牙艦隊時，法蘭西斯．德瑞克爵士使用了海盜戰術，但德瑞克身為伊麗莎白一世的騎士以及女王最信賴的謀臣形象卻遠不如他海上搶掠的行為知名。海雷丁．「巴巴羅薩」（當時歐洲人因為他的紅鬍子而為他取名為巴巴羅薩）也是如此，他是鄂圖曼史上最偉大的海軍將領之一。對西班牙人來說，他是無情的海盜，不僅為地中海來往船隻帶來災難，也抓走數千名基督徒水手販售為奴。但對北非沿海的居民來說，他卻是向西班牙占領者發動吉哈德*的聖戰士，他擄獲的戰利品對當地經濟產生重大的助益。對鄂圖曼人而言，他是鄂圖曼的子弟，一四六六年左右出生於土耳其海岸外不遠處的愛琴海島嶼米蒂利尼。

十五、十六世紀之交，地中海西部成了基督徒與穆斯林軍隊激烈衝突的地帶。一四九二年格拉納達的陷落，顯示西班牙對伊比利半島的征服已達到巔峰，近八個世紀穆斯林在西班牙的統治（七一一～一四九二年）就此結束。天主教西班牙的出現，勸誘改宗不久便轉變成強迫改宗，絕大多數伊比利穆斯林因此離開故土到北非避難。這些穆斯林難民稱為「摩里斯科人」（Moriscos），他們從未忘記故鄉或放棄西班牙。西班牙君主卡斯提爾的伊莎貝拉與亞拉岡的斐迪南在地中海地區無情發動聖戰，他們針對的是摩里斯科人投靠的穆斯林王國。他們在從摩洛哥到利比亞的北非沿海建立一連串要塞殖民地，又稱為presidio（堡壘），並且強迫內陸城鎮向西班牙繳納貢金。這些殖民地當中尚有兩座至今仍以西班牙屬地的形式存在於摩洛哥沿海，它們是休達與梅利利亞。

西班牙對北非進行侵略擴張時，當地的穆斯林小邦幾乎未做出任何抵抗。西北非有三個王朝分別位於費茲（今摩洛哥）、特萊姆森（位於今阿爾及利亞）與突尼斯。這三個王朝向西班牙國王繳納貢金，西班牙設置要塞控制他們的對外港口，使這些國家不敢輕舉妄動。穆斯林統治者與西班牙入侵者合作使統治者與臣民上下離心，不久，當地狂熱分子開始自行組織軍隊抵抗入侵者。由於要塞必須仰賴海上補給，而與堅固的要塞相比，西班牙的運輸船顯然更容易遭受攻擊。當地水手對船隻進行武裝並且在海上

---

*吉哈德（jihad）：在神的道路上「奮鬥」。穆斯林宗教學者對「吉哈德」下了兩種不同層次的定義：大吉哈德指的是個人努力淨化自身，除去低層次的本能與不純潔的天性；小吉哈德則是為擴張或防禦伊斯蘭土地而戰鬥。

發動吉哈德，這些人被西方稱為巴巴里海盜（Barbary corsairs），Barbary一詞若不是源自希臘文的barbarian（蠻族），就是源自另一個比較合宜的說法，即北非的Berber people（柏柏人）。這些海盜在攻擊西班牙運輸船搶掠物品與奴隸的同時，也認為自己進行的是一場對抗基督教入侵者的宗教戰爭。這些海盜對西班牙人的大膽攻擊使他們成為當地的英雄，也讓他們贏得濱海地區阿拉伯人與柏柏人的支持。

海雷丁是最知名的巴巴里海盜。他的兄長奧魯奇在小港口吉傑勒建立小國，海雷丁追隨兄長的腳步來到阿爾及爾以東之地。奧魯奇沿著阿爾及利亞海岸擴展疆域，一五一七年，他攻下位於西部的特萊姆森。次年，他堅守特萊姆森失敗，遭西班牙人殺害。海雷丁了解身為海盜想對抗西班牙帝國保住自己的所得必須取得強大盟友的支持，於是他與鄂圖曼帝國結盟，把海盜吉哈德提升為成功的戰爭機器。

一五一九年，海雷丁派使臣趕赴鄂圖曼朝廷，除了獻上阿爾及爾民眾的禮品與請願書，也提出希望得到蘇丹塞利姆的保護與接受蘇丹統治的要求。冷酷者塞利姆在臨終之際同意將阿爾及利亞沿海地區併入鄂圖曼帝國領土。他讓海雷丁的使臣高舉鄂圖曼旗幟，並且派遣兩千名耶尼切里護送他返國。世上最強大的穆斯林帝國加入這場戰局，與西班牙艦隊交戰，西地中海的權力均勢出現決定性的變化。

在與鄂圖曼人建立新同盟的激勵下，巴巴里海盜開始把攻擊的範圍拓展到北非沿海地區之外。海雷丁與他的指揮官攻擊的目標遍及義大利、西班牙與愛琴海島嶼。一五二〇年代，海雷丁搶掠歐洲的運糧船，他宛如海上羅賓漢，把糧食送往因旱災而飽受缺糧之苦的阿爾及利亞沿海地區民眾。他的船隻從西班牙手中解救了摩里斯科人，並且將他們帶回與移居到他控制下的城鎮，讓他們成為反抗西班牙的生力軍。

不過，海雷丁與他的手下最著名的還是他們襲擊西班牙船隻的事跡。他們擊沉槳帆船，解放穆斯林奴隸，而且擄獲數十艘敵船。在西班牙與義大利沿海地區，巴巴羅薩的名號令人聞風喪膽，而這其來有自。他手下俘虜的基督徒數以千計，如果是貴族便索取高額贖金，如果是平民就當成奴隸販售。對這群穆斯林海盜來說，這麼做是一種詩意的正義：他們許多人先前也曾被西班牙人擄走，而且遭到販賣成了槳帆船上的奴隸。

西班牙海軍需要能與海雷丁一較長短的將領。一五二八年，皇帝查理五世僱用著名的指揮官安德烈亞．多里亞（一四六六～一五六〇）來對付海雷丁。多里亞是土生土長的熱那亞人，他的作戰用槳帆船艦隊受僱於歐洲君主，為他們提供服務。多里亞與海雷丁沒什麼兩樣，都是進行劫掠的海盜。

多里亞是偉大的海軍將領，但海雷丁更勝一籌。在長達十八年的地中海海上對決中，多里亞面對鄂圖曼艦隊罕能取得上風。一五三〇年，雙方首次遭遇是個典型的例子。一五二九年，在經過短暫圍城後，海雷丁攻下阿爾及爾灣的西班牙要塞。西班牙俘虜淪為奴隸，並且被命令去拆除要塞，拆卸下來的石塊用來興建防波堤以保護阿爾及爾港。查理五世因喪失戰略要地而大為光火，他為此召開國務會議研擬對策。多里亞提議攻打阿爾及爾西邊的港口歇爾謝爾。一五三〇年，多里亞的軍隊在歇爾謝爾附近登陸，解放了數百名基督徒奴隸，但卻遭遇居住在歇爾謝爾的摩里斯科人的頑強抵抗，這些人一直渴望與西班牙人戰鬥。海雷丁派援軍前來，多里亞不願冒險與數量龐大的鄂圖曼艦隊交鋒，於是撤離船艦——把西班牙軍隊遺棄在歇爾謝爾。奮戰的西班牙人被殺，投降的則淪為奴隸。海雷丁兩度羞辱西班牙人並且鞏固了自己對阿爾及爾的控制。

巴巴羅薩在蘇丹眼中的地位也水漲船高，一五三二年，他受邀前往伊斯坦堡覲見蘇萊曼大帝。他率領四十四艘船艦出海，一路上掠奪熱那亞與西西里島沿海地區，擄獲十八艘基督徒船隻——他把船隻搜括一空後予以焚燬。最後，巴巴羅薩終於抵達伊斯坦堡，並且受蘇丹邀請進宮。當海雷丁被引領來到蘇丹面前時，他匍匐在地，親吻地面，聽候主上指示。蘇萊曼命他起身，然後晉封他為鄂圖曼海軍司令，稱卡普丹帕夏，並且任命他為海洋省區總督。停留伊斯坦堡期間，海雷丁都住在宮裡，定期與蘇丹討論海軍戰略。最後，為了表達對海雷丁的賞識，在皇宮典禮上，蘇丹在海雷丁的特本（turban，頭巾）別上黃金勳章，感謝卡普丹帕夏為鄂圖曼帝國擴展北非領土以及從西班牙勁敵身上贏得勝利。[24]

從伊斯坦堡回程路上，海雷丁著手計畫他的下一場大戰：征服突尼斯。一五三四年八月，他率領近一萬名士兵遠征，在未遭遇任何抵抗下攻占突尼斯。現在，鄂圖曼人控制了從突尼斯到阿爾及爾的北非海岸，查理五世在西地中海的海上優勢岌岌可危。多里亞建議皇帝將海盜逐出突尼斯。查理五世同意，而且親率艦隊出征。他描述集結數量龐大的「槳帆船、蓋倫帆船、克拉克帆船、富斯特槳帆船、大型船隻、前桅橫帆雙桅船與其他」載運西班牙、日耳曼、義大利與葡萄牙軍隊的船隻，總數約二萬四千名士兵與一萬五千匹戰馬前往突尼斯。「我們祈求造物主的援助與引導……以及神的支持與恩寵，以最有效且最佳的方式對抗巴巴羅薩。」[25]

當這支龐大艦隊逼近突尼斯時，海雷丁知道難以抵擋，於是讓部隊撤退。突尼斯又落入西班牙軍隊手中。查理五世在寄回國內的信上表示，西班牙軍隊解放了二萬名基督徒奴隸。而阿拉伯史料則宣稱，西班牙人在突尼斯至少殺了同等數量的當地居民。從戰略角度來看，征服突尼斯使西地中海門戶西西里海峽牢牢掌握在西班牙人手裡。穆斯林的據點只剩下阿爾及爾。

一五四一年，西班牙派出一支龐大的攻城部隊，企圖奪取阿爾及爾以一舉擊潰海雷丁。十月中，由六十五艘槳帆船與四百多艘運輸船組成的艦隊，載運著三萬六千名士兵與攻城器械揚帆出海。阿爾及利亞編年史家薩伊德．穆拉德寫道：「艦隊覆蓋了整個海面，我無法數出有幾艘船，因為它們實在不計其數。」為了對抗西班牙人，巴巴里海盜集結了一批由一千五百名鄂圖曼耶尼切里、六千名摩里斯科人與數百名非正規部隊組成的軍隊。入侵者以超過四比一的比例人數遠超過他的軍隊，海雷丁的處境十分危急。他底下的一名軍官試圖提振軍隊士氣，他說：「基督徒的艦隊很龐大……但別忘了阿拉會幫助祂的穆斯林對抗宗教敵人。」[26]對當地史家穆拉德來說，他的話預言了一切。

在西班牙入侵前夕，天氣突然轉變，強風把西班牙船隻吹向嶙峋的岸邊。努力安全上岸的士兵被滂沱大雨淋濕，火藥也因為泡水而無法使用。在這種狀況下，守軍的刀劍弓弩反而成為更有效的武器，全身濕透、士氣低落的西班牙人在失去一百五十艘船與一萬二千名士兵陣亡或被俘後開始撤退。巴巴里海盜給予西班牙人決定性的一擊，就此確保他們在北非的地位。這是海雷丁最偉大的一場勝利，往後在鄂圖曼統治的時代，阿爾及爾每年都會慶祝。

五年後，一五四六年，海雷丁以八十歲高齡去世。他成功為鄂圖曼帝國確保北非沿海地區（不過的黎波里與突尼斯的征服最終則是在十六世紀晚期由他的後繼者完成）。鄂圖曼在北非的統治不同於其他阿拉伯地區，反映了此地特有的海盜根源。在海雷丁死後數十年間，權力在伊斯坦堡任命的總督、鄂圖曼艦隊指揮官與鄂圖曼耶尼切里步兵指揮官之間保持平衡。十七世紀，定居阿爾及爾並且成為當地永久居民的耶尼切里指揮官開始擔任阿爾及爾總督，並且透過議會（diwan）來進行統治。然後到了一六七一年，權力再度移轉：艦隊指揮官被任命為當地的民政領袖，即迪伊（dey），取代了耶尼切里指揮官的統治地位。往後數年，迪伊實質地行使權力，雖然伊斯坦堡仍繼續任命帕夏或總督，但他們的權力比較屬於儀式性的。一七一〇年後，迪伊也開始擔任帕夏這個職位，伊斯坦堡對北非的控制愈來愈弱，迪伊取得充分的自治權，每年只需上繳小額的貢金給高門。

鄂圖曼與西班牙在西地中海的敵對狀態結束一段時間之後，高門很放心地把北非沿海地區交給阿爾及爾迪伊統治。巴巴里海岸離伊斯坦堡太遠而難以直接統治，人口過於稀少而無法支撐龐雜的行政體系，此地因此成為鄂圖曼與當地菁英共治的典型阿拉伯省分。這種做法使鄂圖曼帝國得以管轄具戰略地位的穆斯林領土，雖然取得貢金不多，卻毋需耗費龐大國庫資金。而這項安排也適合阿爾及爾迪伊，使他們在面對地中海其他海上霸權時，既能獲得鄂圖曼的保護，又能享有廣泛的自治權。這個對雙方有利的制度一直持續到十九世紀，之後無論是迪伊還是鄂圖曼人都沒有充足的力量抵抗歐洲殖民北非的新時代。

東地中海發展出非常不同的自治體系。黎巴嫩山區長久以來一直是非正統宗教社群逃避迫害的避難處。其中有兩個宗教社群：基督教的馬龍派與伊斯蘭教的德魯茲派創立了屬於自己的統治體系。一五一六年，在冷酷者塞利姆征服的時期，黎巴嫩高地（稱為黎巴嫩山）與大敘利亞其他地區都在鄂圖曼的統治之下，但高門傾向於聽任這些生活在山區堡壘的當地民眾自行其是。

七世紀晚期，在拜占庭帝國統治下，馬龍派為了逃避其他敵對基督教派的迫害，在黎巴嫩北部山區覓得安全處所。他們是中世紀十字軍的支持者，之後又與梵蒂岡建立緊密關係。一五八四年，馬龍派學院在羅馬設立，教授最有天分的馬龍派信徒，並且鞏固馬龍派與羅馬天主教會之間的連結。

德魯茲派的起源可以追溯到十一世紀的開羅，什葉派穆斯林裡有一群異議人士為了逃避迫害而離開埃及。在孤立的黎巴嫩南部山區，德魯茲派取得獨特而高度神祕的新信仰形式。他們不僅是宗教社群，也是政治社群，而且在馬龍派基督徒的充分參與下支配了黎巴嫩山的政治秩序。在德魯茲派埃米爾或君主之下存在著由德魯茲派與基督徒世襲貴族構成的嚴謹等級制度，每個貴族都在黎巴嫩山擁有自己的領土。

當黎巴嫩山納入鄂圖曼的統治範圍時，蘇丹選擇保留該地特殊的封建秩序，只要求德魯茲派君主承認蘇丹的權威與每年上繳貢金。這個制度是成功的，只要德魯茲派一直處於分裂狀態，就不可能對鄂圖曼的統治構成威脅。但這一切因為埃米爾法赫雷丁二世的崛起而出現變化。

黎巴嫩山君主法赫雷丁二世（約一五七二～一六三五年）宛如馬基維利著作裡的人物。他的做法顯然更貼近切薩雷．波吉亞*，而非同時代的鄂圖曼領袖。法赫雷丁同時運用暴力與詐術來擴充領土，並且維繫自己的權力達數十年之久。他甚至設立宮廷史官記錄他在位期間發生的大事，好讓他的事跡流傳後世。[27]

一五九一年，法赫雷丁的父親遭敵對的薩伊法氏族刺殺身亡，之後由法赫雷丁繼承大位掌握權力。薩伊法氏族屬庫德族，統治黎巴嫩北部，根據地在濱海城市的黎波里（不要跟利比亞的的黎波里搞混）。往後三十年，這名德魯茲派君主只為彼此緊密相扣的兩件事努力：向薩伊法氏族復仇，為家族擴充領土。在過程中，法赫雷丁一直與鄂圖曼人維持良好關係。他準時上繳領內該付的稅金。他前往大馬

---

* 切薩雷．波吉亞（一四七五～一五〇七）：一度為教皇國的實際領導者，其家族聲勢在他手上達於巔峰。但為人攻於謀略、算計，有「毒藥公爵」之稱，被視為暴君。

士革，餽贈奢華禮品與豐厚金錢給總督穆拉德帕夏，穆拉德帕夏日後晉升為伊斯坦堡的首相。透過這些連結，法赫雷丁成功擴展領土到南部港口城市賽達、貝魯特與沿海平原，以及黎巴嫩山北部地區與以東的貝卡谷地。到了一六〇七年，這位德魯茲派君主已經鞏固了相當於今日黎巴嫩絕大多數地區的領土以及巴勒斯坦的北部地區。[28]

法赫雷丁治理的小國日漸繁榮，面臨的麻煩也愈來愈多。他控制的領土已經超過黎巴嫩山自治區之外，侵入到鄂圖曼直接統治的地帶。這個史無前例的擴張，除了引起伊斯坦堡政府高層的關注，也招來當地與法赫雷丁為敵的對手的嫉恨。為了免遭鄂圖曼陰謀加害，一六〇八年，這位德魯茲派的馬基維利式人物與佛羅倫斯的麥第奇家族締結同盟。麥第奇家族為了在高度競爭的黎凡特貿易上獲得特權，於是提供槍砲並且支援法赫雷丁修築要塞。

法赫雷丁與托斯卡尼*締約的消息引起不安。往後數年，隨著黎巴嫩與托斯卡尼關係逐漸深化，鄂圖曼人也愈來愈感到憂心。當法赫雷丁的朋友穆拉德帕夏被政敵納蘇赫帕夏奪去首相職位時，法赫雷丁在伊斯坦堡的地位也跟著一落千丈。一六一三年，蘇丹決定採取行動，他派軍前來推翻法赫雷丁與剷除德魯茲派建立的迷你國度。鄂圖曼海軍封鎖黎巴嫩港口，防止德魯茲派君主逃離，並且攔阻托斯卡尼派船前來協助。法赫雷丁機靈地繞過攻擊者，並且以賄賂的方式從鄂圖曼船艦之間通過。在謀士與隨從的陪同下，他僱用了兩艘法國蓋倫帆船與一艘法蘭德斯船載他前往托斯卡尼。[29]

經過五十三天從賽達前往利佛諾的旅程後，法赫雷丁踏上托斯卡尼的土地。他流亡的五年期間剛好是罕見的阿拉伯與歐洲君主彼此平等相待的時期，雙方都以尊重的態度看待彼此的風俗習慣。法赫雷丁與他的陪臣親眼目睹麥第奇的宮廷制度，文藝復興時代的科技程度與不同民族的風俗。這位德魯茲派君主驚嘆於自己看到的一切，從佛羅倫斯平民百姓的日常用品到麥第奇家族的藝術收藏——包括鄂圖曼達官貴人的肖像畫。他參觀佛羅倫斯的聖母百花聖殿，登上喬托鐘樓與布魯內萊斯基的著名圓頂，這座圓頂完成於上個世紀，是當時最偉大的建築成就。[30]然而，儘管法雷赫丁在佛羅倫斯看了這麼多驚奇事物，他卻從未懷疑自身文化的優越性，而且堅信鄂圖曼帝國是當時最強大的國家。

一六一八年，法赫雷丁返回故土。他謹慎選擇返國的時刻：鄂圖曼人再度與波斯人開戰，因而無暇注意他的歸來。法赫雷丁流亡海外五年，國內出現很大的變化。鄂圖曼當局把他的家族的統治範圍局限在黎巴嫩山南半部的舒夫地區，而且德魯茲派社群也分裂成幾個敵對派系，這些派系都不希望任何家族取得法赫雷丁過去享有的獨尊地位。

不久，法赫雷丁打亂了鄂圖曼高門與當地對手的計畫。從他返國的那一刻起，這名德魯茲派君主再度在人民當中建立權威，而且以黎巴嫩山為中心重新擴張版圖。他建立的個人帝國北起北方港口拉塔基亞，涵蓋整個黎巴嫩高地，南至巴勒斯坦與約旦河對岸。過去，法赫雷丁是在鄂圖曼當局的同意下獲取利益。現在，他攫取領土的行為卻直接挑戰了鄂圖曼高門。他自信地認為自己的戰士可以擊敗鄂圖曼派來的任何軍隊，往後五年，法赫雷丁在面對鄂圖曼當局時變得愈來愈大膽。

一六二三年十一月，法赫雷丁的權力達到巔峰，他的軍隊在安加爾戰役（battle of 'Anjar）擊敗來自大馬士革的鄂圖曼部隊而且擄獲總督穆斯塔法帕夏。[31]德魯茲派軍隊沿著貝卡谷地追逐敵人直到巴勒貝克，一路上還帶著戰俘，大馬士革總督也在其中。當軍隊進圍巴勒貝克時，法赫雷丁接見來自大馬士

＊麥第奇家族自一五六九年，由教宗授予統治托斯卡尼的權力，長達兩個世紀。

革由顯貴組成的使節團，他們想協商釋放總督。這位德魯茲派埃米爾把協商延長了十二天，在攻下每一處領土目標後才釋放戰俘。

一六二九年，鄂圖曼與波斯的戰爭結束，伊斯坦堡再次把注意力放在造反的黎巴嫩山德魯茲派君主身上，此時他控制的領土已經往東拓展到敘利亞沙漠，往北來到安那托利亞。一六三一年，法赫雷丁純粹出於傲慢地否決了鄂圖曼軍隊在「他的」領土過冬的權利。從這時起，鄂圖曼人決心剷除這個桀驁不馴的德魯茲派屬國。

年邁的法赫雷丁還面臨其他方面的重大挑戰：貝都因部族、宿敵的黎波里薩伊法氏族與其他敵對的德魯茲派家族。在蘇丹穆拉德四世的堅強領導下，一六三三年，鄂圖曼人利用法赫雷丁逐漸遭到孤立的機會，從大馬士革出兵一舉推翻這名德魯茲派領袖。或許他的支持者在經過長年戰鬥後已感到身心疲憊；或許他們對法赫雷丁的判斷失去信心，當他愈來愈明目張膽地無視伊斯坦堡的命令時。鄂圖曼軍隊進逼，德魯茲派的戰士拒絕響應領袖的號召，他們讓他與他的兒子自己去面對鄂圖曼人。

這名亡命的君主躲入德魯茲派核心地帶，也就是舒夫地區的山洞裡。鄂圖曼將領尾隨進入高地，放火用煙霧逼他離開藏匿地點。法赫雷丁與他的兒子被捕而且被送到伊斯坦堡，一六三五年，他們遭到處決，結束了一場令人矚目的事業，也為鄂圖曼統治阿拉伯除去危險的威脅。

除掉法赫雷丁之後，鄂圖曼人便放心恢復黎巴嫩山原有的政治制度。黎巴嫩山由基督徒與德魯茲派組成的異質人口，不適合施行適用於絕大多數屬於順尼派穆斯林的政府體系。只要各地統治者願意在鄂圖曼體系下運作，那麼鄂圖曼高門便樂於接受阿拉伯各省多樣的行政體系。黎巴嫩的封建秩序從此未再給伊斯坦堡帶來任何麻煩，並且一直持續到十九世紀。

塞利姆二世征服後的一世紀，埃及開始發展出特定的政治秩序。雖然埃及的統治王朝已遭摧毀，但馬木路克人仍以軍事種姓的形式構成鄂圖曼埃及統治菁英的核心。他們保存自己的家族，繼續徵召輸入年輕奴隸為自己的隊伍注入新血與支持他們的軍事傳統。鄂圖曼人無法根除馬木路克人，只好將他們引進入埃及的行政體系裡。

早在十七世紀，馬木路克貝伊（指首領）已經在鄂圖曼埃及取得重要的行政地位。馬木路克人負責管理財政，組織每年前往麥加的朝聖隊伍，擔任阿拉伯漢志省總督而且實質壟斷省的行政大權。這些職位給予他們威望，更重要的是，還讓他們擁有巨大的財政收入來源。

十七世紀，馬木路克貝伊也逐漸把持埃及的最高軍事職位，他們因此與伊斯坦堡派來的鄂圖曼總督與軍官出現直接的競爭關係。當時鄂圖曼高門正忙於處理來自歐洲邊疆更為急迫的威脅，因此他們關切的是如何維持富裕省分的秩序與確保穩定的稅收，至於如何調整派駐埃及的鄂圖曼官員與當地馬木路克人之間的權力均衡關係則非當務之急。埃及總督只能靠自己的力量在當地變幻莫測的政治環境裡設法維持自身的地位。

馬木路克領袖家族之間彼此傾軋，形成嚴重的派系主義，使開羅的政治情勢不僅讓鄂圖曼人霧裡看花，連馬木路克人自己也茫然失措。十七世紀形成兩個主要派系：法卡里派與卡西米派。法卡里派與鄂圖曼騎兵有關，他們的顏色是白色，象徵物是石榴。卡西米派與埃及本土軍隊有關，他們的顏色是紅色，象徵物是圓盤。兩個派系各自結交貝都因人做為盟友。雙方的起源可上溯到神話傳說，但實際內容已無可稽考，然而到了十七世紀晚期，兩派的區別已經是涇渭分明。

鄂圖曼總督為了削弱馬木路克人，因此挑撥派系鬥爭。這讓處於不利地位的馬木路克派系有了推翻鄂圖曼總督的真正動機。史家艾哈邁德・卡特胡達・達姆爾達希（他自己是一名馬木路克軍官）撰寫從一六八八年到一七五五年的歷史時提到，這段期間總共有三十四任鄂圖曼埃及總督，其中有八位被馬木路克派系罷黜。

一七二九年的派系陰謀透露出馬木路克人的權力其實凌駕於鄂圖曼總督之上。法卡里派領袖扎因・法卡爾召集一群軍官，計畫對敵人卡西米派發動軍事攻擊。「我們將要求總督拿出五百袋金錢資助這項行動，」扎因・法卡爾對他的手下說道，「如果他同意，那麼他仍是我們的總督，如果他不同意，那麼就罷免他。」法卡里派派使者去見鄂圖曼總督，總督拒絕支付對抗卡西米派的軍事費用。憤怒的扎因・法卡爾對他的追隨者說道：「我們無法忍受我們的總督像皮條客一樣。走，去撤了他的職！」在沒有其他權威指使下，法卡里派主動上書伊斯坦堡，通知高門鄂圖曼總督已遭撤換，已任命副總督接取他的職位。然後馬木路克人以暴力脅迫剛扶正的副總督，要求他提供軍事資金對抗卡西米派，他們打算動用蘇伊士港的關稅收入，支付的理由則說是防守開羅所需的開支。[32]

馬木路克人用不尋常的暴力手段對付他們的對手。卡西米派很清楚法卡里派準備發動一場大戰，於是先發制人。一七三〇年，卡西米派派了一名刺客暗殺敵對派系的首領，也就是扎因・法卡爾本人。這名刺客是個叛徒，他原本屬於法卡里派，之後變節投靠卡西米派。他偽裝成治安人員，然後謊稱捕獲一名扎因・法卡爾的敵人。「帶他過來，」扎因・法卡爾下令，他希望與敵人面對面。「他就在這裡，」這名刺客回道，然後拿出手槍對準這名馬木路克人的心臟開槍，扎因・法卡爾當場斃命。[33]刺客與其他共犯一路殺出法卡里派領袖的屋子並且逃脫，沿途還殺了好幾個人。這是一連串血親復仇的開端。

法卡里派推舉穆罕默德貝伊・卡塔米什擔任新領袖。穆罕默德貝伊晉升到馬木路克等級的頂端而且獲得「城市指揮官」（shaykh al-Balad）的頭銜。為了報復扎因・法卡爾遭到暗殺，穆罕默德貝伊下令，凡是與卡西米派有關的馬木路克人都要處死。「你們當中有卡西米派的間諜，」穆罕默德貝伊提出警告，他並且指著陪臣中一名運氣欠佳的男子。這名男子還沒來得及申辯，穆罕默德貝伊的軍官就將他從桌子底下拽出來，砍下他的腦袋——為扎因・法卡爾復仇的第一個受害者。在一七三〇年流血事件結束前，還會有更多人受害。

穆罕默德貝伊向扎因・法卡爾任命的副總督求助，從副總督手中取得令狀，處決了三百七十三名他認為涉入法卡里派領袖刺殺案的嫌犯。這紙令狀也成了穆罕默德貝伊剷除卡西米派的通行證。「穆罕默德貝伊・卡塔米什徹底消滅了卡西米派，只有逃到鄉間的人才倖免於難，」達姆爾達希寫道，「他甚至把還沒到青春期的馬木路克孩童從家中帶走，將他們送到尼羅河當中的小島，在那裡殺了他們，然後將屍體丟入河中。」穆罕默德貝伊把卡西米派所有成員抄家滅族，誓言絕不讓卡西米派在開羅重起爐灶。[34]

卡西米派顯然比穆罕默德貝伊想像的更難以剷除。一七三六年，輪到卡西米派向法卡里派復仇。他們獲得鄂圖曼總督巴基爾帕夏的協助。巴基爾帕夏先前曾經擔任埃及總督，但任期未滿就被法卡里派罷黜。因此他自然成為卡西米派的盟友。巴基爾帕夏邀請穆罕默德貝伊與其他法卡里派的馬木路克領導人物前來開會，卡西米派預先埋伏在會場，身上配戴手槍與刀劍。穆罕默德貝伊一到現場，卡西米派立刻出手，他們用槍射擊這名法卡里派領袖的腹部，然後將其他法卡里派指揮官殺死。總計，他們殺死開羅十名最有權勢的男人，並且將砍下來的頭堆在開羅主要清真寺示眾。[35]在鄂圖曼埃及歷史上，這絕對是最駭人聽聞的屠殺事件之一。[36]

連續數年的派系鬥爭削弱了法卡里派與卡西米派的實力，使他們無法在開羅維持領導地位。這兩個敵對派系被某個馬木路克家族擊敗，這個家族稱為卡茲杜赫里家族，他們往後在十八世紀支配鄂圖曼埃及。隨著卡茲杜赫里家族興起，極端的派系暴力逐漸減少，被鬥爭撕裂的城市也重獲和平。對鄂圖曼人而言，他們從未打算將自己的權威加諸於富有卻難以駕馭的埃及行省之上。相反地，鄂圖曼埃及擁有獨特的政治文化，冷酷者塞利姆征服馬木路克帝國後的數世紀，馬木路克家族的政治地位依然高於伊斯坦堡任命的總督。在埃及，如同在黎巴嫩與阿爾及利亞，鄂圖曼的統治必須適應當地的政治環境。

征服馬木路克帝國後過了兩個世紀，鄂圖曼人成功將帝國從北非拓展到阿拉伯半島南部。這不是一段平順的過程。鄂圖曼人沒有意願也沒有能力在阿拉伯各省建立標準的政府體制，相反地，在許多地方，鄂圖曼人選擇與當地菁英建立夥伴關係。風格多樣的阿拉伯各省也許各自與伊斯坦堡建立非常不同的關係，行政結構也有極大的差異，但它們顯然都是同一個帝國的一部分。這種異質性在當時的多種族與多宗教帝國是相當普遍的現象，奧匈帝國與俄羅斯帝國都是例證。

直到十八世紀中葉為止，鄂圖曼人仍能成功維持這種多樣性。鄂圖曼人曾面臨挑戰，其中最著名的就是黎巴嫩山與埃及，但他們卻能透過各種策略成功確立統治並且確保沒有任何地方領袖能對鄂圖曼帝國中央構成長久的威脅。然而，鄂圖曼帝國中央與阿拉伯周邊之間的動態關係卻在十八世紀下半葉出現變化。新地方領袖崛起，他們開始整合力量、追求自治並且反對鄂圖曼制度，而這些做法通常得到帝國的歐洲敵人的幫助。這些新地方領袖對鄂圖曼帝國構成真實的挑戰，到了十九世紀，這些挑戰甚至危及帝國本身的生存。

注釋

1. 先知穆罕默德的死造成伊斯蘭教最初的分裂，穆罕默德的追隨者對於領導穆斯林社群的繼承人或哈里發的產生有不同的意見。一派穆斯林認為繼承人應由先知家族產生，並且支持由先知最親近的親戚，也就是他的堂弟與女婿阿里・伊本・阿比・塔利卜（Ali ibn Abu Talib）繼承。這個派系用阿拉伯文稱呼是Shi'at 'Ali，或「阿里的追隨者」，什葉派（Shiite）一詞就是從這裡產生的。然而，絕大多數穆斯林認為哈里發應由最虔誠、最能維護聖行（sunna）或堅持先知穆罕默德言行與信仰的穆斯林擔任；這些人稱為順尼派（Sunnis）。綜觀伊斯蘭歷史，順尼派一直是信仰者社群的主流，特別是在阿拉伯與土耳其世界，至於什葉派伊斯蘭教各分支則扎根於阿拉伯半島南部、波斯與南亞。
2. 伊本・伊亞斯（Muhammad ibn Ahmad Ibn Iyas，約一四四八～一五二四年）的編年史《這個時代最美好的大事》（*Bada'i' al-zuhur fi waqa'i' al-duhur*）於一八九三到九四年在開羅首次出版。英文摘錄版包括鄂圖曼征服敘利亞與埃及的部分：W. H. Salmon, *An Account of the Ottoman Conquest of Egypt in the Year A. H. 922 (A.D. 1516)* (London: Royal Asiatic Society, 1921); 以及全譯本：Gaston Wiet, *Journal d'un bourgeois du Caire: Chronique d'Ibn Iyâs*, vol. 2 (Paris: S.E.V.P.E.N., 1960)。本文描述見 Salmon, *Account of the Ottoman Conquest*, pp. 41-46 與 Wiet, *Journal d'un bourgeois du Caire*, pp. 65-67。
3. Salmon, *Account of the Ottoman Conquest*, pp. 92-95; Wiet, *Journal d'un bourgeois du Caire*, pp. 117-120.
4. Salmon, *Account of the Ottoman Conquest*, pp. 111-113; Wiet, *Journal d'un bourgeois du Caire*, pp. 137-139.
5. Salmon, *Account of the Ottoman Conquest*, pp. 114-117; Wiet, *Journal d'un bourgeois du Caire*, pp. 140-43.
6. Wiet, *Journal d'un bourgeois du Caire*, pp. 171-172.
7. 同前，p. 187.
8. 正統哈里發是先知穆罕默德的前四名繼承者——阿布・巴克爾、歐瑪爾、歐斯曼與阿里——他們在七世紀時統治著早期的伊斯蘭社群。在他們之後是伍麥亞王朝，定都大馬士革，統治期間是六六一到七五〇年。

9. Thomas Philipp and Moshe Perlmann, eds., *'Abd al-Rahman al-Jabarti's History of Egypt,* vol. 1 (Stuttgart: Franz Steiner, 1994), p. 33.
10. Salmon, *Account of the Ottoman Conquest*, pp. 46-49; Wiet, *Journal d'un bourgeois du Caire*, pp. 69-72.
11. 穆罕默德．伊本．突倫（約一四八五～一五四六年）的編年史，"Background Information on the Turkish Governors of Greater Damascus," 由 Henri Laoust 編輯翻譯，*Les Gouverneurs de Damas sous les Mamlouks et les premiers Ottomans (658-1156/1260-1744)*(Damascus: Institut Français de Damas, 1952).
12. Bruce Masters, *The Origins of Western Economic Dominance in the Middle East: Mercantilism and the Islamic Economy in Aleppo, 1600-1750* (New York: New York University Press, 1988).
13. Laoust, *Les Gouverneurs de Damas*, p. 151.
14. Salmon, *Account of the Ottoman Conquest*, p. 49; Wiet, *Journal d'un bourgeois du Caire*, p. 72.
15. Laoust, *Les Gouverneurs de Damas*, pp. 154–157.
16. 數字出自伊本．朱瑪（Ibn Jum'a，死於一七四四年後）的編年史，in Laoust, *Les Gouverneurs de Damas*, p. 172.
17. 伊本．朱瑪與伊本．突倫的敘述幾乎完全相同，前者幾乎一字不漏地重複後者的敘述。Laoust, *Les Gouverneurs de Damas*, pp. 154–159 and 171–174.
18. Amnon Cohen and Bernard Lewis, *Population and Revenue in the Towns of Palestine in the Sixteenth Century* (Princeton, NJ: Princeton University Press, 1978), pp. 3–18.
19. Muhammad Adnan Bakhit, T*he Ottoman Province of Damascus in the Sixteenth Century* (Beirut: Librairie du Liban, 1982), pp. 91–118.
20. I. Metin Kunt, *The Sultan's Servants: The Transformation of Ottoman Provincial Government, 1550–1650* (New York: Columbia University Press, 1983), pp. 32–33.
21. Philipp and Perlmann, *Al-Jabarti's History of Egypt*, vol. 1, p. 33.
22. Michael Winter, *Egyptian Society Under Ottoman Rule, 1517-1798* (London: Routledge, 1992), pp. 16-17.

23. Bakhit, *Ottoman Province of Damascus*, pp. 105-106.
24. 薩伊德・穆拉德（Sayyid Murad）的十六世紀作品《海雷丁帕夏的征服》（*Ghazawat-I Khayr al-Din Pasha*）被 Sander Rang 與 Ferdinand Denis 翻譯為法文節縮版 *Fondation de la Régence d'Alger: Histoire de Barberousse* (Paris: J. Angé, 1837)。這段描述見 vol. 1, p. 306。
25. John B. Wolf, *The Barbary Coast: Algeria Under the Turks* (New York: W. W. Norton, 1979), p. 20.
26. 引自前著，p. 27.
27. Ahmad b. Muhammad al-Khalidi al-Safadi, *Kitab tarikh al-Amir Fakhr al-Din al-Ma'ni*（《埃米爾法赫雷丁歷史書》），Asad Rustum 與 Fuad al-Bustani 編輯出版後改名為 *Lubnan fi'ahd al-Amir Fakhr al-Din al-Ma'ni al-Thani*（《埃米爾法赫雷丁時代的黎巴嫩》（Beirut: Editions St. Paul, 1936, reprinted 1985）。
28. Abdul-Rahim Abu-Husayn, *Provincial Leaderships in Syria, 1575-1650* (Beirut: American University in Beirut Press, 1985) pp. 81-87.
29. Al-Khalidi al-Safadi, *Amir Fakhr al-Din*, pp. 17-19.
30. 同前，pp. 214-215.
31. 同前，pp. 150-154.
32. Daniel Crecelius and 'Abd al-Wahhab Bakr, trans., *Al-Damurdashi's Chronicle of Egypt, 1688-1755* (Leiden: E. J. Brill, 1991), p. 286.
33. 同前，p. 291.
34. 同前，p. 296.
35. 同前，pp. 310-312.
36. Winter, *Egyptian Society Under Ottoman Rule*, p. 24.

第二章　阿拉伯對鄂圖曼統治的挑戰

有一名理髮師知道自己城裡的大小事。他的一天是從與各行各業的人聊天開始。由他的日記可以看出，這名「理髮師」布達伊里是個健談的人，對於十八世紀中葉大馬士革的政治與社會知之甚詳。他的日記涵蓋的內容是每個地方的理髮店聊天時常見的話題：當地的政治、高昂的生活成本、天氣以及一般人總愛掛在嘴邊的今不如昔的牢騷。

除了他在日記裡寫的東西，我們對這位大馬士革理髮師布達伊里的生平所知甚少。他極其低調，因此未出現在當時的傳記字典裡，這些字典如同鄂圖曼時代的名人錄。他的日記因此更加引人注目。在十八世紀，手藝人識字是相當罕見的，更甭說還留下書面的紀錄。他很少透露自己的事，反而寫了很多他人的事。我們不知道他何時出生或死亡，不過可以確定的是，這本日記是在他盛年的時候寫的，時間是從一七四一年到一七六二年。身為虔誠的穆斯林，布達伊里屬於神祕的蘇菲教派。他已婚，育有子女，卻很少提及自己的家庭生活。他以自己的職業為榮，極為欽佩引領自己進入理髮業的老師，而且追憶自己曾為哪些有頭有臉的人物理髮。

這名大馬士革理髮師是個忠誠的鄂圖曼臣民。一七五四年，他提到大馬士革民眾得知蘇丹馬哈茂德一世（在位時間一七三〇～一七五四年）駕崩時感受到的震驚。也記錄民眾歡欣鼓舞慶祝蘇丹繼任者奧斯曼三世（在位時間一七五四～一七五七年）登基，大馬士革「張燈結綵，是民眾記憶中最盛大的一次。願真主庇佑鄂圖曼帝國，」他祈禱著，「直到末日，阿們。」[1]

理髮師的確有充分的理由為庇佑鄂圖曼帝國而禱告。根據鄂圖曼的治國觀念，好的政府就是在四個相互依存的元素之間小心翼翼地維持平衡，也就是「公正的循環」。首先，國家需要大規模的軍隊來伸張權威。要維持大軍需要龐大財富，稅收是國家唯一的固定財富來源。國家要徵稅，必須讓臣民的生活富庶。要讓民眾富足，國家必須推行公正的法律，而這讓我們回到了起點，也就是國家的職責上。當時絕大多數鄂圖曼政治分析家都會從這四項元素中忽視了哪一項來解釋政治的混亂。綜觀十八世紀中葉大馬士革的狀況，布達伊里深信鄂圖曼帝國正面臨嚴峻的麻煩。總督貪汙腐敗，士兵桀驁不馴，物價飆漲，民眾道德因為政府缺乏威信而敗壞。

可以這麼說，問題的根源在於大馬士革總督。在布達伊里的時代，大馬士革是交由地方顯貴世襲統治，而不是由伊斯坦堡派遣鄂圖曼土耳其人以蘇丹的名義前來治理，而這是帝國一貫的做法。十七世紀時，統治的阿茲姆家族以敘利亞中部城鎮哈馬為中心，持續累積廣大的農耕土地，因而建立起大量財富。之後，阿茲姆家族定居大馬士革，躋身該城的富裕與權勢階層。一七二四年到一七八三年，阿茲姆家族有五名成員統治大馬士革，前後達四十五年。而在同一時期，還有幾名阿茲姆家族成員接受任命統治賽達、的黎波里與阿勒坡諸省。整體來說，阿茲姆家族在敘利亞各省的統治，代表十八世紀阿拉伯省分的地方領導勢力正逐漸興起。

今日，我們可能認為阿拉伯人傾向於被阿拉伯同胞統治而非鄂圖曼官僚。然而，十八世紀的鄂圖曼官僚仍是蘇丹的僕人，至少在理論上，他們必須完全向國家效忠，統治也並非為了謀求私利。相反地，阿茲姆家族卻明顯帶有個人與家族的利害關係，他們利用擔任高官的機會為自己牟利，以犧牲鄂圖曼帝國為代價來建立自己的家族事業。公正的循環打破之後，各個環節便開始崩解。

布達伊里花了很多篇幅討論阿茲姆家族統治大馬士革的優點與缺點。他的日記涵蓋的期間絕大部分是阿薩德帕夏．阿茲姆統治的時期。阿薩德帕夏擔任總督十四年，是鄂圖曼歷任大馬士革總督在位最久的。理髮師也許不吝於對阿薩德帕夏給予讚美，但也認為總督有不少值得批評的地方。他指責阿茲姆家族擔任總督時掠奪城市財富，而且應該為軍隊違法亂紀與民眾道德敗壞負責。

在阿茲姆統治下，軍隊從維持法律與秩序的紀律之師淪為目無法紀的烏合之眾。大馬士革的耶尼切里分成兩個團體：一個是從伊斯坦堡派來的帝國軍隊，稱為卡皮庫拉里（kapikullari），另一個是大馬士革當地的耶尼切里，稱為葉爾里耶（yerliyye）。此外還有由庫德族、土庫曼人與北非人組成的非正規軍。部隊之間經常發生衝突，對城市安寧構成實際的挑戰。一七五六年，阿瑪拉區居民支付大筆金錢支持帝國的耶尼切里對抗大馬士革當地的耶尼切里。後者為了報復，將整個阿瑪拉區包括民宅與商店付之一炬。[2]布達伊里舉出無數士兵攻擊甚至殺害大馬士革居民卻不受懲罰的例子。在極度不安的時期，居民的反應是不做生意與在家閉門不出，城市的經濟生活因此陷入停頓。理髮師的日記捕捉到「治安部隊」對大馬士革民眾人身與財產造成的真實威脅感受。

布達伊里也認為阿茲姆家族要為大馬士革居高不下的糧食價格負責。他聲稱，阿茲姆家族不僅未能管制市場與確保公平價格，反而基於大地主利益濫用總督職權囤積居奇，造成糧食短缺，盡其所能地賺取個人獲利。有一回，麵包價格下跌，阿薩德帕夏派侍從向麵包店施壓，要求他們提高價格以保護小麥市場，而小麥正是阿茲姆家族財富的來源。[3]

在日記中，布達伊里埋怨，大馬士革民眾挨餓的同時，阿茲姆家族的總督卻忙著累積財富。阿薩德帕夏在大馬士革市中心興建的宅邸是他濫用權力的縮影，這座宅邸至今仍屹立於大馬士革。這個建築項目耗費了大馬士革所有的建材與使用了城裡所有訓練有素的泥水匠與工匠，使大馬士革平民負擔的建築成本大為提高。阿薩德帕夏命令建築工人從城裡歷史悠久的房舍與建築拆下珍貴建材，完全不顧原屋主的反對與老屋的歷史價值。這個建築項目是阿薩德帕夏貪婪的明證。根據布達伊里的說法，阿薩德帕夏在這座宅邸裡建造無數藏匿他巨大個人財富的空間，「地板下、牆內、天花板、水槽乃至於廁所裡」。[4]

布達伊里相信，軍隊紀律的崩壞，加上阿茲姆家族總督的貪婪，造就了大馬士革的人心澆薄。鄂圖曼帝國的正當性主要建立在有能力宣揚伊斯蘭價值與維持必要的體制讓臣民生活在順尼派伊斯蘭戒律裡。因此，民眾道德的崩解乃是國家權威崩解的清楚象徵。

在布達伊里眼中，民眾道德敗壞的最大明證是城裡出現了寡廉鮮恥的妓女。大馬士革是保守的城市，體面的婦女會遮蓋她們的頭髮，穿著端莊，幾乎不會混雜在家族以外的男子之中。大馬士革的妓女完全不守這些規矩。理髮師經常抱怨酒醉的妓女與酒醉的士兵廝混，她們大搖大擺走在大馬士革街頭與市場，臉上未戴面紗，頭髮也不遮蓋。大馬士革總督屢次禁止城內賣淫，但毫無效果。妓女在城市士兵的支持下變得膽大妄為，甚至拒絕遵從總督的命令。

大馬士革民眾似乎接受甚至讚美城裡的這些妓女。有個年輕美麗的女子名叫薩爾蒙，她在一七四〇年代完全擄獲大馬士革民眾的心，她的名字成了當地俚語裡時髦與美麗的代名詞。特別時髦的服飾被稱為「薩爾蒙尼服飾」，新奇的首飾則被稱為「薩爾蒙尼飾品」。

薩爾蒙是魯莽的年輕女性，蔑視一切權威。一七四四年某天午後，在一個令人聯想起比才《卡門》的場景裡，薩爾蒙過馬路撞見一名卡迪（qadi，法官）。她喝醉了，身上帶著刀子。法官的侍從對她大喊，要她迴避。薩爾蒙只是對他們笑，然後拿起刀子衝向卡迪。法官的侍從差一點就無法阻止她。卡迪要求當局逮捕她，並且因為她的暴行將她處死。接下來，城市公告員被派往大馬士革的大街小巷宣告所有的妓女都將處死。許多婦女逃走，還有一些人則躲藏起來。[5]

這道禁令的效果是短暫的，大馬士革的妓女很快又回到街頭，不帶面紗，也不受禁止。理髮師於一七四八年寫道：「那個時候，貪汙橫行，神的僕人遭到壓迫，妓女不分晝夜在市集出沒。」他描述妓女遊街紀念當地聖人，他對於這種褻瀆宗教價值的行為感到生氣，也對大馬士革民眾接受這種事感到憤怒。有個妓女愛上一名年輕的土耳其士兵，這名士兵生了重病。她發誓，如果她的愛人恢復健康，她會辦一個尊崇聖人的祈禱會。而當這名士兵病癒之後，她也履行了誓言：

> 她與同類有罪的女孩上街遊行。她們手持蠟燭與香爐走過市集。這群人一邊敲著鈴鼓一邊唱歌，臉上未帶面紗，任由頭髮垂落肩頭。旁觀的民眾並未表示異議。只有幾個正直的人發出聲音，高喊「真主至大」。[6]

遊行後不久，城市當局再度試圖禁止賣淫。城市各區首長接到命令要通報任何有嫌疑的人，城市公告員也四處巡行要求婦女適當地戴上面紗。但是，在新命令下達後不到幾天，理髮師表示：「我們看到同一批女孩跟過去一樣穿梭於巷弄與市場。」於是，總督阿薩德帕夏決定放棄驅逐這些大膽的妓女，轉而向她們徵稅。

阿茲姆家族的總督濫用權力，損害人民利益來增加自己的財富，在他們統治下，既無法剷奸除惡，在名義上也無力控制軍隊。大馬士革理髮師深感氣餒。被這種人治理的國家可能長治久安嗎？

到了十八世紀中葉，鄂圖曼人與阿拉伯人面臨重要的抉擇。

表面上看來，鄂圖曼人已經成功將阿拉伯世界吸收到帝國之內。經過兩個世紀，鄂圖曼人已經將他們的統治範圍從阿拉伯半島最南端延伸到非洲西北部摩洛哥的邊疆地帶。鄂圖曼蘇丹獲得阿拉伯人的普遍認同，成為阿拉伯人眼中具正當性的君主。阿拉伯人在主麻日以蘇丹之名祈禱，為蘇丹的戰爭貢獻士兵，繳納賦稅給蘇丹的代理人。絕大多數阿拉伯臣民，包括在鄉村種田的農民與住在城市的工匠與商人，全接受了鄂圖曼的社會契約。他們希望換取自身的人身安全、財產保障與伊斯蘭價值的保存。

然而，阿拉伯地區發生了重大變化。鄂圖曼統治的前幾個世紀，身為自由人的阿拉伯人被排除在高級官員職位之外，這些職位完全保留給透過德夫希爾梅，即「男孩稅」徵召的奴隸菁英。到了十八世紀中葉，地方顯貴逐漸躍升到省府的高階職位，而且獲得「帕夏」的頭銜。這種情況廣泛地從埃及一路延伸到巴勒斯坦與黎巴嫩山直到美索不達米亞與阿拉伯半島，大馬士革的阿茲姆家族就是個例子。地方領袖的興起削弱了伊斯坦堡對阿拉伯地區的影響力，因為更多的稅收花在維持地方武裝部隊與地方總督的建設項目上。這種現象在好幾個阿拉伯省分蔓延，累積的效果逐漸對鄂圖曼帝國的完整性構成威脅。因為到了十八世紀下半葉，地方領袖的大量出現導致許多阿拉伯省分起而反叛伊斯坦堡的統治。

阿拉伯省分的地方領袖背景多元，範圍從馬木路克家族首領到部族謝赫＊與城市顯貴。他們並非對鄂圖曼的施政心懷不滿，而是單純受到野心的驅使。他們的共通點是擁有財富：他們清一色是大地主，利用鄂圖曼土地制度的變更大量兼併地產，他們可以終身擁有土地，有些人甚至將土地傳給子孫。他們把原本應上繳國庫的地產收入放進自己的荷包。他們興建豪華宅邸而且建立私人軍隊來鞏固權力。伊斯坦堡的損失讓阿拉伯省分的地方經濟獲益，當局擴大獎掖工匠與民兵更使地方勢力坐大。

雖然這些地方顯貴並非只存在於阿拉伯省分，類似的領袖也出現在巴爾幹半島與土耳其安那托利亞，但對伊斯坦堡來說，阿拉伯地區比較不屬於核心區域，而且從各方面來看都是如此。在稅收與軍隊上，鄂圖曼人對於阿拉伯省分遠不如對於巴爾幹半島與安那托利亞來得仰賴。此外，阿拉伯地區離伊斯坦堡更加遙遠，中央政府不願為了此地的小亂事額外撥出軍隊與資源。伊斯坦堡比較關注來自維也納與莫斯科的挑戰，而非大馬士革與開羅地方領袖的騷動。

到了十八世紀，歐洲鄰邦對鄂圖曼帝國造成的威脅遠大於阿拉伯省分可能帶來的麻煩。奧地利哈布斯堡王朝逐步奪回鄂圖曼過去征服的歐洲地區。直到一六八三年為止，鄂圖曼人尚能進逼到維也納城門前。到了一六九九年，奧地利人擊敗鄂圖曼人，透過卡爾洛夫奇條約取得匈牙利、外西凡尼亞與一部分波蘭——這是鄂圖曼人首次割讓領土。俄羅斯彼得大帝攻擊黑海地區與高加索山區的鄂圖曼人。巴格達

＊謝赫（shaykh，或其他類似英文拼音），字面意義為長老，是阿拉伯文中表示尊敬的稱謂，通常是指部族的酋長或宗教領袖。

或大馬士革的地方顯貴引起的問題顯然無法跟這種規模的威脅相提並論。

鄂圖曼遭歐洲軍隊擊敗，讓帝國各地的挑戰者變得大膽起來。隨著地方領袖權力愈來愈大，派往阿拉伯省分的鄂圖曼官員也變得不受阿拉伯臣民的尊敬與遵從。政府官員也喪失對蘇丹軍隊的權威，蘇丹軍隊變得目無法紀，與地方軍隊以及地方領袖的民兵扭打鬥毆。軍隊的無法無天進一步損害伊斯蘭法官與學者等傳統公共秩序維護者的權威。鄂圖曼人無法發揮作用，民眾逐漸轉而向地方領袖尋求庇護。在巴斯拉，當地一名基督徒商人寫道：「阿拉伯人領袖獲得尊敬與敬畏，至於鄂圖曼人，沒有人當一回事。」[7]

當國家喪失臣民的尊敬時，麻煩隨之降臨。史家賈巴爾提分析鄂圖曼在十八世紀埃及喪失對馬木路克人的權威時表示：「如果這個時代尿尿在瓶子裡，那麼時間的醫生將知道它的病症。」[8]地方領袖的興起是鄂圖曼的核心病灶，只能強有力地重新主張國家權威才能治癒。高門陷入兩難的處境，它必須確保歐洲邊疆足夠穩定才能抽調必要資源解決阿拉伯省分的挑戰。

地方統治的性質因地而異，對伊斯坦堡的權威造成的威脅也變化多端。大體而言，最靠近鄂圖曼中心的省分是最溫和的，當地的顯赫家族如黎巴嫩山的謝哈布家族、大馬士革的阿茲姆家族與摩蘇爾的賈利里家族建立的王朝忠於鄂圖曼統治，但他們也在各省領域內追求最大程度的自治權。[9]更往南一點，在巴格達、巴勒斯坦與埃及，馬木路克領袖興起，他們試圖將更多的領土置於自己的掌控之下，直接對鄂圖曼帝國構成挑戰。在阿拉伯中部，沙烏地－瓦哈比（Sa'udi-Wahabi）聯盟的出現，對鄂圖曼政府構成最嚴重的威脅，他們控制聖城麥加與麥地那，不讓一年一度的鄂圖曼朝聖隊伍前往聖城。相較之下，更偏遠的省分如阿爾及爾、突尼斯與葉門則滿足於鄂圖曼蘇丹屬國的地位，他們每年上繳貢金，換取廣大的自治權限。

這些地方領袖還沒達到組織阿拉伯「運動」的程度。他們許多人在種族上並非阿拉伯人，有些甚至不會說阿拉伯語。在十八世紀下半葉挑戰鄂圖曼統治的是個別的野心家，他們追尋自己的利益，鮮少關切他們統治下的阿拉伯民眾。在孤立狀態下，他們幾乎無法對鄂圖曼中心構成任何威脅。然而一旦彼此連繫，例如當埃及的馬木路克人與北巴勒斯坦的地方領袖結盟時，他們就有能力征服整個鄂圖曼省分。

石油使中東在二十世紀地圖上浮現，但在十八世紀，卻是棉花讓東地中海產生巨大財富。歐洲對棉花的需求可以追溯到十七世紀。英國蘭開夏的紡織廠使用的主要是西印度群島與美洲殖民地的棉花，法國則是仰賴鄂圖曼市場大量進口棉花。十八世紀紡織技術出現長足的進步，導致了工業革命，歐洲人的棉花需求因而暴增。法國從東地中海進口的棉花增加超過五倍，從一七〇〇年的二百一十萬公斤來到一七八九年的將近一千一百萬公斤。[10]歐洲市場最珍貴的棉花來自巴勒斯坦北部的加利利地區。加利利產生的財富足以支撐地方王朝的野心，使他們強大到能夠挑戰鄂圖曼在敘利亞的統治。

加利利的強人是扎希爾．歐瑪爾（約一六九〇～一七七五年）。扎希爾是扎伊達尼家族領袖，扎伊達尼家族是貝都因部族，十七世紀定居加利利並且控制了采法特與提比里亞兩座城鎮之間廣大的農耕地。他們與大馬士革建立緊密的貿易連結並且開始藉由控制加利利的棉花種植園來累積龐大的家族財富。扎希爾是加利利第三代扎伊達尼謝赫。扎希爾在西方雖然不是特別知名，但數世紀以來，他在阿拉伯世界卻是個名人。他經常被（時代倒錯地）形容成類似阿拉伯或巴勒斯坦民族主義者的人物，這是因為他曾經有過與鄂圖曼總督對峙的歷史。扎希爾去世時已成為傳奇人物，而且死後不久就有人幫他寫了兩本傳記。

扎希爾漫長而引人注目的事業始於一七三〇年代，他與貝都因部族結盟攻打當時只不過是小村落的提比里亞。為了將提比里亞牢牢掌握在自己手裡，扎希爾從賽達總督那裡爭取到正式任命，由他擔任加利利地區的稅吏。扎希爾著手加強提比里亞的防衛設施，建立一支由二百多名騎手組成的小規模民兵部隊。

以提比里亞為基地，扎希爾與他的家族開始向巴勒斯坦北部的肥沃平原與高地擴展，並且命令佃農種植棉花。他給予兄弟與堂兄弟土地，讓他們以他的名義進行管理。他建立了一個小公國，而且力量愈來愈強大。他控制的領土愈大，獲得的棉花收入就愈多，他因此得以擴充軍隊，而軍隊又讓他進一步擴大領土。

到了一七四〇年，扎希爾已經是巴勒斯坦北部最有力量的領袖。他擊敗納布盧斯的軍事首領，控制拿撒勒，現在，他支配巴勒斯坦與大馬士革之間的貿易，進一步增加他的財富與資源。

扎伊達尼公國的快速成長使扎希爾·歐瑪爾走上與大馬士革總督衝突的道路。總督的主要職責之一是接濟每年前往麥加的朝聖隊伍，負擔他們的花費。但扎希爾現在控制的土地，它的稅收傳統上是用來支付朝聖隊伍的費用。扎希爾從大馬士革總督手中搶下外約旦北部與巴勒斯坦的稅收，使朝聖隊伍的財務陷入危機。伊斯坦堡政府得知這個狀況之後，蘇丹命令大馬士革總督蘇萊曼帕夏·阿茲姆逮捕並且處決扎希爾，然後摧毀提比里亞周邊的堡壘。

一七四二年，大馬士革理髮師布達伊里在日記裡提到，蘇萊曼帕夏率領大軍離開大馬士革前去剿滅扎希爾。伊斯坦堡政府派出人馬與重型軍火，包括砲兵與地雷，準備摧毀扎希爾與他的堡壘。蘇萊曼帕夏也從黎巴嫩山、納布盧斯、耶路撒冷以及鄰近的貝都因部族徵召自願者從軍，這些人都把扎希爾．歐瑪爾視為對手，他們很高興有機會打倒他。

蘇萊曼帕夏圍攻提比里亞三個月，但扎希爾的軍隊拒絕屈服。扎希爾的弟弟越過鄂圖曼防線，偷偷將糧食補給運送過去，在他的協助下，扎希爾奮力抵抗人數處於優勢的敵軍。大馬士革總督在憤怒之下，一方面設法攔截扎伊達尼的侍從偷渡糧食到提比里亞，另一方面也砍下他們的人頭當成戰利品送往伊斯坦堡。但蘇萊曼帕夏未能取得真正重要的戰利品，在經過三個月圍攻之後，他被迫返回大馬士革，為麥加朝聖做準備。蘇萊曼帕夏不願承認失敗，於是散布謠言，表示自己是因為同情城內手無寸鐵的百姓，所以才解除圍城。他也宣稱自己已經捕獲扎希爾的一個兒子做為人質，要求扎希爾向大馬士革繳交過去未繳的賦稅。大馬士革理髮師完整記錄了這些謠言，最後又補了一句免責聲明：「我們聽到另一種版本的說法，天知道哪一種才是真的。」[11]

一七四三年，蘇萊曼帕夏結束朝聖返鄉，然後重啟對扎希爾的戰事，進攻提比里亞。在伊斯坦堡支持下，他再度出動大軍，聯合巴勒斯坦所有曾經受扎希爾欺凌的鄰居。提比里亞居民再次做好抵禦猛烈攻城的準備。然而，第二次圍城並未實現。蘇萊曼帕夏．阿茲姆前往提比里亞途中，在濱海城鎮阿卡稍做停留，卻在此地得了熱病，不久撒手人寰。他的遺體運回大馬士革，攻城部隊解散。扎希爾．歐瑪爾從此不受干涉，得以盡情實現他的野心。[12]

一七四〇年代到一七六〇年代，扎希爾的統治並未遭遇任何挑戰，權力也大幅擴張。賽達總督不是扎希爾武裝力量的對手，新任大馬士革總督阿薩德帕夏．阿茲姆選擇任由這名提比里亞統治者自行其是。在伊斯坦堡，扎希爾努力經營具有影響力的支持者，使他得以規避高門的監督。

扎希爾利用自己相對獨立的地位，從提比里亞往濱海城市阿卡擴張，阿卡是黎凡特棉花貿易的主要港口。他不斷請求賽達總督賜予他在阿卡徵稅這個有利可圖的權利，但一直遭到拒絕。最後，一七四六年，他占領這座城市，自稱是阿卡的包稅人。一七四〇年代，他強化阿卡的防務，並且以阿卡做為根據地。現在，他獨占了從產地到市場的棉花貿易。大馬士革法國棉花商的書信透露出他們的挫折感，他們認為扎希爾．歐瑪爾變得「太強大與太富有……我們完全得不到任何好處」。[13]到了一七五〇年代，扎希爾為自己出售的棉花制定價格。當法國人試圖逼迫扎希爾接受他們的條件時，扎希爾直接禁止加利利棉農出貨給法國人，迫使法國人回到談判桌，答應他的條件。

儘管扎希爾經常與鄂圖曼帝國作對，但他仍試圖尋求官方承認；他是叛軍，但最終仍想成為體制的一員。他想取得與大馬士革阿茲姆家族相同的地位：位階等同於大臣的帕夏頭銜以及賽達總督的職位。為了達成這個目的，他每次叛亂之後都會忠實上繳稅金。然而，在扎希爾掌權的時期，他的身分始終只是賽達總督底下的包稅人。這名加利利強人對此一直耿耿於懷。一七六八年到一七七四年，鄂圖曼人正與俄羅斯進行一場慘烈的戰爭，為了維持扎希爾的忠誠，鄂圖曼人決定妥協。一七六八年，高門承認他是「阿卡謝赫，拿撒勒、提比里亞、采法特埃米爾以及全加利利謝赫」。[14]這個頭銜不足以滿足扎希爾巨大的野心。

在將近二十年相對的和平之後，扎希爾面對來自鄂圖曼省府的全新威脅。一七七〇年，新任大馬士革總督想終止扎希爾對巴勒斯坦北部的統治。歐斯曼帕夏設法讓兒子被任命為的黎波里與賽達總督，而且與黎巴嫩山的德魯茲派社群結盟，共同對抗扎希爾。納布魯斯的顯貴也急欲消滅這群北方的好戰鄰人。突然間，扎希爾發現自己被敵對勢力包圍。

在這場與歐斯曼帕夏的生死之戰中，扎希爾唯一的生存希望就是與另一名地方領袖結盟。唯一強大到足以與大馬士革和賽達聯軍抗衡的地區力量是統治開羅的馬木路克，一個名叫阿里貝伊的傑出領導人。扎希爾與阿里結盟之後，他們對伊斯坦堡統治下的阿拉伯省分帶來前所未有的嚴峻挑戰。

馬木路克領袖阿里貝伊有幾個綽號。當時有些人稱他鎮尼阿里*，彷彿他能使用魔法來實現不可能的事。他的土耳其綽號是「擒雲者」，因為他成功鎮壓了貝都因人，在鄂圖曼人眼中，貝都因人飄忽不定，比雲還難以捕捉。他最著名的綽號是偉大的阿里貝伊，在一七六〇年到一七七五年間，他的表現確實比鄂圖曼埃及歷史上任何一名馬木路克人都要來得偉大。

一七四三年，十五歲的阿里貝伊來到埃及，他是馬木路克統治階層卡茲杜赫里家族的軍奴。他在軍中獲得擢升而且得到自由，一七五五年，他在主人去世之後晉升為貝伊。貝伊位於馬木路克階層的頂端，貝伊的領袖是 shaykh al-Balad，又稱「城市指揮官」。一七六〇年，阿里貝伊首次擔任城市指揮官，除了短暫中斷，直到一七七三年去世為止，他一直擔任這個職位。

阿里貝伊是一名藉由恐懼來建立權威的軍事領袖。與他同時代的偉大埃及史家賈巴爾提形容他是「力量超群、固執且充滿雄心之人，只有至高無上的君主地位才能讓他滿意。他對任何事都極其嚴肅，絕不等閒視之，也絕不口出戲言」。[15]據說見到他的人都會深受影響，「他是如此令人敬畏，有些人甚至活活嚇死，許多人光是看到他就全身發抖。」[16]他冷酷無情地打擊對手，也不忠於任何人。而從隨後

* 鎮尼（Jinn）是伊斯蘭教對於超自然存在的統稱，由阿拉用無煙之火造成。

的事件可以看出，他也無法獲得任何人的忠誠。他打破了集體領導的紐帶關係，轉而打擊自家的馬木路克人，就像他剷除敵對的馬木路克家族一樣。

阿里貝伊是馬木路克帝國滅亡後第一位獨自統治埃及的人。他實際上獨占了埃及的財富，除了攫取土地收入與控制一切對外貿易，還向歐洲商人社群要求離奇的價額。他向當地基督徒與猶太人社群勒索財物，剋扣上繳伊斯坦堡的稅收。阿里貝伊的財富使他得以擴大軍事力量。在剷除埃及既存的馬木路克派系之後，阿里貝伊著手建立屬於他自己的新馬木路克家族。他購買與訓練自己的奴隸，他覺得自己只能信賴這些人。他的家族人數最多時大約三千人，許多人是統領數萬大軍的指揮官。

在埃及建立至高無上的統治地位後，阿里貝伊想完全從鄂圖曼的統治下獨立。在昔日馬木路克人的激勵下，他試圖在埃及、敘利亞與漢志重建馬木路克帝國。根據賈巴爾提的記載，阿里貝伊熱中閱讀伊斯蘭史，他向家臣演說時會引用伊斯蘭史來說明鄂圖曼人對埃及的統治完全不具正當性。「埃及歷代國王，如蘇丹拜巴爾與蘇丹嘉拉溫以及他們的子孫，跟我們一樣是馬木路克人，」他說道，「至於鄂圖曼人，他們以武力奪取這個國家，利用當地民眾的狡詐。」[17]他的言外之意是指，以武力奪取的土地可以正當地以武力奪回。

阿里貝伊的首要目標是伊斯坦堡派來埃及維持法律的總督與軍隊。總督早就放棄試圖統治埃及，實際統治埃及的是彼此競爭的馬木路克家族。但總督仍藉由遵守權力儀式與徵稅來維持伊斯坦堡名義上的主權。總督在沒有實權的狀況下，只能試圖挑撥馬木路克家族自相殘殺。但到了阿里貝伊時代，這種做法已不可行，因為阿里貝伊已經除掉所有對手，奠定不可挑戰的統治地位。現在，阿里貝伊有恃無恐地罷黜甚至有傳言說他毒殺了總督與軍隊指揮官。鄂圖曼人在富庶但叛服不定的埃及行省擁有的利益正遭遇前所未有的重大威脅。

接下來，阿里貝伊部署軍事力量對抗鄂圖曼帝國，公開表明他將進行領土擴張。賈巴爾提寫道，「他不滿足於真主賜予他的領土，也就是上下埃及，這是歷代國王與法老引以為傲的王國。他的貪婪驅使他擴大王國的疆域。」[18]一七六九年，阿里貝伊首先攫取紅海的漢志省，這裡原本是馬木路克帝國的一部分。接續這場勝利，他開始鑄造印有他的名號而非鄂圖曼蘇丹名號的錢幣，公開反叛鄂圖曼君主。阿里貝伊著手進行恢復昔日馬木路克帝國的計畫。此時鄂圖曼人正忙於對俄作戰，無力阻止他。

一七七〇年，當扎希爾．歐瑪爾首次與阿里貝伊接觸，要求結盟對抗大馬士革總督時，阿里貝伊正如火如荼地準備反叛鄂圖曼人。他選擇的時機恰到好處。當時的史家寫道：「當阿里貝伊得知這個消息時，他認為這是實現野心的大好良機。他決心反叛鄂圖曼帝國，並且將他統治的土地從埃及的阿里什拓展到巴格達」。[19]阿里貝伊與扎希爾．歐瑪爾結盟，同意推翻鄂圖曼大馬士革總督。

阿里貝伊寫信給蘇丹的宿敵俄國女皇葉卡捷琳娜大帝，希望她能在對鄂圖曼人的戰爭中提供支持，這個舉動升高了東地中海的危機。他請求葉卡捷琳娜派出俄國船艦與騎兵將鄂圖曼人逐出大敘利亞，反過來，他也承諾協助俄國人征服波斯南部領土。雖然女皇拒絕派出騎兵，但她同意派遣當時正在東地中海巡弋的俄國艦隊助戰。阿里貝伊暗中謀反的事，鄂圖曼政府早已得知，但俄軍在黑海與東歐的牽制，使鄂圖曼人無力阻止阿里貝伊。

受葉卡捷琳娜及扎希爾結盟的激勵，阿里貝伊開始動員軍隊。他籌組約二萬人的部隊，由他最信任的馬木路克將領易司馬儀貝伊率領進攻敘利亞。一七七〇年十一月，馬木路克軍橫掃加薩，並且在經過四個月的圍城後占領雅法港。扎希爾率軍與易司馬儀會合，然後與馬木路克軍一同通過巴勒斯坦。他們穿過約旦河谷，然後往東沿著沙漠邊緣的朝聖之路前進。叛軍快速撲向大馬士革，企圖從鄂圖曼總督手中奪下這座城市。他們推進到穆扎里布，這是大馬士革南方的小村落，離大馬士革只有一日的行程。

當易司馬儀貝伊進入穆扎里布時，他與大馬士革總督面對面碰個正著——他完全失去戰鬥意志。當時正好是朝聖季，虔誠穆斯林正努力實現伊斯蘭教五功之一，從事危險的旅程，從大馬士革橫越沙漠前往麥加。總督歐斯曼帕夏正履行身為朝聖指揮官的職責。易司馬儀貝伊是個虔誠的人，與絕大多數馬木路克人相比，他接受較多的宗教教育。在這個時刻攻擊總督將是一項宗教罪行。沒有預警也沒有解釋，易司馬儀貝伊下令屬下從穆扎里布撤退返回雅法。吃驚的扎希爾．歐瑪爾表示抗議但終歸徒勞，於是在一七七〇年到一七七一年的冬天，叛軍完全處於按兵不動的狀態。

阿里貝伊想必對易司馬儀貝伊十分憤怒。一七七一年五月，他派了第二支軍隊前往敘利亞，統帥是穆罕默德貝伊，綽號 Abu al-Dhahab，意思是「黃金之父」。他的綽號來自於他的浮誇行為：當阿里貝伊擢升穆罕默德為貝伊，而且讓他獲得自由時，穆罕默德貝伊把金幣擲向城堡與市中心之間夾道歡迎的群眾。這是個絕佳的公關策略，一舉打響穆罕默德貝伊的名號。

穆罕默德貝伊率領三萬五千人出發。他們掃蕩巴勒斯坦南部，在雅法與易司馬儀貝伊會師。兩人率領的聯軍所向披靡。他們穿過巴勒斯坦，在經過一場小規模戰事之後，六月，將鄂圖曼總督逐出大馬士革。現在，馬木路克人控制了埃及、漢志與大馬士革，阿里貝伊幾乎實現了他這輩子的壯志，重建馬木路克帝國。

然後，意想不到的事情發生了：毫無預警或解釋，穆罕默德貝伊放棄大馬士革，率師返回開羅。這次應受指責的還是虔誠的馬木路克指揮官易司馬儀貝伊。兩名馬木路克統帥一打下大馬士革，易司馬儀貝伊便向穆罕默德貝伊表示他們犯了大罪，除了反叛蘇丹之外，他們也違背他們的宗教。在投身阿里貝伊陣營之前，易司馬儀貝伊曾在伊斯坦堡待了一段時間，他的腦中深植了蘇丹是世上最偉大的伊斯蘭帝國領袖的觀念。他警告穆罕默德貝伊，鄂圖曼人絕不會允許有人發動如此大規模的叛亂而在此生未受懲處，而真主必將在他們死後讓他們為此事負起責任。易司馬儀貝伊警告穆罕默德貝伊：「因為確切地說，反叛蘇丹的行為乃是出自魔鬼的圖謀。」

易司馬儀貝伊挑起穆罕默德貝伊的焦慮，也進一步燃起後者的野心。他表示，阿里貝伊已經偏離伊斯蘭路線，轉而與俄國女皇締約反對蘇丹。易司馬儀貝伊說：「現在，任何穆斯林都能在伊斯蘭律法允許下殺死〔阿里貝伊〕而獲得豁免，並且取得他的後宮與財富。」[20]最重要的是，他說服穆罕默德貝伊反叛自己的主人，這樣不僅可以在真主與蘇丹面前獲得救贖，還能取代阿里貝伊的地位統治埃及。易司馬儀貝伊的建言獲得採納，現在，阿里貝伊最信任的兩名將領將率領馬木路克大軍返回埃及推翻他們的前主人。

馬木路克征服大馬士革旋即放棄，震撼了整個東地中海地區。當時一名史家震驚地寫道，「大馬士革民眾對這起不尋常的事件感到吃驚」，扎希爾．歐瑪爾與他的盟友也有相同的感受。當馬木路克軍攻擊大馬士革時，扎希爾攻下了賽達，並且在雅法駐紮二千名士兵。戰線過度延伸，扎希爾現在又喪失最重要的盟友，必須獨自面對鄂圖曼的報復。至於阿里貝伊，他發現自己的處境完全絕望，只能募集一些支持者硬著頭皮上陣，但與穆罕默德貝伊的軍隊小規模交鋒之後就崩潰四散。一七七二年，阿里貝伊逃離埃及，前往阿卡向扎希爾尋求庇護。

阿里貝伊建立新馬木路克帝國的夢想，隨著逃離埃及而幻滅。穆罕默德貝伊自立為埃及統治者，他派易司馬儀貝伊到伊斯坦堡為他尋求埃及與敘利亞總督職位。穆罕默德貝伊並未想過建立帝國，相反地，他在鄂圖曼體制內尋求承認。

阿里貝伊急欲奪回寶座，他還沒籌措足夠的軍隊與自己建立的龐大馬木路克家族對抗，便倉促採取行動。一七七三年三月，他動身前往開羅，率領一小支部隊，絕望地想收復自己的王國。穆罕默德貝伊的軍隊與他交戰，一舉將他擊潰。阿里貝伊負傷，成了階下囚。穆罕默德貝伊把主人帶回開羅，然後留置在自己家中，一星期後，阿里貝伊去世。不可避免地，阿里貝伊遭到謀殺的流言四起。「天知道他是怎麼死的。」史家賈巴爾提下了這樣的結論。[21]

阿里貝伊的死對扎希爾來說是一場災難。他的年事已高，已經八十幾歲，在那個時代，平均壽命只有他歲數的一半。他在這個地區毫無盟友，而且公然反叛鄂圖曼君主。然而不可思議的是，扎希爾仍然尋求當局的正式承認，在鄂圖曼人陷入對俄戰爭的泥沼與渴望在騷動的敘利亞省分求和的情況下，扎希爾似乎即將實現他畢生的夢想。一七七四年，鄂圖曼大馬士革總督通知扎希爾，他將被任命為賽達總督，統治巴勒斯坦北部與部分外約旦地區。

伊斯坦堡任命扎希爾為地方大員的帝國敕令並未到達。一七七四年七月，蘇丹與俄國議和，結束長達六年的戰爭。他無意獎賞曾與敵國俄羅斯結盟的叛徒。蘇丹非但未頒布晉封敕令，反倒命令穆罕默德貝伊率領馬木路克陸軍前去剿滅年邁的巴勒斯坦強人。一七七五年五月，埃及大軍蹂躪雅法並且屠殺居民。驚恐的情緒蔓延到扎希爾治下的其他城鎮。五月底，扎希爾的官員與大部分民眾逃離阿卡。六月初，穆罕默德貝伊占領阿卡。

意外的是，穆罕默德貝伊，這位身強體壯的馬木路克埃及統治者，才剛占領阿卡就生病。一七七五年六月十日，他突然染上熱病身亡。數日後，扎希爾收復阿卡，並且在埃及占領的恐慌過後重新恢復秩序。扎希爾獲得的喘息機會是短暫的。鄂圖曼人派艦隊司令哈珊帕夏率十五艘船艦前去要求扎希爾投降並且繳交欠稅。扎希爾不戰而降。他對大臣說道：「我老了，已經沒有勇氣繼續戰鬥。」怯戰的大臣紛紛同意：「我們是穆斯林，理應服從蘇丹。對穆斯林來說，我們信仰一神，我們不應該對抗蘇丹。」[22]

扎希爾想全身而退的計畫被自己的家人破壞。扎希爾同意帶著家人與家臣撤離阿卡，前往黎巴嫩南部接受什葉派盟友的庇護，卻遭到自己的兒子歐斯曼背叛。歐斯曼懷疑父親只是假意撤離，之後又會利用機會返回掌權，這是他過去經常使用的伎倆。歐斯曼找來長年追隨扎希爾的北非指揮官艾哈邁德·阿迦·德尼茲里，告訴他父親準備逃離阿卡。「如果你想成為〔海軍將領〕哈珊帕夏的愛將，執行真主對我父親的旨意，那麼他就在外頭，跟他的家人一起。」德尼茲里召集了一群北非傭兵，埋伏等待扎希爾。

這群刺客設下陷阱想抓住這個捉摸不定的老謝赫。走出阿卡城門後過了十五分鐘，扎希爾發現有個妃子失蹤。家人都不知道她跑哪裡去了。「這個時候不能丟下任何一個人，」老謝赫責怪地說，然後騎馬回城去找這個落單女子。他在德尼茲里人馬埋伏的附近找到這名女子，他伸手要拉女人上馬。但年邁與焦慮使他力不從心。八十六歲的扎希爾反而被年輕女子拉下馬，跌落地面。刺客蜂擁而上，拿出匕首猛刺老人。德尼茲里用劍砍下扎希爾的頭，當成戰利品獻給鄂圖曼海軍將領哈珊帕夏。

德尼茲里希望藉此贏得哈珊帕夏的歡心，卻空歡喜一場。這名鄂圖曼海軍將領命人清洗扎希爾的頭顱，將頭顱放在椅子上，然後對著老謝赫乾癟的臉沉思。他轉身對傭兵說道：「如果我不為扎希爾．歐瑪爾復仇，真主不會饒恕我！」[23]他下令將德尼茲里拖出去，絞死他，然後將他的屍體丟進海裡。

扎希爾．歐瑪爾與阿里貝伊的故事到此結束。鄂圖曼統治阿拉伯世界超過二百五十年，此次勉強弭平最嚴重的內部挑戰。兩名地方領袖，結合基督教大國的力量，加上兩個富裕地區埃及與巴勒斯坦的財富，在共同宗旨下對抗蘇丹政府。然而，即使在這個關鍵時刻，阿里貝伊看似即將重建在他個人統治下橫跨敘利亞、埃及與漢志的古馬木路克帝國，但鄂圖曼人依然對阿拉伯世界的反叛臣民有著巨大的影響力。馬木路克將領如易司馬儀貝伊與穆罕默德貝伊跨過反叛的門檻，之後又循著原來的腳步走回正軌，尋求高門的承認。絕大多數地方領袖依然相信易司馬儀那句話：「反叛蘇丹的行為，乃是出自魔鬼的圖謀。」

扎希爾．歐瑪爾與阿里貝伊的失敗並非阿拉伯世界地方領袖的末日。馬木路克人繼續支配埃及的政治生活，不過在阿里貝伊與穆罕默德貝伊死後再也沒有任何單一領袖崛起。相反地，在十八世紀剩餘的時間裡，馬木路克家族回歸過去派系鬥爭的態勢，使埃及陷入不穩定。鄂圖曼人重新掌控敘利亞各省，任命強有力的總督統治大馬士革、賽達與的黎波里。更偏遠的地區，如黎巴嫩山、巴格達與摩蘇爾，還是持續由地方領袖治理，但此後沒有人嘗試直接挑戰伊斯坦堡的統治。

接下來，鄂圖曼對阿拉伯的統治遭遇的真正挑戰來自帝國疆界之外的阿拉伯半島中部地帶。這場運動將對鄂圖曼的統治權威帶來更大的威脅，而它將以弧形的方向從伊拉克開始，穿過敘利亞沙漠，直抵漢志的聖城麥加與麥地那，使鄂圖曼的統治開始鬆動。不同於扎希爾・歐瑪爾以及阿里貝伊，這場運動的領導人至今在中東與西方仍享有盛名，他就是穆罕默德・伊本・阿卜杜・瓦哈卜，瓦哈比運動的創立者。

一七〇三年，阿拉伯半島中部內志地區有個名叫烏亞伊納的小綠洲城市，穆罕默德・伊本・阿卜杜・瓦哈卜在此地一個學者家庭中誕生。年輕時他到處旅行，在巴斯拉與麥地那鑽研宗教學問。他接受伊斯蘭教四大法學傳統中最保守的漢巴里法學派（Hanbali school）的訓練，而且深受十四世紀神學家伊本・泰米葉的影響。伊本・泰米葉主張回歸先知穆罕默德及其早期繼承者或哈里發建立的早期穆斯林社群的做法，指責一切與蘇菲主義有關的神祕主義儀式，認為這麼做偏離了伊斯蘭正道。瓦哈卜帶著這套明確的信仰返回故鄉漢志之後，便充滿雄心地加以實踐。

起初，這名熱情的年輕改革者獲得家鄉統治者的支持。然而，他的觀點很快引起爭議。當瓦哈卜下令公開處死一名通姦婦女時，鄰近城鎮同時也是烏亞伊納重要貿易夥伴的統治者在震驚之餘有所警覺。這並非烏亞伊納居民以往熟悉與實踐的伊斯蘭信仰。他們向烏亞伊納統治者施壓，要求殺了這名激進的神學家，但烏亞伊納統治者選擇流放瓦哈卜。

這名抱持危險觀念的年輕神學家雖然遭到流放，卻未流亡到很遠的地方。瓦哈卜受到鄰近綠洲迪爾伊亞統治者穆罕默德・伊本・沙烏德的歡迎。今日沙烏地阿拉伯人追溯國家首次建立的時間是一七四四年到一七四五年的歷史會議。在這場會議中，雙方同意瓦哈卜傳布的改革派伊斯蘭教將由沙烏德統治者與臣民共同遵循。「迪爾伊亞協定」建立了瓦哈比運動的基本信條，這些信條日後被稱為瓦哈比主義。

瓦哈比運動形成的時期曾飽受外界誤解。他們被形容成新教派，而且被指控是非正統信仰。然而恰恰相反，他們的信仰極度正統，要求回歸先知與繼承者（即哈里發）建立的初始伊斯蘭精神。瓦哈比派試圖在《古蘭經》啟示後的第三個世紀劃下一條界線，將此後的發展視為「有害的創新」而予以禁絕。

瓦哈比主義唯一最重要的教義是真主的獨特性，或者以他們的話來說是「真主的唯一性」。把位階較低的存在與真主連結，都將被譴責為多神論（阿拉伯文稱為 shirk），如果相信真主有夥伴或代理人，那麼人相信的神將不只一個。伊斯蘭教與其他許多宗教一樣，是一個動態信仰，隨著時間經歷許多重大變化。數世紀的變遷，伊斯蘭教發展出一些制度，這些制度違反了瓦哈比主義的絕對教義：「真主的統一性或唯一性。」

舉例來說，阿拉伯世界廣泛尊崇的聖人，從先知穆罕默德的夥伴到最卑微的各地村落聖人，每個人都有自己的神龕或聖樹。（今日，阿拉伯世界許多地方依然維持這些神龕。）瓦哈比派反對穆斯林向聖人祈禱，請聖人代向真主求情，這種做法損害了真主的唯一性。他們認為，要向傑出穆斯林展現更大的尊崇，唯一的做法是效法他們的德行，而非在他們的墓前禮拜。因此，聖人的陵墓以及紀念聖人的年度聖地巡禮就成了瓦哈比派初期攻擊的目標。瓦哈卜親手砍倒聖樹而且破壞聖人的墳墓。他的舉動嚇壞了主流順尼派穆斯林社會，他們認為這種褻瀆聖人墳墓的行為是對伊斯蘭教最受尊崇人物大不敬。

除了憎惡聖人崇拜，瓦哈卜尤其無法容忍與蘇菲主義相關的神祕主義儀式與信仰。伊斯蘭神祕主義有許多形式，從托缽苦行到著名的跳旋轉舞的托缽行者（dervishes）。蘇菲派使用廣泛的方式，從禁食、詠唱到跳舞，乃至於自焚，直到忘我的放空，感受與造物主的神祕結合。蘇菲主義組織教派，定期舉行祈禱會，成為鄂圖曼宗教與社會生活的基礎部分。有些教派興建良好的集會所，吸引社會菁英參加，有些教派提倡完全戒除與棄絕俗世財貨。某些工作與行業和特定的蘇菲教派有關。很難想像有哪個宗教團體與鄂圖曼社會有如此緊密的連繫。但瓦哈比派相信，凡信仰蘇菲主義的人都是多神論者，因為他們渴望與造物主神祕地結合為一。這是一項非常嚴重的指控。

瓦哈比派將絕大部分鄂圖曼伊斯蘭儀式界定為多神論，因此與帝國統治產生衝突。正統伊斯蘭教寬容其他一神信仰，如猶太教與基督教，但對多神論或多神教則絕不寬貸。事實上，凡是好穆斯林都有責任規勸多神論者，讓他們了解自己步入歧途，必須回歸到伊斯蘭正道。如果未能做到這點，那麼穆斯林有責任發動吉哈德，打擊並且掃除多神信仰。瓦哈比主義批評主流宗教儀式如蘇菲主義與聖人崇拜是多神教，此舉直接挑戰了鄂圖曼帝國的宗教正當性。

鄂圖曼人並不在意瓦哈比主義的挑戰，只要這個運動局限在帝國邊疆之外的阿拉伯半島中部內志地區。從一七四四年到一七六五年穆罕默德．伊本．沙烏德去世為止，瓦哈比運動的擴張一直局限在內志中央的綠洲城市。直到一七八〇年代晚期，瓦哈比主義才傳布到伊拉克南部與漢志這幾個鄂圖曼邊疆地帶。

一七九〇年代，鄂圖曼人注意到阿拉伯省分的新威脅並且催促巴格達總督採取行動。巴格達帕夏卻想盡辦法拖延派兵進入阿拉伯半島這個充滿敵意的地區。到了一七九八年，他終於募集一萬名陸軍與瓦哈比派作戰。鄂圖曼軍隊在瓦哈比領土進展並不順利；他們很快就遭到包圍，而且被迫與沙烏地統帥沙烏德．伊本．阿布杜．阿齊茲協議停戰。在停戰協議中，瓦哈比派並未承諾未來將尊重鄂圖曼伊拉克的城鎮村落。巴格達帕夏因此有嚴肅的理由對此感到憂慮。

一八〇二年，瓦哈比派首次將聖戰擴及到鄂圖曼領土，他們攻打伊拉克南部宗教城市卡爾巴拉。對什葉派伊斯蘭教而言，卡爾巴拉有著特殊地位，因為六八〇年時，先知穆罕默德的外孫侯賽因・伊本・阿里*就是在這裡被伍麥亞哈里發的軍隊殺死。殉教的侯賽因在什葉派伊斯蘭教十二名完美領袖或伊瑪目†中排名第三，興建在他墳上的清真寺裝飾著奢華的鍍金圓頂。每年有數千名朝聖者在這名伊瑪目的墳前獻上珍貴的禮品，而且以虔敬的表現來榮耀他，而這正是瓦哈比派最憎惡的聖人崇拜。

瓦哈比派對卡爾巴拉的攻擊，其殘酷令人膽戰心驚。史家伊本・畢施爾對當時發生的大屠殺做了描述：

> 穆斯林（即瓦哈比派）將卡爾巴拉團團圍住，在猛攻之下，城市陷落。他們在市集與民宅裡殺害絕大多數居民。他們摧毀了侯賽因墳塚上方的圓頂。他們拿走在陵寢內部與附近看見的一切物品，包括裝飾著綠寶石、藍寶石與珍珠的墳墓表層。他們拿走所有在城裡發現的東西：財產、武器、布匹、織物、黃金、白銀與珍貴書籍。他們擄獲的戰利品不可勝數。他們在那裡只待了一個早上，過了正午就離開，帶走了所有財物。卡爾巴拉將近有二千人被殺。24

屠殺，對侯賽因陵寢與清真寺的褻瀆，以及對城鎮的掠奪，使阿拉伯民眾留下瓦哈比派殘暴不仁的印象。在宗教崇拜地點進行攻擊以及殺害這麼多手無寸鐵的男女老幼，這種野蠻的手段引發鄂圖曼世界普遍的反感。伊拉克南部、敘利亞東部與漢志城鎮村落居民紛紛向鄂圖曼政府求助以保護他們避免可怕的威脅。

在對抗瓦哈比派的挑戰上，鄂圖曼人面臨困境。改革運動的據點在阿拉伯半島中部，處於鄂圖曼最偏遠的阿拉伯省分之外。鄂圖曼軍隊必須從安那托利亞跋涉數月才能抵達邊地內志。巴格達總督早已發現要在瓦哈比派地盤作戰極為困難。對鄂圖曼人而言，在如此充滿敵意的環境下，光是維持大軍糧草與飲水已是重大挑戰。鄂圖曼政府心知肚明，它沒有能力遏止瓦哈比派的威脅。

瓦哈比派接著打擊鄂圖曼宗教法統的核心，伊斯蘭聖城麥加與麥地那。一八〇三年三月，沙烏地指揮官阿齊茲進軍漢志；四月，進入麥加。他的軍隊未遭遇任何抵抗，而他也承諾禁止一切暴力。他們首先向麥加居民說明他們的信仰，然後施行新的法律：禁穿絲質衣物、禁菸、拆毀神龕與建築物上的圓頂。占領聖城幾個月後，瓦哈比派撤回內志。直到一八〇六年，瓦哈比派才決定從鄂圖曼領土奪占漢志，並且併吞做為他們快速擴張的國家的一省。

一旦瓦哈比派控制麥加與麥地那，鄂圖曼帝國的朝聖者便無法前往伊斯蘭聖城履行朝聖的宗教責任。從大馬士革與開羅出發的兩支鄂圖曼官方朝聖隊伍都有瑪赫瑪爾（mahmal）伴隨，瑪赫瑪爾是一種由駱駝馱運、裝飾華麗的轎子。瑪赫瑪爾上面有神龕使用的遮蓋，位於麥加清真寺中央的神龕又名克爾白（Ka'ba）‡，裡面放著神聖黑石。此外，瑪赫瑪爾也放了《古蘭經》的抄本與珍貴的財寶。瑪赫

＊也常見翻成胡笙。

†伊瑪目（imam）：對什葉派而言，伊瑪目就是神選中來帶領他們的先知後裔，在十二伊瑪目派和伊斯瑪儀派中，伊瑪目的教義是完全正確的。對順尼派而言，伊瑪目有時會和哈里發交互使用，這詞也可用來榮耀某些偉大學者。

‡又譯卡巴天房。

瑪爾周圍環繞著樂手，他們敲著鼓、吹著號角。音樂的使用，克爾白神龕的裝飾與禮拜時的奢華排場，這些都成了瓦哈比派批評非難的對象。瓦哈比派因此拒絕讓瑪赫瑪爾進入麥加，數世紀以來順尼派穆斯林前往麥加朝聖的傳統因而中斷。

一八〇四年，一名陪同埃及朝聖隊伍的軍官向史家賈巴爾提描述遭遇瓦哈比派的經驗：

瓦哈比派指著瑪赫瑪爾，問他：「你們帶來而且在禮拜時拿的這些禮品是什麼東西？」他回答說：「這是古時候傳下來的習俗。是用來集合朝聖者的象徵與標誌。」瓦哈比派說道：「不要這麼做，下一次不要再帶這些東西過來。如果你再帶這些東西過來，我會砸爛它。」[25]

一八〇七年，一支敘利亞朝聖隊伍並未攜帶瑪赫瑪爾也沒有帶樂手前往，他們在進入麥加時卻還是遭到拒絕。無論有沒有瑪赫瑪爾，瓦哈比派相信鄂圖曼穆斯林沒有比多神教信徒好到哪兒去，因此不讓他們進入伊斯蘭教最神聖的地方。

蘇丹帝王頭銜最重要的是強調蘇丹身為信仰捍衛者與漢志聖城保護者的角色。瓦哈比派吞併漢志，禁止鄂圖曼朝聖隊伍進入聖城，公然蔑視鄂圖曼帝國確保領土與維護蘇丹身為伊斯蘭最神聖城市守護者的宗教正當性的世俗權力。再沒有比這個更嚴峻的威脅。如果鄂圖曼人未能回應這項挑戰並且重申他們的權威，那麼帝國將難以存續。

雖然鄂圖曼人隨即斥責瓦哈比派是野蠻的沙漠貝都因人，但他們知道要擊敗這場運動非常困難。如同現代科威特與伊拉克戰爭顯示的，大國在阿拉伯半島作戰必須面對艱困的後勤問題。軍隊必須以船隻運送，在可怕的高溫下在廣大無垠的陸地行進，維持著漫長而脆弱的補給線。他們被迫在瓦哈比派的地盤應戰。而瓦哈比派都是些狂熱份子，深信自己行的是聖功。此外還存在另一個風險，鄂圖曼士兵可能回應瓦哈比派強有力的訊息而倒戈投奔敵營。

要從伊斯坦堡一路運送作戰部隊前往漢志是不可能的事。鄂圖曼人沒有財政與軍事資源進行這項行動。相反地，他們只能屢次催促巴格達、大馬士革與開羅各省總督。巴格達總督一直在南部省分持續因應瓦哈比派的攻擊，但始終無法擊退這群入侵者。大馬士革總督庫德族康吉．尤瑟夫帕夏向伊斯坦堡承諾，他將重啟朝聖路線。然而，他缺乏資源來完成這項任務。根據敘利亞史家米哈伊爾．米夏卡的說法，康吉．尤瑟夫帕夏「既無法派出足夠的士兵，也無法提供士兵足夠的軍火將瓦哈比派趕出漢志，〔從大馬士革〕前往漢志需要四十天的時間，沿途經過灼熱的沙地，找不到人畜所需的糧食或飲水」。[26]

只有一個人能動員必需的武裝力量，而且有充分的能力擊敗瓦哈比派，為鄂圖曼帝國收復漢志。從一八〇五年起，埃及就由一名能力超群的總督治理。然而，這名總督因其傑出的天分與企圖心而被引薦去對付瓦哈比派的挑戰，最後也憑藉同樣的天分與野心反過來與鄂圖曼帝國相抗。事實上，在阿拉伯各省地方領袖群起挑戰伊斯坦堡統治的危險趨勢下，穆罕默德．阿里帕夏成了這股風潮的巔峰人物，他強大到足以威脅甚至推翻鄂圖曼王朝本身。

注釋

1. Ahmad al-Budayri al-Hallaq, *Hawadith Dimashq al-Yawmiyya*〔大馬士革日記〕*1741–1762* (Cairo: Egyptian Association for Historical Studies, 1959), p. 184; and George M. Haddad, 'The Interests of an Eighteenth Century Chronicler of Damascus,' *Der Islam* 38 (June 1963): 258–271.
2. Budayri, Hawadith Dimashq, p. 202.
3. 同前，p. 129.
4. 同前，p. 219.
5. 同前，p. 57.
6. 同前，p. 112.
7. 引自 Albert Hourani, 'The Fertile Crescent in the Eighteenth Century,' *A Vision of History* (Beirut: Khayats, 1961), p. 42.
8. Thomas Philipp and Moshe Perlmann, eds., *'Abd al-Rahman al-Jabarti's History of Egypt*, vol. 1 (Stuttgart: Franz Steiner, 1994), p. 6.
9. 關於黎巴嫩山的謝哈布家族，見 Kamal Salibi, *The Modern History of Lebanon* (London: Weidenfeld and Nicholson, 1965)。關於摩蘇爾的賈利里家族，見 Dina Rizk Khoury, *State and Provincial Society in the Ottoman Empire: Mosul, 1540–1830* (Cambridge: Cambridge University Press, 1997)。
10. Roger Owen, *The Middle East in the World Economy, 1800–1914* (London: Methuen, 1981), p. 7.
11. Budayri, *Hawadith Dimashq*, pp. 27–29.
12. 同前，pp. 42–45.
13. Amnon Cohen, *Palestine in the Eighteenth Century* (Jerusalem: Magnes Press, 1973), p. 15.
14. Thomas Philipp, *Acre: The Rise and Fall of a Palestinian City, 1730–1831* (New York: Columbia University Press, 2001), p. 36.

15. Philipp and Perlmann, *Abd al-Rahman al-Jabarti's History of Egypt*, vol. 1, p. 636. 關於 'Àli Bey al-Kabir，見 Daniel Crecelius, *The Roots of Modern Egypt: A Study of the Regimes of 'Àli Bey al-Kabir and Muhammad Bey Abu al-Dhahab, 1760–1775* (Minneapolis and Chicago: University of Minnesota Press, 1981)。
16. Philipp and Perlmann, *Abd al-Rahman al-Jabarti's History of Egypt*, vol. 1, p. 639.
17. 同前，p. 638.
18. 同前，p. 639.
19. 這段描述出自黎巴嫩山謝哈布（al-Amir Haydar Ahmad al-Shihab，一七六一～一八三五）的作品，*Al-Ghurar al-Hisan fi akhbar abna' al-zaman* [Exemplars in the chronicles of the sons of the age]。Asad Rustum 與 Fuad al-Bustani 編輯謝哈布的作品，出版時重定書名為 *Lubnan fi 'ahd al-umara' al-Shihabiyin* [Lebanon in the era of the Shihabi Amirs], vol. 1 (Beirut: Editions St. Paul, 1984), p. 79。
20. Shihab, *Lubnan fi 'ahd al-umara' al-Shihabiyin*, vol. 1, pp. 86–87.
21. Philipp and Perlmann, *Abd al-Rahman al-Jabarti's History of Egypt*, vol. 1, p. 639.
22. Philipp, 引用 Ahmad al-Shihab's *Tarikh Ahmad Pasha al-Jazzar*, in *Acre*, p. 45.
23. 這段關於扎希爾，歐瑪爾之死的戲劇性描述，見 Mikha'il al-Sabbagh (c. 1784–1816), *Tarikh al-Shaykh Zahir al-'Umar al-Zaydani* [The history of Shaykh Zahir al-Umar al-Zaydani] (Harisa, Lebanon: Editions St. Paul, 1935), pp. 148–158.
24. 引自 Alexei Vassiliev, *The History of Saudi Arabia* (London: Saqi, 2000), p. 98.
25. Philipp and Perlmann, *Abd al-Rahman al-Jabarti's History of Egypt*, vol. 4, p. 23.
26. Mikhayil Mishaqa, *Murder, Mayhem, Pillage, and Plunder: The History of Lebanon in the Eighteenth and Nineteenth Centuries* (Albany: SUNY Press, 1988), p. 62.

第三章　穆罕默德·阿里的埃及帝國

一七九八年六月，英國船隻無預警地出現在埃及沿岸。一支登陸隊伍划向岸邊，當時的亞歷山卓雖非大港，但麻雀雖小，五臟俱全，亞歷山卓的總督與顯貴一同接待這批來客。英國人警告他們法軍即將來襲，並且主動提出協防的要求。總督不悅地說：「這是蘇丹的土地。無論是法國人還是其他異邦人都不許接近這塊土地。你們還是盡速離去吧！」[1]英國人的建議顯然冒犯了亞歷山卓的達官顯貴，因為這些話聽在他們耳裡彷彿是說像法國這樣一個次等國家可以對鄂圖曼帝國構成威脅，而鄂圖曼臣民居然要向英國這樣一個次等國家尋求支援。英國人返回他們的高桅帆船然後離去。沒有人把這件事放在心上——至少暫時是如此。

七月一日早晨，亞歷山卓的居民醒來發現，他們的港口布滿戰艦，海岸遭到入侵。拿破崙已率領大軍抵達，這是十字軍東征以來第一次有歐洲軍隊踏上中東土地。在人數與火力均不如人的狀況下，亞歷山卓在幾小時內就宣布投降。法軍在鞏固陣地之後，隨即出發進攻開羅。

馬木路克騎兵與法國陸軍在開羅南郊交戰。這場戰役彷彿一五一六年馬木路克於瑪爾吉·達比克對抗鄂圖曼人的翻版，勇猛的馬木路克騎兵拔出佩劍，朝法國入侵者衝鋒。但他們甚至沒有機會接近法軍。法軍排成密集隊形前進，一排排步兵輪番以步槍射擊，接連發出雷鳴的聲響，將馬木路克騎兵殲滅殆盡。當時埃及編年史家記錄著：「火藥、煙霧、沙塵遮蔽天空，此起彼落的槍聲震耳欲聾，士兵們沒見過這陣仗，還以為天搖地動，個個膽戰心驚。」[2]目擊這場戰事的埃及人說，這場仗不到四十五分鐘就結束了。當拿破崙的軍隊進占不設防的開羅時，街頭瀰漫著恐慌的氣氛。

往後三年，埃及人直接體驗了法國人的風俗習慣、啟蒙運動的觀念與工業革命的科技。拿破崙想在埃及建立永久統治的地位，這表示為了有利法國統治，他必須爭取埃及民眾的支持。這不只是軍事事務。伴隨法國大軍前來的是另一支由六十七名學者專家組成的小團隊，他們身負雙重任務，一方面要研究埃及，另一方面要以優越的法國文明讓埃及人留下深刻印象。隨著法國大革命觀念的自由傳布，占領埃及成了法國首次肩負的「文明開化使命」。

占領的關鍵目擊者是阿卜杜．拉赫曼．賈巴爾提（一七五四～一八二四年），他是知識分子與神學家，在法國與埃及社會都位居頂層。賈巴爾提廣泛描述法國占領，詳細記錄埃及人與法國人接觸、法國人的革命觀念與法國人的驚人科技。

法國大革命思想與埃及穆斯林價值之間存在著無法跨越的鴻溝。法國人深信啟蒙運動的價值具有普世性，但這種價值卻嚴重冒犯許多埃及人，包括鄂圖曼臣民與虔誠的穆斯林。從拿破崙首次向埃及人民發表的文告可以明顯看出世界觀的重大差異，拿破崙宣示：「上帝面前，人人平等，唯有智慧、才能與美德使人產生差異。」

拿破崙的文告非但未帶來解放的喜悅，反讓人陷入深沉的沮喪。賈巴爾提逐行反駁這份文告，反對拿破崙宣揚的「普世」價值。他指責拿破崙主張的人人平等是「謊言與蠢話」，他認為：「大家都看到了，這些人是唯物主義者，他們否定一切真主的屬性。他們遵循的信條是讓人類的理性成為至高無上之物，讓人類依照自己的念頭行事。」[3]賈巴爾提的陳述反映了埃及絕大多數穆斯林的信仰，他們不認為人類理性的運作可以超越啟示宗教之上。

法國人雖然無法讓埃及人接受啟蒙運動的觀念，卻信心滿滿地認為法國的科技足以讓當地人心悅誠服。拿破崙的學者專家帶了各項科技發明到埃及。一七九八年十一月，法國施放孟格菲熱氣球。他們在開羅各地張貼告示，邀請市民一同來觀賞這場飛行奇觀。賈巴爾提聽到法國人聲稱製造了令人難以置信的飛船，「人可以坐在上面前往遙遠的國度蒐集情報與傳遞訊息」，於是他決定前去一探究竟。

看著平台上鬆垮的熱氣球，上面裝飾著法國國旗的紅、白、藍三色，賈巴爾提感到懷疑。法國人點燃孟格菲熱氣球的芯，讓氣球內部充滿暖空氣，直到氣球起飛。群眾驚訝地倒抽一口氣，法國人對他們的反應感到十分滿意。一切看起來很順利，但芯燒完之後狀況為之逆轉。由於未能持續供應熱空氣，孟格菲熱氣球逐漸消癟而後墜落地面。熱氣球的墜落讓開羅民眾恢復對法國科技的蔑視。賈巴爾提輕蔑地寫道：「顯然，它就像僕人為假日與婚禮製作的風箏一樣。」[4]當地人因此無法產生欽佩之情。

法國人不了解埃及人有多麼自豪，也不了解外國的占領對埃及人有多麼羞辱。拿破崙的文告似乎是在呼籲埃及人應心存感激，但埃及穆斯林幾乎沒有人認同法國人或法國的制度，至少從他們臉上的表情看不出這一點。貝托萊先生（一七四八～一八二二年）的化學實驗就是一個例子。

賈巴爾提是開羅法蘭西研究院的正式成員，他也參加了這項實驗。賈巴爾提公開表示對於自己親眼見到的化學與物理實驗感到吃驚。「以下是我在研究院看到最奇怪的一件事，」他寫道，「一名助手拿著一個裝滿蒸餾液體的瓶子，然後將瓶子裡的液體倒了一些到杯子裡。接著他又拿了另一個瓶子，也倒了一些液體到杯子裡。兩種液體開始沸騰，杯中開始冒出有色煙霧直到液體不再沸騰為止，杯中的液體完全變乾成為黃色的石頭。助手把石頭倒在架上。那是一塊乾石頭，我們拿在手上檢視。」液體轉變成固體的實驗結束後，則是氣體可燃性與純鈉揮發性的展示，當「用鎚子輕敲」純鈉時，「發出彷彿卡賓槍的驚人聲響」。賈巴爾提痛恨這些學者專家做的娛樂展示，因為他與其他埃及同胞都被轟隆的聲響驚嚇到。

重頭戲是使用萊頓瓶展示電的性質，一七四六年，萊頓瓶首次被研發成靜電發電機。「如果有人一手握住連結……另一隻手觸摸旋轉玻璃的末端……他的身體將會顫抖，他的骨架也會震顫。任何人直接碰觸這個人或他的衣物或任何與他連結的東西，都會體驗到相同的感覺，不管一千人或更多人，結果都一樣。」

觀看實驗的埃及人無疑對眼前的事物留下深刻的印象。然而，他們卻盡可能不表現出驚訝的樣子。拿破崙的一名侍從武官觀看了化學實驗，他日後提到「液體轉換、電震與電療實驗的所有奇蹟並未讓他們感到吃驚」。實驗結束時，他說有一名穆斯林知識分子透過口譯問了一個問題。「這些實驗好是好，但是否能讓我同時出現在摩洛哥與這裡呢？」貝托萊只能聳聳肩。「喔，這樣啊，」謝赫說道，「那麼他就不能算是了不起的巫師了。」[5]賈巴爾提在自己的書房裡獨自思考這個問題並且提出不同的看法：「他們的研究院有著奇異的物品，儀器與設備得到的結果不是我們這些人所能理解的。」[6]

拿破崙一七九八年入侵埃及的真正理由是地緣戰略而非文化。法國十八世紀下半葉的主要對手是大英帝國。這兩個歐洲海上強權在幾個戰區爭取優勢，包括南北美洲、加勒比海、非洲與印度。英國與法國商業公司為了爭奪印度的統治權而進行艱苦的爭鬥，這個爭奪直到七年戰爭（一七五六～一七六三年）才獲得解決，英國擊敗法國確保了在次大陸的霸權。但法國拒絕承認在印度的損失。

一七九二年，法國大革命戰爭爆發，英法重啟戰端。拿破崙為了搶奪英國的利益，再度將眼光望向印度。他希望藉由占領埃及來支配東地中海地區，從而截斷從地中海經埃及、紅海抵達印度洋以外地區的通往印度的海陸路線。英國人察覺拿破崙在土倫集結為數龐大的遠征軍，懷疑這支軍隊將對埃及不利。英國海軍將領霍雷肖·納爾遜受命率領一支強大的分遣艦隊前去攔截這支法國艦隊。他們實際上搶在法國人前頭抵達埃及，並且與亞歷山卓總督短暫會面，彼此鼓舞士氣。之後，納爾遜的艦隊撤出埃及，在東地中海其他地區搜尋拿破崙的蹤影。

法軍成功規避了皇家海軍，拿破崙的陸軍則迅速征服埃及。然而，一個月後，八月一日，納爾遜的分遣艦隊捕捉到法國艦隊，在尼羅河河口海戰成功擊沉或俘虜幾乎全部的法國船隻，只有兩艘戰艦僥倖逃出。拿破崙的旗艦東方號在戰鬥中起火，最後爆炸成為巨大的火球，照亮整個夜空。在這場海戰中，法軍陣亡超過一千七百人。

英國擊敗法國艦隊，使拿破崙的遠征功敗垂成。二萬名法軍困在埃及，與法國斷了連繫。海戰失敗重重打擊埃及法軍的士氣。一七九九年八月，拿破崙無預警地拋棄部隊返回法國更是加重了法軍的孤立感，而拿破崙在返回法國後，於同年十一月奪取政權。

拿破崙逃離之後，埃及法軍不知何去何從。接替拿破崙的統帥與鄂圖曼人協商，希望讓法軍完全撤離埃及。法國人與鄂圖曼人早在一八〇〇年一月就已訂下協議，但他們的計畫遭英國人破壞，英國人不希望看到這批數量龐大且經驗豐富的法國陸軍加入拿破崙的行列在其他前線與英國人作戰。一八〇一年，英國國會授權軍事遠征以確保埃及法軍投降。一八〇一年三月，遠征軍抵達亞歷山卓，與鄂圖曼人會師之後採取鉗形攻勢直撲開羅而來。一八〇一年六月，開羅法軍投降，八月，亞歷山卓法軍投降。之後這些降兵搭乘英國與鄂圖曼的船隻返回法國，結束這場充滿遺憾的遠征。

法國占領埃及只持續三年的時間。從人性的角度來看，這是個吸引人的時刻，埃及人與法國人發現彼此之間有值得讚賞的地方，也有應受指責的地方。雙方從遭遇那天起就搞得遍體鱗傷。一八〇一年夏天，遭英鄂聯軍驅逐而從開羅撤退的法國人已不再是新革命秩序充滿自信的代理人。相反地，深陷埃及數年，法國軍隊因戰爭與疾病而日漸減少，士兵的士氣一蹶不振。許多法國人改信伊斯蘭教與娶了埃及妻子，這些人對於占領區民眾顯然不是抱持高高在上的態度。另一方面，占領經驗也讓埃及人原本的自信產生動搖。他們的優越感在面對法國人與法國人的觀念和科技時徹底瓦解。

法國人離開後在埃及留下權力真空。三年的占領粉碎了馬木路克人在開羅與下埃及的權力基礎。鄂圖曼人不計一切代價想阻止馬木路克家族再起——在法國人離去的狀況下，馬木路克人首次出現大好良機，可以在叛亂蜂起的埃及行省重建權威。英國人擔心拿破崙再度遠征埃及，於是決心在埃及留下堅強的威嚇力量。他們對馬木路克人的信心遠高於鄂圖曼人，相信前者有能力保衛埃及抵禦法國人即將發動的攻擊，因此他們決定協助力量最強大的馬木路克人掌權。英國人向鄂圖曼人施壓，要他們赦免重要的

馬木路克貝伊，讓這些人重建家族與影響力。在這種狀況下，鄂圖曼人只能放棄原先較佳的決斷，轉而遵從英國人的期望。

一八〇三年，英國遠征軍才剛啟程，鄂圖曼人就重新回到他們原先制訂的埃及解決方案。高門下令開羅總督剷除馬木路克貝伊，將他們的財產充公。[7]然而馬木路克人已經恢復元氣，他們已經具有足夠的力量抵擋鄂圖曼的攻擊。緊接而來的是鄂圖曼人與馬木路克人之間苦澀的權力鬥爭，這場衝突讓飽受戰亂的開羅民眾繼續承受無止境的苦難。就在此時，一名鄂圖曼指揮官從混亂中異軍突起，他在與馬木路克人的衝突中獲得勝利，在重獲民眾支持下統治埃及。事實上，他很快就成為埃及近代史最具影響力的人物。這個人名叫穆罕默德·阿里。

穆罕默德·阿里（一七七〇～一八四九年）是阿爾巴尼亞人，生於馬其頓城鎮卡瓦拉，他在埃及的鄂圖曼軍中負責指揮一支由六千名阿爾巴尼亞人組成的強大而桀驁不馴的分遣部隊。從一八〇三年到一八〇五年，穆罕默德·阿里藉由不斷轉換結盟對象來擴充個人的權力，進而削弱鄂圖曼總督、其他鄂圖曼軍隊指揮官與領導的馬木路克貝伊的實力。開羅的顯貴經歷五年政治與經濟動盪，一開始是法國人統治，現在則由鄂圖曼人治理，他們變得愈來愈焦躁不安，而穆罕默德·阿里公開向他們示好。到了一八〇五年，這名阿爾巴尼亞分遣部隊指揮官已經成為開羅的君主擁立者，但實際上，他渴望由自己擔任國王。

穆罕默德·阿里的活動未能逃過鄂圖曼當局的注意。這名阿爾巴尼亞指揮官被視為麻煩製造者，但他的才能與雄心足以為帝國帶來好處。阿拉伯半島的局勢依然嚴峻。一八〇二年，瓦哈比派攻擊鄂圖曼伊拉克領土，並且在一八〇三年控制聖城麥加。這群伊斯蘭改革者對來自開羅與大馬士革的鄂圖曼朝聖者施加限制，威脅禁止他們進入聖城麥加與麥地那（他們在一八〇六年以後確實這麼做）。這對蘇丹來說是無法容忍的事，因為他根據帝國頭銜主張自己是伊斯蘭最神聖城市的守護者。一八〇五年，開羅顯貴首次向伊斯坦堡請願，希望任命穆罕默德．阿里為埃及總督，但高門反而任命穆罕默德．阿里擔任阿拉伯行省漢志的總督，委託他進行剿滅瓦哈比運動的危險任務。

身為已受任命而尚未上任的總督，穆罕默德．阿里被晉升為帕夏階層，這使他有資格擔任鄂圖曼任何行省的總督。穆罕默德．阿里接受漢志總督的任命，目的只是為了得到帕夏這個頭銜。他不想前往紅海行省接受新職，反而與和他結盟的開羅民間顯貴密謀向鄂圖曼人施壓任命他擔任埃及總督。顯貴們相信穆罕默德．阿里與他的阿爾巴尼亞士兵可以讓開羅恢復秩序。顯貴也心存幻想，以為穆罕默德．阿里會因為他們的支持而感恩戴德，進而任由他們擺布。他們希望穆罕默德．阿里能減輕政府對開羅商人與工匠課徵的稅收，恢復埃及行省的經濟活力，使他們獲利。但穆罕默德．阿里另有計畫。

一八〇五年五月，開羅民眾群起反對鄂圖曼總督胡爾希德．艾哈邁德帕夏。當地人民在經過多年的動盪、暴力、橫征暴斂與不公不義之後，終於達到忍受的極限。他們關閉商店表達抗議，要求鄂圖曼人任命他們選擇的人擔任總督。賈巴爾提親身經歷這場騷動，他提到頭上纏著特本的謝赫率領群眾在開羅清真寺示威，年輕人高唱反對暴虐帕夏與鄂圖曼不義的標語。暴民朝著穆罕默德．阿里的住處前進。

「你們希望由誰擔任總督？」穆罕默德．阿里問道。

「我們只接受你，」民眾回道，「根據我們的條件，你將成為統治我們的總督，因為我們知道你是公正良善之人。」

穆罕默德．阿里謙恭地回絕民眾的請求。但暴民執意要他出任。這名狡猾的阿爾巴尼亞人佯裝不情願地接受大家的說服。領導的顯貴為他披上皮草上衣與禮服，即席舉行了授職儀式。這是一起史無前例的事件：開羅民眾自行選擇總督，並且要求鄂圖曼帝國接受他們的決定。

現任總督胡爾希德．艾哈邁德帕夏不為所動。他反駁說：「我是蘇丹任命的，我不會因為農民的命令去職。我只有在帝國政府的命令下才會離開大城堡。」[8]開羅民眾把被罷黜的總督團團圍住，讓他困在大城堡裡一個月，直到一八〇五年六月十八日，伊斯坦堡傳來命令，接受人民選擇的總督，事件才告一段落。穆罕默德．阿里成為埃及的主人。

從一五一七年鄂圖曼人征服埃及開始，已經有數十人獲得總督頭銜，然而被任命為埃及總督是一回事，實際統治埃及又是另一回事。穆罕默德．阿里帕夏對埃及行省的統治在歷史上是獨一無二的。他成功壟斷埃及的財富，以歲入建立強大的陸軍與官僚國家。他利用陸軍擴張領土，並且將這些領土納入他的掌握之下，使埃及成為獨立的帝國中心。但與阿里貝伊不同的是，阿里貝伊是馬木路克人，他夢想重建馬木路克帝國，穆罕默德．阿里是鄂圖曼人，他尋求的是宰制整個鄂圖曼帝國。

穆罕默德．阿里也是一名改革者，他把埃及推上改革之路，引進歐洲的觀念與科技，日後鄂圖曼人也仿傚他的做法。他創立中東第一支由農民組成的陸軍。他最早在歐洲以外地區推動工業化計畫，應用工業革命的科技為他的軍隊生產武器與軍服。他派遣教育使節團前往歐洲各國首都，成立翻譯局出版阿拉伯文版的歐洲書籍與技術手冊。他與歐洲列強直接建立外交關係，而歐洲列強也把他當成獨立國家的君主而非鄂圖曼蘇丹底下的總督。到了穆罕默德．阿里在位末期，他已成功在埃及與蘇丹為自己的家族建立世襲統治。他的王朝將統治埃及直到一九五二年君主制度遭革命推翻為止。

雖然高門改命穆罕默德・阿里為埃及而非漢志總督，但他們仍希望由他領軍對抗瓦哈比派以恢復鄂圖曼在阿拉伯半島的權威。儘管如此，這名新總督卻找盡各種理由不執行伊斯坦堡的命令。穆罕默德・阿里當初利用混亂的局勢掌權，他知道除非能讓開羅民眾與鄂圖曼軍隊聽命於自己，否則自己也將面臨垮台的命運。

穆罕默德・阿里的阿爾巴尼亞軍隊賦予他獨立的權力基礎，使他能以軍力控制開羅。四分五裂的馬木路克家族是他第一個目標，他追捕他們直到上埃及。但一連串的戰役所費不貲，帕夏知道他擁有的士兵數量不足以控制整個埃及。此外，他也需要財源。農業是埃及行省歲入的大宗。但埃及農地有五分之一用來支持伊斯蘭機構，其他五分之四則是馬木路克家族與其他大地主把持的包稅地，開羅國庫從這些農地取得的收入極為有限。要控制埃及的歲入，穆罕默德・阿里必須控制埃及的土地。

穆罕默德・阿里對埃及所有土地直接徵稅，藉此取得控制埃及所需的必要資源。在過程中，他不僅削弱他的對手馬木路克人的財務基礎，連支持他的開羅顯貴也遭受打擊。宗教學者被剝奪自主收入，地主菁英原以為可以控制總督，現在卻發現自己必須事事仰賴總督。總而言之，穆罕默德・阿里花了六年的時間鞏固自己在埃及的地位，而後他才得以接受蘇丹的委託去攻打阿拉伯半島的瓦哈比派。

一八一一年三月，穆罕默德・阿里派兒子特森帕夏率軍攻打瓦哈比派。這是穆罕默德・阿里首次在埃及境外進行軍事冒險。在派大軍出國之前，他想先確保埃及的和平與穩定。他為特森舉行了授職儀式，並且邀請開羅所有領導人物前來參加，包括最有權力的馬木路克貝伊。經過這幾年與穆罕默德・阿里政府的交戰，貝伊認為這個邀請是和解的象徵。他們相信總督顯然已經了解獲得馬木路克人支持要比繼續與馬木路克人對抗更容易進行統治。幾乎所有的貝伊都接受邀請，穿著華麗的服飾抵達開羅大城堡參加儀式。就算有貝伊感到不安，但幾乎所有領導的馬木路克人都出席典禮肯定也能讓他們感到放心。此外，有誰會違反款待客人的律法，對客人做出背信棄義的行為？

授職典禮結束後，馬木路克人正式遊行穿過大城堡。當他們經過兩邊設有城門的通道時，城門突然關閉。困惑的貝伊還沒搞清楚發生什麼事，城牆上便出現士兵朝他們開火。經過數年的交戰，士兵們都憎恨馬木路克人，他們毫不留情地執行任務，從牆頭一躍而下殺光所有的貝伊。賈巴爾提記錄說：「這些士兵狂暴地屠殺埃米爾並且搶奪他們的衣物，他們不留活口，展現出深刻的恨意。」他們不僅殺害馬木路克人，連貝伊費心加以打扮為遊行隊伍增色的隨從也不放過，他們絕大多數是開羅的平民。「這些人高聲呼救。其中一個人說，『我不是士兵，也不是馬木路克。』另一個人則說，『我跟他們不是一夥的。』但士兵不理會他們的哭喊與哀求。」[9]

接下來，穆罕默德·阿里的軍隊在城裡大肆劫掠。只要被懷疑可能是馬木路克人，就會被他們押送到大城堡，然後在城堡內斬首。在給伊斯坦堡的報告中，穆罕默德·阿里宣稱有二十四名貝伊與四十名貝伊的隨從被殺，為了證明所言不虛，他還送上這些人的頭顱與耳朵。[10]賈巴爾提的描述顯示這場暴力其實牽連甚廣。

大城堡大屠殺給予開羅馬木路克人致命一擊。馬木路克人撐過冷酷者塞利姆的征服與拿破崙的入侵，在開羅存續將近六個世紀，卻在此時被穆罕默德·阿里消滅殆盡。倖存的少數馬木路克貝伊待在上埃及，他們知道開羅總督為了鞏固權力不會善罷干休，而他們也沒有足夠的實力挑戰他。穆罕默德·阿里自信地認為國內已無任何人能動搖他的統治地位，於是派兵前往阿拉伯半島，想藉此贏得鄂圖曼蘇丹的感激。

與瓦哈比派作戰對穆罕默德・阿里統治的埃及構成龐大的資源消耗。戰場遠在國界之外，漫長的通信與補給線容易受到攻擊，特森帕夏被迫在艱困的敵境中應戰。一八一二年，熟悉荒野地形的瓦哈比派將埃及軍隊引入狹窄的隘口，然後一舉擊潰八千人的部隊。許多阿爾巴尼亞指揮官因失去戰意而逃離戰場返回開羅，前方的特森因此無可用之兵。穆罕默德・阿里加派援軍趕往吉達，隔年，特森終於攻下麥加與麥地那。一八一三年，穆罕默德・阿里陪同朝聖隊伍前往，並且將聖城鑰匙呈交給伊斯坦堡的蘇丹，象徵伊斯蘭教發源地的主權已經收復。這場勝利的代價高昂：埃及軍隊損失八千人，國庫耗費十七萬袋金錢（以一八二〇年美元計價，將近六百七十萬美元）。[11]而瓦哈比派也沒有完全遭到擊敗。他們只是避免與埃及軍隊交鋒而撤退，日後勢必會捲土重來。

特森率領的埃及軍隊與阿卜杜拉・伊本・沙烏德指揮的瓦哈比派軍隊的戰鬥仍在持續，直到一八一五年雙方才決定停戰。特森返回開羅，卻在開羅染上瘟疫，返國數天後便急病身亡。當特森病死的消息走漏，傳回阿拉伯半島時，阿卜杜拉・伊本・沙烏德隨即撕毀停戰協定，攻擊埃及據點。穆罕默德・阿里任命長子易卜拉辛擔任埃及軍隊總司令。這是易卜拉辛帕夏輝煌戰功的開始，他成為穆罕默德・阿里的大元帥。

易卜拉辛帕夏於一八一七年初接掌在阿拉伯半島的指揮權，並且堅定地與瓦哈比派戰鬥。他先鞏固埃及對紅海省分漢志的控制，然後將瓦哈比派趕回阿拉伯半島中部的內志。即使內志位於鄂圖曼領土之外，易卜拉辛帕夏仍決心根除瓦哈比派的威脅，他追擊敵軍，直搗敵方首都迪爾伊亞。長達六個月的時間，雙方陷入可怕的消耗戰。瓦哈比派閉城不出，在埃及軍隊圍困下，糧食與飲水逐漸缺乏。在疾病與阿拉伯中部酷暑高溫下，埃及軍隊也蒙受重大損失。最後，埃及人獲勝，一八一八年九月，瓦哈比派投降，他們知道自己面臨的是完全毀滅。

在穆罕默德·阿里命令下，埃及軍隊摧毀迪爾伊亞，把所有瓦哈比運動領袖送往開羅囚禁。穆罕默德·阿里知道自己已贏得蘇丹馬哈茂德二世的歡心，因為他成功鎮壓十六年來危害鄂圖曼蘇丹國統治正當性的瓦拉比運動。此外，他也做到其他鄂圖曼總督與指揮官未能做到的事，他成功征服阿拉伯半島中部。阿卜杜拉·伊本·沙烏德與瓦哈比國的領導人物從開羅押送到伊斯坦堡，準備面對蘇丹的司法審判。

馬哈茂德二世（在位期間一八〇八～一八三九年）把處決瓦哈比派領袖視為國家重大活動。他召集政府高層官員、外國大使與帝國的領導顯貴前來托普卡匹皇宮見證這場儀式。三名罪人，分別是軍事指揮官阿卜杜拉·伊本·沙烏德、首席大臣與瓦哈比運動的精神領袖，只見他們身負沉重鎖鍊，在眾目睽睽之下接受審判，他們犯了違反宗教與國家的罪名。在審判的最後，蘇丹判處他們三人死刑。阿卜杜拉·伊本·沙烏德在阿亞索菲亞清真寺正門前斬首，首席大臣在宮殿主入口前處決，而精神領袖則是在伊斯坦堡的主要市場斬首。除了遭到曝屍，砍下來的頭顱還塞在腋下，三天後，他們的屍體被拋入海中。[12]

隨著法軍被逐出埃及以及瓦哈比運動被擊敗，蘇丹馬哈茂德二世也許有理由相信鄂圖曼帝國成功阻擋了它在阿拉伯世界面臨的最大威脅。然而，在阿拉伯半島贏得勝利的埃及總督卻證明他自己才是馬哈茂德二世眼中更可怕的威脅。瓦哈比派攻擊的是馬哈茂德二世國土的邊緣地帶，儘管在精神層面上是非常重要的邊緣地帶，但終歸只是邊緣，相較之下，穆罕默德·阿里挑戰的卻是鄂圖曼帝國的核心地區以及統治的王朝本身。

為了表揚易卜拉辛為鄂圖曼帝國擊敗瓦哈比派，蘇丹馬哈茂德二世晉陞他為帕夏，並且任命他為漢志總督。紅海省分漢志於是成為穆罕默德．阿里首次增添的帝國領土。而埃及國庫也因為取得吉達港關稅收入而大為充盈，吉達港除了在紅海貿易上具有樞紐地位，它同時也是每年前往麥加朝聖的門戶。

一八二〇年，穆罕默德．阿里進攻蘇丹，進一步鞏固埃及對紅海的控制。他原本希望在蘇丹找到傳說中的金礦以充實國庫，但最後在尼羅河上游為他的軍隊找到新奴兵來源。蘇丹戰爭因發生了野蠻的慘事而染上汙點。穆罕默德．阿里的兒子易司馬儀被辛迪的統治者殺害——辛迪位於喀土木北方的尼羅河流域——埃及遠征軍屠殺三萬名當地居民以為報復。黃金未能找到，蘇丹人寧願死也不願成為穆罕默德．阿里的奴兵。數千名男子被抓去當兵，他們因遠離家園而沮喪，並且在前往埃及訓練營的長途跋涉中染病死去：一八二〇年到一八二四年，兩萬名蘇丹人淪為奴隸，到了一八二四年，只有三千人存活下來。[13]對埃及而言，蘇丹戰爭（一八二〇～一八二二年）唯一實際的好處是商業與領土。藉由將蘇丹併入埃及帝國，穆罕默德．阿里讓領土增加了一倍，而且支配了紅海貿易。埃及對蘇丹的霸權持續一百三十六年，直到一九五六年蘇丹重獲獨立才結束。

埃及新兵的缺乏，使穆罕默德．阿里面臨諸多限制。他原本帶領的阿爾巴尼亞軍隊在阿拉伯與蘇丹折損甚多，此外老化也是個問題。到了蘇丹戰爭時期，穆罕默德．阿里軍中殘存的阿爾巴尼亞人已在埃及待了二十年。一八一〇年，鄂圖曼人禁止從高加索地區輸出軍事奴隸到埃及，一方面是為了防止馬木路克再起，另一方面也為了遏止穆罕默德．阿里的野心。鄂圖曼人也不願派遣帝國軍隊供穆罕默德．阿里使用，因為在歐洲前線也需要部署兵力。少了外在的新兵來源，埃及總督只好回頭求助於埃及本地人口。

「國民」軍隊，也就是徵召國內工農擔任士兵，在鄂圖曼世界依然是全新的觀念。一般來說，士兵來自奴隸，而且被視為軍事種姓。十七、十八世紀，著名的鄂圖曼步兵，又稱耶尼切里，在德夫希爾梅（男孩稅）逐漸崩壞下，開始修改招募程序。士兵們娶妻，並且將自己的兒子登記為耶尼切里。這種與其他人口區別的軍人種姓觀念一直延續著。農民被貶低成過於怠惰愚鈍而不適合服兵役。

十八世紀，鄂圖曼人與歐洲軍隊交戰開始居於下風，蘇丹逐漸懷疑鄂圖曼軍隊的戰力。蘇丹邀請退役普魯士與法國軍官來伊斯坦堡，請他們引進現代歐洲的作戰方式，例如步兵方陣、刺刀衝鋒與機動火砲。到了十八世紀末，蘇丹塞利姆三世（在位時期一七八〇～一八〇七年）創建新式鄂圖曼陸軍，他招募安那托利亞農民入伍，士兵們身穿歐式馬褲，由西方軍官負責操練。他把這支新成立的軍隊稱為「新秩序」（Nizam-i Cedid），士兵則稱為新秩序軍。

一八〇一年，塞利姆在埃及部署為數四千人的新秩序團，穆罕默德親眼見識這支軍隊的紀律。根據當時一名鄂圖曼人的記載，埃及的新秩序軍「與異教徒英勇奮戰，連戰皆捷；士兵逃跑的事情不僅沒人見過，也未曾聽說」。[14]然而，新秩序軍直接威脅的對象，與其說是歐洲軍隊，不如說是強大的耶尼切里。如果新秩序軍是「新秩序」，那麼便暗示耶尼切里是「舊秩序」，然而只要耶尼切里仍有力量維護自己的利益，他們就不可能接受自己是累贅。一八〇七年，耶尼切里譁變，推翻塞利姆三世，解散新秩序軍。雖然鄂圖曼首次進行的國民軍實驗以不幸收場，穆罕默德·阿里卻因此得到一個可行的典範，讓他在埃及仿傚施行。

拿破崙陸軍是穆罕默德・阿里考量的第二個典範。法國的「全民徵兵制」由公民組成軍隊，在優秀指揮官帶領下，這支軍隊在歐陸勢如破竹。然而，穆罕默德・阿里把埃及人民視為臣民而非公民，而且從未像法國革命指揮官那樣試圖以醒目的意識形態口號來激勵軍隊。他決定找法國軍事專家來訓練招募的軍隊，但他招募的方式卻取法鄂圖曼派來埃及的新秩序軍。一八二二年，穆罕默德・阿里委任一名曾經參加拿破崙戰爭的退伍軍人塞夫上校來組織訓練完全從埃及農民徵召而來的新秩序軍，塞夫上校是改信伊斯蘭教的法國人，他在埃及被稱為蘇萊曼阿迦*。不到一年的時間，穆罕默德・阿里已經創建一支三萬人的部隊。到了一八三〇年代中葉，軍隊人數達到十三萬人。

埃及的新秩序軍不是在一夜之間獲得成功。埃及農民關心自己的農田與家人的福祉，他們與家族和村落的緊密連結使服兵役成為真正的苦差事。當軍事招募人員來到村子裡時，農民為了逃避兵役紛紛逃離村落。有些人故意砍掉手指或挖出一隻眼睛，把自己搞成殘廢，來免除兵役。也有整個地區群起反抗徵兵，一八二四年，上埃及地區估計有三萬名村民群起暴動。就算強制入營，許多農民還是成了逃兵。唯有透過嚴刑峻法，穆罕默德・阿里政府才得以強制埃及農民當兵。最令人驚訝的是這支在不情不願下組成的軍隊在戰場上的卓越表現。它首次接受試煉的地點在希臘。

一八二一年，鄂圖曼帝國希臘省分爆發民族主義暴亂。這場亂事是由友誼社這個建立於一八一四年的祕密會社發起的，目的是讓希臘獨立成一個國家。鄂圖曼帝國的希臘人是個特定的族群，他們藉由語言、東正教信仰與從古典時代到希臘化的拜占庭帝國的共同歷史結合成一體。希臘戰爭是鄂圖曼帝國首次遭遇的明確以民族主義為號召的叛亂，它造成的危險遠比十八世紀地方領袖的叛亂來得巨大。過去的叛亂背後的驅動力量只是個別領袖的野心，民族主義則不同，它是一種能激勵整個人口起而反抗鄂圖曼統治的意識形態。

一八二一年三月，伯羅奔尼撒半島南部爆發叛亂，亂事很快蔓延到希臘中部、馬其頓、愛琴海島嶼與克里特島。鄂圖曼人必須同時在數條戰線進行會戰，於是他們轉而尋求穆罕默德·阿里的協助。一八二四年，他的兒子易卜拉辛帕夏率領一萬七千名剛訓練好的步兵、七百名騎兵與四個砲兵連前往伯羅奔尼撒半島。由於所有士兵都是在埃及當地出生的農民，因此這是第一支可以稱為「埃及」陸軍的軍隊。

埃及人在希臘戰爭中大獲全勝，新成立的新秩序軍證明是一支善戰之師。征服克里特島與伯羅奔尼撒之後，易卜拉辛帕夏獲得獎賞，成為這幾個行省的總督，穆罕默德·阿里的帝國因此從紅海擴充到愛琴海。諷刺的是，易卜拉辛帕夏的軍隊在希臘戰場上表現愈好，蘇丹與他的政府就愈感到憂心。埃及人鎮壓鄂圖曼人無力平定的叛亂，開羅控制的領土也進一步擴張。如果穆罕默德·阿里在這時候叛變，鄂圖曼人可能無法抵擋他的軍隊。

埃及的勝利與希臘的苦難也引起歐洲各國的關切。希臘戰爭讓英法知識菁英產生各種想像。隨著古典世界城市淪為現代戰場，景仰希臘的歐洲人士也高聲疾呼政府介入保護基督徒希臘人免於受到穆斯林土耳其人與埃及人的侵擾。一八二三年，詩人拜倫搭船前往梅索隆吉支持希臘獨立運動，使希臘成為國際矚目的焦點。一八二四年四月，拜倫去世，但並非死於鄂圖曼士兵之手，而是熱病，但這也使他成為

＊蘇萊曼阿迦（Sulayman Agha）：agha，是鄂圖曼帝國對文武百官長官的敬稱。另外，前一個世紀有個名字相近的人Suleiman Aga（Soleiman Agha），在一六六九年曾作為鄂圖曼帝國皇帝的信使，到凡爾賽宮見路易十四，他也是將咖啡文化引入法國的代表人物。

希臘獨立運動的殉難者而廣受世人尊崇。拜倫的死使歐洲民眾要求政府介入的呼聲更為熾烈。

英法政府雖然容易受到民眾壓力影響，但他們更關切的是廣大的地緣戰略考量。法國在穆罕默德．阿里的埃及享有特權，而做為交換，埃及總督得以運用法國軍事顧問訓練陸軍，聘用法國工程師滿足工業需要與興建公共工程，以及派遣留學生到法國接受高等教育。法國人急欲維持他們與埃及的特殊關係，以擴展他們在東地中海的影響力。然而，埃及朝希臘擴張卻讓巴黎政府進退兩難。埃及在東地中海的影響力若凌駕於法國之上，將有損法國的利益。

對英國政府來說，整個局勢相當清楚。倫敦憂心巴黎在埃及擴展影響力。從拿破崙入侵埃及以來，英國一直試圖阻止法國支配埃及與掌控通往印度的陸海交通。英國在拿破崙時代大陸戰爭中元氣大傷，它擔心歐陸大國若在鄂圖曼領土取得據點，將在歐洲列強之間重新點燃戰火。英國政府因此尋求維持鄂圖曼帝國的領土完整以保障歐洲的和平。顯然，鄂圖曼人無法靠自己的力量保住希臘，而英國不希望埃及在有損鄂圖曼帝國的利益下將勢力伸進巴爾幹半島。因此，為了維護自身利益，英國只能支持希臘人在鄂圖曼帝國之下取得較高的自治權，並且確保鄂圖曼與埃及的軍隊同時撤離這片充滿爭議的領土。

穆罕默德．阿里在希臘進行的戰爭非但未能取得任何利益，反而耗盡了國庫。他的新秩序軍深陷希臘戰場。鄂圖曼人對穆罕默德．阿里存有戒心，因此藉這個機會消耗他的軍隊與國庫。到了一八二七年夏天，歐洲列強明確反對埃及繼續在希臘用兵，英、法、俄甚至聯合派出艦隊逼迫鄂圖曼與埃及撤軍。埃及總督最不願見到的就是與歐洲列強兵戎相見。一八二七年十月，穆罕默德．阿里寫信給派駐伊斯坦堡的政治代表：「我們必須了解，我們不可能與歐洲人對抗，如果我們真的與歐洲人開戰，唯一可能的結果就是賠上整個艦隊與三、四萬人的性命。」穆罕默德．阿里雖然對自己的陸海軍感到自豪，但他知道他們絕非英軍或法軍的對手。他寫道：「雖然我們勇猛善戰，但我們在戰術上仍很幼稚，歐洲人在這方面遙遙領先我們，他們已能將各種戰爭理論付之實踐。」[15]

穆罕默德．阿里雖然清楚預見可能發生的災難，卻仍讓海軍參戰，並且派遣艦隊前往希臘。鄂圖曼人不願承認希臘獨立，蘇丹決定挑戰歐洲列強的底線，無視它們派出的聯合艦隊。這是個致命錯誤。一八二七年十月二十日，盟軍艦隊將埃及船艦困在納瓦里諾灣，在四小時的海戰中幾乎將七十八艘鄂圖曼與埃及船艦全部擊沉。超過三千名埃及與鄂圖曼士兵陣亡，攻擊的盟軍艦隊將近兩百人死亡。

穆罕默德．阿里對於海軍的傷亡感到憤怒，他認為蘇丹馬哈茂德二世應為這場損失負責。此外，埃及人發現他們如今也陷入當初尼羅河河口海戰後拿破崙面臨的處境：數千名士兵被困，沒有船隻運補或遣返他們。穆罕默德．阿里未請示蘇丹就自行與英國人協議停戰並且從希臘遣返他的兒子易卜拉辛帕夏與埃及軍隊。馬哈茂德二世對於埃及總督目無尊長的態度感到憤怒，但穆罕默德．阿里已不稀罕蘇丹的寵信。他忠誠侍奉主上的日子已經結束。此後，穆罕默德．阿里將無視蘇丹的存在而一意追求自己的目標。

納瓦里諾海戰也是希臘獨立戰爭的轉捩點。一八二八年，在法國遠征軍協助下，希臘戰士成功將鄂圖曼軍隊逐出伯羅奔尼撒半島與希臘中部。同年十二月，英、法、俄三國政府開會協商，同意成立獨立的希臘王國，然後將它們的解決方案強加在鄂圖曼帝國身上。此後又經過三年的協商，希臘王國終於在一八三二年五月的倫敦會議上成立。

在希臘遭遇慘敗後，穆罕默德．阿里把目標轉向敘利亞。從一八一一年同意出兵攻打瓦哈比派以來，敘利亞一直是他渴望統治的地方。一八一一年與一八一八年擊敗瓦哈比派後，他曾兩度向高門表達取得敘利亞的意願。鄂圖曼人駁回他的請求，他們不希望這位埃及總督過於強大，成為高門施政的障礙。當伊斯坦堡希望埃及協助平定希臘時，高門承諾未來會把敘利亞交給穆罕默德．阿里。埃及總督在喪失艦隊後要求高門兌現承諾，卻得不到肯定答覆：高門認為穆罕默德．阿里已因艦隊覆滅而嚴重削弱，因此沒有必要贏得他的善意。

穆罕默德．阿里知道高門無意將敘利亞交給他。他也知道鄂圖曼人沒有軍隊可以阻止他取得領土。易卜拉辛帕夏與士兵才剛返回埃及，穆罕默德．阿里就立即著手建立新艦隊與重新裝備陸軍準備入侵敘利亞。他與英國和法國接觸，希望獲得支持。法國對此感興趣，願意與埃及締結協定，但英國對於一切足以破壞鄂圖曼帝國領土完整的行為均予以反對。穆罕默德．阿里並未因此受到影響，他持續準備，一八三一年十一月，易卜拉辛帕夏率軍入侵敘利亞。

埃及正式與鄂圖曼帝國開戰。易卜拉辛帕夏率領三萬大軍迅速攻下巴勒斯坦。到了十一月底，他的軍隊已經抵達阿卡北部據點。當埃及入侵的消息傳到伊斯坦堡時，蘇丹派遣特使前去勸說穆罕默德．阿里，希望他取消此次攻擊行動。然而一切努力終歸徒勞，高門只好下令大馬士革與阿勒坡總督召集軍隊抵禦埃及入侵。當埃及大軍圍攻堅不可摧的阿卡要塞時，大馬士革與阿勒坡也獲得六個月喘息的機會。

正當鄂圖曼人準備抵禦埃及入侵的時候，巴勒斯坦與黎巴嫩一些地方領袖卻選擇支持易卜拉辛帕夏。這些人面對埃及新一波的威脅，希望保住自己原有的地位。埃及軍隊抵達阿卡時，統治黎巴嫩山的埃米爾貝希爾二世與易卜拉辛帕夏締結同盟。埃米爾貝希爾來自謝哈布家族，謝哈布家族有一名成員派親信米哈伊爾．米夏卡前去了解埃及人圍攻阿卡的狀況，然後回報黎巴嫩山統治者。

米夏卡在阿卡待了將近三個星期，親眼目擊埃及的軍事行動。米夏卡剛抵達阿卡，就看見埃及海軍與阿卡的鄂圖曼守軍展開激烈的攻防戰。穆罕默德·阿里投入二十二艘戰艦攻城，朝阿卡城堡發射七萬發以上的砲彈。守軍英勇抵抗，在激烈交戰中擊沉許多敵方船隻。米夏卡表示，砲轟從早上持續到日落，「阿卡完全籠罩在硝煙之中」。根據米夏卡的記載，埃及人派出八個步兵團（一萬八千人）、八個騎兵團（四千人）與二千名貝都因非正規軍攻打「三千名勇敢而經驗豐富」的阿卡守軍。考量到阿卡的海牆與用來保護陸牆的防禦工事極為堅固，米夏卡預先警告他的雇主，這場圍城戰恐將曠日持久。

長達六個月的時間，埃及人持續攻打阿卡要塞。到了一八三二年五月，堅不可摧的城堡外牆終於被擊垮，易卜拉辛帕夏於是集結步兵攻進城堡。他發表鼓舞士氣的演說，提醒這些久經戰陣的士兵們，他們過去曾在阿拉伯與希臘獲取勝利。埃及軍隊寧死不退。為了表示勇往直前的決心，易卜拉欣帕夏警告士兵，「大砲架在他們身後，若有任何人未登城就後退，大砲會將他們轟成碎片。」發表完帶有威脅性的激勵演說之後，易卜拉辛帕夏便率領士卒朝傾頹的阿卡城牆衝鋒。他們輕易跨越防禦工事，迫使殘餘的守軍投降，在經過數個月戰鬥之後，守軍只剩三百五十人。[16]

攻下阿卡之後，易卜拉欣帕夏率軍前往大馬士革。鄂圖曼大馬士革總督動員一萬名民眾守城。易卜拉辛帕夏知道未經訓練的平民不是專業軍隊的對手，他命令部隊朝民眾頭部上方開火來嚇跑他們。果然，光靠槍砲的聲音就擊退大馬士革人。總督撤出城外，與屯駐城北的鄂圖曼軍隊會合，埃及人未遭遇任何抵抗就攻下大馬士革。易卜拉欣帕夏下令士兵必須保障市民的人身與財產安全，並且宣布赦免大馬士革全城民眾。他的目的是要統治敘利亞民眾，因此不希望做出失去民心的事。

易卜拉辛帕夏組織議會以統治大馬士革，然後繼續出征平定敘利亞其他地區。這位埃及指揮官把幾名大馬士革顯貴帶在身邊，以免大馬士革民眾趁他離開之時發起叛亂。米夏卡繼續追隨埃及軍隊的腳步，為黎巴嫩山統治者蒐集情報。當埃及大軍離開大馬士革時，米夏卡計算了軍隊人數：「一萬一千名步兵，二千名正規騎兵，三千名〔貝都因〕騎兵」——總計一萬六千人，此外還有四十三門大砲，三千頭用來運送補給物資的駱駝。他們前往敘利亞中部城鎮霍姆斯，與另一支六千人的埃及部隊會師。

七月八日，埃及人與鄂圖曼人首次為了爭奪敘利亞控制權在霍姆斯附近大戰。米夏卡寫道：「那是一幅撼動人心的景象。當埃及正規軍抵達戰場時，他們遭遇人數占優勢的土耳其正規軍。日落前一小時，雙方猛烈開火，持續砲轟。」米夏卡在山頂觀戰，但他無法看清戰鬥的進行。「這是令人驚駭的一小時，地獄之門在此時開啟。落日西沉，槍聲靜止，只有零星的砲響，日落之後的一個半小時，戰場上一片死寂。」直到這個時候，米夏卡才知道這場霍姆斯戰役由埃及人獲得全勝。逃亡的鄂圖曼指揮官匆忙放棄自己的營地。「營火上還煮著食物，他們遺棄了藥箱，衣物與裹屍布，大量用來獎賞有功將士的皮草與披風，以及許多物資。」[17]

不知疲倦的易卜拉辛帕夏並未在霍姆斯久留。獲勝的第二天，他率軍北上前往阿勒坡，想一口氣征服敘利亞全境。與大馬士革一樣，阿勒坡未做任何抵抗就向埃及軍隊投降，易卜拉辛帕夏在此地成立新政府組織，代表埃及統治城市。鄂圖曼總督撤出阿勒坡與鄂圖曼大軍會合，這支軍隊包括了霍姆斯戰役後的殘餘部隊。七月二十九日，鄂圖曼人與埃及軍隊在港口亞歷山德瑞塔（位於今土耳其，但當時屬於阿勒坡省）附近的貝倫村交戰。雖然人數居於劣勢，但埃及軍隊卻重創鄂圖曼人，隨後接受他們的投降。易卜拉辛帕夏繼續進軍到港口阿達納，埃及船隻在這裡重新補給已經疲憊不堪的陸軍。易卜拉辛帕夏派信差前往開羅，詳細稟報埃及的勝利，並且等待父親進一步的指示。

穆罕默德·阿里從戰爭轉為協商，試圖藉由蘇丹的敕令或歐洲的介入來確保他在敘利亞取得的戰果。但鄂圖曼人不願割讓任何土地給這名變節的埃及總督。鄂圖曼首相穆罕默德·雷希德帕夏非但不承認穆罕默德·阿里在敘利亞的地位，還動員八萬人以上的大軍，打算將埃及人逐出土耳其沿岸與敘利亞。一八三二年十月，易卜拉辛帕夏在重整軍隊與裝備之後，動身前往安那托利亞中部，企圖消滅鄂圖曼的威脅。同月，他占領孔亞，在此進行戰爭準備。

現在，埃及軍隊必須在他們所能想像最荒涼的環境下作戰。埃及軍隊向來習慣於沙漠夏日的烈陽與尼羅河畔溫和的冬日，如今卻要面對安那托利亞高原冬天的大雪與零下的氣溫。然而即使在這樣的狀況下，這些被強制徵集來的士兵依然表現出堅強的紀律，在人數處於劣勢下，他們在孔亞戰役擊潰了鄂圖曼軍隊（一八三二年十二月二十一日）。埃及人甚至俘虜了首相，大大增加他們的談判籌碼。

蘇丹得知他的軍隊戰敗，首相被俘，立刻決定投降，而且同意穆罕默德·阿里絕大多數的領土要求。孔亞戰役失敗後，蘇丹已無多餘兵力，現在他面臨屯駐在安那托利亞西部城鎮屈塔希亞的埃及軍隊，距離帝國首都伊斯坦堡只有兩百公里（一百二十四英里）。為了確保埃及軍隊完全撤出安那托利亞，馬哈茂德二世重新任命穆罕默德·阿里為埃及總督（穆罕默德·阿里開戰後被剝奪了總督頭銜而且被視為叛徒），此外還任命穆罕默德·阿里與易卜拉辛帕夏為漢志、克里特島、阿卡、大馬士革、的黎波里與阿勒坡各省總督，以及給予在港口城市阿達納徵稅的權利。在俄國與法國促成下，這些利益在一八三三年五月的屈塔希亞和約中獲得確認。

屈塔希亞和約簽訂後，易卜拉辛帕夏把軍隊撤回敘利亞與埃及。穆罕默德·阿里並未取得他想要的獨立地位。鄂圖曼人還是牢牢地將他約束在帝國統治之內。儘管如此，他讓絕大多數阿拉伯省分成為家族的囊中物，在一八三〇年代剩餘的時間裡，他創建的埃及帝國足以與鄂圖曼人分庭抗禮。

埃及在敘利亞的統治不得人心。新稅成為社會各階層沉重的負擔，從最貧困的工人到最富有的商人都感到厭惡，地方領袖也因為剝奪了傳統權力而與埃及疏遠。米夏卡寫道：「當埃及人試圖更動世家大族的慣例並且向居民課徵遠較以往為重的稅收時，民眾開始對埃及人感到輕蔑，而且希望回歸土耳其人的統治，從這裡已經可以見到叛亂的端倪。」埃及人的回應方式是解除敘利亞人的武裝並且徵召他們當兵，但這麼做只是激起更大的反彈。米夏卡解釋說：「一名士兵並無固定的服役期限，期限完了就能返鄉與家人團聚，相反地，他的役期永無止境，如同墮入地獄。」[18]許多年輕人遠走他鄉逃避兵役，進一步減少地方經濟的生產力。叛亂紛起，從敘利亞沿岸的阿拉維山區一路蔓延到黎巴嫩山的德魯茲派與敘利亞南部地區，乃至於巴勒斯坦高地的納布盧斯。從一八三四年到一八三九年，易卜拉辛帕夏發現他的軍隊疲於奔命地平定此起彼落的叛亂。

敘利亞鄉野的騷動未能讓穆罕默德．阿里縮手，他把敘利亞視為埃及帝國新增的永久領土。他努力不懈地尋求歐洲支持，希望他們協助他脫離鄂圖曼帝國，在埃及與敘利亞建立獨立王國。一八三八年五月，穆罕默德．阿里知會高門與歐洲列強，他決心建立自己的王國，並且願意支付鄂圖曼人三百萬英鎊（一千五百萬美元）的獨立費用。英國首相巴麥尊發出嚴正警告：「穆罕默德．阿里帕夏必須了解，大英帝國與蘇丹站在同一陣線，絕不容許這種公然對蘇丹施加的惡行，也絕不允許破壞土耳其帝國的領土完整。」[19]就連穆罕默德．阿里的盟友法國也警告他不要輕舉妄動，因為這會讓他同時與蘇丹和歐洲為敵。

在歐洲支持下，鄂圖曼人決定立刻採取行動反制穆罕默德．阿里。蘇丹馬哈茂德二世再次動員大批軍力。自從一八二六年斷然解散耶尼切里之後，馬哈茂德投資大量經費建立新一批鄂圖曼新秩序軍。他的高級軍官向他保證，他建立的現代陸軍在德國人訓練下已能擊敗埃及人，更何況埃及人在敘利亞歷經五年平定叛亂，早已普遍厭戰。鄂圖曼人進軍鄰近阿勒坡的敘利亞邊境，於一八三九年六月二十四日攻擊易卜拉辛帕夏。然而與各方預期相反，埃及人在尼濟普戰役（Battle of Nezib）中擊潰鄂圖曼人，不僅造成重大傷亡，還俘虜超過一萬人。

蘇丹馬哈茂德二世未能接到戰敗的消息。罹患結核病的他，數個月來健康持續惡化，還來不及得知尼濟普慘敗便於六月三十日過世。繼任者是他的兒子，仍是青少年的蘇丹阿卜杜勒邁吉德一世（在位時間一八三九～一八六一年），他年少且缺乏經驗，無法穩住帝國的軍心士氣。鄂圖曼艦隊指揮官艾哈邁德．費弗茲帕夏率領整個艦隊橫越地中海投奔穆罕默德．阿里。他擔心一旦俄羅斯以扶立年輕蘇丹為名介入鄂圖曼內政（事實上如他所料），那麼整個艦隊將落入俄羅斯之手。他也認為穆罕默德．阿里才是最有能力維護鄂圖曼帝國的領袖；一名剛強壯健的反叛者要比乳臭未乾的儲君更能成為雄才大略的蘇丹。伊斯坦堡陷入驚恐。年輕蘇丹面臨鄂圖曼歷史上最大的內部威脅，而他沒有陸軍或海軍來保護他。

鄂圖曼帝國的內部動盪，不僅震撼了鄂圖曼人，歐洲列強也同感關切。英國擔心俄羅斯會利用這段權力真空攫取博斯普魯斯與達達尼爾海峽，使它的黑海艦隊能航行進入地中海。如此將傾覆英國數十年來採行的政策：將俄國艦隊圍堵於黑海之中，不使其取得溫水港，從而讓海上權力均勢往英國傾斜。英國也想打擊法國協助盟友埃及統治東地中海的野心。英國率領一個由歐洲列強組成的聯盟（法國並未參加）介入這場危機，除了支持鄂圖曼王朝，另一方面也逼迫穆罕默德．阿里從土耳其與敘利亞撤軍。

協商持續一年毫無進展，穆罕默德．阿里想利用尼濟普的勝利獲取更多領土與主權，英國與高門則要求埃及必須從敘利亞撤軍。一八四〇年七月，歐洲聯盟（英國、奧國、普魯士與俄國）提出條件，如果穆罕默德．阿里立刻從敘利亞其餘地區撤軍，那麼他就可以成為大馬士革的終身領袖，並且獲得世襲統治埃及的地位。英國與奧國艦隊集結在東地中海準備採取行動，這項提議顯然成了最後通牒。穆罕默德．阿里相信自己得到法國支持，因此悍然拒絕這項提議。

盟軍艦隊在海軍將領納皮爾率領下逼近港口城市貝魯特，九月十一日，納皮爾砲轟埃及據點。英國人利用當地間諜在敘利亞與黎巴嫩散發傳單，呼籲當地人民起而反抗埃及人。大敘利亞地區的民眾過去曾做過這樣的事，此刻他們樂於再次挺身抗暴。在此同時，盟軍艦隊從貝魯特轉往阿卡，企圖將埃及人逐出城堡。根據米夏卡的說法，埃及人以為他們可以抵擋任何攻擊，但英國、奧國與鄂圖曼聯合艦隊只花了三小時二十分鐘就攻下城堡。埃及人才剛接獲彈藥補給，成批的火藥堆置暴露在城堡中央。盟軍船艦的砲彈擊中火藥，「意想不到的爆炸讓阿卡的守軍落荒而逃，留下無人防守的空城。」[20]歐洲與鄂圖曼軍隊收復阿卡，並且完全控制了敘利亞沿海地區。

易卜拉辛帕夏發現他的據點已無法防守。海路遭到切斷，軍隊得不到補給，而且又遭受當地人民的襲擊騷擾。他將軍隊撤出土耳其與敘利亞，回到大馬士革。一八四一年一月，當總數約七萬人的大軍重新集結於大馬士革時，易卜拉辛帕夏隨即井然有序地率部隊沿陸路從敘利亞撤回埃及。

埃及的威脅遭到防堵，但第二次埃及危機對鄂圖曼帝國生存造成的威脅仍需正式的解決方案。在倫敦進行的協商，鄂圖曼人提議讓穆罕默德．阿里成為埃及與蘇丹的終身領袖，他的家族可以世襲統治埃及。穆罕默德．阿里則必須承認蘇丹為宗主，同意每年向高門繳納貢金做為臣服與效忠鄂圖曼帝國的象徵。

英國也希望獲得保障，使東地中海的騷動不再威脅歐洲的和平。歐洲列強想在黎凡特取得戰略優勢，因此產生各種衝突，為了防止衝突發生，最佳的保障就是確保鄂圖曼帝國領土完整，這是英國首相巴麥尊勳爵長久以來關注的目標。一八四〇年倫敦條約有一項祕密附錄，規定英國、奧國、普魯士與俄國政府「不得在違反平等原則下擴充領土，建立排他勢力以及為臣民取得商業優勢」。[21]這份充滿自制意味的議定書提供鄂圖曼帝國將近四十年的保障，使其免於遭受來自歐洲的領土威脅。

從一八〇五年到一八四一年，穆罕默德·阿里的野心足足繞了一大圈。他晉陞成總督，讓自己成為埃及的主人。一旦他鞏固自己在埃及的地位，並且擴充行省的收入，他就開始著手創建現代軍隊。之後，他擴充領土，從蘇丹與紅海地區的漢志，到一度涵蓋希臘大部分地區與整個敘利亞。這些成果在外國干預下化為烏有，到了一八四一年，他又退回到埃及與蘇丹。埃及可以擁有自己的政府，可以自行制定法律，但依然要受鄂圖曼帝國外交政策的拘束。雖然埃及人可以自行鑄幣，但金幣與銀幣只能鑄上蘇丹的名字，至於埃及統治者的名字只能鑄在銅幣上。埃及可以擁有自己的陸軍，但數量限制在一萬八千人，與過去擁有的十萬到二十萬陸軍有天壤之別。穆罕默德·阿里的成就是巨大的，但顯然無法支撐他的野心。

穆罕默德·阿里帕夏晚年充滿沮喪，而且深受病痛所苦。此時帕夏已垂垂老矣，當他的軍隊從敘利亞返國時，他已經七十一歲。他與兒子易卜拉辛的隔閡日深。在敘利亞戰爭時期，父子之間的溝通完全透過宮廷官員。父子兩人都在與病魔搏鬥，易卜拉辛前往歐洲治療結核病，穆罕默德・阿里以硝酸銀治療痢疾導致精神失常。一八四七年，蘇丹知道穆罕默德・阿里已沒有足夠的能力進行統治，因此任命易卜拉辛帕夏為繼任者。六個月後，易卜拉辛去世。此時的穆罕默德・阿里已無法視事，大位於是由穆罕默德・阿里帕夏的孫子阿拔斯繼承。一八四九年八月二日，帕夏去世，葬禮由阿拔斯主持。

地方領袖的時代已經結束。隨著埃及人失去克里特島、敘利亞與漢志行省，鄂圖曼政府也開始謹慎選派自己的官員擔任這些省分的總督。大馬士革的阿茲姆家族，就像摩蘇爾的賈利里家族，他們失去了從十八世紀以來掌握的城市。謝哈布家族因為與埃及人勾結而遭到推翻，黎巴嫩山的自治政府也隨之崩解。鄂圖曼人也任命自己的官員擔任這些地區的總督，然而之後產生的爆炸性後果使黎巴嫩走上派系衝突的道路。鄂圖曼政府給予地方自治權利，讓阿拉伯地區的工作人口承受高昂的代價，在地方領袖的野心操弄下，他們經歷戰爭、通貨膨脹、政治動盪與無止境的不公不義。現在，他們渴望和平與穩定。

鄂圖曼人也希望終止內部對統治的挑戰。由於必須專注對付俄羅斯與奧地利的外來威脅與戰爭，鄂圖曼人因此放任阿拉伯省分的風險擴大：阿里貝伊與扎希爾・歐瑪爾的結盟威脅鄂圖曼對敘利亞與埃及的統治；瓦哈比派蹂躪伊拉克南部，並且從鄂圖曼人手中奪取漢志；穆罕默德・阿里運用埃及的財富建立軍隊，使他得以將帝國控制在自己手裡，並且有能力威脅鄂圖曼人的生存。如果沒有歐洲列強干預，穆罕默德・阿里很有可能在第二次埃及危機推翻鄂圖曼人。這些經驗使鄂圖曼政府感到有改革的需要。這裡該做的不只是對常設政府機構進行輕微修改，而是要對古老的統治機器進行徹底而全面的翻修。

鄂圖曼人知道他們不可能靠自己的力量改革帝國。他們需要引進讓他們的歐洲對手賴以富強的觀念與科技。鄂圖曼政治家已經注意到穆罕默德·阿里是如何成功運用現代歐洲觀念與科技來打造充滿動力的國家。派遣埃及使節前往歐洲，引進歐洲工業與軍事科技，在軍事與官僚各階層聘用歐洲技術顧問，這些做法都對穆罕默德·阿里的成就有著關鍵性的影響。

鄂圖曼人與歐洲鄰邦的關係進入到一個嶄新而複雜的時代。歐洲成為一個典範角色，一個在軍事與科技上值得效法的理想。但歐洲也是個必須保持距離的威脅，它既是貪圖鄂圖曼土地的潛在交戰國，也是危險新意識形態的來源。鄂圖曼改革者陷入天人交戰，他們既要面對採行歐洲觀念與科技帶來的挑戰，又不能對自身的文化完整性與價值觀有絲毫的妥協。

鄂圖曼人唯一無法忽略的是歐洲的進步。十九世紀，歐洲已經成為宰制世界的力量，鄂圖曼帝國逐漸落入凡事不得不按歐洲規則進行的境地。

注釋

1. Thomas Philipp and Moshe Perlmann, eds., *'Abd al-Rahman al-Jabarti's History of Egypt*, vol. 3 (Stuttgart: Franz Steiner, 1994), p. 2.
2. 同前，p. 13.
3. 同前，p. 8.
4. 同前，p. 51.
5. M. de Bourienne, *Mémoires sur Napoléon*, 2 vols. (Paris, 1831), 引自 5. 同前，p. 57, n. 63.
6. Philipp and Perlmann, *'Abd al-Rahman al-Jabarti's History of Egypt*, vol. 3, pp. 56–57.
7. Afaf Lutfi al-Sayyid Marsot, *Egypt in the Reign of Muhammad Ali* (Cambridge: Cambridge University Press, 1984), p. 37.

也可見 Darrell Dykstra, 'The French Occupation of Egypt,' in M. W. Daly, ed., *The Cambridge History of Egypt*, vol. 2 (Cambridge: Cambridge University Press, 1998), pp. 113–138.

8. Philipp and Perlmann, *'Abd al-Rahman al-Jabarti's History of Egypt*, vol. 3, pp. 505–506.
9. 同前，vol. 4, pp. 179–180.
10. Marsot, *Egypt in the Reign of Muhammad Ali*, p. 72.
11. 同前，p. 201. 一袋金錢相當於五百皮亞斯特（piasters），根據一八二〇年的匯率，一美元大約是十二點六皮亞斯特。
12. 這段瓦哈比派領袖遭處決的描述出自俄羅斯駐鄂圖曼帝國大使，引自 Alexei Vassiliev, *The History of Saudi Arabia* (London: Saqi, 2000), p. 155.
13. Khaled Fahmy, *All the Pasha's Men: Mehmed Ali, His Army, and the Making of Modern Egypt* (Cambridge: Cambridge University Press, 1997), p. 92.
14. Mustafa Rashid Celebi Efendi, 引自同前，p. 81.
15. 穆罕默德・阿里寫給代表那吉布阿凡提（Najib Efendi），日期是十月六日。
16. 米哈伊爾・米夏卡一八七三年的歷史作品 *al-Jawab 'ala iqtirah al-ahbab* [The response to the suggestion of the loved ones] 由 Wheeler Thackston 翻譯出版，書名改為《謀殺、破壞、搶劫與掠奪：十八與十九世紀的黎巴嫩史》（*Murder, Mayhem, Pillage, and Plunder: The History of the Lebanon in the Eighteenth and Nineteenth Centuries*, Albany: SUNY Press, 1988），pp. 165–169。
17. 同前，pp. 172–174.
18. 同前，pp. 178–187.
19. 巴麥尊的書信，一八三八年七月二十日，引自 Marsot, *Egypt in the Reign of Muhammad Ali*, p. 238.
20. Mishaqa, Murder, Mayham, Pillage, and Plunder, p. 216.
21. 倫敦黎凡特和平會議，一八四〇年九月十五日到十七日，重印於 J. C. Hurewitz, *The Middle East and North Africa in World Politics*, vol. 1 (New Haven, CT: Yale University Press, 1975), pp. 271–275.

第四章　改革的危險

一八二六年四月十三日，一名年輕穆斯林教士來到停泊在亞歷山卓港的法國帆船鱒魚號。里法阿．塔赫塔維來自開羅歷史悠久的阿茲哈爾清真寺大學，他身穿學者袍服頭纏特本，攀上掛在船邊的舷梯，這是他人生首次離開埃及的土地。塔赫塔維是穆罕默德．阿里派往歐洲的首批教育使節團教士，他前往的目的地是法國。等到他再度回到故國的土地，已是五年後的事。

上船之後，塔赫塔維仔細端詳其他成員的臉孔。這些人組成了一個非常多元的團體：總計四十二人，年齡從十五歲到三十七歲。塔赫塔維（一八〇一～一八七三年）當時二十四歲。表面上看是埃及代表團，實際上只有十八人是埃及本地出生會說阿拉伯語的人士。其餘的人說的是土耳其語，這反映了鄂圖曼帝國民族的多樣性，當時埃及還是帝國的一部分——土耳其人、切爾克斯人、希臘人、喬治亞人與亞美尼亞人。埃及總督選擇這些人學習歐洲語言與科學，等他們返國之後，讓他們運用在法國所學來改革故土。

塔赫塔維來自上埃及一個小村落裡的法官與神學家顯貴家族，從十六歲就開始學習阿拉伯文與伊斯蘭神學。塔赫塔維是個卓越的學者，他起初接受任命在阿茲哈爾大學教書，之後於一八二四年進入政府服務，成為新成立的歐式新秩序軍步兵師的隨軍教士。由於這個職位，加上庇護人的支持，塔赫塔維獲選為聲譽卓著的巴黎使節團的一員。能擔任這樣的職位幾乎可以確定未來將平步青雲。

塔赫塔維隨身帶了一本空白筆記本，用來記錄他對法國的印象。幾乎所有細節都令他感興趣：法國人建築房屋的方式，謀生的方法以及宗教儀式；他們的運輸工具與金融體系的運作；男女關係；他們的服飾與舞蹈；他們如何裝飾屋子與擺設餐桌。塔赫塔維帶著好奇與敬意記下所見所聞，但也抱持著批判的超然態度。數世紀以來，歐洲人前往中東旅行，記述他們看到的異國風俗與習慣。現在，第一次有埃及人反其道而行，記錄在這個名叫法蘭西的奇妙異邦的種種見聞。[1]

塔赫塔維對法國的反思充滿矛盾。身為穆斯林與鄂圖曼埃及人，塔赫塔維深信自己的信仰與文化具有優越性。他認為法國是個沒有信仰的地方，「沒有任何穆斯林定居在這裡，」就連法國人也不過是「名義上的基督徒」。然而，他的第一手觀察卻讓他毫不懷疑地認定歐洲在科學與工業技術上的優越。塔赫塔維回憶說，「以真主之名，我在停留法國期間相當遺憾地發現，法國享有的各種事物在伊斯蘭國度完全看不到。」[2]塔赫塔維認為他的讀者與西方科學之間存在著隔閡，為了說明這點，他認為有必要解釋歐洲天文學家已經證明地球是圓的。塔赫塔維知道伊斯蘭世界在科學上落後歐洲甚多，他也相信伊斯蘭世界有責任與權利恢復這些知識，因為西方從文藝復興以來的進展完全建立在中世紀伊斯蘭世界進步的科學成就之上。他認為，鄂圖曼人借用歐洲先進的現代科技，不過是要西方人清償他們當初借用伊斯蘭科學的債務。[3]

雖然塔赫塔維的著作對於一八二〇年代的法國何以如此做了精采的省思（從埃及人的角度出發），但塔赫塔維最實質的貢獻卻表現在他對立憲政府的分析，進而影響了政治改革。他翻譯法國一八一四年憲法全部七十四條條文，並且詳細分析其中的關鍵點。[4] 塔赫塔維相信這部憲法蘊含法國先進的祕密。塔赫塔維向他的菁英讀者解釋說：「我們想把憲法列入其中，如此你們才能了解法國人是如何運用他們的聰明才智決定正義與公平才是國家文明、臣民福祉的根源，並且了解統治者與臣民是如何以憲法為依歸，使他們的國家得以繁榮、知識得以增長、財富得以累積而心靈得以滿足。」

塔赫塔維讚揚立憲政府，就當時來說是很有勇氣的行為。因為這是危險的新觀念，在伊斯蘭傳統找不到任何根據。塔赫塔維坦承法國憲法絕大多數原則「無法在《古蘭經》或先知聖行中找到」。他可能擔心其他穆斯林教士對這些危險創新觀念的反應，但他面對的更大風險卻可能是導致統治者不悅。畢竟，憲法不僅適用於臣民，也適用於國王，而且憲法主張要在君主與民選立法機構之間做出權力區分。穆罕默德·阿里統治的埃及是個徹頭徹尾的專制國家，而鄂圖曼帝國則是絕對君主制國家。代議政府或限制君主權力的觀念會被絕大多數鄂圖曼菁英視為離經叛道與顛覆。

法國憲法提倡平民權利而非鞏固菁英的統治地位，令這名改革派教士為之著迷。而憲法條文中最令塔赫塔維印象深刻的是法律之前人人平等以及所有公民「無論任何身分均有服公職的權利」。塔赫塔維認為，這種向上流動的可能性激勵「人民讀書學習」，使他們有機會「提升自己的地位」，從而讓文明免於停滯不前。在此，塔赫塔維再次踩上了鋼索。在鄂圖曼埃及這樣一個階級森嚴的社會，社會流動的觀念會讓那個時代的菁英感到危險。

塔赫塔維更進一步讚揚法國的言論自由。他解釋說，法國憲法鼓勵「每個人自由表達意見、知識與感受」。塔赫塔維又說，一般法國人用來表達意見的媒介是某種稱為報刊雜誌的東西。塔赫塔維的眾多讀者恐怕是第一次聽到報紙這個詞，因為在阿拉伯語世界從未出現過這種事物。他解釋說，無論是上位者還是平民百姓，都可以在報紙發表自己的看法。事實上，塔赫塔維特別強調一般民眾使用報紙的重要性，「因為即使是底層民眾也能想到重要人物想不到的事」。然而，真正讓這名教士驚訝的是新聞輿論的力量可以迫使人為自己的行為負責。「如果有人做出了不起或齷齪的事，新聞記者會予以報導，那麼無論是顯貴或一般民眾都會知道這件事，這樣可以鼓勵人行善，或使人放棄為惡。」

塔赫塔維對於一八三〇年七月革命推翻波旁王朝查理十世做了詳細而同情的描述，這是與鄂圖曼政治傳統最大膽的決裂。根據順尼派穆斯林的政治思想，為了維護公共秩序，臣民有責任順從統治者，即使是專制的統治者亦然。塔赫塔維親眼見到這齣政治戲劇，他顯然支持法國人民反抗他們的國王，因為查理十世擱置憲法「羞辱了明定法國人民權利的法律」。查理十世試圖恢復君主的絕對權力，他無視國會議員，禁止民眾批評君主與內閣，引進新聞檢查制度。當人民對統治者發起武裝抗暴時，這名教士選擇站在人民這一邊。塔赫塔維對七月革命的深度分析，其中更引人注目的地方在於著作中隱約支持人民有權推翻君主以維護自身的法定權利。[5]

在巴黎過了充實的五年之後，一八三一年，塔赫塔維回到埃及，他的法國印象仍封存在記事本裡。法語流利的他被任命為高級官員，負責成立政府翻譯局，他的職務主要是提供穆罕默德·阿里改革所需的阿拉伯文版歐洲科技手冊。塔赫塔維忙於打造翻譯局之餘，也對他的巴黎筆記進行修改，準備日後出版。或許是為了保護自己不因書中的危險政治觀念而受責難，塔赫塔維在序言裡極力稱美穆罕默德·阿里。最後的成果於一八三四年以阿拉伯文問世，隨後又翻譯為土耳其文，稱這本書是大師級著作實不為過。塔赫塔維除了詳述歐洲先進的科學與科技，也分析了歐洲啟蒙運動的政治哲學，他的著作成為十九世紀鄂圖曼帝國與阿拉伯世界改革的開場鏡頭。

十九世紀，鄂圖曼人與他們的阿拉伯人民和歐洲的互動愈來愈頻繁，中東民眾不得不承認歐洲的軍事與經濟力量已經凌駕他們。雖然絕大多數鄂圖曼人仍然認為他們的文化遠較歐洲優越，但改革者卻認為，鄂圖曼人必須學習歐洲的觀念與科技，否則將淪為歐洲宰制的對象。

鄂圖曼人與他們在埃及與突尼西亞高度自治的阿拉伯屬國開始進行軍事改革。然而他們不久就發現，要支持現代陸軍的費用，國家稅基必須擴大。於是，行政與經濟措施也改採歐洲路線，希望藉此帶來繁榮與增加稅收。歐洲資本家想為自己製造的商品與機器尋求海外市場，於是在他們的推動下，愈來愈多的歐洲科技輸入鄂圖曼。蘇丹、突尼斯與開羅的總督急欲取得現代歐洲科技的好處，例如電報、汽船與鐵路，以此做為進步與發展的明顯象徵。然而，這些科技造價昂貴，當伊斯坦堡、開羅與突尼斯的知識菁英開始關切統治者的奢侈鋪張時，他們也發現憲法與國會在這場改革過程中缺席，因此紛紛提出要求。

改革的每一個階段都是為了強化鄂圖曼帝國及其阿拉伯屬國的制度，保護它們不受歐洲侵略。然而就這點而言卻讓改革者感到失望，因為改革時代留下的是愈來愈容易受歐洲滲透的鄂圖曼世界。歐洲透過領事施壓、貿易與投注資本進行非正式的控制，之後，歐洲首次正式支配突尼西亞，然後是鄂圖曼政府，最後連埃及也無法清償國外債務。

鄂圖曼改革時代始於一八三九年，當時正值第二次埃及危機的高峰。蘇丹馬哈茂德二世去世，十幾歲的兒子阿卜杜勒邁吉德一世繼位，這個時期實在不是推動大規模改革的好時機。然而，面對穆罕默德．阿里埃及軍隊的步步進逼，鄂圖曼帝國比以往更需要歐洲的善意。為了讓歐洲能保障其領土與主權完整，鄂圖曼政府認為必須向歐洲列強保證自己會恪守歐洲的政治規範，努力成為現代國家社群中負責任的成員。此外，馬哈茂德二世時代的改革者也決心鞏固已故蘇丹的改革成果，促使繼任者接續改革工作。

兩項形影不離的主軸構成鄂圖曼改革時代的特徵：建立公共關係以獲取歐洲支持，確實進行帝國改革以因應內外威脅。一八三九年十一月三日，鄂圖曼外交大臣穆斯塔法．雷希德帕夏代表阿卜杜勒邁吉德一世向受邀前來伊斯坦堡的鄂圖曼與外國重要人士宣讀改革敕令。從這天起，鄂圖曼人進入行政改革時期，從一八三九年到一八七六年，這個時期試圖把鄂圖曼人的國家改造成擁有民選議會的立憲君主制，而這個時期又稱為坦志麥特（Tanzimat，字面的意思是指「改革」）。

坦志麥特有三個重要里程碑：一八三九年改革敕令；一八五六年改革敕令重申與擴大一八三九年改革目標；一八七六年憲法。一八三九年與一八五六年敕令顯示鄂圖曼改革者受到西方政治思想的影響。第一份文件提出三項溫和的改革目標：確保所有鄂圖曼臣民的「生命、榮譽與財產獲得完全保障」；建立「常規的徵稅制度」；改革軍事服役制度，建立徵兵制與固定役期。[6]

一八五六年敕令重申一八三九年改革，並且將改革方向擴大到法院與刑法制度。限制身體刑，廢止拷問。敕令要求帝國財政應常規化，建立可讓民眾檢視的年度預算。一八五六年敕令也要求金融體系現代化與建立現代銀行制度「以創造可擴大財源的資金」，例如在國內興建道路與運河等公共工程。敕令最後提到，「為了實現這些目標，必須藉由歐洲的科學、科技與資金來尋求獲利的手段，並且循序漸進地執行。」[7]

然而，光從帝國敕令來了解坦志麥特並不能充分掌握一八三九年到一八七六年改革的真正規模。十九世紀中葉，鄂圖曼國家與社會組織經歷重大轉變。為了改革稅基並確保未來稅收持續增加，政府開始定期進行普查，引進新的土地登記制度，以個人土地取代舊有的包稅地，如此較能與西方的私有財產制一致。各省的行政機構，從大馬士革與巴格達這類省府層級到基層的村落，都大幅改造以建立常規的政府體系。

這些變革需要數千名受過現代科技教育的新官僚才能達成。為了滿足需求，國家設立了講授歐式課程的新式初級、中級與高級學校網絡來培養公僕。同樣地，帝國法律也在一項充滿雄心的計畫下進行編纂，用以調和伊斯蘭法律與西方法律，使鄂圖曼法律體系更吻合歐洲的法律規範。

政府高層進行改革之際，鄂圖曼帝國臣民卻對坦志麥特興趣缺缺。但在一八五〇與六〇年代，改革開始觸及一般民眾的生活。鄂圖曼民眾對於徵稅與徵兵一直心存疑忌，因此他們始終抗拒政府的要求，不在政府登記簿寫上自己的姓名。農民不讓子女就讀公立學校，他們擔心一旦登記學籍，日後就必須當兵。城市居民盡可能逃避普查官員，農民想盡辦法逃避土地登記。然而，隨著官僚規模擴大效率提高，帝國人民不得不向現代政府必須履行的責任屈服：維持帝國臣民與財產的精確紀錄。

蘇丹與他的臣民一樣深受改革過程影響。政治重心從蘇丹皇宮轉移到高門的鄂圖曼政府官署，鄂圖曼蘇丹的絕對權力遭到削弱。「大臣會議」在政府中扮演了立法與行政的角色，首相成為政府領袖。蘇丹是國家元首，扮演儀式與象徵的角色。一八七六年憲法的頒布讓改革更加深化，蘇丹雖然仍保留大權，但國會的設立使政治參與更加廣泛。經過三十七年的改革，鄂圖曼的君主專制已經被君主立憲制取代。

任何重大的改革計畫都存在著危險，尤其在涉及外國觀念的時候。保守的鄂圖曼穆斯林抨擊坦志麥特把非伊斯蘭的創新事物引進到國家與社會。其中最具爆炸性的爭議莫過於在順尼派穆斯林鄂圖曼社會裡，對非穆斯林少數社群的基督徒與猶太人身分進行變更。

十九世紀，歐洲列強愈來愈常以少數社群權利為藉口來干涉鄂圖曼事務。俄羅斯把保護範圍擴大到鄂圖曼最大的基督教社群東正教會。法國長久以來一直與黎巴嫩山的馬龍派維持特殊關係，到了十九世紀，法國成為鄂圖曼所有天主教社群的庇護者。英國與這個地區的教會沒有任何歷史連結。儘管如此，英國卻代表了猶太人、德魯茲派以及以阿拉伯世界新教傳教士為中心集結的少數改信者社群的利益。只要鄂圖曼帝國橫跨極具戰略價值的地區，歐洲列強就會利用各種機會干預鄂圖曼事務。少數社群權利讓列強有機會將自己的意志強加在鄂圖曼人身上，它們的做法有時會為歐洲人與鄂圖曼人帶來災難性的後果。

一八五一年到一八五二年的「聖地爭議」顯示列強干預對各方造成的危險。天主教與希臘正教僧侶在巴勒斯坦基督教聖地各自擁有的權利與特權出現歧異。法國與俄國做出回應，它們向伊斯坦堡施壓，要求授予特權給法俄各自支持的教士社群。鄂圖曼人首先屈服於法國的壓力，把伯利恆聖誕教堂的鑰匙交給天主教徒。俄國人決心為希臘正教會取得更豐厚的戰利品，如此與法國人相比才不致於失了顏面。但在鄂圖曼人向俄國人做了類似讓步之後，法國皇帝拿破崙三世派了一艘以螺旋槳推進的最新型戰艦護送大使前往伊斯坦堡，並且威脅如果高門不廢止給予俄國正教會教士的特許權，那麼就要砲轟鄂圖曼的北非據點。當鄂圖曼人向法國人屈服時，輪到俄國人威脅開戰。一開始在一八五三年秋天爆發的鄂圖曼俄羅斯戰爭，逐漸惡化成一八五四年到一八五五年的克里米亞戰爭，形成英國與法國對抗沙俄的嚴重衝突，最後奪走超過三十萬條性命，更多人因此傷殘。歐洲為了鄂圖曼少數社群而介入，造成的後果對高門來說實在過於慘重，因此高門不可能維持原來的做法。

鄂圖曼人不情願地重申一八三九年改革敕令中有關非穆斯林少數社群的措施。蘇丹在他的法爾曼（firman），即敕令中宣示：「我們崇高蘇丹國的穆斯林與非穆斯林臣民，毫無例外，都應享有我們帝國的權利。」顯然，蘇丹與他的大臣如果要說服歐洲列強相信毋需進行干預也能確保鄂圖曼帝國基督徒與猶太人的福祉，他們就必須做出更強烈的穆斯林與非穆斯林之間平等的陳述。對鄂圖曼政府來說，問題出在要讓國內占多數的穆斯林同意不同信仰之間擁有平等地位的政策。《古蘭經》清楚界定穆斯林與其他兩種一神教信仰的差異，而這些區別也規定在伊斯蘭法律中。鄂圖曼政府若無視這些區別，那麼在眾多信徒眼裡，等於是違背真主的話語與律法。

克里米亞戰爭結束後，鄂圖曼政府決定冒著引起民憤的危險也要阻止歐洲人藉著保護國內非穆斯林少數社群的名義進行干預。一八五六年改革敕令發布的時間故意安排在結束克里米亞戰爭的巴黎和約締結時。一八五六年改革敕令絕大多數條文都與鄂圖曼基督徒及猶太人的權利義務有關。這道敕令首次讓所有鄂圖曼臣民不分宗教獲得完全平等的地位：「凡是讓帝國臣民的某個階級低於另一個階級的區別或設計，亦即基於宗教、語言或種族所做的區分，都應永遠從行政議定書中抹除。」敕令也承諾所有鄂圖曼臣民不分宗教或民族都有受教育或服公職的權利以及服兵役的義務。

在此之前，改革過程已經因為向歐洲傾斜而引起爭議。但一八五六年敕令之前的改革尚未直接違反《古蘭經》。《古蘭經》向來被穆斯林尊崇為如實與永恆的真主話語，與《古蘭經》矛盾就是與真主矛盾，因此不意外地，當一八五六年敕令在帝國各個城市宣讀時，隨即引發虔誠穆斯林的憤怒。一八五六年，大馬士革一名鄂圖曼法官在日記裡寫道：「法院宣讀敕令，賦予基督徒完整的平等權利，給予平等、自由與其他違反永恆伊斯蘭法律的權利……所有穆斯林頭上都沾了灰。我們祈求真主鞏固宗教，讓穆斯林得勝。」[8]鄂圖曼臣民很快就了解這個特殊改革的重要性。

坦志麥特改革把鄂圖曼帝國帶入危險的境地。政府推動的改革牴觸了宗教與絕大多數人民的價值，這場改革過程很可能引發民眾對政府權威的質疑，也可能在臣民之間引發暴力衝突。

鄂圖曼人不是最早頒布穆斯林、基督徒與猶太人平等敕令的穆斯林統治者。一八二〇年代，穆罕默德·阿里已經在埃及發布敕令；然而，這道早期敕令主要與穆罕默德·阿里希望不分宗教，平等地對所有埃及人進行徵稅與徵兵有關，而不是為了解放少數社群。雖然一八三〇年代埃及占領大敘利亞期間，平等原則的施行無疑引發虔誠穆斯林的反對，但穆罕默德·阿里的力量足以壓制這些批評者並且強加自身的意志。看到穆罕默德·阿里的改革，鄂圖曼人可能認為他們也能追踵前例而不引起內部動亂。

埃及占領時期也讓鄂圖曼帝國的阿拉伯省分受到歐洲商業的滲透。貝魯特成為東地中海的重要港口，商人得以進入原先向西方商人封閉的內陸城市等新市場，如大馬士革。歐洲商人開始仰賴當地基督徒與猶太人當中間人——充當翻譯與代理人。個別基督徒與猶太人靠著歐洲貿易與領事活動變得富有，許多人因為取得歐洲公民身分而豁免於鄂圖曼法律。

一八四〇年代，大敘利亞的穆斯林社群對於有些阿拉伯基督徒享有特權感到憎恨，不滿的情緒發展到極為危險的程度。社群間原本脆弱的平衡遭到外來力量打破。數個世代以來，阿拉伯省分首次出現派系暴力衝突。一八四〇年，大馬士革的猶太人被指控儀式謀殺一名天主教教士，之後猶太人便遭受當局的暴力鎮壓。[9]一八五〇年十月，社群間的暴力衝突在阿勒坡爆發，穆斯林暴民攻擊該城繁榮的少數基督徒社群，造成數十人死亡，數百人受傷。這種事件在阿勒坡是史無前例，反映出穆斯林商人因生意蕭條而產生的憎恨，他們的基督徒鄰人竟然靠著與歐洲商業往來而致富。[10]

另一方面，更大的麻煩在黎巴嫩山醞釀著。一八三〇年代，埃及的占領導致當地統治秩序崩解，與埃及人結盟的馬龍派以及抵抗埃及人的德魯茲派從此勢同水火。埃及撤離之後，德魯茲派返回黎巴嫩山，發現馬龍派趁他們不在的時候發展壯大，還把德魯茲派逃避埃及統治留下的土地占為己有。一八四一年，社群之間的歧異導致社群之間的衝突，這場戰鬥間歇持續了二十年，並且因為英國支持德魯茲派與法國支持馬龍派而使衝突難以止息。

鄂圖曼人試圖利用埃及軍隊撤退形成的權力真空，對黎巴嫩山政府進行更強有力的控制。他們撤換從十七世紀末就統治當地但此時已名譽掃地的謝哈布公國，以雙總督取而代之，北區總督由馬龍派擔任，貝魯特通往大馬士革道路南方則由德魯茲派總督管轄。這個宗派劃分毫無地理依據，也不符合黎巴嫩山的人口分布，因為疆界兩邊都有馬龍派與德魯茲派居住。結果，雙總督似乎只是讓兩個社群之間的緊張更加惡化。更糟的是，馬龍派出現了內部嫌隙，統治家族、農民與教士之間的分裂激起了農民暴動，關係變得更加緊繃。到了一八六〇年，黎巴嫩山已經成為一座小型火藥庫，德魯茲派與馬龍派組成武裝集團，準備進行戰爭。

一八六〇年五月二十七日，一支為數三千人的基督教軍隊從扎赫勒出發，朝德魯茲派核心地帶挺進，對於基督徒村民遭受的攻擊進行報復。他們在艾因．達拉附近的貝魯特－大馬士革道路上與人數較少大約只有六百人的德魯茲派軍隊遭遇。德魯茲派在這場戰役中給予基督徒決定性的打擊，緊接著發動攻勢，一連劫掠好幾座基督徒村落。艾因·達拉戰役標誌著一場滅絕戰爭的開始。馬龍派基督徒一次又一次的落敗，他們的城鎮與村落遭到勝利的德魯茲派軍隊的蹂躪，整個過程在今日會被定位為種族清洗。目擊者描述一條條的血河沿著高地村落的街道流淌下來。

不到三個星期，德魯茲派已經取得黎巴嫩山南部與整個貝卡谷地。位於貝魯特－大馬士革道路北方的扎赫勒是基督徒最後一個據點。六月十八日，德魯茲派攻擊、掠奪扎赫勒，殺死守軍，迫使居民逃亡。黎巴嫩的基督徒軍隊遭到殲滅，德魯茲派完全控制該地。至少有兩百座村落被劫掠，數千名基督徒被殺、受傷或無家可歸。[11]

黎巴嫩山事件使大敘利亞社群之間的緊張關係為之升高。穆斯林與基督徒之間的關係已經因為一八五六年改革敕令的頒布以及鄂圖曼民眾不分宗教在法律上一律平等而變得緊繃。幾名大馬士革史家不約而同地提到基督徒在獲得法定權利後出現的變化。他們不再承認穆斯林長久以來擁有的特權，而是穿上與穆斯林顏色相同的衣物，在過去，這些顏色的衣物原本只有穆斯林才能穿著。基督徒也變得愈來愈自信果斷。一名憤怒的穆斯林顯貴記錄說：「當一名基督徒與一名穆斯林爭吵時，穆斯林怎麼侮辱基督徒，基督徒就用同樣的方式侮辱穆斯林，而且還變本加厲。」[12]大馬士革的穆斯林認為這種行為不可容忍。

一名基督徒顯貴呼應了這些觀點。米夏卡是黎巴嫩山住民，一八三〇年代埃及占領時期，他曾在統治的謝哈布家族底下做事。之後他移居大馬士革，並且獲得美國副領事的職位，但權力並不大。米夏卡寫道：「當帝國開始實施改革並且讓臣民不分宗教一律平等時，無知的基督徒過度解釋了平等的意涵，以為力量小的不需要屈服力量大的，地位低的不需要尊敬地位高的。事實上，他們以為卑微的基督徒可以跟崇高的穆斯林平起平坐。」[13]大馬士革的基督徒誇大這古老的平等規則，在不經意間助長了派系緊張，最後招致自身的毀滅。

大馬士革的穆斯林社群密切注意黎巴嫩山的血腥事件，並且流露出令人生畏的滿意情緒。他們相信，而且他們確實有理由這麼認為，黎巴嫩的基督徒態度高傲，因此惹惱了德魯茲派。大馬士革的穆斯林欣然見到基督徒被擊敗，而且對於流血事件毫無懊悔之意。米夏卡表示，當他們得知扎赫勒陷落，「大馬士革充滿歡呼與慶祝之聲，你還以為帝國征服了俄羅斯。」面對城裡穆斯林的敵意與日俱增，大馬士革的基督徒開始擔心自己的安危。

扎赫勒陷落之後，德魯茲派的軍隊開始掠奪大馬士革腹地的基督徒村落。基督徒農民逃離無險可守的村落進入相對安全的大馬士革城牆內避難。大馬士革基督徒區的街道開始湧入這些基督徒難民，米夏卡表示，這些人「睡在教堂周圍的巷弄，以地為床，以天為被」。這些毫無抵抗能力的民眾成為不斷升溫的反基督教情感的目標，他們的脆弱與貧困也讓那些對基督徒社群愈來愈仇視的人更不把他們當人看。他們只能求助於他們的基督教同胞與鄂圖曼總督，希望獲得庇護避免受到傷害。

鄂圖曼大馬士革總督艾哈邁德帕夏對城裡的基督徒社群並不友善。米夏卡身為領事官員，與總督有許多互動，他深信艾哈邁德帕夏積極升高社群之間的緊張關係。米夏卡解釋說，艾哈邁德帕夏認為從一八五六年改革以來，基督徒所做所為已經逾越他們應有的地位，而且處心積慮規避伴隨他們的新權利而來的責任，特別是賦稅。雖然大馬士革穆斯林社群與基督徒的人口比是五比一，但艾哈邁德帕夏卻部署大砲「保護」清真寺不受基督徒攻擊，以此加深了穆斯林的恐懼。透過這些做法，艾哈邁德帕夏鼓吹大馬士革穆斯林相信，他們受到城裡基督徒攻擊的威脅。

就在緊張關係達到高峰之際，艾哈邁德帕夏下令發動示威遊行，真正目的則是為了引發暴亂。一八六〇年七月十日，他讓一群犯下反基督徒罪行的穆斯林囚犯到大馬士革市中心遊街，表面上是為了給他們一個教訓。一如預期，一群穆斯林暴徒圍住這群囚犯，打開他們的鎖鍊，釋放他們。穆斯林無端受辱的景象只加強了民眾的看法，認為基督徒從一八五六年敕令之後就開始作威作福。暴民轉向基督徒區，決心給他們顏色瞧瞧。黎巴嫩山事件仍記憶猶新，對這群無情的暴民來說，將他們滅絕似乎是一個合理的解決方案。

米夏卡發現自己捲入他之前預言的暴力之中。他描述暴民如何打破他的大門，衝入他的家中。米夏卡與最年幼的子女從後門逃出，希望能到穆斯林鄰居家中避難。每走到道路轉角，都有暴動者擋住他們的去路。為了引開他們的注意，米夏卡扔了一把錢幣，趁群眾爭相撿拾之時與孩子一起逃脫。他曾三次用這種方式脫身，但最後他發現自己被一群狂暴的群眾堵住。

> 我無處可逃。他們圍住我，想剝掉我的衣服，殺死我。我的兒子與女兒大聲尖叫，「殺我們吧，不要殺我們的父親！」一個可惡的傢伙用斧頭砍中我女兒的頭，他會為她的血付出代價。另一個人從六步以外的距離對我開槍，但沒打中，我右邊的太陽穴被斧頭擊中流血，我右邊的身子、臉與手臂被棍棒打傷。我的身旁擠滿了人，在這種狀況下，開槍不誤傷其他人是不可能的。

米夏卡成了群眾的囚犯。他與家人失散，並且沿著後街被帶往某個官員家中。米夏卡畢竟是外國領事，他的穆斯林鄰居為遍體鱗傷的基督徒朋友提供安身之處，並且讓他與他的家人團聚，所有的人都奇蹟似地逃過這場大屠殺，其中也包括他被群眾打傷的女兒。

唯有找到這類安全避難所的基督徒才得以逃過這場殺戮。有些人獲得穆斯林顯貴救助，其中為首的是在阿爾及利亞抵抗法國殖民主義的流亡英雄埃米爾阿卜杜．卡迪爾。他與其他人冒著生命危險拯救與庇護這些逃亡的基督徒。其他基督徒則前往空間有限的英國與普魯士領事館避難，領事館的衛兵成功擊退了暴民。絕大多數倖存者只能仰人鼻息躲在大馬士革城堡裡，他們害怕士兵很可能隨時會讓暴民進入。城裡的基督徒絕大多數找到安全的處所，但有數千人卻沒這麼幸運，在三天屠殺期間，他們遭受了暴民可怕的暴力。

事後，米夏卡在呈交給美國駐貝魯特領事的報告中詳細寫下這場屠殺造成的人命與財產損失。他宣稱這場暴力死亡的基督徒至少有五千人，占了原有兩萬人的基督徒社群的四分之一。大約有四百名婦女遭綁架與強姦，許多人還懷了孕，其中包括米夏卡的女僕。財產損失非常龐大。超過一千五百棟民宅損毀，基督徒的店鋪被洗劫一空，基督徒區大約兩百間店鋪付之一炬。教堂、學校與修道院遭到掠奪與摧毀。[14]基督徒區在這場大馬士革近代史上前所未有的集體暴力中，遭竊盜、破壞與大火毀滅。

鄂圖曼政府在穆斯林與非穆斯林人民之間建立法律上的平等權利，主要是為了阻止歐洲列強干預內政。但隨後而來在黎巴嫩山與大馬士革對基督徒施加的暴力，反而開啟歐洲大規模干預的可能。法國拿破崙三世政府一得知大屠殺的消息，便立刻派遣一支遠征軍，負責領軍的是查理．德．伯佛爾．多特普爾將軍，他是法國貴族，曾於一八三〇年代埃及占領敘利亞期間前來擔任埃及陸軍顧問。德．伯佛爾的任務是防止再度發生流血事件，並且把對該區基督徒施加暴力的分子繩之以法。

鄂圖曼人必須迅速採取行動。他們派了最高階的政府官員，也就是鄂圖曼的改革建築師富阿德帕夏前來，他必須在法國遠征軍抵達敘利亞海岸之前，採取一切必要措施來恢復秩序。富阿德以令人咋舌的效率完成任務。他成立軍事法庭嚴懲所有要為秩序崩解負責的人。大馬士革總督因未能阻止屠殺而被判死刑。數十名穆斯林，從貴族到最貧困的城市工人，都在大馬士革街頭公開絞死。數十名鄂圖曼士兵因為開小差參與謀殺和掠奪而被行刑隊槍決。數百名大馬士革人被流放或戴上鎖鍊長途跋涉去服漫長的重勞役。

政府設立委員會受理基督徒因財產損壞與遭竊而提出的賠償要求。穆斯林區被淨空做為無家可歸基督徒的暫時棲身之所，政府出錢請泥水匠重建遭到破壞的基督徒區。基本上，鄂圖曼官員已經針對歐洲列強可能提出的各項不滿預作準備，並且在歐洲有機會干預前就把問題處理完畢。等到德．伯佛爾將軍抵達黎巴嫩海岸時，富阿德已經掌控住局勢。他再三感謝法國人前來協助並且提供黎巴嫩海岸做為法軍紮營之用，這裡遠離人口稠密之地，但有需要時隨時可以調兵前來。但這樣的需要從未出現，一年後，法國撤回軍隊。鄂圖曼人平安度過這場危機，他們的主權分毫未損。

鄂圖曼人從一八六〇年經驗學到重要教訓。他們再也不會實行公然違反伊斯蘭教義的改革措施。因此，往後數十年，當廢奴運動與英國政府聯手向鄂圖曼帝國施壓要求廢除奴隸制度時，高門總是表示反對。《古蘭經》經文鼓勵主人善待奴隸、允許他們嫁娶，並且給予他們解放令，但奴隸制度絕不能禁止。蘇丹怎麼能把《古蘭經》允許的視為非法？為了化解英國的壓力，高門同意廢除《古蘭經》未曾提及的奴隸「貿易」。一八八〇年，高門簽署英鄂協定，全面禁止黑奴貿易。這項妥協的目的是為了維持帝國內部的和平，而非廢除奴隸制度。[15]

鄂圖曼人也認識到，必須在改革與利益之間取得平衡，才能讓民眾支持坦志麥特。為了更徹底徵稅與有效徵兵以建立西式兵役制度，官僚機構因此大為擴充，但廣大的人口並未因此得益。為了讓鄂圖曼帝國更能與歐洲政治思想和慣例接軌而進行的法律改革，也與一般民眾格格不入。為了鼓勵民眾接受這類外來變革，鄂圖曼政府必須投資更多在地方經濟以及提升社會福利。讓民眾對蘇丹政府感到驕傲信任的大型計畫，如煤氣燈、蒸汽渡輪與路面電車，可以讓民眾轉而支持改革派政府。如果想讓改革過程不致於產生更多阻礙，高門就必須為鄂圖曼社會與經濟做出實質的貢獻。

十九世紀下半葉，國家在帝國各地大量投資建設計畫與公共工程。鄂圖曼的兩個屬國埃及與突尼西亞獲得充分的自治權進行自身的發展計畫。鄂圖曼世界採納啟蒙運動觀念後，開始以一種消費熱潮的方式取得先進的歐洲工業科技。十九世紀晚期，隨著鄂圖曼世界被納入全球經濟之中，工業產品也五花八門地抵達阿拉伯市場。

十九世紀，埃及率先啟動現代化。穆罕默德・阿里大量投資於工業與科技，不過他的計畫總是帶有軍事考量。直到他的繼任者才開始投資埃及的「民生」基礎建設。

阿拔斯帕夏（在位期間一八四八～一八五四年）審慎踏出第一步，他特許一家英國公司鋪設亞歷山卓到開羅的鐵路。特許是政府用來鼓勵私人公司對相關領域進行重大投資的標準契約。特許條款規定一定期間內投資人與政府的權利與獲利。特許條款愈優厚，愈容易吸引企業家投資。然而，政府必須謹慎，不能對外國人做出太多讓步，因為政府也希望企業能為國庫帶來一定收益。由於南美洲、非洲與亞洲政府爭相引進新科技，實業家因此能從中取得優渥的條件。阿拔斯帕夏是個保守的人，他不願對外國投資人做出太多承諾。

埃及的下一任統治者薩依德帕夏（在位期間一八五四～一八六三年）則讓國家投入更具野心的計畫。他鋪設開羅與亞歷山卓之間的第二條鐵路，並且給予特許鋪設開羅到蘇伊士的鐵路，完成地中海與紅海之間的陸路連結使其通往印度洋。他鼓勵歐洲與埃及建立夥伴關係將蒸汽船引進到尼羅河與紅海。然而這些建設都比不上一八五六年他給予他之前的法國老師斐迪南・德・雷賽布的特許：讓他開鑿一條連通地中海與紅海的水路——蘇伊士運河。這是埃及在十九世紀最大的開發計畫，也是埃及國庫最大的一項支出。

特許的授予本身不構成國庫的花費。如果擁有埃及特許的人進行投資獲得成功，那麼投資人與政府都可獲利。遺憾的是，許多投資的風險極高，最後並未成功。而這對授予特許的政府來說實在是很糟糕的事，因為政府原本是想藉由投資歐洲科技來建立更強大的國內經濟。投資的損失還要加上歐洲領事因為他們的公民投資失敗而提出的賠償要求。

基於國家尊嚴，各國領事會密切注意其他國家領事是否獲得賠償，並且試圖爭取比他國為優的賠償條件。因此，當尼羅河航運公司破產時，埃及國庫賠償歐洲股東的金額達到三十萬英鎊。[16]奧地利人則刷新了個人理賠的基準，他們的領事竭盡所能從埃及政府壓榨出七十萬法郎來賠償一名奧國投資人，而他提出的理由是有二十八箱蠶繭因為從蘇伊士開往開羅的火車延誤而損壞，但這個理由完全是捏造的。據說蘇丹在與一名歐洲商人開會時，中途還打斷會議，要求僕役關緊門窗，他嘲諷說：「如果這位先生著涼了，恐怕我還要多付一萬英鎊。」[17]

蘇伊士運河計畫創下有史以來最大的賠償金額。英國人反對法國人開鑿運河連通地中海與紅海的計畫。鑑於印度是大英帝國的領地，英國不可避免要比其他海上霸權更依賴這條運河。把這樣一條具有高度戰略價值的水道交給一家「法國」公司控制，對英國來說完全是不可接受的事。英國無權阻止埃及政府在其主權領土上授予特許，但它可以反對特許條款。英國人針對性地反對埃及承諾提供免費勞工挖掘運河，認為這麼做等同於奴隸制度，英國人因此要求埃及停止授權蘇伊士運河公司在運河兩岸進行殖民性質的開發。埃及政府極為仰賴英國的善意，因此無法忽視英國的反對，埃及政府於是知會蘇伊士運河公司，希望針對一八五六年原始特許的重要條款重新進行協商。蘇伊士運河公司把爭端轉交法國政府，由法國政府抵抗英國的壓力以捍衛公司做為特許持有人擁有的權利。

薩伊德的繼任者易司馬儀帕夏（在位時期一八六三～一八七九年）繼承這場爭端，而且必須接受法國皇帝拿破崙三世的仲裁——拿破崙三世幾乎不能算是無利害關係的第三人。在一八六四年的和解方案中，拿破崙三世要求埃及政府支付三千八百萬法郎給蘇伊士運河公司做為損失免費勞工的賠償，此外還要支付三千萬法郎做為將運河兩岸土地歸還埃及的賠償。此外，他還找到其他理由要求埃及政府賠償一千六百萬法郎，總計賠償金為八千四百萬法郎（以一八六四年匯率來看，約合三百三十六萬英鎊或三千三百五十萬美元），這是空前的天價。[18]

儘管在開發案上遭受沉重損失，埃及政府依然對運河的經濟未來感到樂觀。埃及最重要的出口作物是歐洲紡織工人珍視的長絨棉。一八六一年，美國棉花因為南北戰爭爆發而中斷供應。一八六一年到一八六五年，棉花價格飆漲四倍。埃及從棉花獲得的年收入也跟著大增，一八五〇年代初期大約是一百萬英鎊，到了一八六〇年代中期來到巔峰的一千一百五十萬英鎊。棉花收入源源不斷挹注埃及國庫，易司馬儀帕夏相信自己不僅有能力支付蘇伊士運河公司賠款，還能繼續進行充滿雄心的新建設計畫。

易司馬儀渴望推升埃及躋身列強，同時也希望自己獲得承認成為埃及的統治者。一八六七年，他試圖取得鄂圖曼的許可，讓他把象徵總督頭銜的「帕夏」改為「赫迪夫」（khedive），赫迪夫是更具威望的波斯頭銜，意指「總督」。當上赫迪夫之後，易司馬儀想以巴黎為範例來改造首府開羅。一八六九年，蘇伊士運河舉行開通儀式，易司馬儀利用這個機會將開羅推往快速、激烈變化的道路。在舊開羅與尼羅河之間興建了現代城區，寬廣、筆直的街道兩旁羅列著歐式建築物。除了興建一座跨越尼羅河的新橋，易司馬儀也在尼羅河的主要島嶼上為自己興建了新宮殿（埃及政府破產後，這座宮殿被改裝成飯店）。道路鋪設後裝上煤氣燈。地景建築師把昔日尼羅河的氾濫池塘，例如埃茲貝基亞池，改造成設有咖啡廳與步道的公共花園。國家戲劇院與國家歌劇院也相繼落成。[19]義大利作曲家威爾第接受委託譜寫一齣以埃及為主題的歌劇，做為歌劇院的開幕首演，但他花的時間太長，來不及在開幕前完成《阿依達》，於是到了開幕當天只能將上演曲目改為《弄臣》。一連串建設的高潮是一八六九年十一月法國皇后歐仁妮來訪慶祝蘇伊士運河開通。

毫無節制的支出，部分是為了滿足易司馬儀讓埃及躋身世界文明國家之列的要求。一連串的開幕典禮讓人留下最深刻的印象，但新開羅這個好大喜功的計畫卻是建立在高築的債台上，導致易司馬儀政府只能舉債度日。這個處境的諷刺之處在於，埃及進行各項發展計畫原是為了從鄂圖曼與歐洲的支配下獨立。然而每給予一項新的特許，埃及政府就讓自己更容易受到歐洲人的入侵。埃及並非孤例。北非的另一個國家也不斷透過改革與發展計畫強化對歐洲的依賴。

與埃及一樣，突尼西亞在十九世紀也從鄂圖曼帝國手中取得充分的自治權，因而得以進行自身的發展計畫。突尼西亞政府是攝政政府，從十八世紀初以來就由侯賽因王朝擔任領導人。過去，巴巴里海岸曾是海盜橫行的地方。從一八三〇年起，攝政政府禁絕一切海盜行為並且開始透過工業與貿易來發展國家經濟。

一八三七年到一八五五年，突尼斯由一個名叫艾哈邁德貝伊的改革者統治。艾哈邁德貝伊深受埃及穆罕默德・阿里影響，他在突尼西亞成立新秩序軍，此外也成立軍事學院與支持產業以生產新軍所需的武器與制服。在接受新軍訓練的軍人中，有個年輕的馬木路克人名叫亥爾丁，他將成為十九世紀偉大的改革者，最終還被擢升為突尼斯與鄂圖曼帝國的首相。

身為馬木路克人，亥爾丁可說是最後一位從奴隸平步青雲登上政治權力頂端之人。在寫給自己子女的自傳中，亥爾丁對於自己身為馬木路克人的感受提出罕有的洞見：「雖然我很清楚自己是切爾克斯人，但我對自己的國家或父母卻沒有清楚的記憶。我肯定是在某場戰爭或遷徙中與家人失散，然後就此失去連繫。」儘管一再嘗試，但亥爾丁終究還是未能找到自己的血親。亥爾丁寫道：「我童年最早的回憶是在伊斯坦堡，之後一八三九年我便到突尼斯貝伊底下做事。」[20]

在學習阿拉伯文與接受伊斯蘭教育之後，亥爾丁便到軍中服役並且接受法國軍官訓練。他是一名出色的年輕軍官，逐漸晉升到軍官團的頂端並且成為將官，之後便進入政治生活，這一切都是在他抵達突尼西亞後十四年間達成的。亥爾丁能說流利的法語、阿拉伯語與土耳其語，他在擔任軍職期間，曾在歐洲與鄂圖曼帝國四處旅行。他親眼見證歐洲的進步，因此成為坦志麥特改革的熱情支持者，他同時也堅信必須引進歐洲的經驗與科技才能讓穆斯林國家充分發揮潛力。一八六七年，他以阿拉伯文寫了一篇具影響力的政治短文，文中詳細闡述他的觀點，兩年後，他授權發行法文版。

亥爾丁同時向歐洲與穆斯林讀者說明他的改革理念，前者懷疑穆斯林世界是否有能力適應現代，而後者則反對外國的發明，認為有違伊斯蘭教義與價值。在這裡，亥爾丁立基於埃及改革支持者塔赫塔維首倡的論點（亥爾丁閱讀而且讚揚塔赫塔維討論法國的著作），日後整個十九世紀的穆斯林改革者也將不斷引用塔赫塔維的觀念：穆斯林借用現代歐洲的科學，只是把歐洲拿走的中世紀伊斯蘭科學取回來。[21]

亥爾丁雖然公開支持政治與經濟改革，但在財政上卻相當保守。他希望看到突尼西亞發展經濟基礎以支持現代科技的花費。他認為政府應該投資興建工廠，把國內的現金作物加工成商品以滿足國內市場需要。他遺憾地表示，突尼西亞勞工把他們的棉花、生絲與羊毛「廉價賣給歐洲人，然後在很短的時間內以數倍的高價買回已經加工的成品」。[22]他認為，更好的做法是由突尼西亞工廠把突尼西亞纖維紡織成布料讓國內消費。藉由這種方式，國家可以繁榮茁壯，政府便能投資更多基礎計畫。這種財務健全管理的工作需要聰明的政府才能做到。亥爾丁在一旁觀察，內心愈來愈感到失望，因為他看到突尼西亞統治者進行華而不實的計畫與糟糕的投資把國家帶上破產之路。

突尼西亞是相對較小的國家，它的改革支出與埃及進行的計畫相比可以說相當節制。艾哈邁德貝伊統治期間最大的支出與新秩序軍有關。因為艾哈邁德貝伊想維持一支二萬六千人的步兵部隊，於是他從法國進口所有必需的科技與勞動力來建立支持產業：兵工廠、鑄造廠、生產軍服的紡織廠、製造馬鞍與軍靴的皮革廠等等。然而，與埃及的易司馬儀帕夏一樣，艾哈邁德貝伊也有好大喜功的一面。他最浪費的奢華表現是建於首府突尼斯西南方十六公里穆罕瑪迪亞的宮殿群，他稱之為突尼西亞的凡爾賽宮。當支出逐漸超越資源時，艾哈邁德貝伊不得不節制自己的野心。他最後在血本無歸的狀況下放棄許多新的工廠。

艾哈邁德貝伊的繼任者延續這個改革方向，結合了公共計畫的高支出與日漸萎縮的資源。一八五九年鋪設電報線以改善通訊，興建高架渠以供應突尼斯飲水。授予特許給一家英國公司興建長三十五公里連接突尼斯與港口拉古萊特以及濱海城鎮拉馬爾薩的鐵路。突尼斯引進煤氣燈，並且開始鋪設街道。[23]與埃及的易司馬儀帕夏一樣，突尼西亞統治者想讓首府帶有一切歐洲現代化的外觀。

在伊斯坦堡與其他鄂圖曼省分，改革步調各不相同。伊斯坦堡是帝國中心，對巴爾幹、安那托利亞與阿拉伯省分負有責任，必須確保各省省府都能得到發展。政府在阿拉伯世界從事大規模都市計畫，興建新市場、官署與學校。此外也在帝國各大城市引進煤氣燈、路面電車與其他現代生活設施。

鄂圖曼人也授予特許給歐洲公司興建重要基礎建設。他們將伊斯坦堡、伊茲密爾、土耳其與貝魯特的港口予以現代化。他們在黑海與馬摩拉海設立汽船公司。一八五六年，一家英國公司獲得特許興建土耳其第一條鐵路，全長一百三十公里（八十一英里），從伊茲密爾港通往農業腹地艾登。一家法國公司獲得特許，在一八六三年到一八六五年間興建第二條鐵路，從士麥那到卡薩巴，全長九十三公里（五十八英里）。隨著鐵路線持續延伸，政府從鐵路獲得的收益也大幅增加，激勵了進一步投資安那托利亞鐵路。坦志麥特時代成立了幾家產業創投事業，礦場也開始進行挖掘，開採煤礦與其他礦石資源。儘管如此，成功的創投產生的收益與失敗的創投產生的損失兩相抵銷，鄂圖曼對歐洲科技的投資收益一直無法抵償新科技的成本。

莽撞的政府投資讓鄂圖曼帝國與北非各地的改革者產生警覺。引進歐洲科技產生了與原先預期相反的效果；發展過程非但未讓這些國家強大而獨立，反而導致中東政府的貧困與衰弱，使歐洲有了干預的可趁之機。亥爾丁談到突尼西亞時表示：「顯然，過度支出使王國無力承擔，這完全是獨斷統治造成的後果，至於要使經濟為王國帶來福祉，則需在坦志麥特的約束下管制所有的支出。」[24]為了讓發展計畫產生收益，亥爾丁認為，政府必須量入為出。坦志麥特改革的獲利正被獨斷統治與過度支出消耗殆盡。

對改革派思想家如亥爾丁來說，解決莽撞的政府支出與獨斷統治必須仰賴憲政改革與代議政府。十九世紀下半葉，塔赫塔維對法國憲法的分析獲得非常清楚的回響。在立憲統治下，國家將會繁榮，人民的知識將會增加，他們的財富將會累積，他們的內心將會感到滿足。至少理論上是如此。

一八六一年突尼西亞憲法令改革者感到失望。憲法條文援引鄂圖曼於一八三九年與一八五六年頒布的改革敕令，對於貝伊的行政權力幾乎不做限制，貝伊仍擁有任免大臣的權利。然而，憲法的確要求成立代表大會，也就是「大議會」，由統治者指派六十名成員組成。亥爾丁被任命為議長，但他很快就對大會感到幻滅，因為大會只有有限的權力約束貝伊的濫權。他發現，艾哈邁德貝伊與他的首相只有在讓議會擔任橡皮圖章時才召開議會，於是一八六三年他辭去議長一職。讓亥爾丁萌生辭意的原因是政府決定首次對外借款，他預測此舉將使收留他的國家「步入毀滅」。[25]

埃及的立憲運動也在一八六〇年代開始生根。許多改革家遵循塔赫塔維的分析，認為立憲政府是歐洲富強的基礎，也是埃及改革缺少的環節。然而，與突尼西亞一樣，沒有統治者的同意，任何改革都不可能成功。一八六六年，埃及總督易司馬儀帕夏首次要求召開諮詢代表議會。議會由七十五名間接選舉的代表組成，任期三年。與突尼西亞貝伊一樣，埃及統治者想透過召開議會，讓地主顯貴參與充滿爭議的財政政策，議會的角色完全局限在諮詢上面（代表沒有立法權）。雖然議會是統治者一聲令下組成的，但它卻成為埃及菁英的論壇，供他們在此批評統治者與政府的政策，而它也標誌著廣泛參與國政的開始。[26]

東地中海最重要的立憲運動出現在鄂圖曼土耳其。一八六〇年代晚期，一些土耳其知識領袖在巴黎與倫敦開會，與會者包括歐洲自由派人士，他們提出一連串要求，包括立憲政府、人民主權與代表人民的民選議會。他們組成的團體稱為鄂圖曼青年社，他們批評政府造成鄂圖曼社會窮困與國家財政狀況不良。成員哀嘆鄂圖曼帝國愈來愈仰賴歐洲列強以及外國對鄂圖曼事務的干預，他們直接把土耳其的問題歸咎於蘇丹及其政府不負責任的政策。鄂圖曼青年社發行報紙，遊說外國政府支持他們的宗旨。即使如此，他們仍認為改革必須得到蘇丹認可。十九世紀偉大的土耳其知識分子那米克・凱末爾對他的同胞青年鄂圖曼人說道：「鄂圖曼民族忠於鄂圖曼統治者；除非蘇丹真的想做，否則我們不會輕舉妄動。」[27]一八七一年，鄂圖曼青年社解散，但他們回到伊斯坦堡繼續遊說，並且從改革派政府官員身上取得支持。一八七六年，鄂圖曼青年社的努力獲得回報，在這一年，鄂圖曼憲法頒布，鄂圖曼國會也首度召開。

如果突尼西亞、埃及與鄂圖曼帝國的改革者以為憲政改革可以避免經濟崩潰，那麼他們恐怕要大失所望。初期的立憲運動過於尊重權威，因此未能對統治者的權力加以限制。他們似乎希望突尼斯貝伊、開羅帕夏或伊斯坦堡蘇丹能表現出開明的態度，自願接受約束，並且與代表大會分享權力。但這些期望並不實際。貝伊、帕夏與蘇丹的統治方式仍跟過去一樣，完全無法限制他們任意增加開支直到政府破產為止。

中東獨立地位面臨的最大單一威脅並非歐洲軍隊，而是歐洲銀行。鄂圖曼改革者對於接受歐洲貸款產生的風險感到驚恐。一八五二年，當蘇丹阿卜杜勒邁吉德向法國尋求貸款時，他的一名顧問將他拉到一旁，強烈勸阻他不要貸款：「您的父親馬哈茂德二世與俄羅斯人打了兩次仗，而且順利撐過幾場戰役。他面臨來自各方的壓力，但他從未向海外貸款。到目前為止，您的國家太平無事。如果您向外國借錢，民眾會怎麼說呢？」這名顧問又說：「如果這個國家借了五皮亞斯特*，它就會沉沒。因為一旦拿了貸款，就永遠沒有終止的一天。國家將會因為沉重的債務而崩潰。」阿卜杜勒邁吉德打消了貸款的念頭，但兩年後，他又找上了歐洲貸方。[28]

一八六三年，亥爾丁決定辭去突尼西亞大議會議長職務，他不想為突尼西亞首次海外貸款背書。他日後苦澀地提到這項政策導致突尼西亞於一八六九年破產。「攝政政府耗盡所有資源之後，首相讓自己走上貸款的毀滅之路，而且不到七年的時間……突尼西亞過去從未欠過任何人任何債務，此時卻發現政府積欠歐洲二億四千萬皮亞斯特〔六百萬英鎊，三千九百萬美元〕的債務。」[29]根據亥爾丁的估計，在整個改革時期，突尼西亞的歲收一直是固定的，大約是二千萬皮亞斯特。結果在七年當中，支出每年都超過收入達百分之一百七十。最後導致突尼西亞主權讓渡給國際財政委員會。

一八七五年，繼突尼西亞之後，鄂圖曼中央政府也宣布破產。二十年間，鄂圖曼人簽約商借十六筆海外貸款，總金額將近二億二千萬英鎊（十二億一千萬美元）。每借一筆款項，鄂圖曼經濟就更進一步落入歐洲經濟的宰制。鄂圖曼政府為了吸引心存疑慮的投資人而大打折扣，此外再加上在歐洲市場貸款的各項傭金與費用，最後實際只收到一億一千六百萬英鎊（六億三千八百萬美元），而其中大部分款項都是鄂圖曼債務衍生的利息（償還金額大約是一千九百萬英鎊或一億四百五十萬美元，利息超過六千六百萬英鎊或三億六千三百萬美元）。在總債務二億二千萬英鎊（十二億一千萬美元）當中，鄂圖曼人真正投資在經濟目標的金額只有四千一百萬英鎊（二億二千五百五十萬美元）。如阿卜杜邁吉德的顧問預言的，鄂圖曼帝國最終被債務壓垮。

往後六年，歷經另一場與俄國的災難性戰爭（一八七七年到一八七八年）以及一八七八年為結束戰爭而締結的柏林條約，鄂圖曼人終於在一八八一年與歐洲債權人達成協議，成立鄂圖曼公債管理局。公債管理局以代表主要國債持有者（英國、法國、德國、奧匈帝國、義大利、荷蘭與鄂圖曼帝國）的七人會議為核心，局長由英法兩國輪流擔任。鄂圖曼經濟所有部門全在公債管理局的控制之下，加上鹽稅專賣、漁業稅、絲稅、印花稅與烈酒稅的收入，以及幾個鄂圖曼省分的部分歲收，全都要用來償還債務。有利可圖的菸草稅也歸公債管理局管轄，但不久又另外成立新的機構專門監督菸草專賣。公債管理局取得控制鄂圖曼帝國整體財政的巨大權力，歐洲列強不僅藉此控制蘇丹政府的行動，也讓鄂圖曼經濟完全開放讓歐洲公司進入以壟斷鐵路、礦業與公共工程建設。[30]

雖然埃及擁有最後一個宣布破產的中東國家的殊榮（一八七六年），但埃及政府若能早點宣布破

＊鄂圖曼帝國幣制改革後發行皮亞斯特，埃及今日仍有使用。

產，或許還能保留更堅實的地位。埃及與鄂圖曼的狀況極為類似。一八六二年到一八七三年，埃及簽約借了八筆海外貸款，總金額六千八百五十萬英鎊（三億七千六百七十五萬美元），在打折之後，只拿到四千七百萬英鎊（二億五千八百五十萬美元），其中三千六百萬英鎊（一億九千八百萬美元）用來清償海外貸款的本金與利息。因此，在六千八百五十萬英鎊（三億七千六百七十五萬美元）的債務中，埃及政府只拿到一千一百萬英鎊（六千零五十萬美元）來投資經濟。

由於愈來愈難籌到資金來還清債務，易司馬儀赫迪夫開始出售埃及的國有資產。他從國內舉債，借了大約二千八百萬英鎊（一億五千四百萬美元）。一八七二年，埃及政府通過立法，允許地主預先支付六年的土地稅，之後的土地稅便可永遠享有五成的折扣。當這項絕望的措施也無法止住財政缺口時，埃及總督於是在一八七五年出售政府的蘇伊士運河公司股份給英國政府，取得四百萬英鎊（二千二百萬美元）——當初埃及政府開鑿運河成本達到一千六百萬英鎊（八千八百萬美元），現在只拿回四分之一的金額。一八七六年四月，在出清了關鍵資產之後，埃及財政部試圖延後支付國家債務利息。這等同於宣告破產，國際經濟的討債人如同瘟疫般降臨埃及。

一八七六年到一八八〇年，埃及財政被英國、法國、義大利、奧國與俄國組成的歐洲專家控制，他們主要關心的是外國的國債持有者的利益。與伊斯坦堡一樣，這裡也成立了正式的委員會。不實際的計畫一項接一項快速出爐，把可怕的負擔加諸在埃及納稅人身上。透過這些計畫，外國經濟顧問卯足全力地滲透到埃及財政機構之中。

一八七八年，歐洲穩固了對埃及的控制，兩名歐洲委員「受邀」進入總督的內閣。英國經濟學家查爾斯・威爾遜被任命為財政大臣，法國人恩斯特－加布里爾・德・布里尼耶被指派為公共工程大臣。一八七九年，易司馬儀赫迪夫進行內閣改組時試圖辭退查爾斯・威爾遜與德・布里尼耶，歐洲因此必須展現力量控制埃及。英國與法國政府施壓鄂圖曼蘇丹，要他解除易司馬儀的埃及總督職務。一夜之間，頑強的易司馬儀遭到撤換，由他較為聽話的兒子陶菲克取而代之。[31]

突尼斯、伊斯坦堡與開羅相繼破產，中東的改革運動又回到原點。改革運動一開始原本是要鞏固鄂圖曼人及其屬國免於受到外國干預，最後卻打開中東國家的門戶，使其更進一步受到歐洲的支配。經過一段時間之後，非正式的帝國控制逐漸固定成為直接的殖民統治，整個北非也遭受到歐洲對外擴張的帝國任意分割與分配。

注釋

1. 關於 al-Tahtawi 的作品 *Takhlis al-Ibriz fi Talkhis Bariz* [The extraction of pure gold in the abridgement of Paris]，完整的英文譯本與研究見 Daniel L. Newman, *An Imam in Paris: Al-Tahtawi's Visit to France (1826–1831)* (London: Saqi, 2004).
2. 同前，pp. 99, 249.
3. 同前，pp. 105, 161.
4. 這段法國憲法的分析重印於同前，pp. 194–213.
5. 塔赫塔維對一八三〇年七月革命的分析見同前，pp. 303–330.
6. 一八三九年改革敕令的譯文重印於 J. C. Hurewitz, *The Middle East and North Africa in World Politics*, vol. 1 (New Haven, CT: Yale University Press, 1975), pp. 269–271.

7. 一八五六年敕令的本文重印於同前，pp. 315–318.
8. 大馬士革的鄂圖曼法官穆罕默德・薩伊德・烏斯圖瓦納（Muhammad Sa'id al-Ustuwana）的日記由 As'ad al-Ustuwana 編輯出版，*Mashahid wa ahdath dimishqiyya fi muntasif al-qarn al-tasi' 'ashar* (1840–1861) [Eyewitness to Damascene events in the mid-nineteenth century, 1840–1861] (Damascus: Dar al-Jumhuriyya, 1993), p. 162.
9. Jonathan Frankel, *The Damascus Affair: 'Ritual Murder,' Politics, and the Jews in 1840* (Cambridge: Cambridge University Press, 1997).
10. Bruce Masters, 'The 1850 Events in Aleppo: An Aftershock of Syria's Incorporation into the Capitalist World System,' *International Journal of Middle East Studies* 22 (1990): 3–20.
11. Leila Fawaz, *An Occasion for War: Civil Confl ict in Lebanon and Damascus in 1860* (London: I. B. Tauris, 1994); and Ussama Makdisi, *The Culture of Sectarianism: Community, History, and Violence in Nineteenth-Century Ottoman Lebanon* (Berkeley and Los Angeles: University of California Press, 2000).
12. 大馬士革顯貴 Abu al-Sa'ud al-Hasibi 的回憶錄，引自 Kamal Salibi in 'The 1860 Upheaval in Damascus as Seen by al-Sayyid Muhammad Abu'l-Su'ud al-Hasibi, Notable and Later *Naqib al-Ashraf* of the City,' in William Polk and Richard Chambers, eds., *Beginnings of Modernization in the Middle East: The Nineteenth Century* (Chicago: University of Chicago Press, 1968), p. 190.
13. Wheeler Thackston Jr. 翻譯米夏卡一八七三年的歷史作品，書名改為《謀殺、破壞、搶劫與掠奪：十八與十九世紀的黎巴嫩史》(Albany: SUNY Press, 1988), p. 244.
14. 一八六〇年九月二十七日，米夏卡呈交美國駐貝魯特領事館的報告，以阿拉伯文寫成，收藏於 National Archives, College Park, Maryland.
15. Y. Hakan Erdem, *Slavery in the Ottoman Empire and Its Demise, 1800–1909* (Basingstoke, UK: 1996).
16. Roger Owen, *The Middle East in the World Economy, 1800–1914* (London: Methuen, 1981), p. 123.
17. David Landes, *Bankers and Pashas: International Finance and Economic Imperialism in Egypt* (Cambridge, MA: Harvard University Press, 1979), pp. 91–92.

18. Owen, *Middle East in the World Economy*, pp. 126–127.
19. Janet Abu Lughod, *Cairo: 1001 Years of the City Victorious* (Princeton, NJ: Princeton University Press, 1971), pp. 98–113.
20. 亥爾丁的自傳，'À mes enfants' [To my children]，M. S. Mzali 與 J. Pignon 編輯出版，書名改為 'Documents sur Kheredine,' *Revue Tunisienne* (1934): 177–225, 347–396. 文中這段話引自 p. 183.
21. 亥爾丁的政治論文，*Aqwam al-masalik li ma'rifat ahwal al-mamalik* [The surest path to knowledge concerning the conditions of countries]，Leon Carl Brown 翻譯編輯為 *The Surest Path: The Political Treatise of a Nineteenth-Century Muslim Statesman* (Cambridge, MA: Harvard University Press, 1967).
22. 同前，pp. 77–78.
23. Jean Ganiage, *Les Origines du Protectorat francaise en Tunisie (1861–1881)* (Paris: Presses Universitaires de France, 1959); L. Carl Brown, *The Tunisia of Ahmad Bey (1837–1855)* (Princeton: Princeton University Press, 1974); and Lisa Anderson, *The State and Social Transformation in Tunisia and Libya, 1830–1980* (Princeton, NJ: Princeton University Press, 1986).
24. 引自 Brown, *The Surest Path*, p. 134.
25. Mzali and Pignon, 'Documents sur Kheredine,' pp. 186–187.
26. P. J. Vatikiotis, *The History of Egypt from Muhammad Ali to Sadat* (London: Johns Hopkins University Press, 1980).
27. Niyazi Berkes, *The Emergence of Secularism in Turkey* (London: Routledge, 1998), p. 207.
28. Ahmet Cevdet Pasha in Charles Issawi, *The Economic History of Turkey, 1800–1914* (Chicago: University of Chicago Press, 1980), pp. 349–351; and Roderic Davison, *Reform in the Ottoman Empire, 1856–1876* (Princeton, NJ: Princeton University Press, 1963), p. 112.
29. Mzali and Pignon, 'Documents sur Kheredine,' pp. 189–190.
30. Owen, *Middle East in the World Economy*, pp. 100–121.
31. 同前，pp. 122–152.

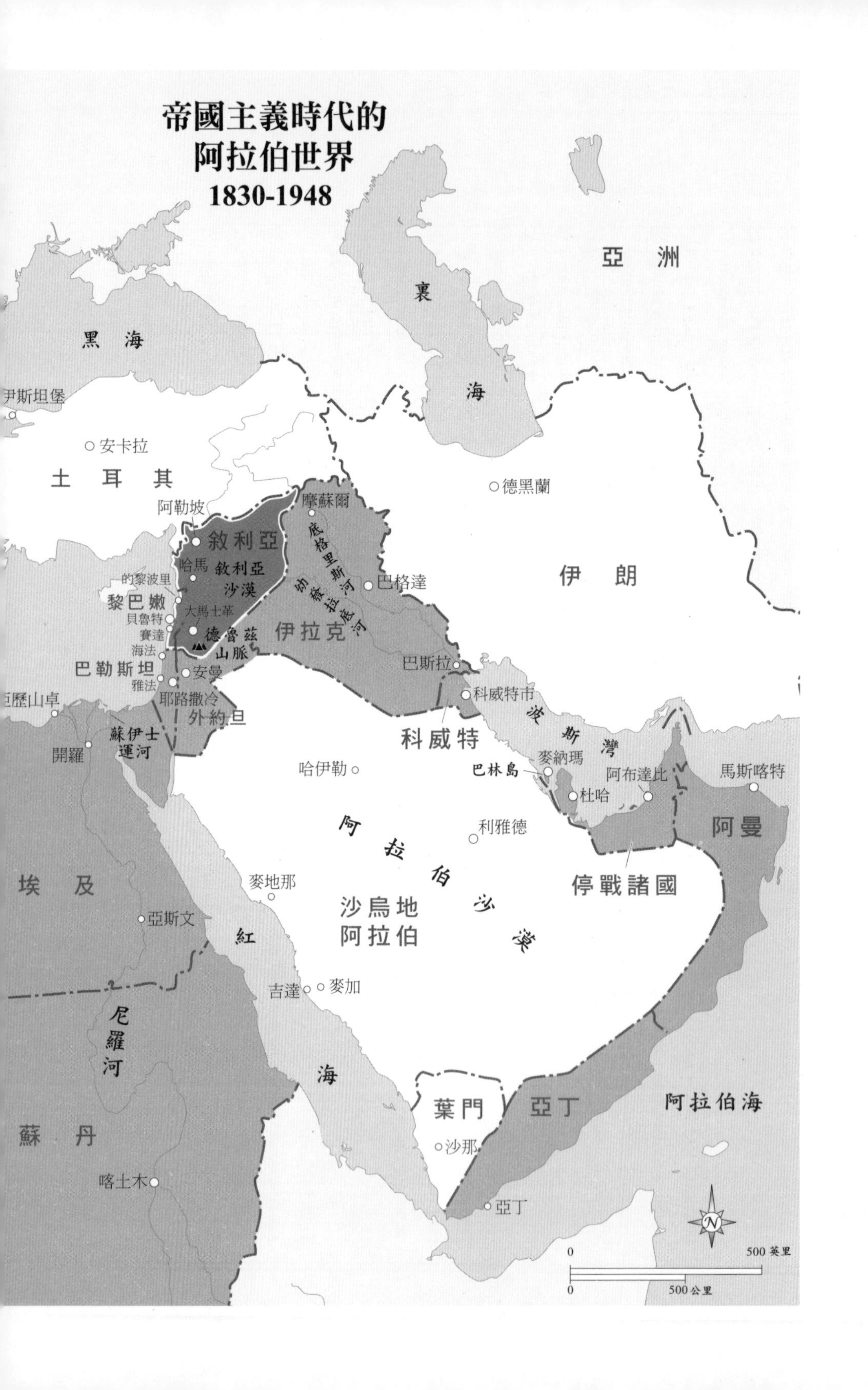
帝國主義時代的
阿拉伯世界
1830-1948
亞　洲
裏
海
黑　海
伊斯坦堡
安卡拉
土　耳　其
德黑蘭
阿勒坡
摩蘇爾
敘利亞
底格里斯河
哈馬
敘利亞
沙漠
幼發拉底河
巴格達
伊　朗
的黎波里
黎巴嫩
貝魯特
大馬士革
賽達
德魯茲
山脈
伊拉克
海法
巴勒斯坦
安曼
巴斯拉
雅法
亞歷山卓
耶路撒冷
外約旦
科威特市
波
斯
灣
蘇伊士
運河
開羅
科威特
哈伊勒
麥納瑪
巴林島
阿布達比
馬斯喀特
杜哈
阿
拉
伯
沙
漠
利雅德
阿曼
停戰諸國
埃　及
麥地那
沙烏地
阿拉伯
亞斯文
紅
吉達
麥加
尼
羅
河
海
葉門
亞丁
阿拉伯海
蘇　丹
沙那
喀土木
亞丁
0
500 英里
0
500 公里

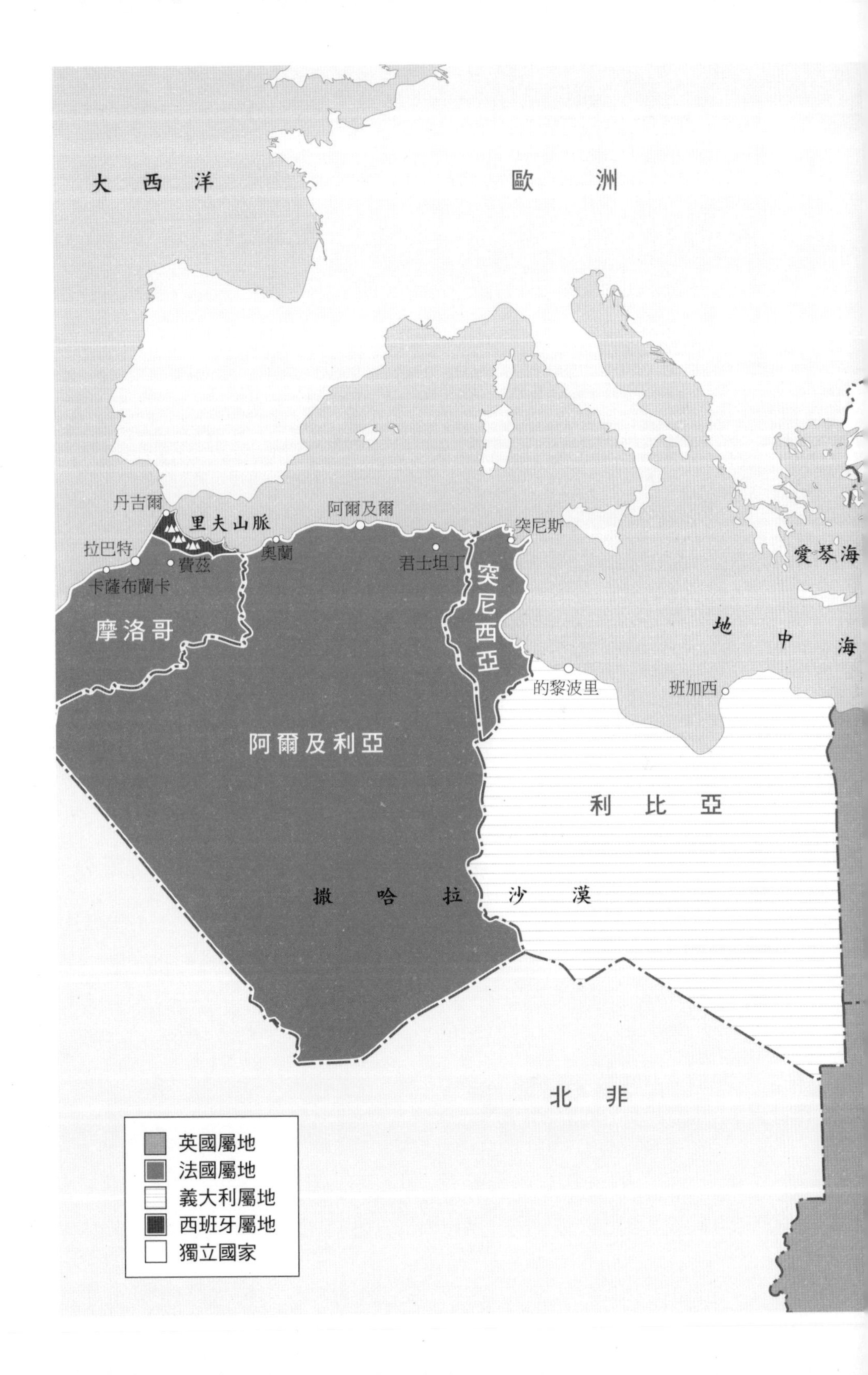
大西洋
歐洲
丹吉爾
里夫山脈
阿爾及爾
突尼斯
拉巴特
費茲
奧蘭
君士坦丁
卡薩布蘭卡
摩洛哥
突尼西亞
愛琴海
地中海
的黎波里
班加西
阿爾及利亞
利比亞
撒哈拉沙漠
北非
英國屬地
法國屬地
義大利屬地
西班牙屬地
獨立國家

第五章 第一波殖民主義：北非

雖然歐洲列強對阿拉伯地區的殖民建立在更早的基礎上，但嚴格來說帝國主義在阿拉伯世界的展開始於十九世紀的最後二十五年。上一章曾經提到，歐洲科技與融資的傳布使資金短缺的中東政府入不敷出，歐洲列強因此得以在從北非到阿拉伯半島的鄂圖曼帝國境內擴充影響力。鄂圖曼帝國與北非自治省分的破產，使歐洲列強能更輕易地直接控制這些地區。

隨著歐洲在北非的利益不斷擴大，歐洲人在當地進行直接帝國統治的動機也更加強烈。一八八〇年代，相較於維持鄂圖曼帝國的領土完整，歐洲列強更關注的是如何保障南地中海的國家利益。各國在一八四〇年簽訂的自我克制議定書，此時已形同虛設，緊接而來的是瓜分北非。一八八一年，法國擴大在突尼西亞的統治，一八八二年，英國占領埃及，一九一一年，義大利攫取利比亞，而一九一二年，歐洲列強同意法國與西班牙共同保護摩洛哥（北非唯一獨立未受鄂圖曼統治的國家）。在第一次世界大戰爆發前，整個北非完全落入歐洲的直接統治。

歐洲帝國主義在阿拉伯世界的發展為什麼始於北非，有幾個原因。北非的阿拉伯省分遠離鄂圖曼核心地區，十八與十九世紀，這些省分也逐漸脫離伊斯坦堡自治。中東的阿拉伯省分，如大敘利亞、美索不達米亞與阿拉伯半島，不僅鄰近鄂圖曼核心地區，在十九世紀改革時期（一八三九～一八七六年）也與伊斯坦堡的統治更緊密地結合在一起。突尼西亞與埃及成為鄂圖曼帝國的屬國，但大馬士革與阿勒坡則成為鄂圖曼帝國的直轄省分。北非賴以提升自治權利的各項發展，例如特定統治家族的出現，促使這些省分逐漸走向獨立的政府，反而讓這些國家更容易受到歐洲的占領。

此外，北非國家相對來說與南歐國家如西班牙、法國與義大利較為接近。鄰近的特性使這些國家更容易受到歐洲勢力的影響，如軍事援助、工業商品與金融資本。北非是鄂圖曼帝國的遙遠邊疆，卻是歐洲鄰近的海外。當十九世紀末新一波帝國主義興起，歐洲開始對外擴張時，理所當然會把注意力先放在離它最近的海外地區。

還有一個理由可以說明歐洲國家為什麼殖民北非，那就是歷史先例。法國人長期以來一直在阿爾及利亞活動，這為法國在突尼西亞與摩洛哥遂行野心立下重要先例，而且讓義大利有藉口在利比亞追求帝國事業。但後來卻是一八二七年偶然的歷史事件讓法國入侵阿爾及爾，導致瓜分北非的結果。

與突尼西亞一樣，阿爾及爾攝政政府名義上是鄂圖曼帝國的一部分，實際統治的總督卻在內政與外交上享有高度自治權。統治菁英是土耳其軍人，他們在伊斯坦堡被招募，然後在此地組成行政會議，再從會議中選出領導人「迪伊」，由迪伊直接與歐洲政府交涉。伊斯坦堡的蘇丹正式確認選出的迪伊的地位，並且要求阿爾及爾上繳貢金。唯一派駐阿爾及爾的鄂圖曼官員是伊斯蘭法院法官。除此之外，蘇丹在阿爾及爾的權威完全只是儀式性的。

阿爾及爾的迪伊利用他們的自治權，在不受伊斯坦堡的控制之下，自行建立與歐洲的商業與政治關係。然而，少了鄂圖曼帝國在後頭撐腰，迪伊幾乎沒有任何籌碼可以左右他們的歐洲貿易夥伴。因此，當迪伊以賒購方式提供糧食給法國，支持法國在一七九三年到一七九八年於義大利與埃及進行戰爭時，迪伊不斷要求法國政府應重視他們做出的貢獻，但法國卻充耳不聞。數十年過去了，法國從未償還債務，這件事便成為兩國摩擦逐漸擴大的根源。

到了一八二七年，阿爾及利亞迪伊胡塞因帕夏（在位期間一八一八～一八三〇年）與法國領事皮埃爾・德瓦爾的關係，因為法國政府不理會迪伊要求清償穀物款項而接近破裂。有一回，在與德瓦爾進行私人談話時，胡塞因帕夏一時生氣，居然用手上的蠅撢打了法國領事。

德瓦爾與胡塞因帕夏向各自的上級提出報告時，對於兩人會面的狀況做了南轅北轍的陳述。[1]在給法國外交大臣的報告中，德瓦爾宣稱自己進宮覲見胡塞因帕夏時，胡塞因帕夏相當激動。

「你的長官為什麼不回覆我寫的信？」胡塞因帕夏質問說。德瓦爾宣稱他以相當節制的語氣回答：「只要我一收到答覆，便會立刻向您稟明。」德瓦爾說，就在這個時候，迪伊脫口而出：

「『為什麼他不直接答覆我？我是鄉巴佬嗎，是無用的擺設，還是打赤腳的流浪漢？要這麼說的話，你就是個邪惡之人，一個異教徒，一個偶像崇拜者！』然後，他離開座位，手裡拿著蠅撢，猛力朝我的身體打了三下，然後要我退下。」

阿拉伯蠅撢是用馬尾毛打成結，然後繫在把手上。使用這種工具如何能「猛力」打人，從外表實在看不出來。但法國領事堅持法國的榮譽危在旦夕。他在呈交大臣的報告裡下了結論：「如果閣下不打算對這起事件給予應有嚴正而公開的關注，那麼至少該准許我辭去職務。」

在呈交鄂圖曼首相的報告中，迪伊承認用蠅撣打了德瓦爾，但他是遭到挑釁才這麼做。他解釋自己曾三度要求法國人還債，但完全沒有得到禮貌性的回應。他「以禮貌的言詞與非常友善的態度」向法國領事提起此事。

「為什麼我寫給法國政府的書信都沒有獲得回應？」頑固而高傲的領事很不客氣地回道：「法國國王與政府不會回覆你寫給他們的書信。」他膽敢褻瀆穆斯林宗教而且輕蔑世界的保護者蘇丹陛下的榮譽。我無法接受這種侮辱，這已超越我忍受的極限，於是我憑藉穆斯林才有的勇氣，以我卑微的手拿的蠅撣輕輕打了他兩三下。

無論這兩段內容彼此矛盾的陳述孰真孰假，可以確定的是，到了一八二七年，法國已無意履行三十年前留下的債務，但阿爾及利亞人也不想豁免這筆債務。蠅撣事件之後，法國人要求賠償法國的名譽損失，阿爾及利亞人則繼續堅持法國必須清償陳年債務。阿爾及利亞人不願讓步，而法國人又無力清償，這場爭端於是迫使雙方走上衝突之路。

面對迪伊的「侮辱」，法國人祭出最後通牒。他們要求阿爾及利亞以禮砲歡迎法國國旗，但遭到迪伊拒絕。法國於是對阿爾及爾港進行封鎖，但這麼做對馬賽商人的傷害遠大於阿爾及爾的海盜，後者的快船可以輕易穿過延伸過度的法船封鎖線。經過兩年的僵持，法國開始尋求挽回顏面的解救方式並且派出外交人員與迪伊協商。阿爾及利亞人對外交官的旗艦開砲，讓協商者連船都沒有辦法下。當時法國國王查理十世的政府早已在各方面都陷入不利，阿爾及利亞的爭端更讓他極度困窘。

查理十世（在位時期一八二四～一八三〇年）在國內外都遭遇強烈的反對聲浪。他努力想讓法國君主制回復到之前的君主專制，也就是法國大革命之前的狀況，一八三〇年，當他擱置憲章（塔赫塔維在研究法國時曾大篇幅談到這部憲章）時，危機於是發生。首相波利尼亞克親王提出建言，認為此時進行海外冒險或許能凝聚民心，使民眾支持國王。波利尼亞克知道，法國想改變地中海的權力平衡，就必須排除其他歐洲列強的反對，尤其是英國。波利尼亞克於是派遣使節前往倫敦與歐洲其他國家，說明法國即將進攻阿爾及利亞目的是為了徹底摧毀海盜行為、廢除奴役基督徒的制度以及終止歐洲各國為了維護航運安全而繼續向攝政政府支付貢金。波利尼亞克為了說服各國支持法國入侵阿爾及爾，因此主張法國此舉是為了維護普世的權益。

一八三〇年六月，三萬七千名法國遠征軍在阿爾及爾的西邊登陸。法軍迅速擊敗迪伊的軍隊，並於七月四日進入阿爾及爾。這場勝利未能挽救查理十世的命運，同月稍晚，他被七月革命推翻。埃及學者塔赫塔維當時人在巴黎，他提到法國人對於推翻一名不得民心的國王要比征服阿爾及爾來得開心，「而後者是別有用心的產物。」[2]儘管如此，波旁王朝倒台後法國依然繼續占有阿爾及爾，這是查理十世乏善可陳的統治下極少數得以流傳的遺產。一八三〇年七月五日胡塞因帕夏的投降結束了鄂圖曼三百年的歷史，卻是法國統治阿爾及利亞一百三十二年的開始。

雖然法國擊敗了阿爾及爾的土耳其守軍，但這場勝利並未讓他們控制整個阿爾及利亞。由於法國人的野心局限在沿海主要城鎮，因此他們很少有機會在阿爾及利亞遭遇較有組織的抵抗。歐洲列強長久以來一直控制著北非沿岸幾個戰略港口。一八三〇年七月法國占領阿爾及爾與一八三一年一月占領奧蘭，這些地區與西班牙在休達與梅利利亞（這兩個地方至今仍是西班牙的屬地）的堡壘據點差異不大。但擁有這幾座主要城鎮還是無法滿足法國人。他們希望讓法國殖民者定居在肥沃的沿海平原上，並且將這項政策稱為「克制的占領」。這項政策不可避免和阿爾及利亞當地民眾之間產生了裂痕。

阿爾及利亞人口是由獨立性極強的阿拉伯人與柏柏人組成，柏柏人是非阿拉伯人的種族社群，七世紀被穆斯林征服後就改信了伊斯蘭教。柏柏人有自己的語言與風俗，散居於北非各地，尤其分布在阿爾及利亞與摩洛哥。在阿爾及爾、君士坦丁與奧蘭這些大城市以外地區，阿拉伯人與柏柏人一直獨立於阿爾及爾迪伊的統治之外，而且抗拒土耳其駐軍納稅與遵從鄂圖曼法律的要求。因此，阿拉伯人與柏柏人對於攝政政府的滅亡並不感到悲傷。即使如此，阿爾及利亞鄉間的柏柏人與阿拉伯人面對法國人的統治並不會比土耳其人統治時期來得順從。

當法國人開始殖民阿爾及利亞沿海平原時，當地的部族組織了反抗運動，最早起事的地點是奧蘭西邊的鄉野地帶。阿拉伯人與柏柏人求助於蘇菲派（神祕的穆斯林兄弟會）深具魅力的領導人，這些人通常結合了宗教正當性與高貴的家世譜系，使宗派成員得以與先知穆罕默德家族相連結。蘇菲派組織了集會所網絡，遍布於阿爾及利亞各地，而且獲得社群領導者的忠心支持。它是一個自然形成的架構，民眾藉由這個架構發起了反對運動。

卡迪里派是阿爾及利亞西部最強大的蘇菲派社群之一。該派領袖是一名睿智長老，名叫穆希丁。阿爾及利亞西部地區幾個領頭的部族向穆希丁請願，希望他接受蘇丹的頭銜，領導阿爾及利亞西部阿拉伯人向法國人發動聖戰。當他以年老多病為理由婉拒時，部族轉而擁戴他的兒子阿卜杜·卡迪爾，他在先前攻擊法國人的行動中已然展現出十足的勇氣。

一八三二年十一月，阿卜杜・卡迪爾（一八〇八～一八八三）被推舉為埃米爾或對抗法國人的部族聯盟共主，當時他才二十四歲。這是中東近代史上最非凡事業的開端。往後十五年間，阿卜杜・卡迪爾團結阿爾及利亞人民持續對抗法國的占領。阿卜杜・卡迪爾在世時已然是個傳奇人物，無論在西方或阿拉伯世界都是如此，而這並非浮誇之語。

對法國人來說，阿卜杜・卡迪爾是最後一位「高貴的阿拉伯人」，一名薩拉丁*式的人物，他對宗教的虔誠、正直的人品以及為了祖國起而對抗外國的軍事占領，種種作為均無可非議。他驍勇善戰，藉由游擊戰術以小搏大，面對比擊敗埃及與馬木路克人的軍隊更為先進的法國陸軍依然能夠取勝。浪漫主義藝術家奧拉斯・維爾內（一七八九～一八六三年）是法國征服阿爾及利亞的官方記錄者，他以美麗油畫描繪阿卜杜・卡迪爾作戰時的英姿。雨果以詩句「le beau soldat, le beau prêtre」頌揚阿卜杜・卡迪爾，意思是「英姿煥發的士兵，端正莊嚴的教士」。

對阿拉伯追隨者而言，阿卜杜・卡迪爾有著宗教正當性，他不僅是先知穆罕默德的後裔（謝里夫〔sharif〕），也是領導蘇菲派最受尊敬的領袖的兒子。他們宣誓效忠他，獲得的回報是擊敗比他們強大的軍隊。阿卜杜・卡迪爾的功勳震驚當時的阿拉伯與伊斯蘭世界，眾人稱他是捍衛穆斯林國度對抗外國入侵者的「信仰者指揮官」。

阿卜杜・卡迪爾進行的是一場非凡的情報戰。有一次，法國人獲取阿卜杜・卡迪爾的文件後驚訝地發現，他居然擁有法國代議院辯論阿爾及利亞戰爭的可靠資訊。他知道這場戰爭在法國輿論有多麼不受

＊薩拉丁（Saladin），埃及歷史中的英雄人物，在十二世紀領導阿拉伯人對抗十字軍的戰役中表現傑出。

歡迎，而且了解法國政府承受必須與阿爾及利亞叛軍協商的壓力。[3]有了這個情報，阿卜杜．卡迪爾進行的戰爭目的在於迫使法國人求和。

阿卜杜．卡迪爾曾兩度迫使法國將領根據他的條件簽訂和約，除了承認他擁有主權，也對法國控制的剩餘領土劃下清楚的界線。第一個和約與路易．德米歇爾斯將軍簽訂於一八三四年二月，第二個和約，也就是相互承認的塔夫納條約，與羅貝爾．比若將軍締結於一八三七年五月。後者讓阿卜杜．卡迪爾取得阿爾及利亞三分之二以上的領土主權。[4]但面對雙方的擴張野心，這兩個條約都無法維持長久。

阿卜杜．卡迪爾與法國人都想把統治權擴張到東部城市君士坦丁。法國人認為，君士坦丁遠在一八三七年條約規定的阿卜杜．卡迪爾國家領土之外。阿爾及利亞人反駁說，條約清楚劃定法國領土的疆界，但法國人卻違反條約征服君士坦丁。法國人與阿爾及利亞人的立場再度勢同水火。阿卜杜．卡迪爾指控法國人違反諾言，於是重啟戰端。一八三九年十一月三日，他寫信給法國總督：

> 我們議和時，彼此的疆界都已清楚劃定……現在你公開主張，阿爾及爾到君士坦丁之間的所有土地都不應該聽命於我。爭端是你引起的。然而，為了不讓你有理由指控我背約，我會預先警告你，我將再次開戰。做好準備吧，警告你的旅人，以及所有居住在孤立地區的人，簡單地說，採取一切你認為適合的預防措施。[5]

阿卜杜．卡迪爾的軍隊突然襲擊阿爾及爾以東米提賈平原無險可守的法國農業殖民地。他們殺死與傷害數百名殖民者，燒燬他們的房舍，引起廣泛的恐慌。巴黎政府必須做出明確的選擇：撤離，或者完全占領阿爾及利亞。巴黎政府選擇後者並且下令比若將軍率領數量龐大的作戰部隊，讓反抗法國統治的阿爾及利亞人最終能夠「臣服」。

比若面對的是一項令人望之卻步的任務，他必須在阿爾及利亞取得全面性的勝利。阿爾及利亞人組織嚴密而且鬥志高昂。在阿爾及利亞，阿卜杜．卡迪爾把他的政府分成八個省，每個省由一名總督管轄，行政組織往下延伸到部族層級。總督領取固定薪資，負責維持法律與秩序，並且為國家徵稅。法官負責執行伊斯蘭法律。政府並不顯眼，一切施政都依照伊斯蘭法律進行，而這讓農民與部族民眾更有意願繳稅。

阿爾及利亞政府藉由稅收籌措充足的經費支持志願軍，這支軍隊證明在戰場上極為有效。根據阿卜杜．卡迪爾的估計，他的軍隊有八千名正規步兵、二千名騎兵、二百四十名砲兵與二十門大砲，平均分配給八個總督。這些機動部隊採取典型的游擊戰術，除了騷擾法軍，一旦遭遇數量占優勢可能壓制他們的法軍時便趕緊撤退。

阿卜杜．卡迪爾也沿著高原的隆起地帶修建一連串要塞城鎮，讓他的軍隊有安全的避難所以躲避法軍的反擊。一八四八年，阿卜杜．卡迪爾在土倫向俘虜他的人解釋他的戰略：「戰爭開打之後，我相信我將被迫放棄內陸中部城鎮給你們〔指法軍〕，但你們要抵達撒哈拉沙漠是不可能的，因為運輸補給將會拖累你們，使你們無法來到這麼遠的地方。」[6]

這名阿爾及利亞領導人的戰略是吸引法軍深入內陸，使其戰線過於延伸與遭到孤立，如此便能輕易擊敗他們。在要塞城鎮塔格德姆特，阿卜杜．卡迪爾警告一名法國俘虜：「你會病死在這座山裡，至於那些沒有病死的，我的騎兵也會用子彈送他們上路。」[7]他的政府與防務都遠比過去堅強，阿卜杜．卡迪爾相信他必能再度戰勝法軍。

然而阿卜杜・卡迪爾沒有想到的是，法國人會對阿爾及利亞人民施加非比尋常的暴力。比若將軍在阿爾及利亞內陸執行焦土政策，目的是削弱民眾對阿卜杜・卡迪爾叛軍的支持，他們燒燬村落、驅逐牛群、摧毀莊稼而且將果樹連根拔起。男女老幼都遭到殺害，軍官還接到命令不許俘虜一人。阿卜杜・卡迪爾的士兵就算想投降也會遭到殺害。部族與村落開始轉而反對阿卜杜・卡迪爾，以避免蒙受支持者的命運。法軍的措施也重創農村經濟，使阿卜杜・卡迪爾的稅收大減。

在法軍屠殺下，阿爾及利亞人受到嚴重打擊，民眾開始減少對阿卜杜・卡迪爾反抗運動的支持。由於士兵的家人擔心遭受其他阿爾及利亞同胞的攻擊，阿卜杜・卡迪爾於是把所有的家眷，包括妻兒與老人，全都集中到一處巨大的營地，這個營地名叫茲馬拉。根據阿卜杜・卡迪爾自己的描述，茲馬拉是一座流動城市，人口不少於六萬人。為了讓人對茲馬拉的規模有個大致印象，他表示，「當一名阿拉伯人與家人失散時，有時候他需要花兩天的時間才能在群眾中找到家人」。茲馬拉是阿卜杜・卡迪爾軍隊的流動支援單位，這裡有製造武器的人、製造馬鞍的人、裁縫，還有一切他的組織所需的人。

不意外地，阿卜杜・卡迪爾的茲馬拉成為法軍的主要目標，法軍急於打擊阿爾及利亞軍隊的士氣與後勤基地。由於掌握法軍部署的情報與熟悉當地地形，阿卜杜・卡迪爾得以在前三年衝突中保全茲馬拉。然而，一八四三年五月，營地位置洩漏，法軍攻擊茲馬拉。阿卜杜・卡迪爾與他的手下得知時已來不及阻止這波攻擊。他在反思時對俘虜他的人說道：「要是我在那裡，我們一定會為我們的妻兒而戰，而且一定會給你們顏色瞧瞧。但真主不希望如此；我在三天後才得知這場不幸。一切都太遲了！」[8]

法軍攻擊茲馬拉產生他們希望的效果。根據阿卜杜・卡迪爾的估計，法軍殺死了流動營地十分之一的人口。老人、妻子與孩子的死亡嚴重打擊軍隊士氣。攻擊也造成戰爭物資的龐大損失，阿卜杜・卡迪爾的國庫喪失大半。他對抗法國人的戰爭自此開始走下坡。阿卜杜・卡迪爾與他的軍隊繼續撤退，一八四三年十一月，這名阿爾及利亞指揮官率領手下流亡到摩洛哥。

往後四年，阿卜杜・卡迪爾召集軍隊攻擊阿爾及利亞的法國人，然後退回摩洛哥領土以躲避追捕。摩洛哥蘇丹阿卜杜・拉赫曼不想捲入阿爾及利亞衝突。然而，法軍以藏匿敵人為由，攻擊阿爾及利亞邊境附近的摩洛哥城鎮烏季達，並且派海軍砲轟丹吉爾與摩加多爾港口。一八四四年九月，法國與摩洛哥政府簽訂條約恢復友好關係，條約明白宣示阿卜杜・卡迪爾在摩洛哥帝國為非法。[9]少了安全的避難處與後勤基地，阿卜杜・卡迪爾發現要對抗法軍是愈來愈困難，一八四七年十二月，他向法軍投降。

法國慶祝阿卜杜・卡迪爾的失敗，認為這是對強敵的一大勝利。這名阿爾及利亞指揮官的傳記作家反思時語帶諷刺地說：「當我們想到，花了七年的時間戰鬥，動用世上最強大的軍隊達十萬人，這才把這名埃米爾在兩年五個月之間建立的一切摧毀時，我們的內心不禁感到震驚。」[10]這場戰爭對阿爾及利亞人民的衝擊是毀滅性的。估計阿爾及利亞平民的死傷達到數十萬。

法國人把阿卜杜・卡迪爾運回法國，並且將他與家人關在一起。阿卜杜・卡迪爾算是家喻戶曉的人物，法國國王路易・腓力的政府希望利用這名犯人的高知名度，高調地予以特赦，使政府從中獲利。一八四八年革命與路易・腓力下台使這些計畫未能實現。這名阿爾及利亞領袖在巴黎政權轉換的政治騷動期間遭到遺忘。直到一八五二年，新總統路易・拿破崙（之後加冕為皇帝拿破崙三世）才恢復阿卜杜・卡迪爾的自由。這名阿爾及利亞指揮官受邀擔任路易・拿破崙的貴賓，讓他騎著白馬巡視巴黎，並且與總統一同檢閱法國軍隊。雖然他不准返回阿爾及利亞，但法國仍給予他終身年金與一艘汽船，讓他可以前往他想流亡的地方。阿卜杜・卡迪爾搭船前往鄂圖曼帝國並且定居大馬士革，他在那裡獲得英雄式的歡迎。他與家人獲得大馬士革菁英家族圈的接納，他也在當地的社群政治扮演了重要角色。阿卜杜・卡迪爾晚年過著學者生活與信仰伊斯蘭神祕主義。一八八三年，他於大馬士革去世。

擊敗阿卜杜・卡迪爾只是法國征服阿爾及利亞的開端。往後數十年，法國持續往南擴展殖民主權。到了一八四七年，將近十一萬名歐洲人移居阿爾及利亞。隔年，移民社群取得選舉議員進入法國國會的權利。一八七〇年，擁有近二十五萬法國移民的阿爾及利亞正式併入法國，至於非歐洲住民則成為法國的臣民（非公民）。除了猶太復國主義殖民巴勒斯坦，整個中東沒有任何殖民事業比得上法國在阿爾及利亞獲得的成果。

除了法國在阿爾及利亞進行激烈的帝國主義戰爭外，其他歐洲列強仍堅守一八四〇年促成黎凡特地區和平的倫敦協定與一八七八年柏林條約主張的維持鄂圖曼帝國領土完整的承諾。一八八一年，法國占領突尼西亞重新點燃了北非的正式殖民。

一八四〇年到一八八一年間出現重大變化，不僅歐洲如此，鄂圖曼帝國亦然，一個來自歐洲的強大新觀念在此時生根，這個觀念就是民族主義。民族主義是十八世紀歐洲啟蒙運動的產物，十九世紀時，民族主義以不同的速度在歐洲各地傳布。希臘是早期的追隨者，在經過十年戰爭之後，於一八三〇年自鄂圖曼帝國獨立。其他歐洲國家，如德國與義大利，則是經過數十年民族主義激勵的統一運動而開始成形，到了一八七〇年代初，現代形式的諸邦才整合成一個社群。奧匈帝國開始面臨內部愈演愈烈的民族主義挑戰，而鄂圖曼帝國的東歐領土發生相同的狀況也只是時間早晚的問題。

一八三〇年代，巴爾幹各民族，如羅馬尼亞、塞爾維亞、波士尼亞、赫塞哥維納、蒙特內哥羅、保加利亞、馬其頓，開始尋求自鄂圖曼帝國獨立。歐洲列強也開始支持鄂圖曼基督徒從土耳其之「軛」解放。英法政治人物提出動議支持巴爾幹民族主義運動。俄羅斯政府全力支持鄂圖曼基督徒與巴爾幹地區的斯拉夫同胞。奧國人希望從波士尼亞、赫塞哥維納與蒙特內哥羅的分離主義運動中獲利，好從鄂圖曼人手中奪取領土（而這個整合民族主義運動的過程反而在一九一四年導致民族主義運動的傾覆，從而引爆了世界大戰）。

這種外在援助使巴爾幹民族主義者在與鄂圖曼帝國鬥爭時變得更加大膽。一八七五年，波士尼亞－赫塞哥維納爆發大規模叛亂。次年，保加利亞民族主義者也發動叛亂反對鄂圖曼人。保加利亞的衝突蹂躪了鄉間，因為無論是基督徒還是穆斯林的村子都捲入民族主義鬥士與鄂圖曼軍隊的暴力之中。歐洲報紙忽略保加利亞穆斯林較高的傷亡人數，刻意把基督徒的屠殺宣揚成「保加利亞恐怖」。一八七六年七月，當鄂圖曼人忙於波士尼亞－赫塞哥維納與保加利亞的衝突時，塞爾維亞的米蘭親王也向鄂圖曼帝國宣戰，俄羅斯隨即跟進支持巴爾幹半島的斯拉夫民族。

一般來說，英國應該會在此時進行干預。保守黨首相班傑明．迪斯雷利長期以來一直支持以鄂圖曼帝國做為緩衝，以對抗俄羅斯對歐陸的野心。然而，迪斯雷利發現自己受制於輿論。暴力事件以及新聞對屠殺的報導使迪斯雷利的親土政策遭受質疑，也讓他受到自由黨對手威廉．格萊斯頓的冷嘲熱諷。一八七六年，格萊斯頓發表了一份具影響力的小冊子，書名是《保加利亞恐怖與東方問題》。格萊斯頓通篇指責土耳其人是「極端的反人類典型」。他在小冊子中主張將鄂圖曼人逐出他們的歐洲省分。他寫道：「讓土耳其人帶走所有的傷害，而方法只有一種，那就是讓他們把自己帶走。」格萊斯頓的說法比較符合輿論的看法，迪斯雷利與英國政府不得不放棄對鄂圖曼領土完整的支持。

一旦土耳其對各省擁有主權的原則遭到破壞，歐洲列強便開始思考鄂圖曼帝國解體的問題。歐洲評論家認為，鄂圖曼進行的改革並未產生穩定或可運行的國家。他們指出一八七五年鄂圖曼帝國的破產就是一項明證，顯示土耳其是「歐洲病夫」。因此同意由歐洲列強瓜分鄂圖曼領土會是較佳的選擇。德國提議分割鄂圖曼帝國，由奧國與俄國瓜分巴爾幹，敘利亞歸法國所有，埃及與地中海重要島嶼則劃歸英國。英國人對此感到震驚，於是急忙提議在一八七六年十一月於伊斯坦堡召開國際會議以解決巴爾幹危機與俄土衝突。

外交手段爭取了時間，但好鬥的列強卻傾向於戰爭，此外，情勢的多變也創造出許多機會。一八七七年四月，俄國再度宣戰，同時從東西兩方進攻鄂圖曼帝國。俄軍迅速攻入東安那托利亞並且穿過巴爾幹半島，對鄂圖曼守軍造成重大傷亡。到了一八七八年年初，鄂圖曼防線完全崩潰，俄軍橫掃保加利亞與色雷斯，進逼伊斯坦堡，迫使鄂圖曼無條件投降以避免首都遭到占領。

由於對俄戰爭全面戰敗，鄂圖曼人在一八七八年柏林會議上對於加諸在他們身上的條件幾乎毫無置喙餘地。長久以來堅持的鄂圖曼帝國領土完整原則既然已遭到捨棄，歐洲列強便著手對鄂圖曼領土進行第一次分割。在柏林和平會議期間，保加利亞在鄂圖曼帝國境內獲得自治權，至於波士尼亞與赫塞哥維納雖然名義上仍屬鄂圖曼領土，卻交由奧國占領。羅馬尼亞、塞爾維亞與蒙特內哥羅獲得獨立。俄羅斯在東安那托利亞取得廣大領土。根據這些規定，鄂圖曼帝國被迫割讓五分之二的領土與喪失五分之一的人口（其中有一半是穆斯林）。[11]

英國人無法阻止鄂圖曼帝國解體，於是便趕在柏林會議召開前預先確保自身在鄂圖曼帝國領土內的戰略利益。英國身為海上強權，長久以來一直試圖在東地中海取得海軍基地，藉此確保蘇伊士運河的航行順暢。賽普勒斯這座島嶼是理想據點。遭受列強環伺的鄂圖曼蘇丹阿卜杜勒・哈米德二世（在位期間一八七六～一九〇九年）需要盟友遠超過賽普勒斯，因此他在柏林會議前夕以賽普勒斯換取與英國訂定防守同盟條約。

英國人主張取得賽普勒斯，使鄂圖曼的領土分割從巴爾幹延伸到北非。德國同意英國取得賽普勒斯，但英德兩國都了解必須給予法國補償以恢復地中海的權力平衡。它們同意「提供」突尼西亞給法國以鞏固它在北非的帝國與確保阿爾及利亞疆界。德國在一八七〇年到一八七一年的普法戰爭後併吞法國省分亞爾薩斯－洛林，此時欣然同意提供這份禮物，希望以此與巴黎和解。唯有義大利因為有大量人口移居突尼西亞，而且在當地做了重大投資，因此表示反對，但列強忽視義大利的意見，並且建議義大利可以從利比亞取得補償（一九一一年，義大利如願以償）。

法國獲得占領突尼西亞的許可，卻欠缺理由向這個順從的北非國家開戰。從一八六九年破產以來，突尼西亞政府就與法國財務顧問充分合作清償外債。一八七九年，法國政府首次提出在突尼西亞建立保護國的要求，但突尼西亞統治者穆罕默德・薩迪克貝伊（在位期間一八五九～一八八二年）禮貌地婉拒，他不願讓自己的國家受到外國帝國主義統治。

此外，更困難的是，法國輿論反對對外殖民。絕大多數民眾認為阿爾及利亞讓法國付出極為昂貴的代價，法國已難獲得支持在北非繼續擴張。對內得不到民眾支持，對外又找不到出兵的藉口，法國政府想為北非帝國增添突尼西亞的計畫因而原地踏步。在此同時，義大利在突尼西亞的移民人口遠超過法國，法國一天不向突尼西亞擴充勢力，義大利便多了利用的良機。法國與義大利對抗的態勢，最後終於促使法國採取行動。

法國人必須找到理由來合理化對突尼西亞的入侵行動。一八八〇年，一名法國投資人未能履行特許，因此被突尼西亞人驅逐出境以示懲罰。法國領事表達抗議，他向貝伊遞交最後通牒，要求賠償這名法國人以及懲罰驅逐這名破產法國人的突尼西亞官員。這起侮辱事件完全比不上一八二七年阿爾及利亞的「蠅揮」事件，卻足以被視為對法國國民的不當對待，因而構成動員軍隊恢復國家榮譽的理由。腦袋極為清醒的突尼西亞統治者為了不讓法國有理由入侵，於是同意法國人一切令人憤怒的要求。法軍返回軍營，等待更適當的時機入侵突尼西亞。

一八八一年三月，據說有一群部族民眾從突尼西亞越界襲擊阿爾及利亞，法軍於是再度召集。雖然貝伊願意賠償損失與懲罰部族民眾，但法國人堅持採取行動。一支法國騎兵部隊越過突尼西亞邊界，繞過該受懲戒的部族領土，直撲突尼斯。一八八一年四月，騎兵部隊與從海上入侵的部隊會師突尼西亞首都。一八八一年五月十二日，在法國海陸兩路進攻下，穆罕默德・薩迪克貝伊與法國人簽訂條約，除了與鄂圖曼帝國斷絕關係，也將主權讓渡給法國。突尼西亞的改革與破產經驗，使整個國家從非正式的歐洲控制淪為帝國主義支配的對象。

正當法國人致力於將突尼西亞併入他們的北非帝國的同時，東方的埃及正醞釀一場風暴。我們在上一章提過，埃及的改革與破產使得歐洲出手干預它的財政與統治。然而，歐洲列強採取的措施非但未能恢復穩定，反而讓埃及的內部政治更加動盪，強大的反對運動起而威脅赫迪夫的統治。一開始原本是英法聯手鞏固赫迪夫的權威，但到了一八八二年，英國卻在意外中占領了埃及。

埃及的新赫迪夫陶菲克帕夏（在位期間一八七九～一八九二年）夾在歐洲的要求與國內社會強大的利益團體之間進退兩難。他是在匆促之間接任總督之位，當時英國與法國施壓鄂圖曼蘇丹免除他的前任（也就是他父親）易司馬儀赫迪夫的職務，因為易司馬儀阻撓他們派駐埃及的財政官員進行工作。陶菲克帕夏因此了解最好不要與歐洲列強作對。但是，一味順從英國與法國的需求使他在埃及內部招致許多批評。大地主與城市菁英對於為了清償埃及外債而實行的經濟撙節措施感到惱怒，他們對於赫迪夫的施政也愈來愈不滿。

埃及菁英有一個參與政治的平台，也就是代表大會，這是易司馬儀帕夏於一八六六年成立的早期埃及議會。大會代表開始要求審核埃及的預算，主張大臣必須向大會負責，以及制定自由主義憲法限制赫迪夫的權力。陶菲克帕夏既無權力也無意願滿足他們的需求，而在歐洲列強的支持下，他於一八七九年中止了大會。地主菁英於是轉而支持埃及軍中不斷茁壯的反對勢力。

埃及陸軍在國家破產後受到撙節措施的嚴重打擊，軍中的「埃及人」受害尤深。在軍中，軍官團裡說土耳其語的菁英與說阿拉伯語的埃及本地人之間存在著隔閡。說土耳其語的軍官，又稱土耳其－切爾克斯人，他們的根源可以追溯到馬木路克人，屬於軍人階級。他們與赫迪夫家族以及伊斯坦堡的鄂圖曼社會有著緊密連繫。他們瞧不起埃及本地人，而且輕蔑地稱他們是農民士兵。當埃及的財政官員下令縮減埃及軍隊員額時，土耳其－切爾克斯指揮官為了維護自身利益，把削減的員額完全分配到埃及本地士兵上。埃及軍官群起為下屬請命，而且開始動員反對不公平的遣散。他們的領袖是一名最高階的埃及軍官，艾哈邁德．阿拉比上校。

艾哈邁德．阿拉比（一八四一～一九一一年）是第一批進入軍官團的埃及本地人。他生於尼羅河三角洲東部的小村落，一八五四年，他捨棄在阿茲哈爾清真寺大學的學業，轉而進入薩依德帕夏開設的軍事學院就讀。阿拉比相信，與同世代的土耳其－切爾克斯人相比，自己一點也不遜色。他宣稱自己的父系或母系都是先知穆罕默德的後裔，從伊斯蘭教的觀點來看，這是個非常顯赫的世系，遠非馬木路克人所能相比，因為馬木路克人的祖先是高加索地區的基督徒，之後以軍事奴隸的身分改信伊斯蘭教。阿拉比既有能力又有野心，但他的榮耀與歷史地位卻來自於他的叛亂者而非軍人身分。事實上，這場以他為首進行的叛亂，反而讓英國加快腳步於一八八二年占領埃及。

在回憶錄裡，阿拉比理想化地描述陸軍是個唯才是用的組織，在軍中，人員要經過考試才能獲得晉陞，「能力超群的會被擢升到與其能力相符的位階」。[12]阿拉比的考試成績很好。從一八五四年到一八六〇年，短短六年的時間，阿拉比就從普通士兵晉陞為埃及有史以來最年輕的上校，當時他只有十九歲。阿拉比景仰薩依德帕夏，因為是他開放讓埃及本地人能夠成為軍官團的一員。

一八六三年，易司馬儀帕夏繼任總督，他恢復傳統的做法，讓說土耳其語的軍官在埃及陸軍享有特權地位。因此，恩庇與種族取代功績成為軍中晉陞的根據。充滿抱負的阿拉比因此受阻於土耳其－切爾克斯菁英設下的玻璃天花板。在易司馬儀（在位期間一八六三～一八七九年）統治的十六年間，阿拉比完全未獲得晉陞。這個經驗激起他的怨恨，使他起而反對軍隊裡的長官與埃及總督。

阿拉比與土耳其－切爾克斯菁英的衝突，幾乎是從易司馬儀上台後就開始。阿拉比被分派到切爾克斯將軍胡斯魯帕夏底下聽候指揮，他抱怨說：「他盲目重用與自己同種族的人，當他發現我是純種埃及人時，我就成了他的眼中釘。他想盡辦法要讓我離開軍隊，然後讓馬木路克人的子弟填補我的位置。」[13]

考試委員會是確保士兵可以透過表現而非人脈獲得晉陞的機構，當阿拉比進入考試委員會負責晉陞的考核工作時，胡斯魯帕夏知道機會來了。他命令阿拉比竄改考試結果晉陞一名切爾克斯人，當阿拉比拒絕時，將軍便向戰爭大臣報告阿拉比違反命令。這件案子往上提交給易司馬儀赫迪夫親自審理，阿拉比暫時被調離軍中，轉任文職。一八六七年，阿拉比被赫迪夫赦免，一八七〇年春，阿拉比重新回到軍中，官復原職。然而他仍對土耳其－切爾克斯長官與他們加諸在他身上的不公懷有強烈憎恨。

一八七〇年代是埃及陸軍遭受挫敗的時期。阿拉比參與了災難性的阿比西尼亞戰役，戰爭起因於易司馬儀赫迪夫想把埃及帝國的領土擴展到今日的索馬利亞與衣索比亞。一八七六年三月，阿比西尼亞國王約翰對埃及做出決定性的打擊，把入侵者趕出自己的領土。埃及軍隊蒙受重大傷亡與戰敗的恥辱，垂頭喪氣地返國，而在一八七六年埃及破產後，埃及軍隊也要面臨復員。在歐洲財政官員實施的財政措施下，埃及陸軍從一萬五千人裁減為象徵性的七千人，而二千五百名軍官也減半薪。一八七九年一月，阿拉比奉命將他的團從羅塞塔移往開羅實施復員。

當阿拉比抵達開羅時，他發現整座城市擠滿了等待復員的埃及士兵與軍官。面對前程似錦的軍旅生涯乍然中止與即將到來的失業，眾人的情緒開始激昂起來。一八七九年二月十八日，一群埃及陸軍軍校生與軍官在財政部外發起遊行，抗議遭受不公平的遣散。當首相努巴爾帕夏與英國派駐埃及的財政大臣查爾斯．威爾遜爵士從財政部現身時，憤怒的軍官暴打這些政治人物。阿拉比沒有參與這場抗議，他日後向一名英國支持者表示：「他們發現努巴爾搭上馬車，於是攻擊他，拉扯他的鬍子，還打了他好幾記耳光。」[14]

軍事暴動正中易司馬儀赫迪夫下懷，阿拉比與同僚懷疑這場示威完全是總督一手策劃。易司馬儀想去除內閣裡的英法大臣，而且希望擁有更大的空間來主導埃及預算。他認為歐洲財務顧問實施的嚴厲撙節使埃及內部政治更加動盪，也讓埃及清償外國債權人的能力陷入危險。軍人抗議的第二天，易司馬儀接受努巴爾混合內閣總辭。然而，英法不可能任由赫迪夫重新取得權力，一八七九年六月，易司馬儀遭到罷黜。

阿拉比與他的埃及同胞軍官看到易司馬儀赫迪夫下台，心裡鬆了一口氣。但是，埃及軍官的地位在易司馬儀的繼任者陶菲克赫迪夫統治期間依然繼續下滑。新任戰爭大臣土耳其－切爾克斯人歐斯曼・里夫奇帕夏解任了數名埃及本地人軍官，然後以跟自己同種族的軍官代替。一八八一年一月，阿拉比得知自己與幾個同僚即將遭到遣散，他在描述此事時認為這是馬木路克人為了復辟而採取的行動。「切爾克斯人的高階與低階軍官定期到胡斯魯帕夏（阿拉比的前切爾克斯指揮官）家中開會，歐斯曼・里夫奇帕夏也參與其中。他們在會中讚揚馬木路克帝國的歷史……他們相信他們已經準備好重新讓埃及及其屬地重返馬木路克人統治時期的榮光。」[15]

阿拉比與同僚決定採取行動。他們草擬一份請願書呈交給陶菲克帕夏，表達他們的不滿與需求。這份一八八一年一月請願書標誌了阿拉比進入國家政治的開始，也為軍方人士干預政治立下危險的先例，而這種模式將在二十世紀阿拉伯歷史中反覆出現。

阿拉比與他的埃及同胞軍官提出三大訴求：增加埃及陸軍員額，駁回財務官員的軍隊裁減方案；修改規定，讓所有軍事人員一律平等，不因種族或宗教而受到差別待遇；任命埃及本地出生的軍官擔任戰爭大臣。阿拉比似乎沒有察覺到這些訴求之間的矛盾，他在要求平等的同時，卻又要求優先任命埃及本地人擔任戰爭大臣。

阿拉比的訴求在當時是革命性的。當軍官把請願書送到首相里雅德帕夏手裡時，他公開威脅軍官。「這份請願書會毀了你們，」他警告說，「它比你們同事先前遞交的請願書還危險，而那個人之後就被流放到蘇丹去了。」蘇丹相當於埃及的西伯利亞。[16]但軍官們拒絕撤回請願書，而且要求務必要讓赫迪夫過目。

赫迪夫接到阿拉比的請願書，便找來高層軍事指揮官，在阿卜丁宮召開緊急會議。他們要求逮捕阿拉比與其他兩名在請願書上簽字的軍官，認為他們犯下煽動叛亂的罪行，而且同意召開特別軍事法庭來審判他們。第二天，阿拉比與其他軍官被召喚到戰爭部，到了之後，他們被要求解除武裝。而在被押往戰爭部裡的監獄路上，他們經過兩旁充滿敵意的切爾克斯軍官，然後在監獄門口遭到宿敵胡斯魯帕夏的奚落。阿拉比在回憶時苦澀地說：「他站在牢房外，笑我們是『農民，只適合去摘果子』。」[17]

阿拉比與其他軍官被捕引發埃及陸軍譁變。一八八一年二月，兩個單位的赫迪夫衛隊衝進戰爭部。大臣與其他切爾克斯人逃離戰爭部大樓。士兵從牢房裡釋放阿拉比與他的軍官，然後帶領他們回到阿卜丁宮，並且在宮裡發起喧騰的效忠陶菲克帕夏的示威遊行。士兵逗留在阿卜丁廣場，直到不受歡迎的切爾克斯戰爭大臣歐斯曼．里夫奇去職，換上他們指名的繼任者為止。赫迪夫也發布命令，修改軍事法規以滿足士兵對薪餉與役期的要求。

示威於是結束，軍隊紛紛返回營區。一切恢復平靜，但這起事件改變了埃及政治。阿拉比成為受歡迎的領袖，而軍隊逼迫赫迪夫與他的政府接受他們的要求。

已經解散的埃及代表大會的大地主與都市菁英也在軍隊成功後爭取更大的利益。他們了解自己可以藉由與武裝部隊合作獲得更好的機會要求無意願的赫迪夫進行自由主義憲政改革。一八八一年二月到九月，埃及陸軍軍官、大地主、大會代表、新聞記者與宗教學者的混合聯盟成形，並且以「民族黨」自稱。伊斯蘭改革者穆罕默德・阿卜杜謝赫向一名英國觀察家解釋說：「政治活動如火如荼持續了幾個月，滲透到各個階級。阿拉比的行動使他獲得了支持，也讓他與民族黨的民間成員建立連繫……其中不斷提出立憲需求的正是我們。」[18]

這個聯盟的成員各有自己的目標與不滿。讓他們結合為一體的是一個共同的信念，埃及人在自己的國家應得到更好的待遇。他們以「埃及人的埃及」為口號，彼此扶持追求自身的宗旨。對阿拉比與他的軍官來說，憲法可以約束赫迪夫與政府，可以保護他們免於遭受獨斷的報復。憲法也擴大他們做為埃及人民利益守護者的角色，而不只是狹隘地代表軍人的利益。

對當時歐洲的觀察家而言，日漸擴大的改革聯盟似乎是一場民族主義運動，但實際上並非如此。阿拉比與其他改革者完全接受埃及做為自治的鄂圖曼行省的地位。阿拉比經常向赫迪夫與鄂圖曼蘇丹宣示效忠，而且也因為他的表現而獲得阿卜杜勒・哈米德二世授勳。改革者反對歐洲大臣與領事有權力主導埃及的政治與經濟，也反對土耳其－切爾克斯人宰制軍隊與內閣。當抗議民眾上街高喊「埃及人的埃及」時，他們呼籲的是擺脫歐洲人與切爾克斯人的干預，而非民族獨立。

然而，歐洲人不理解箇中差異，他們把埃及軍方的行動詮釋成民族運動的開端，認為這將對他們的戰略與金融利益構成威脅。英法於是著手討論如何以最好的方式來回應阿拉比的威脅。

赫迪夫對於反對運動的出現愈來愈感到關切。歐洲列強已經削弱他的主權，強行安插歐洲官員到他的政府，而且控制埃及一半的預算。現在他的臣民還想進一步砍斷他的翅膀，施行憲法與召開大會。陶菲克遭到孤立。他只能仰賴土耳其－切爾克斯菁英的支持。一八八一年七月，陶菲克解散改革派內閣，任命他的妹夫達伍德帕夏．耶根為戰爭大臣，阿拉比形容他是個「無知、昏庸與陰險之人」。

軍官們採取的回應是在赫迪夫宮外的阿卜丁廣場發動另一場示威。一八八一年九月九日，阿拉比告知赫迪夫，「我們將在這一天下午四點召集開羅所有士兵前往阿卜丁廣場向赫迪夫殿下表達我們的要求。」[19]陶菲克帕夏警覺即將發生新一波的軍隊譁變，於是找來首相以及參謀長美國人史東帕夏，試圖召集阿卜丁營區與大城堡效忠赫迪夫的部隊抵抗阿拉比，但徒勞無功。阿拉比比赫迪夫更能贏得軍隊的效忠。

陶菲克被迫在阿卜丁宮前面接見阿拉比，陪同他的只有廷臣與外國領事。軍官們向赫迪夫提出他們的要求：成立新內閣，以憲政改革者謝里夫帕夏為首相；重新召開代表大會；將軍隊人數擴大到一萬八千人。陶菲克別無選擇，只能同意。軍隊與支持他們的民眾控制了局面。

赫迪夫屈服於改革者的壓力重新召開大會。一八八二年一月，代表遞交憲法草案供赫迪夫考慮。二月，頒布憲法，新改革派內閣成立，阿拉比被任命為戰爭大臣。阿拉比上校從一八六三年之後就未獲升遷，現在終於推翻土耳其－切爾克斯人的階序，控制了埃及軍隊。

無疑地，埃及軍官勢必會利用這個機會與馬木路克人算舊帳。前戰爭大臣歐斯曼．里夫奇帕夏被指控陰謀暗殺阿拉比，而他底下的五十名軍官，全都是土耳其－切爾克斯人，也被認定涉及這項陰謀。這些人遭到監禁後，許多人遭到拷問，而這一切阿拉比全都知情。他日後吐露說：「我從未到監獄去，從未目睹他們遭受拷問或虐待。簡單地說，我從未靠近過他們。」[20]

巴黎與倫敦官員對於陶菲克在開羅逐漸遭到孤立甚感憂心。赫迪夫對改革運動的每一項讓步，不僅減損了他的權威，也削弱列強對埃及經濟的影響力。英國與法國表示關注，以免赫迪夫的讓步造成埃及的政治混亂。阿拉比成為政府的一員仍無法減輕歐洲的關切。阿拉比逼迫新任首相馬哈茂德・薩米・巴魯迪將擔任埃及民政官員的歐洲人解除職務。這些改變對於保守的歐洲列強來說實在太過份、太急切，令它們難以接受。阿拉比運動逐漸變得類似革命，英國與法國決定採取行動支持搖搖欲墜的赫迪夫政權。諷刺的是，它們的行動只是讓陶菲克更加孤立，讓阿拉比的地位更加鞏固。

一八八二年一月，英國與法國政府草擬了共同公報，又稱甘必大照會，試圖恢復赫迪夫的權威。但英法這兩個外交手腕靈活的國家照理該有更好的處理方式。英國與法國提出保證，兩國將「共同努力」防範有害埃及秩序的內外威脅，希望「避免赫迪夫政府暴露在危險之中，也明確表示英法將共同反對這些危害」。然而英法提出這種華而不實的警告，反而讓赫迪夫與人民更加離心，進一步弱化了陶菲克帕夏的地位。

甘必大照會已經很不得體，歐洲隨後又要求阿拉比離開政府。當不受歡迎的歐洲列強試圖讓阿拉比下台時，阿拉比在國內的地位反而更加鞏固。相較之下，陶菲克則是更加孤立。阿拉比指控陶菲克帕夏代表歐洲的利益，背叛了自己的國家。首相與內閣絕大多數成員辭職。在這種狀況下，沒有人願意組成新政府。阿拉比並未辭職，這表示政府實際上是在最受歡迎與最有權力的大臣的控制之下。歐洲列強原本想讓阿拉比去職，卻在無意間讓他控制了埃及政府。

隨著情勢逐漸升高，英國與法國訴諸砲艦外交；一八八二年五月，兩國派遣海軍聯合艦隊前往埃及。這場武力展示使陶菲克赫迪夫在國內再無容身之地。五月三十一日，陶菲克離開開羅前往亞歷山卓的拉斯丁宮，此地比較靠近英法艦隊的保護範圍。埃及實際上是由兩個男人統治：一個是法律承認的國家元首陶菲克赫迪夫，他受困在亞歷山卓的宮殿裡；另一個是人民擁戴的領袖艾哈邁德・阿拉比，他是開羅執政政府的領袖。

歐洲戰艦在埃及海岸外巡航，埃及人與歐洲人的緊張關係終於在一八八二年六月十一日於開羅爆發為暴力事件。一開始原本是一名英國人與一名埃及馬車駕駛的街頭爭吵，結果演變成反對外國人的暴動，奪走了五十條以上的人命。數百人受傷，數千人因為房屋與工作地點被毀而陷入貧困。歐洲的報章雜誌把亞歷山卓暴亂渲染成對基督徒與歐洲人進行的屠殺，施壓英國與法國政府對埃及的失序做出強力回應。

阿拉比知道這些反歐暴動很可能引起英法的干預。他甚至懷疑是陶菲克赫迪夫煽動這些暴動促使外國勢力介入，但沒有任何證據能支持他的說法。阿拉比派出一萬二千人的部隊前往亞歷山卓恢復秩序，並且鞏固城市防止歐洲可能做出的回應。阿拉比將埃及推向戰爭邊緣，他轉而求助大地主當中的支持者，要求徵召農民擴充武裝部隊。徵收緊急狀態稅讓阿拉比的政府擁有財政資源來抵抗歐洲的攻擊。

果不其然，英國艦隊指揮官畢恰姆・西摩爵士發出一連串語氣強烈的最後通牒，除非亞歷山卓撤除海防，否則他將砲轟這座城市。但埃及軍隊無懼英方的威脅，依然著手加強亞歷山卓的防務，擴大濱海的堡壘，興建砲台以因應歐洲船艦的攻擊。由於歐洲人與埃及人都沒有退讓的意思，因此一場武裝衝突勢不可免。

軍事行動威脅出現意料之外的結果：數個月以來與英國協同行動的法國艦隊居然撤軍。法國政府受到自身憲法的約束，在與任何國家開戰之前必須獲得國會同意。一八七〇年，法國慘敗於德國之手，一八七一年，為了鎮壓阿爾及利亞而勞師糜餉，一八八一年，占領突尼西亞又花費大量金錢，致使法國元氣仍未恢復。法國國庫入不敷出，國會不願涉入新一輪的海外爭端。七月五日，法國政府向英國解釋立場後，艦隊便撤出亞歷山卓。

現在英國人必須做出重大決定：要不是撤軍，就是獨自行動。英國「不」想占領埃及。破產的國家、不受信任的統治者與時常叛變的軍隊，對任何帝國主義強權來說都不是具吸引力的目標。此外，英國干預埃及可能會破壞白廳*長久以來努力維持的歐洲權力平衡。更嚴重的還有退場機制的問題：一旦英國軍隊進入埃及，那麼他們該什麼時候撤離？如果英國的目標是確保蘇伊士運河的安全與埃及向英國債權人清償債務，那麼軍事行動的風險似乎已經超過利益。

然而，撤軍從來不是英國真正考慮的選項。維多利亞時代的英國人如果向開發程度較低的國家的叛亂軍官屈服，那麼他們就不可能自認為「偉大」。海軍艦隊指揮官西摩獲得政府批准，於七月十一日下令向亞歷山卓的堡壘與市區開火。到了日落之時，城市已經陷入火海，埃及軍隊撤退。七月十四日，英國一支分遣部隊占領亞歷山卓。這不僅是一場戰爭的開始，也開啟了英國對埃及持續四分之三個世紀的占領。

一八八二年六月到九月，艾哈邁德・阿拉比不僅是叛亂政府的領袖，也是對抗英國的埃及守軍總司令。城市與鄉村都廣泛支持阿拉比抵抗外國入侵者。當赫迪夫待在亞歷山卓宮殿裡閉門不出時，王室有許多親王、隨從與婦女都轉而支持阿拉比，他們捐出金錢、穀物與馬匹投入戰爭。[21]阿拉比持續獲得在地菁英、城市商人與宗教組織的充分支持。阿拉比的死忠追隨者傾全力支持即將來臨的戰爭，但職業軍隊數量不多也沒有足夠的自信面對英國人，農民志願軍缺乏紀律與訓練，在砲火下一戰即潰。即使阿拉比的軍隊數量大增，他獲勝的機會依然渺茫。

英國人對於他們遭遇的阿拉比非正規軍的頑強抵抗感到吃驚。嘉內德·沃爾斯利爵士率領二萬名作戰部隊，於仲夏時節抵達亞歷山卓。他率軍從亞歷山卓出發，前往攻取開羅，在路上卻遭阿拉比埃及守軍箝制了五星期，只好放棄原先的計畫。沃爾斯利返回亞歷山卓，準備以船隻運送士兵前往蘇伊士運河地區，英國強大的海軍已於一八八二年九月初取得此區。駐紮運河地區期間，沃爾斯利又獲得英屬印度援軍，之後便準備西進攻擊開羅。阿拉比趁英軍還沒離開運河地區便發動奇襲，造成對方重大傷亡後便急忙撤退，避免與人數占優勢的英軍正面交戰。埃及軍隊退回到運河與三角洲之間東部沙漠一處名叫塔爾·卡比爾的地方，保護開羅不被入侵。沃爾斯利在埃及人完成防務之前發動攻勢。英軍在破曉前進軍到離埃及防線不到三百碼的距離，然後於九月十三日黎明進行突襲，對埃及軍隊發起刺刀衝鋒。戰鬥不到一小時就結束，疲憊不堪的埃及軍隊最終不敵人數占優的英軍。通往開羅的道路如今敞開在入侵部隊的面前。

艾哈邁德·阿拉比的叛亂政府隨著埃及在塔爾·卡比爾的防線遭到突破而崩潰。兩天後，阿拉比在開羅被捕。他與同僚被指控叛國並且被判有罪，他們的死刑減輕為終身流放到英國殖民地錫蘭（今日的斯里蘭卡）。陶菲克帕夏復位，但未能恢復完整的主權。隨著英國軍隊占領埃及，英國顧問擔任埃及政

＊白廳（Whitehall），位於倫敦，為許多政府機關所在地，用來代指英國政府。

府各部門職位，埃及實際的統治者成了英國駐辦領事埃弗林・巴林爵士（之後被晉爵為克羅默伯爵）。

阿拉比留下褒貶不一的影響。他的反抗運動崩解之後，許多人批評他造成英國占領埃及。然而不可否認的是，當他起而為埃及本地人爭取權利時，確實獲得廣大民眾的支持。最公開支持他的人當中有些是王室的女性。阿拉比的律師布羅德利記錄了與一名公主的對話，她充滿熱情地說道，她們「從一開始就祕密同情阿拉比，因為她們知道阿拉比一心一意為埃及人謀福利……我們視阿拉比為救星，我們對他的熱情是毫無保留的」。[22]穆罕默德・阿里的孫女娜茲莉公主從較為通盤的角度解釋了阿拉比的訴求：

> 阿拉比是第一個讓歐洲人俯首稱臣的埃及大臣。在他的時代，至少先知穆罕默德的信徒可以抬起頭，而希臘人與義大利人不敢逾越法律……現在，沒有人守秩序。警察只管著埃及人，讓歐洲人為所欲為。[23]

阿拉比被流放了十八年，之後於一九〇一年在陶菲克繼任者阿拔斯二世赫迪夫（在位期間一八九二～一九一四年）的允許下返回故土。他向赫迪夫宣示效忠並且放棄一切政治活動，埃及政府於是給予他特赦。新一代的年輕民族主義者希望得到他的協助以對抗英國占領，但阿拉比謹守承諾，絕不過問政治。年老的阿拉比只希望在他熱愛的埃及平靜地度過晚年。他的目光堅定注視著過去，而非未來。在人生的最後十年，他都在閱讀關於阿拉比叛亂的書籍與報導，並且將剩餘的時光都用來澄清一切對他惡行的指控。[24]他寫了幾篇自傳性質的文章，並且將其廣泛流傳給埃及與國外的作者。

雖然做了這些努力，但阿拉比於一九一一年死後的數十年間，有兩項指控卻玷汙了他的名聲：他的挑釁造成英國占領埃及，對此他負有責任，此外，他的行動背叛了穆罕默德·阿里王朝，他們是具備正當性的埃及統治者。直到新一代的年輕埃及上校於一九五二年革命推翻穆罕默德·阿里世系最後一個統治者之後，阿拉比的名聲才得到湔雪，並且獲准進入埃及民族英雄的萬神殿中。

英國的占領在埃及以外地區掀起了波瀾。當法國人看到埃及這個拿破崙時代以來重要的法國衛星國成為英國人永久的帝國屬地時，他們的心情從沮喪轉為敵視。埃及人過去曾經聘用法國軍事顧問，派遣人數最為龐大的教育使節團前往巴黎，而且引進法國的工業科技；不僅如此，蘇伊士運河公司也是法國人成立的。喪失埃及令法國人氣憤難平，他們決心以一切手段報復「不講信義的英國人」。法國人反制的方式是在非洲取得具戰略價值的領土，除了藉此重振帝國榮耀，也對英國的海外利益施加壓力。接下來引發了所謂的「非洲大獵」，由英國與法國開始，尾隨其後的則是葡萄牙、德國與義大利，這些國家在非洲地圖塗上自己的帝國顏色。

一八八二年到一九〇四年，殖民競爭導致英法陷入深刻的對立。這場競爭的高峰出現在一八九八年，兩個帝國主義強權差點為了蘇丹境內一段對外隔絕的尼羅河流域開戰。但雙方都不願讓對立升高成公開的衝突。唯一的解決辦法是恢復地中海的帝國權力平衡，割讓領土給法國以補償法國因英國占領埃及而造成的損失。鑑於法國已經取得突尼西亞與阿爾及利亞，顯然剩下的解決辦法落在了摩洛哥。[25]

問題是法國不是唯一對摩洛哥感興趣的歐洲列強。西班牙人在地中海沿岸擁有殖民地，英國人享有重要的貿易利益，而德國人則愈來愈積極捍衛自己的權利。此外還有另一個考量，摩洛哥已經獨立了數世紀，既不侵略外國，也不招惹外國入侵。一九〇二年，法國外交部長泰奧菲勒・德爾卡塞提出一套策略，表示他將致力於「區別國際問題與法國－摩洛哥問題，並且將前者區隔出來單獨予以解決，接下來再個別應對每個歐洲列強，最後就能騰出手來解決摩洛哥問題。」[26]往後十年，法國依序與歐洲列強討價還價，而後便將摩洛哥納入自己的統治範圍。

列強中與摩洛哥最無利益糾葛的是義大利，德爾卡塞於是在一九〇二年先與羅馬達成協議，承認義大利在利比亞的利益，以換取義大利支持法國在摩洛哥發展。

對法國而言，英國顯然是個棘手的挑戰。英國人想維持他們在摩洛哥的商業利益，因此不允許任何海上強權挑戰皇家海軍對直布羅陀海峽的支配。然而，為了實際利益，英國的確有必要與法國化解殖民歧見。一九〇四年四月，英國與法國達成協議，也就是「英法協約」，這是雙方修好的第一步。根據協約內容，法國承認英國在埃及的地位，而且不要求「英國的占領須有固定期限」。相對地，英國承認法國做為「與摩洛哥國境接壤的強權」的戰略地位，並且保證不妨礙法國「在摩洛哥維護秩序的行動，並且支持法國在摩洛哥進行行政、機會、財政與軍事改革」。[27]

法國緊接著與西班牙協商以確保未來法國能占領摩洛哥。為了化解英國與西班牙的關切，法國把摩洛哥的地中海海岸線劃入西班牙的勢力範圍。這為一九〇四年十月法國與西班牙針對摩洛哥締結的協定提供基礎。

法國幾乎快解決「國際問題」，為殖民摩洛哥鋪平道路。除了德國，歐洲列強都已經同意。最初德爾卡塞希望能在不涉及德國的狀況下處理好摩洛哥問題。畢竟，德意志帝國的勢力從未延伸到地中海。

此外，德爾卡塞知道德國會要求法國承認德國在一八七〇年到一八七一年普法戰爭併吞的亞爾薩斯－洛林，以及換取德國承認法國對摩洛哥的野心。但法國不願以此換取德國的同意，而德皇威廉二世政府也不願降價求售。德國憑藉自身的條件崛起成為帝國主義強權，它在非洲與南太平洋均擁有屬地，摩洛哥於是成為德法角逐的重點區域。

德國人開始主張他們在摩洛哥的利益，藉此逼迫法國上談判桌。一九〇五年三月，德國外交大臣伯恩哈德・馮・比洛親王安排德皇威廉二世前往丹吉爾訪問摩洛哥蘇丹阿卜杜・阿齊茲。透過這次訪問，德國皇帝確認了摩洛哥的主權與德國在蘇丹領土的利益，藉此對法國在摩洛哥的野心樹立起第一道障礙。德國的方針迫使法國與德國協商，一九〇六年一月的阿爾赫西拉斯會議重新開啟了「摩洛哥問題」。

這場由十一國參與的會議表面上是為了協助摩洛哥蘇丹政府建立改革計畫。但實際上，法國希望利用這次會議獲得歐洲各國支持來影響德國，使德皇不再反對法國在摩洛哥擴充勢力。儘管德國竭盡全力說服與會各國反對法國，但仍有三個國家——義大利、英國與西班牙——同意法國對摩洛哥主張的權利，德皇政府不得不退讓。一九〇九年，德國終於承認法國在摩洛哥安全上扮演的特殊角色。

法國確保其他歐洲列強同意它殖民摩洛哥後，便把焦點轉向與摩洛哥的關係上。摩洛哥的謝里夫從一五一一年起就獨立於鄂圖曼帝國與歐洲各國之外進行統治，其統治的世系從未間斷。然而從一八六〇年開始，歐洲列強就千方百計干預這個古老蘇丹國的政治與經濟。在哈桑（在位期間一八七三～一八九四年）時代，摩洛哥也經歷一連串國家引導的改革，其使用的是我們現在已相當熟悉的採用歐洲科技與觀念來箝制歐洲的滲透。可以想見結果反而造成歐洲的大舉滲透與國家財政因為昂貴的軍事與基礎建設計畫而耗損虧空。

推動改革的蘇丹哈桑死後，由年僅十四歲的阿卜杜．阿齊茲（在位期間一八九四～一九〇八年）繼位，年少無經驗的他沒有能力領導摩洛哥擺脫敵對歐洲列強的野心，因而難以維持摩洛哥的主權與獨立地位。此時法國抓住機會利用阿爾及利亞與摩洛哥之間的疆界界定不清，以阻止部族入侵為藉口，派遣士兵進入摩洛哥領土。除了入侵領土，法國也透過外債讓摩洛哥政府陷入泥淖。一九〇四年，法國政府協商由巴黎幾家銀行貸款六千二百五十萬法郎（一千二百五十萬美元）給摩洛哥，加深了法國對摩洛哥的經濟滲透。

摩洛哥人痛恨愈來愈多的法國人出現在他們的國家，並且開始攻擊外國的企業。法國人因為占領摩洛哥城鎮而遭到憎恨，其中最惡名昭彰的是，法國人的工廠遭到嚴重破壞後，一九〇七年，法國軍艦砲轟卡薩布蘭卡，並且派遣五千名士兵占領這座城鎮。隨著法國人愈來愈深入摩洛哥，民眾也開始對蘇丹喪失信心。一九〇八年，蘇丹的兄長阿卜杜．哈菲茲發動叛變，逼迫蘇丹退位，蘇丹於是向法國尋求庇護。

叛變成功之後，阿卜杜．哈菲茲（在位期間一九〇七～一九一二年）繼承弟弟的王位。但阿卜杜．哈菲茲在抵禦歐洲入侵上卻未能做得比他的弟弟好。蘇丹在歐洲僅剩的盟友是德國，一九一一年七月，德國派了一艘砲艦前往摩洛哥港口阿加迪爾，這是抵抗法國在摩洛哥擴張所做的最後努力。但阿加迪爾危機最終還是以犧牲摩洛哥為代價獲得解除。為了讓法國同意割讓法屬剛果領土給德國，德皇政府於是默許法國在摩洛哥的野心。

一九一二年三月，阿卜杜・哈菲茲簽署費茲條約，摩洛哥成為法國的保護國，法國自此完全占領摩洛哥。雖然謝里夫依然在位，事實上，當今摩洛哥國王穆罕默德六世就是他們的直系子孫，但往後的四十四年，摩洛哥的正式控制權完全落入法蘭西帝國手中。而法國終於能對英國占領埃及釋懷。

利比亞是北非最後一塊仍直屬於鄂圖曼帝國的領土，當法國在摩洛哥建立保護國時，義大利已經與鄂圖曼帝國開戰，爭奪利比亞這塊屬地。十六世紀以來，利比亞名義上屬於鄂圖曼帝國的一部分，但利比亞的兩個省分的黎波里塔尼亞與昔蘭尼加直到一八四〇年代才直轄於鄂圖曼帝國，而高門對利比亞的統治一直非常寬鬆。兩個省的首府的黎波里與班加西是軍管城鎮，駐守的鄂圖曼官員與士兵數量有限，僅用於維持治安。

然而，在法國占領突尼西亞與英國占領埃及之後，鄂圖曼人逐漸重視利比亞省分的戰略價值。一九〇八年青年土耳其人革命讓新一批民族主義者在鄂圖曼帝國掌權，之後伊斯坦堡政府開始積極採取措施，限制義大利對利比亞的入侵，禁止義大利人在的黎波里與昔蘭尼加購買土地或擁有工廠。鄂圖曼人竭盡所能避免他們在北非的最後一個據點被歐洲人奪走。

數十年來，其他歐洲列強早已承諾將利比亞交給義大利：一八七八年的英國、一八八八年的德國與一九〇二年的法國。顯然，其他歐洲國家都期盼義大利以和平方式吞併利比亞。但義大利人卻選擇大動干戈。一九一一年九月二十九日，義大利以義大利人在利比亞省分遭虐待為由向鄂圖曼宣戰。利比亞的鄂圖曼人頑強抵抗入侵者，於是義大利人決定將戰火延燒到鄂圖曼的核心地區。一九一二年二月，義大利戰艦砲轟貝魯特，四月，攻擊達達尼爾海峽的鄂圖曼據點，一九一二年四月到五月，占領羅得島與其他十二群島島嶼，嚴重破壞東地中海的戰略平衡。

其他歐洲列強連忙採取外交行動限制損害範圍，它們擔心義大利人很可能在局勢瞬息萬變的巴爾幹半島引發戰爭（事實上，義大利人早已在阿爾巴尼亞煽風點火，鼓動當地民族主義分子反對鄂圖曼人）。義大利非常希望歐洲的協調機制能協助處理利比亞問題。在利比亞，人數不多的土耳其駐軍與當地居民奮力抵抗，義大利軍隊陷入泥淖，遲遲無法將控制的範圍從沿岸擴展到內陸地區。

恢復和平的代價是鄂圖曼必須放棄在北非的最後一塊領土。歐洲各國充當鄂圖曼人與義大利人的仲裁者，一九一二年十月，正式和約締結，利比亞成為義大利帝國主義統治的領土。然而即使鄂圖曼軍隊撤離，利比亞人仍繼續反抗義大利人的統治，這種狀況一直持續到一九三〇年代為止。

到了一九一二年年底，整個北非海岸，從直布羅陀海峽到蘇伊士運河，全都成為歐洲的殖民地。阿爾及利亞與利比亞這兩個國家直接受到殖民統治。突尼西亞、埃及與摩洛哥則成了由法國與英國透過當地王室治理的保護國。歐洲統治取代鄂圖曼統治，對北非社會造成重大影響。帝國主義歷史的視角通常著重在高階政治與國際外交。但對北非民眾來說，帝國主義對他們的生活造成非常嚴重的衝擊。有一個人的經驗可以說明這些變遷對於他所屬社會的影響。

知識分子艾哈邁德．阿敏（一八八六～一九五四年）在英國開始占領埃及的四年後在開羅出生，在英國撤離埃及的兩年前去世。殖民時期的埃及是他認識的一切。在就讀阿茲哈爾清真寺大學以及早期擔任教師期間，艾哈邁德．阿敏接觸許多當時思想界的重要人物。他遇見幾位當時最具影響力的伊斯蘭改革者，也親眼目睹埃及民族主義運動與政黨的興起。他看見埃及女性走出面紗與閨房的隔絕，參與公眾生活。身為大學教授與文學作家的艾哈邁德．阿敏，在享盡功成名就的人生之後，於晚年寫了自傳，反思他這輩子所見一切騷動與變化。[28]

年輕的艾哈邁德成長於一個快速變遷的世界，他與身為伊斯蘭學者的父親有著驚人代溝。他的父親從阿茲哈爾的學院生活轉而接受沙斐儀伊瑪目清真寺引領禱告的召喚，他身處的是一個對伊斯蘭教充滿確信的時代。艾哈邁德的世代受到新觀念與新發明的形塑，例如報紙，新聞記者在引領輿論上扮演著關鍵角色。

艾哈邁德．阿敏從年輕時擔任學校老師起就開始閱讀報紙，他經常出入咖啡館，咖啡館裡有報紙供顧客閱讀。阿敏解釋說，眾所皆知，每一份報紙都有各自的政治取向。他通常選擇的是符合他個人價值的保守派、伊斯蘭教取向的報紙，但他也對當時民族主義與帝國主義傾向的報紙相當熟悉。

印刷機於一八二〇年代引進到埃及，這是最早輸入中東的工業產品。穆罕默德．阿里派了最早的技術團隊前往義大利米蘭學習印刷機的知識與技術。不久，埃及政府開始發行官方報紙，這是最早以阿拉伯文發行的期刊。其主旨是「提升尊敬的總督與其他負責公共事務與利益的傑出官員的表現」。[29]一八四二年到一八五〇年，著名的巴黎研究作者里法阿．塔赫塔維擔任這份官方報紙的編輯，這份報紙的阿拉伯文名稱的意思是「埃及大事」。

往後過了數十年才有民間企業家發行報紙，不過許多報紙依然受到政府的間接控制。報紙的印量太少，沒有政府的支持不可能維持下去。最早的阿拉伯文報紙《解答報》於一八六一年由民間發行，但幾個月後就出現財務困難。蘇丹阿卜杜勒．阿齊茲把這份新生小報置於自己的羽翼之下。發行人向讀者表示：「敕令下達，從今日起，《解答報》的費用都由財政部負擔，並且由帝國印刷廠印製。在這種情況下，我們必須向我們的主子偉大的蘇丹宣誓效忠。」[30]儘管存在對出版自由的限制，《解答報》依然帶來強烈的影響，從摩洛哥到東非與印度洋，所有閱讀阿拉伯文的民眾都看了《解答報》。不久，其他報紙也獲得民眾的熱烈響應。

貝魯特與開羅成為新聞業兩大重鎮，其發行的報紙遍及整個阿拉伯世界，至今依然如此。十九世紀中葉，阿拉伯文藝復興在黎巴嫩如火如荼地展開，阿拉伯文稱為納達（nahda），也就是文藝復興的意思。穆斯林與基督徒知識分子在（通常由傳教士擁有）印刷機的力量支持下，積極編撰字典與百科全書，並且出版阿拉伯文學與思想的偉大經典。

納達是思想的再啟與文化定義的興奮時刻，鄂圖曼帝國的阿拉伯人開始追溯他們在鄂圖曼之前的歷史光榮。這場運動擁抱所有說阿拉伯語的民眾，不分宗派或宗教，並且播下了觀念的種子，最終對阿拉伯政治帶來巨大的影響：強調阿拉伯人是一個民族，擁有共同的語言、文化與歷史。一八六〇年黎巴嫩山與大馬士革的暴力衝突之後，這個積極的新願景對於社群之間傷口的癒合極為重要。報紙在傳播這些觀念上扮演了關鍵角色。一八五九年，納達運動的傑出領導人物布特魯斯．布斯塔尼表示，報紙是「教育民眾最重要的工具」。[31]到了一八七〇年代末，貝魯特已可自豪地說，當地擁有的報紙與報導時政的期刊不下二十五種。

然而，到了一八七〇年代末，鄂圖曼政府開始對新聞報導進行新一波的控制，而在蘇丹阿卜杜勒．

哈米德二世（在位期間一八七六～一九〇九年）時代更發展成嚴格的新聞檢查制度。許多新聞記者與知識分子從敘利亞與黎巴嫩移居埃及，因為埃及赫迪夫對於新聞報導的限制較少。這個遷徙行動標誌著開羅與亞歷山卓民間報社的開端。在十九世紀的最後二十五年，超過一百六十種阿拉伯語報紙與雜誌在埃及發行。[32]

今日阿拉伯世界最著名的報紙《金字塔報》，是在一八七〇年代初由從貝魯特移居亞歷山卓的兩兄弟薩利姆與比夏拉・塔克拉所創立。當時許多報紙刊登的都是以文化與科學為主題的文章，但《金字塔報》與它們不同，該報從一八七六年八月五日首次出刊以來，就是貨真價實的「新聞」報紙。塔克拉兄弟利用亞歷山卓的電報局向路透社訂閱新聞電訊服務。貝魯特的報刊雜誌無電報可用，他們依然仰賴郵遞，在事件發生後數個月才得以報導外國新聞，反觀《金字塔報》卻能在事件發生後數天乃至於數小時內就能提供國內外新聞。

隨著埃及新聞界愈來愈具影響力，赫迪夫試圖對成長迅速的新聞媒體擴展國家控制力。埃及政府關閉了一些政治觀點「過於躁進」的報社。一八七六年，埃及破產，隨後歐洲干預埃及的政治事務，新聞界積極參與改革者聯盟，並且支持艾哈邁德・阿拉比上校。一八八一年，政府施行嚴峻的出版法，為限制出版自由樹立危險的先例。

英國占領期間，出版限制放寬，到了一八九〇年代中葉，克羅默伯爵完全不動用一八八一年的出版法。他持續出資補助埃及最親英的報紙，如英文報《埃及公報》與阿拉伯文報《穆加坦姆報》，但對於公開批評政府的報紙絲毫不加干涉。克羅默知道報紙只在人數極少的識字菁英之間流通，而新聞自由是個有效的壓力閥，能讓新興民族主義運動找到紓解壓力的出口。

這是一九〇〇年代初期艾哈邁德．阿敏看到的報紙出版世界：阿拉伯媒體透過歐洲科技表達最廣泛的觀點，從虔信主義到民族主義與反帝國主義。

艾哈邁德．阿敏時代的報紙表現的民族主義是相對嶄新的現象。「民族」做為政治單元，亦即在特定領土內渴望自治的共同體，這個觀念是歐洲啟蒙運動思想的產物，與世界其他地區一樣，於十九世紀在中東生根。在十九世紀初期，阿拉伯世界有許多人對於民族主義感到不滿，因為這個觀念與巴爾幹半島尋求脫離鄂圖曼帝國的基督教社群結合，而且通常有歐洲勢力撐腰。從一八二〇年代到一八七〇年代，埃及與北非士兵響應蘇丹的號召，與巴爾幹民族主義運動作戰。

然而，一旦北非脫離鄂圖曼世界，並且代之以歐洲的殖民統治時，民族主義就成為外國統治之外的另一項選擇。事實上，帝國主義提供兩項重要元素促使民族主義在北非興起：首先是疆界，它界定了待解放的民族領土；其次是共同敵人，為了對共同敵人進行解放鬥爭，所有民眾必須團結在一個旗幟之下。

光是反抗外國占領不足以構成民族主義，這當中還少了清晰的意識形態立場，因此無論是阿卜杜．卡迪爾的阿爾及利亞戰爭還是阿拉比在埃及的叛亂都不能算是民族主義運動。缺乏民族主義意識形態充當背景，一旦軍隊遭到擊敗而領袖遭到流放，就沒有任何政治運動可以維繫從外國統治下獨立的驅力。

直到歐洲人占領北非，民族自我定義的過程才在當地切實展開。身為「埃及人」、「利比亞人」、「突尼西亞人」、「阿爾及利亞人」或「摩洛哥人」究竟意義為何？對於阿拉伯世界絕大多數民眾來說，這些民族標籤缺乏有意義的身分可茲對應。如果問起他們是誰或他們來自何處，民眾要不是說出一個非常地方性的認同，可能是一個城鎮（「亞歷山卓人」）、部族、頂多是一個地區（「卡比利亞山區」），就是認為自己是更大社群的一部分，例如穆斯林「烏瑪」（umma），亦即「社群」。

在第一次世界大戰前，唯有埃及出現大規模的民族主義騷動。改革派穆斯林教士利用歐洲基督徒統治對穆斯林造成的矛盾，開始針對帝國主義提出伊斯蘭回應。在此同時，另一群受伊斯蘭現代主義影響的改革派人士提出世俗的民族主義主張。伊斯蘭現代主義與世俗民族主義影響了阿拉伯思想並且啟發日後傳布整個穆斯林世界的民族主義運動。

十九世紀末，有兩個人掀起伊斯蘭教與現代性的論戰：賈邁勒丁・阿富汗尼（一八三九～一八九七年）與穆罕默德・阿卜杜謝赫（一八四九～一九〇五年）。這兩個人共同提出伊斯蘭教的改革主張，他們的理念形塑了二十世紀的伊斯蘭教與民族主義。

阿富汗尼是個勤奮不倦的思想家，他遊走伊斯蘭世界與歐洲各地，所到之處啟迪了追隨者也警醒了統治者。從一八七一年到一八七九年，阿富汗尼在埃及待了八年，並且在深具影響力的阿茲哈爾清真寺大學任教。阿富汗尼接受宗教學者訓練，但本性卻是個政治煽動者。他到印度、阿富汗與伊斯坦堡旅行，使他深深感受到歐洲對伊斯蘭世界帶來的極大威脅，但穆斯林國家領袖對此卻無能為力。阿富汗尼政治哲學的核心焦點並非如埃及、突尼西亞與鄂圖曼帝國的坦志麥特改革者關注的如何讓穆斯林國家在政治上強大而成功。相反地，他認為，如果現代穆斯林依據自己的宗教原則生活，那麼國家將會重拾過去的力量，克服來自歐洲的外在威脅。[33]

雖然阿富汗尼深信伊斯蘭教可以與現代世界充分相容，但他也認為穆斯林必須讓宗教與時俱進才能面對時代的挑戰。與所有遵守戒律的穆斯林一樣，阿富汗尼相信《古蘭經》的訊息是永恆的，其有效性不因時代而轉變。過時的是對《古蘭經》的「詮釋」，十一世紀伊斯蘭學者刻意凍結詮釋的可能以避免異議與分裂。十九世紀伊斯蘭學者學習神學的書籍與十二世紀的學者一樣。顯然這時需要新的《古蘭經》詮釋，使伊斯蘭戒律隨時代更新，從而因應十九世紀的挑戰：中世紀神學家無法預見的挑戰。阿富汗尼希望以憲法約束穆斯林統治者，但這些憲法必須根據已經更新的伊斯蘭原則，對統治者的權力做出明確限制，並且激勵全球各地的穆斯林社群團結一致採取行動。這些激進的新觀念激勵了阿茲哈爾年輕一代的傑出學者，包括民族主義者艾哈邁德·魯特菲·薩伊德與薩德·扎格盧勒，以及偉大的伊斯蘭現代主義者阿卜杜謝赫。

阿卜杜生於尼羅河三角洲的村落，是當時最偉大的思想家之一。他是伊斯蘭學者、新聞記者與法官，最後成為埃及的大穆夫提*，也就是國家最高宗教官員。他曾為著名的《金字塔報》撰稿，與塔赫塔維一樣，他也曾擔任埃及政府官方報紙的編輯。一八八二年，他成為艾哈邁德·阿拉比的支持者，之後被英國人流放到貝魯特以示懲罰。

流亡時，阿卜杜前往西歐，在巴黎遇見了阿富汗尼，兩人在當地辦了一份改革派報紙，呼籲伊斯蘭世界應該對西方帝國主義做出回應。一八八〇年代晚期，阿卜杜回到埃及之後，立刻根據阿富汗尼的原則提出一套更嚴謹的行動綱領。

阿卜杜要求更進步的伊斯蘭教，但諷刺的是，這個更進步的伊斯蘭教竟然是以穆斯林的第一個社群做為效法的模範，也就是先知穆罕默德及其追隨者，在阿拉伯文中稱為薩拉夫（salaf，即祖先、前人之意）。阿卜杜因此是改革派思想新世系的創立者之一，而這個改革派思想被稱為薩拉菲主義（Salafism），現在這個詞與奧薩瑪．賓．拉登以及最激進的穆斯林反西方行動主義連結在一起。但在阿卜杜的時代並非如此。阿卜杜訴諸伊斯蘭先賢，傾聽黃金時代的聲音，那時的穆斯林「正確地」遵守教義，因此崛起成為支配世界的強權。伊斯蘭教最初的四個世紀，正是穆斯林支配地中海甚至將勢力伸向南亞的時期。阿卜杜認為，在那之後伊斯蘭思想停滯不前。神祕主義悄悄發展，理性主義漸漸衰微，穆斯林社群盲目遵守律法。唯有去除這些多餘之物，才能讓烏瑪（社群）重拾祖先純粹而理性的實踐方式，從而恢復曾經讓伊斯蘭教成為支配世界文明的動力。

在阿茲哈爾就學期間，艾哈邁德．阿敏克服羞怯去上偉大的穆罕默德．阿卜杜的課程。他回憶阿卜杜上課的情景，生動描述這名伊斯蘭改革者對學生的衝擊。「我上了兩堂課，聽到他悅耳的聲音，看見他令人尊崇的外表，從他身上我了解自己從未在那些阿茲哈爾謝赫身上理解到任何東西。」穆罕默德．阿卜杜的改革主張與他的教導差異不大。阿敏回憶說，阿卜杜「岔開主題去討論穆斯林的狀況，提到他們的不正直，以及如何改正這種狀況」。[34]

當埃及進入民族主義時代時，阿富汗尼與穆罕默德．阿卜杜也讓伊斯蘭教成為民族認同不可或缺的一部分。阿卜杜與他的追隨者關切穆斯林社會的狀態，並且開始爭論社會改革與民族鬥爭問題。

在爭論「穆斯林的狀況」時，穆罕默德．阿卜杜的追隨者開始主張改變婦女在穆斯林社會中的地

＊穆夫提（mufti）：伊斯蘭法學家。

位。埃及知識分子第一次接觸歐洲人是在拿破崙入侵的時代，從那時起，他們遭遇了非常不同的性別關係模式，而他們也對自己看到的一切無法認同。埃及史家賈巴爾提對於拿破崙屬下對埃及婦女的影響感到震驚。他不以為然地表示：「法國地方官員以及他們穿著如同法國婦女並且公然在街上走動的穆斯林妻子，不僅關切公共事務，而且對既有的法規指指點點。女性不僅指揮還發號施令。」[35]在賈巴爾提眼中，原本的世界應該是由男人指揮與發號施令，如今的狀況簡直顛倒了自然秩序。

三十年後，塔赫塔維看到巴黎的兩性關係，也對這種「自然秩序」的倒置感到不滿。他寫道：「在這裡，男人是女人的奴僕，而且聽從她們的指示，無論她們是美是醜。」[36]賈巴爾提與塔赫塔維身處的社會，端莊的女性只在家中固定的區域裡起居，就算進入公共空間也會穿上好幾層衣物與面紗，盡可能不引人注目。艾哈邁德．阿敏幼年的開羅仍是如此。阿敏形容他的母親與姊妹「罩著面紗，她們從來沒有在未罩上面紗的狀況下注視他人或被人注視」。[37]

一八九〇年代，埃及改革者開始提出不同的女性角色，其中主張最力的莫過於律師卡西姆．阿敏（一八六三～一九〇八年），他認為民族爭取獨立的鬥爭，其基礎必須從改善女性社會地位開始。

卡西姆．阿敏（與艾哈邁德．阿敏沒有親戚關係）出身特權階級。他的土耳其父親曾是鄂圖曼總督，在移居埃及之前就已經晉升帕夏階層。卡西姆被送到埃及最好的私立學校就讀，之後又到開羅與蒙佩利爾攻讀法律。一八八五年，他返回埃及，很快就受到以穆罕默德．阿卜杜為中心的改革派圈子的吸引。

當同事們討論伊斯蘭教與英國占領在埃及民族復興上扮演的角色時，卡西姆．阿敏卻把焦點放在女性地位上。一八九九年，他發表了開創性的作品《女性解放》。卡西姆．阿敏以穆斯林改革者的身分向穆斯林發聲，並且把自己的論點與世俗民族主義要求從帝國主義解放的主張連結起來。

一九〇〇年的埃及，女性不能接受教育，更甭說進入職場，總計只有百分之一的女性懂得讀寫。[38]如同卡西姆．阿敏在當時主張的，「阿拉伯人類發展報告」的作者今日依然如此認為，未能賦予女性力量，便是削弱了整個阿拉伯世界的力量。用卡西姆．阿敏的話說：「女性至少占了世界總人口的一半。使她們永遠保持無知，將使國家無法獲得具備能力的半數人口帶來的利益，並且將帶來明顯負面的結果。」[39]他用古典阿拉伯文寫下的批判相當辛辣：

我們的婦女世世代代持續服從強者的統治，並且遭到男人強大專橫的打壓。另一方面，在男人眼中，女人只不過是用來服侍男人與遵從男人的意志！男人在女人面前猛力關上機會之門，阻擋她們謀生的可能。結果，女人唯一的出路只剩下成為妻子或妓女。[40]

卡西姆．阿敏提到歐美女權進步與婦女對西方文明的貢獻，相較之下埃及與穆斯林世界的女權卻相對發展落後。他認為，「穆斯林女性的從屬地位是我們朝有利於我們的世界邁進的最大阻礙。」[41]然後，他把女性地位與民族鬥爭連結起來。「為了改善民族的狀況，就必須改善婦女的狀況。」[42]

《女性解放》引發改革者、保守派人士、民族主義分子與知識分子的激烈論戰。保守派人士與民族主義分子指責阿敏的作品對社會組織具有顛覆性，宗教學者則指控他破壞真主的秩序。次年，卡西姆．阿敏出版了續篇《新女性》來回應他的批評者，在書中他放棄了宗教用語，轉而從演化、天賦人權與進步的觀點來支持女權。

卡西姆・阿敏的作品與現代女權主義思想的期望仍有一段距離。這是男人之間的議論，討論的是男人應該給女人什麼好處。阿敏呼籲改善埃及社會的女性教育與一般地位，卻未要求男女之間地位平等。儘管如此，就阿敏所處的時空來說，他已經將女權問題提升到前所未有的高度。他的作品引發的論戰促成了改變。不到二十年的時間，埃及的女性菁英將積極採取行動，她們加入民族主義運動並且開始主張自己的權利。

當時，在一連串大論戰如民族認同、伊斯蘭改革與性別平等的社會議題衝擊下，到了十九世紀末，埃及民族主義於焉成形。有兩個人在形塑早期埃及民族主義上發揮最大的影響力：艾哈邁德・魯特菲・薩伊德與穆斯塔法・卡米爾。

艾哈邁德・魯特菲・薩伊德（一八七二～一九六三年）是農村顯貴之子，上過現代中學，並且在一八八九年進入法學院就讀。雖然魯特菲・薩伊德被公認是穆罕默德・阿卜杜的門徒，但他並未強調伊斯蘭教是民族復興的基礎。事實上，「埃及是一個民族」才是魯特菲・薩伊德政治觀點的核心。就這點來看，與優先效忠阿拉伯人或鄂圖曼人或泛伊斯蘭理想的人不同，魯特非・薩伊德是阿拉伯世界最早主張民族國家的民族主義者。穆罕默德・阿卜杜的追隨者創立人民黨，魯特菲・薩伊德也是創始成員之一，他透過自己編輯的報紙《賈里達報》宣揚埃及民族擁有自治的天賦權利的理想。

魯特菲・薩伊德反對英國人與赫迪夫，他認為兩者都是拒絕讓埃及人組成具正當性的政府的專制政治形式。但魯特菲・薩伊德也承認，英國的統治建立了健全的行政組織與財政紀律，這是英國人帶來的好處。他認為，以當前的情況來說，脫離英國獨立是不切實際的事。英國在埃及擁有既得利益，而且以軍事力量保障這項利益。魯特菲·薩伊德認為，埃及人民應該利用英國人來改革埃及政府，除了制定憲法來拘束赫迪夫，也應該建立在地的統治機構，如立法會與各省議會。

艾哈邁德·阿敏在魯特菲·薩伊德的《賈里達報》工作，埃及民族主義者會聚集在報社暢談當時的重要議題。在這裡，艾哈邁德·阿敏接受了社會與政治教育，「感謝魯特菲教授與其他人的授課，我接觸了這群最頂尖的知識分子。」[43]

魯特菲·薩伊德代表埃及民族主義運動的溫和派，他願意與帝國主義者合作，希望將埃及提升到一定水準，而後才有能力取得獨立。然而，還有一群比較激進的埃及民族主義分子，他們的領袖是穆斯塔法·卡米爾（一八七四～一九〇八年）。與魯特菲·薩伊德一樣，卡米爾也在開羅與法國接受現代法學教育。他是民族黨的創黨成員。在法國的時候，卡米爾結識一些法國民族主義思想家，他們與這位埃及青年一樣痛恨英國帝國主義。一八九〇年代中期，卡米爾返回故鄉，開始進行終止英國占領的活動。一九〇〇年，他創立了《標準旗報》，對剛萌芽的民族主義運動產生巨大的影響。

卡米爾是傑出的演說家，也是充滿領袖魅力的年輕人。他為民族主義運動爭取到學生與街頭的廣泛支持。曾有一段時間，他還獲得赫迪夫阿拔斯二世·希爾米（在位期間一八九二～一九一四年）的祕密援助，後者想利用民族主義運動向英國人施壓。但年輕的宗教學者艾哈邁德·阿敏完全不認同卡米爾的激進民族主義，他認為這是感情用事，而非理性的行動。[44]

就某個意義來說，二十世紀初埃及民族主義者面臨的重大挑戰其實是英國人鮮少做出激起埃及民眾反抗的事。埃及民眾雖然憎恨外國統治，但英國人帶來了有紀律的政府、穩定與低賦稅。很少有埃及人能接觸到英國占領者，英國人天高皇帝遠，自成一區居住，幾乎不與埃及平民雜居。因此，雖然埃及人不喜歡受到英國人統治，但英國人從未做出任何挑釁動作，埃及民眾因此自足地接受英國的殖民統治。

直到丹沙微事件改變了這一切。

一九〇六年，一支英國狩獵隊進入尼羅河三角洲丹沙微村獵捕鴿子。憤怒的農民將英國人團團圍住阻止他們捕獵，因為這些鴿子全是他們飼養的食物。在隨後的騷亂中，一名英國軍官受傷，並且在求助時死亡。克羅默伯爵此時正好不在埃及，他的代理人做出了過度反應。英國士兵從村子裡逮捕了五十二名男子，並且召開特別法庭，埃及民眾也透過報紙緊盯事態的發展。

艾哈邁德·阿敏的政治觀與閱讀習慣因為丹沙微事件而有了劇烈變化。他清楚記得那一天的日期——一九〇六年六月二十七日——他與朋友正在亞歷山卓屋頂露台上共進晚餐。「當報紙送來時，我們讀到有四名丹沙微村民被判死刑，兩人被判處終身勞役，一人被判處十五年有期徒刑，六人被判處七年有期徒刑，五人被判處鞭刑五十下時，我們控制不住心中的悲憤，將晚餐變成了哀悼會，大家都泣不成聲。」[45]阿敏表示，此後，他在當地咖啡館只讀穆斯塔法·卡米爾的激進民族主義報紙。

不僅阿敏轉向民族主義，埃及各地民眾也是如此。報紙向城市民眾報導這場悲劇，民間詩人則以自己編寫的詩歌在村落之間傳唱，他們唱出丹沙微的悲劇與英國統治的不正義。

埃及最終恢復了平靜，但丹沙微事件未被遺忘，英國人也未獲原諒。一九〇六年，民族主義運動終於打下了根基。但埃及的民族主義者發現，他們面對的是一個正準備向阿拉伯世界大舉擴張而非撤離的大英帝國。事實上，英國在埃及以及其他中東地區的統治才剛開始。

注釋

1. 兩份文件重印於 Hurewitz, *The Middle East and North Africa in World Politics*, vol. 1 (New Haven, CT: Yale University Press, 1975), pp. 227–231.
2. Rifa'a Rafi ' al-Tahtawi, *An Imam in Paris* (London: Saqi, 2004), pp. 326–327.
3. Alexandre Bellemare, *Abd-el-Kader: Sa Vie politique et militaire* (Paris: Hachette, 1863), p. 120.
4. 兩個協定的原文與英譯本重印於 Raphael Danziger, *Abd al-Qadir and the Algerians: Resistance to the French and Internal Consolidation* (New York: Holmes & Meier, 1977), pp. 241–260. 根據這兩個和約分配給法國與阿爾及利亞的領土地圖，見同前，between pp. 95–96 and between pp. 157–158.
5. 重印於 Bellemare, *Abd-el-Kader*, p. 260.
6. 同前，p. 223.
7. A. de France, *Abd-El-Kader's Prisoners; or Five Months' Captivity Among the Arabs* (London: Smith, Elder and Co., n.d.), pp. 108–110.
8. Bellemare, *Abd-el-Kader*, pp. 286–289. 阿卜杜·卡迪爾的兒子提到茲馬拉被攻陷對軍隊士氣的影響，*Tuhfat al-za'ir fi tarikh al-Jaza'ir wa'l-Amir 'Abd al-Qadir* (Beirut: Dar al-Yaqiza al-'Arabiyya, 1964), pp. 428–431.
9. 一八四四年九月十日，法國與摩洛哥恢復友好關係的丹吉爾協定，重印於 Hurewitz, *Middle East and North Africa in World Politics*, pp. 286–287.
10. Bellemare, *Abd-el-Kader*, p. 242.
11. Stanford J. Shaw and Ezel Kural Shaw, *History of the Ottoman Empire and Modern Turkey*, vol. 2 (Cambridge: Cambridge University Press, 1985), pp. 190–191. 需注意的是，法郎與英鎊的匯率是二十五比一，而土耳其鎊與英鎊的匯率是一比零點九零九。
12. 阿拉比的自傳式短文，收錄於 Jurji Zaydan 的傳記字典 *Tarajim Mashahir al-Sharq fi 'l-qarn al-tasi' 'ashar*

[Biographies of famous people of the East in the nineteenth century], vol. 1 (Cairo: Dar al-Hilal, 1910), pp. 254–280（之後是阿拉比的回憶錄）。

13. 同前，p. 261.
14. 一九〇三年，阿拉比將這起事件告訴了 Wilfrid Scawen Blunt，而後者則將描述的內容寫進他的 *Secret History of the British Occupation of Egypt* (New York: Howard Fertig, 1967, reprint of 1922 ed.), p. 369.
15. Urabi memoirs, p. 269.
16. 同前，p. 270.
17. 同前，p. 272.
18. Blunt asked Muhammad Abdu to comment on Urabi's account of events; Blunt, *Secret History*, p. 376.
19. Urabi memoirs, p. 274.
20. Blunt, *Secret History*, p. 372.
21. A. M. Broadley, *How We Defended Arabi and His Friends* (London: Chapman and Hall, 1884), p. 232.
22. 同前，pp. 375–376.
23. Blunt, *Secret History*, p. 299.
24. *Mudhakkirat 'Urabi* [Memoirs of Urabi], vol. 1 (Cairo: Dar al-Hilal, 1954), pp. 7–8.
25. 關於「非洲大獵」與法紹達事件（Fashoda Incident）見 Ronald Robinson and John Gallagher, *Africa and the Victorians: The Official Mind of Imperialism*, 2nd ed. (Houndmills, UK: Macmillan, 1981).
26. Hurewitz, *Middle East and North Africa*, vol. 1, p. 477.
27. 同前，pp. 508–510.
28. Ahmad Amin, *My Life*, translated by Issa Boullata (Leiden: E. J. Brill, 1978), p. 59.
29. 引自 Ami Ayalon in his *The Press in the Arab Middle East: A History* (New York and Oxford: Oxford University Press, 1995), p. 15.

30. 同前，p. 30.
31. 同前，p. 31.
32. Martin Hartmann, *The Arabic Press of Egypt* (London, Luzac, 1899), pp. 52–85, 引自 Roger Owen, *Lord Cromer: Victorian Imperialist, Edwardian Proconsul* (Oxford: Oxford University Press, 2004), p. 251.
33. Albert Hourani, *Arabic Thought in the Liberal Age, 1798–1939* (London: Oxford University Press, 1962), p. 113.
34. Ahmad Amin, *My Life*, pp. 48–49.
35. Thomas Philipp and Moshe Perlmann, trans. and eds., *'Abd al-Rahman al-Jabarti's History of Egypt*, vol. 3 (Stuttgart: Franz Steiner, 1994), pp. 252–253.
36. Daniel L. Newman, *An Imam in Paris: Al-Tahtawi's Visit to France (1826–1831)* (London: Saqi, 2004), p. 177.
37. Ahmad Amin, *My Life*, p. 19.
38. Judith Tucker, *Women in Nineteenth Century Egypt* (Cambridge: Cambridge University Press, 1985), p. 129.
39. Qasim Amin, *The Liberation of Women*, trans. Samiha Sidhom Peterson (Cairo: American University at Cairo Press, 1992), p. 12.
40. 同前，p. 15.
41. 同前，p. 72.
42. 同前，p. 75.
43. Ahmad Amin, *My Life*, p. 90.
44. 同前，p. 60.
45. 同前，pp. 60–61. 原文譯者在此處使用的詞是苦惱，但阿拉伯文的原意較為強烈，意思是「悲憤」。

第六章　分而治之：第一次世界大戰與戰後協議

二十世紀初，民族主義開始在鄂圖曼帝國的阿拉伯省分出現。起初，帝國境內的阿拉伯各民族很難想像自己可以獨立成不同的國家，畢竟他們在鄂圖曼統治下已經歷近四個世紀的時間。早期的民族主義者致力解決阿拉伯國家的可能樣貌所引發的各種衝突觀念。有些人想像以阿拉伯半島為中心的王國，有些人則渴望在阿拉伯世界其他領域建立國家，例如大敘利亞或伊拉克。民族主義者的時機尚未來臨，他們在自己的社會遭到排擠，面臨著鄂圖曼專制政權為以儆效尤所做的壓迫。追尋政治夢想的人被迫流亡。有些人前往巴黎，他們的觀念獲得歐洲民族主義的滋養；另一些人則前往開羅，他們在那裡受到伊斯蘭改革者與反對英國統治的世俗民族主義者的鼓舞。

一九〇八年土耳其青年團革命之後，阿拉伯人對於鄂圖曼統治愈來愈感到失望。土耳其青年團是充滿熱忱的民族主義者，他們煽動革命迫使蘇丹恢復一八七六年憲法與重新召開國會。這些訴求獲得帝國內部阿拉伯臣民的廣泛支持，他們相信土耳其青年團能讓他們從鄂圖曼統治下解放。然而，阿拉伯人不久就發現，伊斯坦堡的新政權決心加強鄂圖曼的統治，以鞏固帝國對阿拉伯省分的控制。

土耳其青年團引進一連串他們認知的中央集權措施，但許多阿拉伯人卻認為這些做法是為了壓制他們。尤其土耳其青年團提倡將土耳其語當成帝國官方語言，在阿拉伯省分的學校與政府機關，土耳其語的地位也高於阿拉伯語。這項政策疏遠了阿拉伯意識形態擁護者，對他們而言，阿拉伯語是阿拉伯民族認同不可或缺的一部分。土耳其青年團為了加強阿拉伯人與帝國的連結而採取的措施，反而促成民族主義運動的萌芽。到了一九一〇年代，有數個團體的知識分子與軍官開始組織祕密的民族主義社團，推動阿拉伯地區從鄂圖曼的統治獨立。有些民族主義分子透過歐洲駐當地領事與歐洲各國聯絡，希望為自己的行動取得外援。

早期阿拉伯民族主義者遭遇的困難幾乎是無法克服的。鄂圖曼帝國無孔不入，無情而嚴厲地打擊非法政治活動。想為阿拉伯世界爭取獨立的人缺乏實現目標的手段。阿拉伯省分的強人——如過去的穆罕默德．阿里——崛起擊敗鄂圖曼軍隊的時代已經過去。要說十九世紀鄂圖曼改革有何建樹，那就是中央政府變得更加強大，而阿拉伯省分愈來愈臣服於伊斯坦堡的統治。除非出現一次劇烈的變動，才能搖撼鄂圖曼對阿拉伯世界的統治。

第一次世界大戰正是這麼一場驚天動地的震撼。

一九一四年十一月，與德國同盟的鄂圖曼帝國參與第一次世界大戰。這是一場鄂圖曼人寧可避免的戰爭。帝國在歷經一九一一年於巴爾幹及愛琴海島嶼與義大利作戰，以及在一九一二年和一九一三年與巴爾幹諸國的兩場慘烈戰爭後，民眾普遍存在厭戰心理。一九一四年夏天，當歐洲大戰一觸即發之際，鄂圖曼政府希望置身事外並且尋求與英國或法國締結防禦同盟。然而英法均不願加入與它們的協約夥伴俄國為敵的同盟，而俄國的領土野心正是鄂圖曼帝國最懼怕的。

恩維爾帕夏是土耳其青年團政府領袖，也是德國的狂熱崇拜者。他認為德國是唯一對中東沒有領土野心的歐洲國家，因此值得信任。俄國、法國與英國過去都曾侵奪鄂圖曼人的土地來擴大自己的帝國，它們很可能故技重施。恩維爾對於德國強大的軍事力量印象深刻，他大力主張光靠德國就足以提供鄂圖曼對抗歐洲進一步入侵所需的保護。恩維爾與德國政府祕密協商，而且在一九一四年八月二日歐戰爆發後不久就與德國簽訂同盟條約。條約承諾德國將提供軍事顧問、戰爭物資與財政援助以換取鄂圖曼帝國宣戰支持同盟國。

德國人希望鄂圖曼蘇丹以身為哈里發或全球穆斯林社群領袖的共主地位發起吉哈德對抗英國與法國。英法的南亞與北非殖民地有數百萬名穆斯林，德國的戰爭計畫者因此相信，發起吉哈德將對敵國的戰爭投入產生破壞性的效果。一九一四年十一月十一日，鄂圖曼人終於向協約國宣戰，蘇丹號召世界各地的穆斯林發起吉哈德對抗英國、俄國與法國。雖然蘇丹的呼籲對於遠離歐戰威脅專注於自身日常生活的各國信仰者社群影響甚微，但確實引起巴黎與倫敦的嚴重關切。戰爭爆發後一段時間，英國與法國的戰略家主動尋求高級穆斯林官員的支持以反制蘇丹哈里發發起的吉哈德。

戰爭再起，鄂圖曼當局無情地逮捕所有涉嫌分離主義運動的人士。阿拉伯民族主義者遭受的打擊尤大。土耳其青年團政府三大領袖之一的傑馬勒帕夏掌控大敘利亞，負責鎮壓當地的阿拉伯民族主義者。他從法國領事館沒收的文件中找出貝魯特與大馬士革幾名主事的阿拉伯主義分子，並且以情節嚴重的叛國罪起訴數十名敘利亞人與黎巴嫩人。一九一五年，黎巴嫩山設立了軍事法庭，在這一年裡判處數十人在貝魯特與大馬士革接受絞刑，另外還判處數百人長期徒刑，數千人被流放。這些嚴厲的懲罰讓傑馬勒帕夏贏得「薩法」（al-Saffah）的稱號，也就是「嗜血者」的意思，而且使更多阿拉伯人認定必須從鄂圖曼帝國統治下獨立。

然而，戰爭時期的艱困不光影響了涉及非法政治活動的人士，也波及阿拉伯省分的每一個人。鄂圖曼陸軍徵召數千名年輕人進入現役部隊，經過一段時間之後，許多人受傷、染病或戰死。農民把作物與牲口上繳給政府的徵收官員，這些官員用剛印好的紙鈔向農民購買，但這些紙鈔毫無實際價值。旱災與蝗災加重農民的問題，由此導致的饑荒在黎巴嫩山與敘利亞沿海地區奪走將近五十萬條人命。

儘管如此，令歐洲列強驚訝的是，鄂圖曼人充分證明他們是頑強不屈的盟友。戰爭剛開打的時候，鄂圖曼軍隊攻擊英國在蘇伊士運河地區的據點。一九一五年，他們在加里波利擊敗法國、英國與澳洲的軍隊。一九一六年，他們在美索不達米亞接受印度遠征軍投降。一九一六年到一九一八年，他們圍堵了漢志鐵路沿線的阿拉伯叛亂。而直到一九一八年秋天為止，他們一直迫使英軍全力防守巴勒斯坦。

之後，鄂圖曼軍隊開始潰退。英軍完全征服了美索不達米亞與巴勒斯坦，並且在盟友阿拉伯叛軍的協助下攻占敘利亞。鄂圖曼人撤退到安那托利亞，從此再也沒回到阿拉伯地區。一九一八年十月，最後一批土耳其部隊悄悄越過阿勒坡北方邊界，這附近剛好是四百零二年前冷酷者塞利姆開始征服阿拉伯地區的地方。鄂圖曼人對阿拉伯地區的四百年統治就此告終。

當戰敗的鄂圖曼人從阿拉伯省分撤離時，幾乎沒有人為此感到難過。隨著鄂圖曼統治的結束，阿拉伯世界的民眾也進入政治密集活動時期。他們回憶鄂圖曼統治的歷史，認為那是一段長達四百年壓迫與未發展的時代。他們受到新生阿拉伯世界的願景激勵，相信各民族組成的共同體將會形成一個獨立統一

圖一與圖二

鄂圖曼蘇丹塞利姆一世與海雷丁．巴巴羅薩的肖像，前者於一五一六到一五一七年征服馬木路克帝國的阿拉伯之地，後者是巴巴里海岸的海盜，於一五一九年將北非海岸置於鄂圖曼的統治之下。這些奇妙的佛羅倫斯畫派作品，大約完成於兩名畫中人物去世後的一五五〇年左右，或許屬於麥第奇家族收藏的一部分，德魯茲派君主法赫雷丁二世曾於一六一三年到一六一八年流亡佛羅倫斯時看到這兩幅畫作。法赫雷丁的宮廷史家驚奇地寫道：「他們擁有所有伊斯蘭蘇丹與阿拉伯謝赫的肖像。」

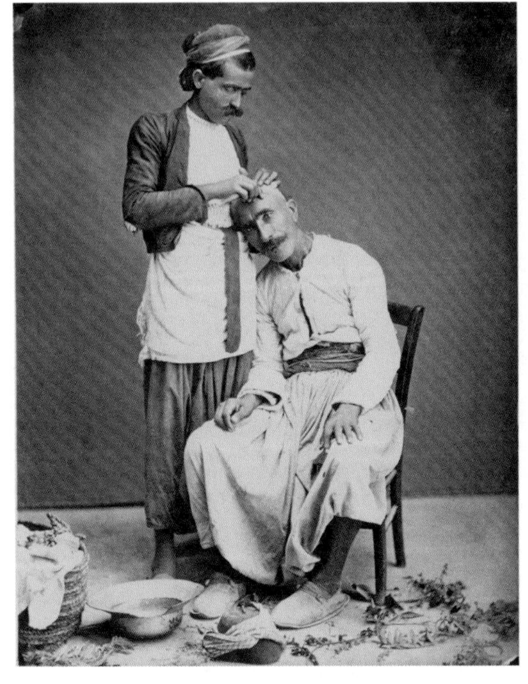

圖三

這名十九世紀大馬士革理髮師執業的方式，大概跟比他早一個世紀的同業布達伊里一樣。

圖四

拿破崙指揮的法軍在金字塔戰役（1798 年 7 月 21 日）決定性地擊敗埃及統治階層馬木路克埃米爾，然後以凱旋之姿進入開羅。一八〇六年，路易－弗朗索瓦・勒珍（Louis-François Lejeune，1775-1848 年）靠著在戰場上的素描完成這幅作品。勒珍描繪馬木路克騎兵與訓練有素的法國步兵之間實力懸殊的場景，埃及史家賈巴爾提說道，法國步兵「不間斷地射擊，聲音震耳欲聾」。

圖五

在格奧格・艾曼努埃爾・歐皮茨（Georg Emanuel Opitz，1775-1841 年）這幅畫作中，一八三一年，年邁的黎巴嫩山統治者埃米爾貝希爾二世・謝哈布（中央拄枴杖站立者）在阿卡城門外向埃及將軍易卜拉辛帕夏（騎馬者）行臣服禮。易卜拉辛，埃及統治者穆罕默德・阿里帕夏之子，他圍困阿卡六個月，之後終於征服這座具戰略地位的要塞，征服敘利亞全境。

圖六

醫生同時也是史家的米哈伊爾．米夏卡親眼目睹一八三一年到一八三二年埃及圍攻阿卡，並且將此事回報給統治黎巴嫩山的謝哈布家族。米夏卡後來擔任美國駐大馬士革領事館官員，他與家人在一八六〇年大屠殺中倖免於難。這張照片是一八七〇年代初邦菲斯（Bonfils）為晚年的米夏卡拍攝的。

圖七

穆罕默德．阿里帕夏，來自卡瓦拉的阿爾巴尼亞人，在一八〇五年到一八四九年間統治埃及，並且建立了涵蓋蘇丹、漢志、大敘利亞與克里特島的帝國。一八四〇年，帕夏讓路易．查理．奧古斯特．庫德（Louis Charles Auguster Couder, 1790-1873 年）繪製肖像，當時他的軍隊被英國與鄂圖曼聯軍逐出敘利亞。他建立的王朝統治埃及直到一九五二年。

圖八

埃米爾阿卜杜·卡迪爾從一八三二年起率領阿爾及利亞叛軍反抗法國統治，直到一八四七年向歐馬爾公爵（Duke of Aumale）投降為止。這名阿爾及利亞人因為堅持抵抗而贏得法國人廣泛讚賞，他之後獲得法國總統路易·拿破崙特赦，讓他榮譽流放到鄂圖曼帝國，並且享有法國終身年金。卡迪爾定居大馬士革，在一八六〇年大屠殺中拯救城內許多基督徒的性命。

圖九

埃米爾費瑟勒的照片，費瑟勒是麥加謝里夫胡賽因的兒子，他在一九一六年到一九一八年阿拉伯叛亂期間擔任阿拉伯軍統帥。這張奧托克羅姆彩色攝影技術照片是保羅·卡斯特爾瑙（Paul Castelnau）於一九一八年二月二十八日於紅海港口阿卡巴拍攝的。一九二〇年，費瑟勒成為敘利亞國王，同年被法國人罷黜，之後又於一九二一年加冕為伊拉克國王。

圖十

一九一八年三月二十八日，一群費瑟勒的阿拉伯軍的貝都因士兵在阿卡巴棕櫚樹叢下休息。保羅．卡斯特爾瑙拍攝的這張奧托克羅姆彩色攝影技術照片捕捉到這些曾參與攻擊漢志鐵路與麥加與大馬士革之間鄂圖曼沙漠要塞的士兵臉孔，英國軍官勞倫斯，即著名的「阿拉伯的勞倫斯」，在他的經典作品《智慧七柱》（*Seven Pillars of Wisdom*）中讚美這群士兵。

圖十一

第一位駐摩洛哥將領赫伯特．利奧泰元帥的照片，他是一位創新者，他建立符合當地民情的帝國統治模式，這個模式深刻影響法國日後殖民統治敘利亞。阿卜杜．克里姆．哈塔比發動的里夫戰爭（1921-1926年）對利奧泰的統治構成嚴重挑戰。這張奧托克羅姆照片由喬治．謝瓦利耶（Georges Chevalier）攝於一九二七年，也就是他從摩洛哥返回法國的兩年後。

圖十二

這幅振奮人心的圖像描繪的是摩洛哥的阿卜杜・克里姆・哈塔比對抗法軍，它滿足了一九二五年阿拉伯世界民族主義者的想像。克里姆從北部里夫山區據點率領柏柏人非正規軍迎向勝利，先是擊敗西班牙人，之後又擊敗法國人，最後才在一九二六年歐洲聯軍圍攻下落敗。在這幅平版印刷品中，法國人的現代飛機與火砲遭克里姆率領的摩洛哥騎兵擊潰，摩洛哥人高舉伊斯蘭旗幟，上面寫著：「萬物非主，唯有真主，穆罕默德是真主的使者。」

圖十三

首任法國駐敘利亞高級專員亨利・古羅將軍的奧托克羅姆彩色攝影技術照片，由奧古斯特・里昂（Auguste Léon）於貝魯特拍攝，時間是一九一九年十月三日。古羅在摩洛哥時曾擔任利奧泰的助理，他嘗試將利奧泰的許多措施運用在統治敘利亞上……但失敗了。他的分而治之策略引發敘利亞全國叛亂，亂事從一九二五年持續到一九二七年，最後終於平定。

圖十四

一九一九年十一月二十二日，法國統治下的貝魯特。法國三色旗垂掛在鄂圖曼鐘樓與行政大樓陽台上，軍隊在底下的閱兵場紮營。一九一九年巴黎和會中，有些黎巴嫩人主動尋求法國託管，但他們也希望法國能無私地支持黎巴嫩建立獨立的國家機構。

圖十五

一九二五年，大馬士革遭法軍轟炸。一九二五年十月，大馬士革爆發叛亂反對法國殖民統治。叛軍攻擊阿茲姆宮，企圖逮捕法國高級專員莫里斯·薩拉伊。雖然法國行政長官已經撤離阿茲姆宮，但他們還是要求砲兵對準宮殿周圍地區進行連續四十八小時以上的砲轟。一名目擊者表示：「砲彈與大火吞噬了大馬士革六百棟以上的美麗民宅。」照片前方就是阿茲姆宮廢墟。

圖十六

薩德·扎格盧勒與其他瓦夫德黨成員從原先流亡的馬爾他返國。一九一九年三月八日，扎格盧勒遭到逮捕，引發埃及全國民族主義示威。民眾壓力迫使英國反轉政策，允許扎格盧勒與瓦夫德黨成員返回開羅，並且讓他們在巴黎和會上提出埃及獨立訴求。然而一切終是徒勞：列強早已同意承認埃及成為英國的保護國。扎格盧勒坐在照片中央，拄著一根枴杖。在他的右邊是「自由時代」的埃及惡棍易司馬儀·希德基，在合照後不久，兩人便失和。

ABONNEMENTS
Trois mois Six mois Un an
FRANCE & COLONIES
4 fr. 7 fr. 50 14 fr
UNION POSTALE
6 fr. 12 fr. 22 fr.

Le Petit Journal
illustré

PARAISSANT LE DIMANCHE
33e Année - Nº 1620
On s'abonne dans tous les bureaux de poste
Les Manuscrits ne sont pas rendus

Une manifestation féministe en Egypte.

Tandis que dans certaines rues de la ville des émeutes éclataient, les femmes du Caire organisaient dans certains quartiers d'imposants et de curieux cortèges. Des étendards, des bannières proclamaient les motifs de toute cette agitation.

圖十七

一九一九年，女性首次進入埃及國家政治，成為世界各地的頭條。這份法國週報的頭條標題是「埃及的女性主義抗爭」，描繪一群蒙著厚重面紗的女性，旁邊有一群男性護衛著，從英國騎警眼下走過。胡達·夏拉維的丈夫阿里與扎格盧勒及其他瓦夫德黨成員一同遭到流放，胡達成為這場運動的領袖。

的國家。在此同時，他們也察覺歐洲帝國主義帶來的危險。從報紙得知法國統治北非與英國統治埃及造成的苦況後，其他阿拉伯人決心不計一切代價避免外國統治。而從一九一八年十月到一九二〇年七月這段短促但令人興奮的時期來看，阿拉伯人似乎能夠順利獨立建國，然而他們面臨的最大障礙卻是獲勝協約國的領土野心。

鄂圖曼人一加入德國陣營，協約國便開始計畫戰後對鄂圖曼帝國進行分割。俄國人率先提出要求，一九一五年三月，他們知會協約國盟邦，希望併吞伊斯坦堡與連通俄國黑海海岸及地中海的海峽地區。法國接受俄國的要求，並且提出併吞奇里契亞（土耳其東南部海岸，包括亞歷山德瑞塔與阿達納兩座城市）、大敘利亞（相當於今日的黎巴嫩、敘利亞、巴勒斯坦與約旦）與巴勒斯坦聖地的計畫。

英國在顧及盟邦要求之餘，不得不衡量自己在鄂圖曼領土的戰略利益。一九一五年四月八日，英國首相赫伯特・阿斯奎斯召開委員會，商討鄂圖曼帝國戰敗的可能場景。這個跨部會委員會以主席莫里斯・德・本生爵士的名字命名，旨在「透過重新調整亞洲土耳其狀況來平衡大英帝國未來利益與不可避免增加的帝國責任」。一九一五年六月底，德・本生委員會得出結果。在鄂圖曼帝國分割案中，英國尋求保存在波斯灣的據點，從科威特到停戰諸國（即今日的阿拉伯聯合大公國）將成為英國獨占的勢力範圍。此外，英國試圖把整個美索不達米亞——巴斯拉、巴格達與摩蘇爾——納入控制。英國也尋求連接美索不達米亞與地中海港口海法的陸橋，透過鐵路線確保帝國的連繫。[1]引人注目的是最終戰後協議與德・本生委員會的建議極其接近，如果從英國隨後與戰時盟友締結了錯綜複雜的承諾內容來看，更令人感到吃驚。

一九一五年到一九一七年，針對鄂圖曼阿拉伯地區的戰後分割，英國締結了三個各自獨立的協定：與麥加謝里夫的協定，承諾建立獨立的阿拉伯王國；歐洲協定，由英法瓜分敘利亞與美索不達米亞；向猶太復國主義運動做出保證，在巴勒斯坦建立猶太民族家園。英國戰後外交的挑戰之一，就是要想辦法讓這些從各方面來說彼此矛盾的承諾能夠一一實現。

第一個承諾牽涉範圍最廣。德．本生報告提出後不久，英國戰爭大臣基金納伯爵授權英國駐開羅官員與鄂圖曼任命的伊斯蘭最神聖城市宗教首長麥加謝里夫協商結盟。戰爭初期，英國人擔心鄂圖曼發起吉哈德可能產生德國人期盼的效果：穆斯林世界出現大規模叛亂，動搖英國的殖民統治。英國人希望透過阿拉伯世界最高層伊斯蘭官員對鄂圖曼發起反吉哈德宣告來取得優勢——本質上來說，就是讓剛萌芽的阿拉伯民族主義運動起而反抗鄂圖曼人。如此一來阿拉伯叛亂將在德國的東方盟友內部開啟戰線。

一九一五年夏天，英國與澳洲軍隊急需解圍，他們在加里波利遭遇鄂圖曼與德國軍隊的猛烈抵抗，戰局呈現膠著狀態。一九一五年七月，麥加的謝里夫胡賽因．伊本．阿里與英國駐埃及高級專員亨利．麥克馬洪爵士通信。在持續八個月直到一九一六年三月為止的通信中，麥克馬洪承諾英國將承認由謝里夫胡賽因及其哈希姆王朝統治的獨立阿拉伯王國，而哈希姆家族將發動阿拉伯人叛亂反抗鄂圖曼統治。英國承諾以資金、武器與糧食支持阿拉伯叛亂。

胡賽因與麥克馬洪的協商絕大部分圍繞在推定的阿拉伯王國疆界上。謝里夫胡賽因的領土要求很明確：敘利亞全境，從埃及西奈半島邊境直到土耳其奇里契亞與托魯斯山脈；美索不達米亞全境直到波斯邊境；阿拉伯半島全境，不包含英國殖民地亞丁。

亨利．麥克馬洪爵士在著名的一九一五年十月二十四日的信件批准謝里夫胡賽因的提案，但排除兩個地區。他排除奇里契亞，以及「大馬士革、霍姆斯、哈馬與阿勒坡以西的敘利亞地區」，因為這是法國的利益範圍，另外英國對巴格達與巴斯拉兩省擁有權利，必須由英國與阿拉伯兩國共管。麥克馬洪向胡賽因保證，「只要接受這些條件，英國就準備承認與支持麥加謝里夫劃定領域內所有地區的阿拉伯人獨立」。胡賽因勉為其難同意這些條件，但他警告說，「戰爭結束後，我們第一件事就是要求你們……交出我們現在讓給法國的貝魯特及其沿海地區」。[2]

基於與英國的協議，謝里夫胡賽因於一九一六年六月五日呼籲阿拉伯人反抗鄂圖曼的統治。阿拉伯叛亂從攻擊漢志政府據點開始。六月十二日，麥加被哈希姆軍隊攻陷，四天後，紅海港口吉達投降。麥地那大批鄂圖曼守軍有能力抵擋阿拉伯的攻擊，而且透過漢志鐵路不斷獲得補給。哈希姆家族決心切斷這條與大馬士革連接的生命線以迫使麥地那投降，從而完全征服漢志。他們前往北方，來到敘利亞沙漠的暴露地帶，對此處長一千三百公里（或八百一十英里）的鐵路進行破壞。勞倫斯就是在此役一舉成名，他在涵洞與支架下安裝炸藥，炸毀開往麥地那的火車。

一九一七年七月，阿拉伯陸軍在謝里夫胡賽因之子埃米爾費瑟勒領導下攻占小港阿卡巴（位於今日的約旦）要塞。費瑟勒在阿卡巴建立大本營後，便由此地出兵騷擾鄂圖曼位於曼恩與塔菲拉的堡壘，同時持續不斷襲擊漢志鐵路。然而，阿拉伯陸軍始終無法擊敗鄂圖曼守軍取得曼恩。不僅如此，他們還遭遇與鄂圖曼人結盟的阿拉伯部族及城鎮居民的抵抗。

一九一七年七月十七日，在鄰近城鎮卡拉克，阿拉伯部族與城鎮居民組成五百人的民兵部隊「激烈抵抗費瑟勒與他的部眾」。卡拉克志願軍與哈希姆部隊交戰了三個小時，他們在殺死九名阿拉伯士兵與俘獲兩匹馬之後宣稱他們取得了勝利。這場小戰鬥顯示阿拉伯叛亂引發各地方鄂圖曼支持者與哈希姆家族的分裂。一九一七年八月，英法情報人員確認外約旦部族堅定支持鄂圖曼陣營。[3]謝里夫胡賽因發起的反吉哈德顯然未獲得全阿拉伯人的支持。

在曼恩遭遇鄂圖曼的頑強抵抗，有時還必須在充滿敵意的地區戰鬥，一九一八年八月，哈希姆家族火速北進到綠洲城鎮阿茲拉克。已經擴充到八千人的阿拉伯陸軍從這個新基地出發，與巴勒斯坦的埃德蒙·艾倫比將軍率領的部隊向大馬士革發動鉗形攻勢。一九一八年十月二日，大馬士革陷落，阿拉伯叛亂已經取得最豐碩的戰果，謝里夫胡賽因預期英國將兌現承諾。

英國針對鄂圖曼領土問題締結的第二個戰時協定是最複雜的。英國知道法國與俄國對鄂圖曼抱持領土野心，但這三個戰時盟友並未簽下正式協定。當麥克馬洪仍在與謝里夫胡賽因進行協商時，英法兩國政府已經派出代表針對鄂圖曼領土分割問題締結正式協定。法國代表是前法國駐貝魯特總領事查爾斯·弗朗索瓦·喬治－皮科，英國代表是基金納伯爵的中東顧問馬克·賽克斯爵士。雙方在一九一六年初達成協議，俄國在自身領土主張獲得英法認可的條件下在協議上簽字。

最後的協議又稱賽克斯－皮科協定，於一九一六年十月簽訂。這份協定把中東地圖塗成紅藍兩色：紅色區域相當於巴格達與巴斯拉兩省，英國有權「依照其要求建立直接或間接的行政管理或控制」，藍色區域涵蓋奇里契亞與敘利亞沿海地區，法國在此可享有相同特權。巴勒斯坦是例外，它在地圖上以棕色表示，該區將由「國際共管」，但最終形式仍未決定。此外，英國主張取得從伊拉克中部吉爾庫克延伸經過阿拉伯北部到加薩的非正式控制區，法國主張取得的非正式控制區包括從摩蘇爾到阿勒坡與大馬土革的廣大三角地帶。[4]這份協定也確認俄國在安那托利亞東部的領土疆界。

賽克斯－皮科協定衍生的問題比要解決的還多。英國日後懊悔讓法國託管摩蘇爾與美索不達米亞北部以及改變了讓整個巴勒斯坦國際化的想法。此外，賽克斯－皮科協定不尊重胡賽因－麥克馬洪通信的精神與文字。一名巴勒斯坦觀察家表示，「這是令人吃驚的兩面手法」。[5]

英國政府的所有戰時承諾，以第三個承諾維繫時間最長。歐洲與俄國歷經數世紀的反猶太主義之後，此時歐洲一群猶太思想家團結起來追求在巴勒斯坦建國的夢想。從一八八二年起，一波接一波的猶太移民逃離俄國的迫害，其中有少數人，總數約二萬到三萬人，移居到巴勒斯坦。一八八二年到一九〇三年，第一波移民絕大多數定居於巴勒斯坦各個城市，但約有三千名猶太人在歐洲猶太慈善家摩西・蒙蒂菲奧里與埃德蒙・德・羅斯柴爾德男爵協助下，在沿海平原與迦密山北部高地建立一連串農業殖民地。

一八九六年，西奧多・赫茨爾出版了劃時代著作《猶太國》，此書助長了猶太復國主義運動的氣勢。赫茨爾是維也納的一名記者，他鼓吹傳布新猶太民族主義運動，這股運動逐漸被稱為猶太復國主義。一八九七年夏天，赫茨爾召開第一屆猶太復國主義大會，會中成立世界猶太復國主義組織，該組織的宗旨是「在巴勒斯坦為猶太人建立公法保障的祖國」。[6]

世界猶太復國主義組織的計畫需要國際的支持。第一次世界大戰爆發，組織總部從柏林遷往倫敦。該組織的領袖是哈伊姆・魏茨曼，他是一名化學教授，因為對戰爭做出貢獻（他的發現直接應用於砲彈生產）而獲得與英國政府最高層人士接觸的機會。魏茨曼運用他的人脈，爭取英國政府正式支持猶太復國主義。[7]在兩年多積極向首相勞合・喬治與外交大臣阿瑟・貝爾福遊說之後，魏茨曼終於獲得他想要的支持。一九一七年十一月二日，貝爾福寫信給魏茨曼：

> 陛下的政府支持在巴勒斯坦建立猶太民族家園，並將盡全力促進此一目標的實現，但必須表明的是，巴勒斯坦既有非猶太社群的公民與宗教權利或猶太人在其他國家享有的權利與政治地位都不會受到損害。[8]

如此明確的宣告顯然本質上挾帶了英國的利益。貝爾福藉由擴大支持猶太復國主義取得巴勒斯坦來向英國的戰爭內閣表示：「我們應該在俄國與美國進行極其有用的宣傳」，這兩個國家「有數量龐大的猶太人……他們應該會支持猶太復國主義」。此外，在貝爾福宣言之後，猶太復國主義者將回報英國的恩惠，他們會遊說將巴勒斯坦交由英國統治，藉此解決英國對賽克斯－皮科協定的疑慮，因為該協定讓巴勒斯坦接受妾身未明的國際共管。

一九一七年十二月，真相終於公諸於世，英國被迫面對彼此衝突的承諾。貝爾福宣言是公開宣示，而且經由英國政府公開討論。反觀賽克斯－皮科協定卻是由三個協約國盟邦祕密簽訂。一九一七年十月俄國革命之後，布爾什維克開始公開外交部祕密文件並且批判沙皇政府的祕密外交，其中包括有關賽克斯－皮科協定的書信往來。伊斯坦堡比阿拉伯世界早一步得知瓜分鄂圖曼帝國的祕密協定。鄂圖曼人與德國人發現這是一個分化哈希姆家族與英國人的大好機會。

被英軍圍困在巴勒斯坦的鄂圖曼人，以英國人背信棄義為理由，向哈希姆家族提出和平要求。一九一七年十二月四日，鄂圖曼指揮官傑馬勒帕夏在貝魯特發表演說，他特別針對英國人欺騙阿拉伯人藉題發揮：

要不是英國向謝里夫胡賽因承諾的解放成了幻覺與妄想，要是他的獨立之夢有那麼一丁點實現的可能，我也許就會承認漢志的叛亂確實有那麼一些合理性。然而，如今英國人真正的意圖已昭然若揭：我們不需要太久的時間就能看出這點。因此，謝里夫胡賽因……蒙受了屈辱，而這是他自作自受，因為他用伊斯蘭哈里發（即鄂圖曼蘇丹）授予他的尊嚴換來受英國人奴役的地位。9

傑馬勒帕夏提出慷慨的條件給哈希姆家族，希望他們放棄與英國結盟，轉而投向鄂圖曼陣營。謝里夫胡賽因與他的兒子面對困難的抉擇，但他們還是選擇繼續與英國同盟以尋求從鄂圖曼獨立。儘管如此，阿拉伯對英國的承諾確實有所懷疑，而且理由很充分。透過胡賽因－麥克馬洪通信、賽克斯－皮科協定與貝爾福宣言，英國政府至少曾向兩批人馬承諾，答應讓他們取得絕大部分的大敘利亞與美索不達米亞，而在巴勒斯坦部分則至少向三方做出保證。

一九一八年十一月，為了消除阿拉伯盟友的疑慮與表現善意，在鄂圖曼軍隊完全撤離阿拉伯領土之後，英國與法國做了安撫人心的公開宣示。在共同宣言中，英法表示它們在阿拉伯世界的戰爭目標是「讓遭受土耳其人如此長期壓迫的人民獲得完全而確定的解放，同時透過當地人民的自主決斷與自由選擇使隨之建立的民族政府與行政組織獲得權威。」[10]英國與法國向阿拉伯人極力保證，它們這麼做並不是為了從中取利。如此虛偽不實的陳述短期內或許能平息阿拉伯輿論，但隱藏在分割協定下的英法帝國利益終有一天還是會浮上檯面。

隨著大戰進入尾聲，勝利的協約國陣營開始面臨讓遭受戰爭破壞的世界重新恢復秩序的艱鉅任務——亦即，它們希望的戰後秩序。戰後有一長串議題需要處理，不耐的阿拉伯領袖被告知要依照次序等候問題逐一解決。和平締結者將在適當的時候解決他們的關切與英國戰時承諾產生的利益衝突。

一九一九年一月到六月召開超過一百場會議，戰勝的協約國領袖在巴黎開會討論如何處置戰敗的德國、奧匈帝國與鄂圖曼帝國。美國當時的總統首次出國參與世界性的外交活動。英國首相勞合・喬治與法國總理喬治・克里蒙梭引導議程的進行。美國、英國與法國，連同義大利構成四方會議（Council of Four），在巴黎主導絕大多數的決定。經過四年的「以戰止戰」，法國與英國決心利用巴黎和會確保德國無法再度成為歐洲和平的威脅。它們要利用這場會議重繪歐洲、亞洲與非洲的地圖，其中當然包括阿拉伯世界。它們也將從戰敗國的領土與殖民地取得補償。

一九一九年巴黎和會的和平締結者中，美國總統威爾遜提出的理想主義主張對世界各地處於外國統治下的人民產生激勵作用。一九一八年一月八日，威爾遜在美國國會聯席會議演說時提出著名的十四點，揭櫫了美國戰後政策的願景。他宣布要終止「征服與擴張的時代」，並且提出激進的觀點，認為在殖民事務上，當地人民的利益與帝國強權的主張同樣重要。威爾遜在第十二點提到阿拉伯人的期望，他保證阿拉伯人能獲得「絕對不受干擾追求自治發展的機會」。對阿拉伯世界許多人來說，這是他們首次遭遇正在崛起的美國超級強權，這個強權將在二十世紀主導全世界的事務。當世界各國聚集巴黎協商和平條款時，阿拉伯人把威爾遜視為他們追求目標的旗手。

前往巴黎提出訴求的阿拉伯代表中，有一位是阿拉伯叛亂的指揮官埃米爾費瑟勒。費瑟勒（一八八三～一九三三年）生於阿拉伯塔伊夫高地，他是麥加的謝里夫胡賽因．伊本．阿里（任職期間一九〇八～一九一七年）的第三子。費瑟勒童年大部分時間在伊斯坦堡度過，他接受了鄂圖曼教育。一九一三年，費瑟勒被選為鄂圖曼國會議員，他代表的地區是漢志的吉達港。一九一六年，費瑟勒造訪大馬士革，他對於傑馬勒帕夏對阿拉伯民族主義分子採取的鎮壓措施感到震驚。在大馬士革時，費瑟勒與阿拉伯民族主義祕密組織成員見面，並且在一九一六年到一九一八年阿拉伯叛亂期間擔負起指揮軍事行動的角色。

一九一八年鄂圖曼撤退後，埃米爾費瑟勒在大馬士革建立阿拉伯政府，目的是讓英國兌現承諾，支持創立阿拉伯王國。在凡爾賽和平會議上，費瑟勒試圖鞏固他在敘利亞的地位並且迫使英國兌現對他父親的承諾，也就是一九一五年到一九一六年胡賽因－麥克馬洪通信提到的內容，並且將這些承諾擺在比英國其他戰時承諾更優先的地位。費瑟勒接受了貝爾福宣言，甚至在一九一九年一月與猶太復國主義領袖哈伊姆．魏茨曼簽署協定，將巴勒斯坦讓給猶太復國主義運動，條件是協約國必須充分保障他要求的阿拉伯王國其餘部分。但費瑟勒在與魏茨曼的協定末尾寫著：「如果哈希姆家族要求的阿拉伯王國疆土遭受分毫的修改或偏差，那麼我將不受此協定任何字句的約束。」[11]費瑟勒有充分的理由懷疑與魏茨曼的協議有信守的必要。

一九一九年一月，費瑟勒向巴黎和約最高會議提交一份備忘錄，表明阿拉伯人的期望。費瑟勒希望務實一點，他甚至縮減了三年前父親與麥克馬洪通信時提出的諸多要求。費瑟勒在備忘錄中寫道：「阿拉伯民族主義運動的目標……最終是將阿拉伯人統一成一個國家。」他主張的根據有三：阿拉伯的種族與語言是一體的；戰前敘利亞與美索不達米亞的民族主義黨派有著共同期望；以及阿拉伯人對協約國的戰爭投入做出貢獻。費瑟勒承認阿拉伯不同地區在「經濟與社會上有所歧異」，因此不可能一下子就整合成一個國家。他希望大敘利亞（包括黎巴嫩、敘利亞與外約旦）與阿拉伯西部省分漢志能立即獲得充分的獨立地位；他接受外國勢力對巴勒斯坦的干預，以調和猶太人與阿拉伯人的要求，也同意英國對美索不達米亞油田主張的利益；他宣稱葉門與阿拉伯中部省分內志（英國已與當地沙烏德統治者達成正式協議）不在阿拉伯王國領域範圍之內。儘管如此，他仍主張「這些地區最終能統一在一個主權政府之下」。他最後表示，「如果我們能獲得獨立，在地方上站穩腳步，種族、語言與利益的自然影響很快就會讓我們聚集成一個民族。」[12]

統一的阿拉伯國家的願景是協約國盟邦最不願看到的。費瑟勒在巴黎出現令英國與法國感到困窘。他不斷要求英國人信守承諾而且阻撓法國的帝國主義野心。美國提出了一個辦法，讓英國、法國與哈希姆家族得以擺脫這個窘境。威爾遜建議組成一個多國調查委員會，直接探究敘利亞人的意願。對威爾遜而言，這個委員會可以為民族自決立下先例，使他的十四點原則能夠付諸實踐。對英法而言，真相調查委員會可以把考慮哈希姆家族主張的時間推遲幾個月，在這段期間，它們可以依照自己的想法任意處置阿拉伯土地。費瑟勒對這項建議信以為真，並且感謝威爾遜給予阿拉伯人「表達目的與民族未來理想」的機會。[13]

以後見之明觀之，不難看出以美國為首的金恩－克蘭恩委員會是個傻瓜委員會。英國與法國拒絕提名官員參與委員會，因此削弱委員會的有效性，因為委員會清一色由美國代表構成，而非原先安排的多國。英法既然沒有意願接受委員會的約束，自然也不願派遣外交人員參與調查。但金恩－克蘭恩報告是一份獨特的文件，根據撰寫者的說法，這份報告對「敘利亞當前政治意見做出相當精確的分析」，可以看出在鄂圖曼與歐洲統治之間的短暫時期敘利亞鄉村與城市社群的渴望與恐懼。14

一九一九年三月，威爾遜總統提名歐柏林學院校長亨利．邱吉爾．金恩與芝加哥商人查爾斯．克蘭恩領導委員會。這兩個人都對中東有廣泛的認識——金恩是聖經史學者，克蘭恩早在一八七八年就曾前往鄂圖曼旅行。這些美國人於一九一九年五月前往敘利亞，他們接到指示與當地代表會面，並且一一回報敘利亞、伊拉克與巴勒斯坦阿拉伯人的心聲。金恩－克蘭恩委員會所做的顯然不只是發現事實。這兩個人來到大敘利亞引發了民族主義活動熱潮，影響所及，廣大的敘利亞人口都受到鼓動，其規模遠超過之前的任何政治運動。

當埃米爾費瑟勒徒勞無功地從巴黎返回敘利亞時，他告知追隨者金恩－克蘭恩委員會即將來訪，並且認為這是對他們有利的發展，是實現敘利亞民族獨立重要的一步。他在從大敘利亞各地前來的顯貴面前發表演說，並且向他們簡報此行的經驗。他無法告訴他們完整的事實，包括他被晾在一旁等待以及遭巴黎的和平締結者羞辱，這些大國似乎有意拒絕他的主張而且一味維護自身在大敘利亞的帝國主義利益。現在費瑟勒既然已經回到阿拉伯的土地，用自己的語言與支持者說話，他便把妄自尊大的歐洲人拋諸腦後。他解釋說：「我在巴黎召開的會議上主張我們應得的權利。我很快便了解西方人對阿拉伯人的普遍無知，他們的資訊完全來自《一千零一夜》。」就許多方面來說，費瑟勒是對的。除了少數專家，英法的政治人物對於阿拉伯世界所知甚少。費瑟勒解釋說：「當然，他們的無知使我必須花許多時間告訴他們最基本的事實。」

望著支持者的面孔，他們不斷打斷他的演說，表達他們的熱誠，費瑟勒無法向他們坦承失敗。費瑟勒扭曲了事實，他表示，盟邦原則上已經承認阿拉伯人獨立。他把金恩－克蘭恩委員會說成是列強承認阿拉伯人獨立的表現。他說：「這個國際委員會將詢問你們內心的想法，因為今日列強若未徵得民眾的同意，就不會統治其他民族。」[15]

在費瑟勒演說的鼓勵下，敘利亞民族主義者開始透過共同的宗旨將敘利亞人凝聚起來。阿拉伯政府把傳道文分發給敘利亞各清真寺供主麻拜時誦念，徵召政治與文化組織做好準備向金恩－克蘭恩委員會請願，此外還動員村長與城市區長鼓勵民眾向委員會做出熱情的回應。數千份傳單印製後於城鎮與村落分發。對於剛接觸民族主義政治的民眾來說，傳單以口號形式提供了直接的理念。「我們要求絕對的獨立，」一張傳單以粗體阿拉伯文與英文如此寫道。另一張傳單則激勵所有敘利亞人起而捍衛自己的自由，並且在長篇文章中用括號括出民族主義的標語。

別受到誤導而做出背叛祖先土地的事，否則你的後代子孫會詛咒你。自由地活著！讓自己掙脫壓迫的桎梏。追尋自己的利益，並且提出自己的要求如下：

首先：要求（完全的政治獨立），毫無限制或條件或保護或託管。

其次：不接受人民的土地與祖國遭受分割，換言之（敘利亞須完整不受分割）。

第三：要求劃定國家的疆界，北方以托魯斯山脈為界，南方以西奈沙漠為界，西濱地中海。

第四：讓其他解放的阿拉伯地區獨立，並且使其（與敘利亞）統一。
第五：必要時，優先向美國尋求財政與技術援助，條件是不許危害我們完整的政治獨立地位。
第六：抗議國際聯盟公約第二十二條，該條規定必須對尋求獨立的民眾設立託管地。
第七：絕對反對任何國家對我們的土地提出歷史或優越權利的主張。
（簽名）已充分了解訴求的阿拉伯民族主義者[16]

即使就阿拉伯文原文來看，這些語言也令人感到生硬，但傳達的訊息十分明確。當各地社群準備與金恩－克蘭恩委員會見面時，這些要求一再在他們遞交的請願書中出現，同時也不斷出現在民眾高呼的口號與告示和旗幟塗寫的標語中。

在動員敘利亞輿論之後，費瑟勒與顧問召開臨時國會，向國際委員會提交敘利亞人民的意見。哈希姆家族了解歐洲政治的運作方式，他們知道，根據歐洲人的原則，一個民族只有透過民選大會表達意見才具有正當性。他們仰賴鄂圖曼的選舉程序從敘利亞內陸城鎮選出代表。但在黎巴嫩與巴勒斯坦卻必須訴諸其他的方法，因為英國與法國在這兩地的占領當局禁止一切政治活動。[17]巴勒斯坦與黎巴嫩的顯貴家族與部族領袖受邀到大馬士革參與敘利亞國民大會，將近一百名代表被推舉前來參加，但實際上只有六十九名代表及時抵達大馬士革參與審議。他們分秒必爭，希望在金恩－克蘭恩委員會抵達大馬士革前擬定民族獨立宣言。

一九一九年六月十日，金恩－克蘭恩委員會抵達雅法，他們花了六個星期巡視巴勒斯坦、敘利亞、外約旦與黎巴嫩的城鎮與村落。委員會保留了旅行時蒐集的所有層面的資料。他們在四十幾處城鎮與鄉村中心開會，與四百四十二名代表社會各階層的人士見面，其中包括了城市與行政會議成員、村長與部族謝赫。他們接見了農民與商人，還有十幾個基督教宗派代表、順尼派與什葉派穆斯林、猶太人、德魯茲派以及其他少數族群團體。他們接見了八名來自各地的婦女代表，並且驚訝於「婦女在東方民族主義運動扮演的新角色」。在旅行途中，他們收到了一千八百六十三份請願書以及總數達九萬一千零七十九份的連署書，這已經接近大敘利亞總人口（據估計大約有三百二十萬人）的百分之三。從這個角度來看，委員們在調查大敘利亞輿情的工作上不可能做得更徹底了。

六月二十五日，金恩與克蘭恩抵達大馬士革。埃米爾費瑟勒政府的大臣尤西夫・哈基姆回憶說：

他們到王宮進行官方訪問，並且與政府領袖見面。然後他們回到下榻飯店，首先迎接他們的是新聞記者。簡言之，他們告訴新聞記者，他們只是來評估民眾對未來的政治有何看法，並且了解民眾想選擇哪一個國家擔任託管國，在符合威爾遜總統之前所提出的原則下提供技術與經濟援助。[18]

七月二日，敘利亞國民大會提交十項決議給委員會，他們表示，這份決議代表敘利亞民眾與埃米爾費瑟勒政府的看法。[19]而這份決議也顯示起草人對國際事務有著驚人的認識；決議文詳細引用威爾遜總統的主張與國際聯盟公約，此外還提到英國戰時外交彼此衝突的承諾以及猶太復國主義的目標。金恩與克蘭恩主張這份決議是他們此行最重要的文件。

在決議中，敘利亞國民大會代表要求敘利亞完整的政治獨立，並且透過地理疆界與土耳其、伊拉克、內志、漢志與埃及分隔。他們希望他們的國家採君主立憲制，由埃米爾費瑟勒擔任他們的國王。他們公開反對國際聯盟公約第二十二條的託管原則，主張阿拉伯人的才能智識不下於保加利亞人、塞爾維亞人、希臘人與羅馬尼亞人，這些民族都能從鄂圖曼人手中獲得完全獨立，為什麼阿拉伯人必須被歐洲人託管。敘利亞代表表示，他們唯一完全接受的託管僅限於技術與經濟援助。他們相信美國人最能扮演這個角色，「美利堅民族最不具殖民想法，對我們的國家也不具政治野心。」如果美國拒絕，敘利亞人將接受成為英國託管地，但他們無論如何都不希望法國插手。決議也要求當時被英國占領的伊拉克獨立。

敘利亞國民大會堅持反對戰時祕密外交。代表們強烈抨擊賽克斯－皮科協定與貝爾福宣言：「威爾遜總統立下的基礎原則譴責祕密條約，激勵我們以最明確的態度反對任何瓜分我們國家敘利亞的條約，並且反對私相授受讓猶太復國主義在敘利亞南部地區建國；因此我們要求完全廢止這些條約與協定。」他們反對將黎巴嫩或巴勒斯坦從敘利亞王國分離出去，認為猶太復國主義的目標有害他們的民族利益。「我們反對猶太復國主義者藉機在敘利亞南部地區也就是巴勒斯坦建立猶太國，而且反對猶太復國主義者移民到我們國家的任何地區；因為我們不承認他們的權利，我們認為從民族、經濟與政治的觀點來看，他們將對我們的人民造成重大的危害。」

敘利亞國民大會的決議帶有一種道德憤慨的語調。敘利亞臨時政府中有許多人在阿拉伯叛亂中與埃米爾費瑟勒並肩作戰。他們認為自己是英法的戰時盟友，而且在鄂圖曼戰線的勝利上貢獻良多。費瑟勒與他的阿拉伯陸軍於一九一八年十月二日進入大馬士革，從鄂圖曼統治下解放這座城市。他們相信，敘利亞人民有資格藉由戰場上贏來的權利來決定自己的政治未來。敘利亞國民大會期望從戰時盟友獲得基本的正義，「我們戰後的政治權利不應該少於戰前，因為我們為了爭取自由與獨立流了這麼多血。」

一九一九年八月，在敘利亞調查了六個星期之後，金恩與克蘭恩回到伊斯坦堡草擬報告。委員們廣泛分析蒐集到的所有資料。在給巴黎和會的建議裡，金恩與克蘭恩大力支持敘利亞國民大會的決議。他們要求成立單一不分割的敘利亞國家，由埃米爾費瑟勒擔任立憲君主。他們建議敘利亞應該完整受到單一國家託管，首要選擇是美國（英國是第二選擇），使其在有限期間內獲得援助。他們也敦促大幅修改猶太復國主義計畫，限制猶太人移民。金恩與克蘭恩認為，貝爾福宣言一方面要在巴勒斯坦建立猶太人的民族家園，另一方面又要尊重「巴勒斯坦既有非猶太社群的公民與宗教權利」，這兩項承諾是無法並存的。金恩－克蘭恩報告指出：「委員會在與猶太代表開會時不只一次發現，猶太復國主義者實際上企圖以各種方式完全奪取巴勒斯坦既有非猶太居民的土地。」[20]因此不意外地，委員們發現巴勒斯坦非猶太居民有十分之九「強烈反對整個猶太復國主義計畫」，而他們在大敘利亞收到的請願書也有百分之七十二反對猶太復國主義。

一九一九年八月底，委員會把報告交給巴黎的美國代表團。雖然埃米爾費瑟勒並不知道報告的內容，但這份報告已經給予他想要的東西。然而，對歐洲人來說，金恩－克蘭恩報告是一份非常礙眼的文件。巴黎和會祕書處接到報告後，就將其束之高閣，不做更進一步的諮詢。這份報告一直要等到三年後才公諸於世，屆時英法已經依照它們各自的利益瓜分了阿拉伯世界。

一九一九年十一月一日，英國宣布從敘利亞與黎巴嫩撤軍，把權力轉移給隨後前來的法軍。面臨即將被法國占領，敘利亞國民大會決定獨自起事。大會成員根據他們交給金恩－克蘭恩委員的決議草擬獨立宣言，一九二〇年三月八日，獨立宣言在大馬士革市政廳宣讀。費瑟勒被推舉為敘利亞國王，領土包括了巴勒斯坦與黎巴嫩。

英國與法國政府拒絕承認敘利亞獨立宣言。當法國準備占領大馬士革並且將戰時盟友埃米爾費瑟勒（現在已成為敘利亞國王）趕下台時，英國採取束手旁觀的態度。費瑟勒由於無法實現獨立的承諾而漸受孤立，他只能召集一小批支持者對抗從黎巴嫩開赴敘利亞的法國陸軍。此外，大馬士革人也不願為費瑟勒犧牲。

一九二〇年七月二十四日黎明，兩千名阿拉伯志願軍聚集在一間孤立的駱駝商隊旅舍梅薩倫。這間旅舍位於貝魯特通往大馬士革的路上，剛好處於山區隘口。他們遭遇了一支古怪的隊伍，那是一群穿著法國軍服的殖民地士兵。阿爾及利亞人、摩洛哥人與塞內加爾人在法國指揮官統率下前來確保法國對敘利亞的統治。這個景象反映出法蘭西帝國的力量，北非殖民地的阿拉伯穆斯林士兵願意聽從殖民地主人的命令前來攻打敘利亞的阿拉伯穆斯林非正規軍。敘利亞臨時政府的一名成員，同時也是忠誠的阿拉伯民族主義者薩提．胡斯里，他親身經歷了大馬士革以來的所有事件，並且把「梅薩倫之日」的回憶記錄下來：

> 戰爭細節的記憶逐漸鮮明。雖然看到我軍與法軍的裝備無法讓我對勝利抱任何希望，但基於榮譽感，我仍期盼出現不同的結果。然而，到了十點鐘，我們得知軍隊遭到擊敗的消息，前線已經完全崩潰。據報尤蘇夫．阿茲瑪（戰爭大臣兼武裝部隊指揮官）陣亡。我說不是的，他在梅薩倫自殺，他是不折不扣的殉國者！[21]

法軍橫掃梅薩倫的守軍進入大馬士革，持續二十六年的苦難殖民統治就此展開。然而梅薩倫的象徵意義卻傳布到敘利亞以外地區。對阿拉伯人而言，這場小戰役代表英國背棄戰時盟友、美國威爾遜總統民族自決願景的破滅以及英法殖民利益戰勝數百萬阿拉伯人的希望與渴求。梅薩倫等同於原罪，歐洲人從此將他們的國家體制強加於中東，把渴望統一的民族予以分割並且違背他們的意志將他們置於外國統治之下。新阿拉伯國家與戰後協議劃定的疆界顯然難以變更，而其產生的問題也層出不窮。

埃及的民族主義政治人物也相信他們可以在巴黎和會上從英國的統治獲得獨立。由於受到威爾遜十四點的誤導，埃及政界以為巴黎和會將開展出嶄新的世界秩序。他們相信帝國時代將被民族自決產生的新多國社群取代。與英國的盟友哈希姆家族一樣，埃及人認為他們在為英國承受戰爭苦難之後可以贏得獨立地位。

經過三十六年英國的統治，第一次世界大戰只是進一步鞏固英國帝國主義在埃及的影響力。一九一四年十二月，英國片面宣布埃及為保護國，並且罷黜在位的赫迪夫阿拔斯二世，理由是「支持英國國王的敵人」（當時阿拔斯二世在伊斯坦堡）。埃及既然不再是鄂圖曼的屬國，埃及統治者也不再是鄂圖曼的總督。被罷黜的赫迪夫由他的叔父侯賽因・卡米爾取代，他是穆罕默德・阿里家族最年長的成員，並且被冠上蘇丹這個新的稱號。英國人希望以埃及蘇丹來削弱鄂圖曼蘇丹的影響力，正如他們希望以謝里夫胡賽因號召叛變對抗鄂圖曼人來削弱鄂圖曼蘇丹發起吉哈德對抗英法。這項策略對埃及或更廣泛的穆斯林社群收效甚微，因為穆斯林依然尊崇鄂圖曼蘇丹身為哈里發或全球伊斯蘭社群的領袖地位。

戰爭開打後，埃及支援英國的重擔落在埃及工作人口肩上。農作物被徵收投入戰爭，農民被徵召擔任勞工在西線提供後勤補給。通貨膨脹與貨物缺乏使全埃及的生活水準降低，許多埃及人陷入貧困。開羅與亞歷山卓湧入大批英國與澳洲士兵，他們先在埃及集結受訓然後派往加里波利與巴勒斯坦作戰。大量士兵的湧入造成與當地人口的緊張，埃及人認為愈多英國人出現在埃及，必然使埃及更難獨立。

當戰爭接近尾聲，威爾遜的民族自決訊息也傳到肥沃的尼羅河流域。埃及人認為他們為與己無關的戰爭做出許多貢獻，理應獲得自決的權利。一九一八年十一月十三日，就在第一次世界大戰停戰的兩天後，一群受敬重的埃及政治人物當面向英國高級專員雷金納德·溫加特爵士提出要求，希望埃及從英國完全獨立。這群人的領袖是薩德·扎格盧勒，他是穆罕默德·阿卜杜在阿茲哈爾的追隨者，擔任教育大臣與埃及立法會的副主席。扎格盧勒是戰前人民黨的成員，是反對英國占領埃及的民族主義領袖。與他同行的還有兩名民族主義人士，阿卜杜·阿齊茲·法赫米與阿里·夏拉維。

溫加特接見這群人，聆聽他們的要求，然後馬上予以拒絕。他不僅禁止埃及人派代表前往巴黎參與和會提出訴求，也拒絕承認扎格盧勒有權代表埃及人發表民族主張。畢竟，沒有人推舉扎格盧勒擔任埃及的發言人。

溫加特拒絕他們的要求，但埃及代表們不願作罷。扎格盧勒與其他人離開高級專員公署後，隨即著手爭取授權，為埃及民族主義發聲。他們草擬請願書，要求允許扎格盧勒與其他代表前往巴黎在和會上發言，就像埃米爾費瑟勒為敘利亞爭取權利一樣。活動分子前往埃及各地進行連署。儘管英國官員多方阻撓並且沒收已經簽名的請願書，民族主義分子仍為扎格盧勒的行動成功爭取到數量可觀的支持。請願書被送到各地民選機構、省議會與其他顯貴手中，很短的時間便湧入數十萬份連署書。[22]

埃及各地民眾群起支持扎格盧勒的行動，他們急欲在巴黎和會上爭取埃及脫離英國獨立。隨著運動有所進展，英國開始遏止民族主義分子的氣燄，並且設法將巴黎和會與埃及問題區隔開來。溫加特宣布，埃及地位的變更被國王陛下的政府視為「帝國內部事務而非國際問題」。換言之，扎格盧勒與其他共事者必須前往白廳與英國政府協商這起屬於帝國內部事務的問題，而非前往巴黎與世界各國商討埃及獨立。英國政府直接警告扎格盧勒停止進行煽動。但扎格盧勒無視警告，因而在一九一九年三月八日與其他重要幹部遭到逮捕並且被驅逐到馬爾他。這起事件引發全國性的暴亂，成為一九一九年埃及革命的導火線。

扎格盧勒與其他人遭到逮捕的消息隨即引發民眾強烈的反應。自發與有計畫的叛亂從都市中心蔓延到鄉間，而且波及埃及社會的各個層面，整個國家陷入動盪。遊行示威於三月九日開始，成群的學生發起暴動，破壞與英國統治有關的基礎設施，如火車、路面電車與路燈。反英示威與英國的鎮壓造成雙方許多死傷。

古老的阿茲哈爾清真寺大學成為這場暴亂的神經中樞。三月十三日，英軍從阿茲哈爾逮捕了一些老師與學生，英國治安首長約瑟夫．麥克佛森親自前往清真寺視察政治騷亂。麥克佛森只戴了菲斯帽*做為偽裝，一路上受到埃及人不友善的注視，由於群眾人數眾多，他無法從清真寺的前門進入。然而從有限的視野可以看到，一名宗教謝赫在清真寺裡「站在石堆上向數百名聽眾高談闊論，他告訴他們必須無視死亡努力摧毀暴君，拋棄他加諸的桎梏，他承諾，為了神聖目的『殉難的人』可以進入天堂」。麥克佛森看到中央革命委員會籌募金錢，準備在鄉間起事。[23]

鄉間社群也對他們認為與英國統治有關的一切事物進行破壞——農作物倉庫，戰時運送徵收農作物的鐵路，以及讓行政官員有效通訊的電報線都被毀壞。在城市裡，都市工人階級訴諸工業行動。埃及國有鐵路罷工。開羅路面電車罷工。英國治安首長麥克佛森清查暴亂的參與者，發現裡面有學童也有街道清掃工，他不屑地說：「咆哮街頭的瘋子，解放的婦女逮到機會說些語無倫次的話，孩子與亂七八糟的惡棍高聲誦念侮辱墮落暴君的下流打油詩。」

埃及人對一九一九年有著不同的記憶。對許多人來說，這是他們第一次有機會參與國家政治生活。他們團結在共同信念之下，相信埃及人應該不受外人干預，應該自己統治自己的國家。這是阿拉伯歷史上第一次真正的民族主義運動，民族主義領袖獲得來自鄉村到城市群眾的充分支持。

埃及婦女首次參與國家政治是在一九一九年。她們的領袖是胡達．夏拉維。身為切爾克斯人母親與年邁埃及顯貴之女，胡達．夏拉維（一八七九～一九四七年）生於特權階級，過著不許拋頭露面的生活。她成長於開羅菁英家族的女眷區，從小身旁圍繞著婦女、孩子與閹人。在回憶錄裡，她提到兩個母親，一個是父親的元配，她叫她「大母」，一個是她的親生母親。她愛她的兩個母親，但她尤其親近大母，因為「大家都重男輕女，特別疼愛我的弟弟，只有她了解我的感受」。[24]

胡達從小就對於自己受的教育沒有弟弟多感到憤憤不平。她是個好學的學生，總是要求老師拿文法書給她，讓她學習正確閱讀《古蘭經》。照顧孩子的閹人對老師說：「把你的書拿回去。小姐又沒有要當法官，她不需要學文法！」胡達感到沮喪。「我垂頭喪氣，開始疏忽課業，我討厭自己是個女孩，這

＊菲斯帽在十九世紀由鄂圖曼帝國蘇丹馬哈茂德二世推行為境內所有成年男子的標準帽子，作為其現代化改革的一部分。但很快就被西方人當作「東方」文化特徵。

讓我無法獲得我想要的教育。此後，身為女性成了我與我追求的自由之間的障礙。」[25]

十幾歲的時候，胡達失望地得知自己將成為表哥阿里帕夏．夏拉維的第二任妻子。「知道自己將嫁給表哥，我感到心煩意亂，我總是把這個表哥當成父兄一樣敬畏。當我想到他的妻子與三個女兒年紀都比我大，而且總是開玩笑地對我說『日安，後媽！』時，我更感到苦惱了」[26]她走到婚床旁，看起來就像「一個受刑的犯人進入處決的現場」。不意外地，這段婚姻並不幸福，夫妻很快就關係疏遠。他們分居了七年，這讓胡達有機會變得成熟而且發展出自己的興趣，之後她與丈夫修好，並且適切扮演了這名重要人物的妻子的角色。

分居對胡達而言是一段政治活動發展期。她開始為婦女組織公共活動。她邀請法國女權主義者瑪格麗特．克雷蒙到埃及大學演說，比較東西方女性的不同，並且討論一些社會實踐的意義，例如戴面紗。這場首開風氣的演說開創了一連串由埃及婦女主講的演說，其中包括埃及女權主義者馬拉克．希夫尼．納希夫（一八八六～一九一八年），她是第一位公開呼籲解放婦女的埃及女性。[27]一九一四年四月，胡達召開會議成立埃及婦女智識協會，這是個文學社團，旨在召集阿拉伯世界的女性文學先驅，其中包括黎巴嫩作家瑪伊．茲雅達，以及最早創辦婦女雜誌的拉畢巴．哈希姆。

這些活動在埃及開啟了明確的婦女運動，而胡達也把她的餘生投注於此。演說與婦女會議拓展了菁英婦女參與開羅文化事務的範圍，也提供婦女聚會與討論的論壇，婦女開始嘗試在不徵得丈夫同意下追求自身的選擇。這樣的成果雖然有限但本身卻具有重大意義，只不過社會規範界定的性別角色依然牢不可破。要挑戰阿拉伯與鄂圖曼社會長久以來區隔男女的傳統，恐怕需要一場革命。

一九一九年的暴動不只是一場政治革命，也是一場社會革命。一九一九年春天是嚴密的社會劃分遭受挑戰並且短暫遭到推翻的時期。民族主義鬥爭提供機會讓婦女能在埃及成為政治的行動者，並且留下了長久的女性主義運動遺產。從比較個人的層次來看，這些事件讓阿里帕夏·夏拉維得以與妻子胡達和好，並且讓他們的婚姻在民族主義大旗下結合成政治夥伴關係。

一九一八年，扎格盧勒與英國高級專員雷金納德·溫加特爵士會面，阿里帕夏·夏拉維也參與這場重要會議，在這之後，他便參與了民族主義運動。他與扎格盧勒一起創立民族主義政黨，後來稱為瓦夫德黨，即代表黨，他們試圖參與巴黎和會表達埃及獨立的主張。當扎格盧勒遭到流放時，夏拉維擔負起領導黨的重任。夏拉維與妻子胡達的關係在革命期間有了劇烈的變化。他充分告知胡達一切的政治發展，如此日後就算他遭到逮捕，胡達也能協助彌補政治真空。此外，他們很快就發現女性可以從事行動而不受懲罰，因為英國人不敢逮捕女性或朝女性開槍，怕這麼做會激起公憤。

瓦夫德黨很快就利用動員女性的好處來從事民族主義運動。三月十六日，就在革命爆發的一個星期後，婦女首次上街遊行。她們準備了黑色牌子，上面用白漆寫上阿拉伯文與法文標語，黑白兩色帶有哀悼之意。抗議民眾聚集於開羅市中心，她們計畫前往美國公使館，準備主張美國總統威爾遜在十四點承諾的自決權利。婦女的抗議隊伍還沒抵達目的地，就被英國軍隊擋住去路。胡達寫道：「他們用機關槍封鎖了街道，我們跟站在兩側的學生不得不停下腳步。我堅持遊行隊伍必須繼續前進。當我邁步向前時，一名英國士兵站出來拿槍指著我，但我繞過他繼續往前走。一名婦女試圖把我拉回來，我大聲說道，『讓我死，這樣埃及就會有一個艾迪絲·卡維爾』〔第一次世界大戰期間遭德國人槍決的英國護士，她隨即成為殉難者〕。」經過三小時的對峙，抗議隊伍在未發生暴力衝突下解散。此後又繼續出現新一波的示威。

埃及婦女的象徵力量挫敗了英國人，鼓舞了全埃及的民族主義者。離開女眷區，埃及婦女以旺盛的精力與熱忱投入公共生活。她們為貧困者募款，到醫院撫慰傷患，參加集會與示威遊行，經常暴露在極大的危險中。婦女也開始跨越階級藩籬，菁英婦女與工人階級婦女有著共同努力的目標。胡達提到在民族主義運動中有六名工人階級婦女死亡，她認為「全國民眾都應該對此感到哀悼」。婦女盡其所能地鼓吹公務員罷工，要他們離開政府辦公室，並且敦促工人不要遵從英國人的指示，離開工作崗位。一九一九年年底，英國派米爾納動爵率領調查團前來埃及，埃及婦女再度發動示威與草擬決議文進行抗爭。她們開始召集群眾集會，有數百名來自各階級的婦女參與。

一九一九年年底，胡達與其他夥伴為了鞏固女性主義運動成果而組織了瓦夫德婦女中央委員會，這是阿拉伯世界第一個婦女政治組織。胡達被選為第一任主席。一九二三年，胡達又與人共同建立了埃及女性主義聯盟。同年，胡達與其他婦女在羅馬開完女性主義大會後，返國時在開羅火車站公然摘去面紗，以此破壞婦女不得拋頭露面的習俗。埃及的女性主義運動持續的時間比一九一九年革命來的長久。

瓦夫德黨爭取埃及獨立只獲得部分成果。雖然扎格盧勒與其他同仁獲得英國允許到巴黎和會上表達埃及人的主張，但他們抵達巴黎後才得知，美國代表團剛發表聲明承認埃及是英國的保護國。威爾遜總統喊得震天價響的理想產生的希望至此破滅。埃及人被迫到倫敦與英國人直接協商，而無法讓確保獨立的主張成為戰後協議的一環。

一九一九年到一九二二年，埃及輪番上演著內部不安與英國和瓦夫德黨的協商。最後，埃及民族主義者能爭取到的最好成果僅是名義上的獨立地位。為了維持埃及的秩序，英國於一九二二年二月二十八日片面宣布終止埃及的保護國地位，並且承認埃及是獨立的主權國家，但涉及「大英帝國重要利益」的四個關鍵事項仍在英國控制之下：保障帝國的通訊交通；保護埃及不受外國侵略；保護外國利益與少數族群權利；以及蘇丹地區。訂定條款時，雙方都承認埃及的獨立地位是有限的，英國依然保有基地，控制蘇伊士運河，而且英國跟過去保護國時期一樣頻繁干預埃及內政。往後三十二年，埃及與英國定期進行協商以重新界定彼此的殖民關係，埃及人持續尋求完整的主權，英國人則傾全力維護他們的帝國秩序。

阿拉伯世界密切關注埃及的發展，其中尤以伊拉克為甚。第一次世界大戰期間，鄂圖曼的三個省分巴斯拉、巴格達與摩蘇爾已經被英國占領。英國人曾一再向伊拉克人保證日後可以成立自治政府，但英國人不讓埃及獨立的決定，使伊拉克人深感憂慮。

第一次世界大戰剛爆發的時候，來自印度的英軍占領了南部城市巴斯拉，並且控制了整個省分。英國人希望能確保波斯灣門戶的安全，防止鄂圖曼的盟友德國入侵帝國的屬地印度。占領巴斯拉後，英國揮師北上與鄂圖曼第六軍團交戰。到了一九一五年十一月，英軍推進到離巴格達不到八十公里的地方，並且在此遭遇數量占優勢的鄂圖曼軍隊。英軍退回到庫特，在抵擋鄂圖曼圍攻四個月後，於一九一六年四月向鄂圖曼投降。鄂圖曼人此時已從英軍手中取得兩次重大勝利：加里波利與美索不達米亞。但英國繼續在美索不達米亞發動攻勢，於一九一七年三月攻占巴格達，並且在一九一八年夏末於吉爾庫克擊敗鄂圖曼第六軍團。一九一八年十一月，雖然實際上摩蘇爾省位於停戰協議規定的英國占領區外，但英軍依然控制了這個省分。如同一九一五年德・本生報告最初的建議，英國最終確保了對美索不達米亞的控制權。

征服美索不達米亞比在該地建立政治秩序容易得多，一九一八年時如此，二〇〇三年時也是如此。三個省分的人民，庫德族、順尼派阿拉伯人與什葉派，因目標與抱負不同而各行其是。雖然美索不達米亞的不同社群不約而同地要求將三省聯合起來建立一個單一獨立被他們稱為伊拉克的國家，並且接受立憲君主的統治，但這些社群對於英國在這當中該扮演什麼角色卻有不同的看法。一些大地主與富商重視穩定與經濟成長勝過完全獨立，因此他們公開支持由英國統治。一些伊拉克軍官曾經在阿拉伯叛亂期間跟隨埃米爾費瑟勒，他們認為英國可以保障順尼派在政治上的優越地位。然而，絕大多數伊拉克人卻反對外國干涉他們的事務。

英國人剛開始占領美索不達米亞的時候，曾向伊拉克人民保證他們是帶著高尚的意圖前來。一九一八年十一月的英法宣言承諾協約國會透過自決程序支持阿拉伯地區「建立民族政府與行政組織」，這份宣言廣泛刊載在阿拉伯地方報紙上，並且向伊拉克人保證歐洲人絕不會對他們進行殖民。總部設在納傑夫的《獨立報》指出：「英法兩國支持我們取得完全獨立與自由，我們對此感到高興。」[28]

幾個月過去，眼看伊拉克自治毫無進展，伊拉克人逐漸感到懷疑。英國人並未協助伊拉克人建立自己的政府，反而建立英國人自己的統治伊拉克全境的行政組織。一九一九年二月，一群伊拉克人向英國當局申請許可，希望派遣代表團前往巴黎，向國際尋求支持伊拉克民族獨立，卻遭到英國當局拒絕。伊拉克人要求英國人提出有關伊拉克政治未來的計畫，卻從未獲得直接回應。

事實上，英國人對於如何最完善地統治伊拉克存有兩種想法。有些人，例如英國駐伊拉克最高官員，擔任民政專員的阿諾德・威爾遜爵士認為，應該依照英屬印度的模式在伊拉克建立直接的殖民統治機構。他甚至建議穩定地從印度引進移民到美索不達米亞，使殖民政府獲得現成的勞動力。其他人，例如在巴格達擔任東方書記的格特魯德・貝爾認為，最符合英國利益的做法是與伊拉克的阿拉伯民族主義分子合作。貝爾主張，在伊拉克建立哈希姆王朝可以做為非正式帝國的理想結構，對英國政府而言成本較少，也可降低與日漸高張的阿拉伯民族主義運動對立的風險。伊拉克人不知道該信任誰：是看似支持他們的期望的貝爾，還是貝爾的長官，主張由英國統治伊拉克的阿諾德・威爾遜爵士。[29]

到了一九二〇年，伊拉克人深信英國人打算對他們的國家進行殖民統治。一九一九年，他們見證遠方的埃及革命。他們憂心忡忡地看著英國背棄大馬士革的費瑟勒政府，並且將軍隊撤離敘利亞與黎巴嫩，為法國殖民占領當地鋪平了道路。看起來彷彿英國與法國並不打算讓阿拉伯世界獨立，而是由兩國自行瓜分——事實上正是如此。

一九二〇年四月，伊拉克人的懷疑獲得證實，國際聯盟正式將伊拉克交由英國託管。伊拉克人一向認為託管只是帝國主義的另一個名稱，因此反對託管制度，並且開始動員拒絕接受英國的計畫。反對勢力由新組織「伊拉克獨立保衛者」領導，這個組織出現於一九一九年，主要的構成分子是什葉派社群。保衛者吸引許多順尼派支持者加入，他們要求完全獨立與英國完全撤出伊拉克。他們在清真寺聚會以避免英國干預，並且輪流以什葉派和順尼派的禮拜處做為聚會地點。伊拉克穆斯林社群的政治合作是史無前例的，這也為超越宗教藩籬的伊拉克民族社群奠定基礎。

首次反對英國託管伊拉克的示威遊行場面平和。一九二〇年五月，什葉派教士、部族領袖與民族主義組織成員共同在巴格達進行群眾遊行。英國立即對和平的示威遊行進行鎮壓，逮捕涉嫌煽動反對英國占領的人士。在英國的鎮壓下，伊拉克民族主義分子被驅離巴格達，繼續在各省城鎮與鄉村進行抵抗。

一九二〇年六月底，在聖城納傑夫與卡爾巴拉什葉派教士鼓動下，伊拉克發生暴亂。英國人犯了錯誤，他們逮捕德高望重的什葉派教士阿亞圖拉．設拉子的兒子，導致設拉子發布伊斯蘭教令，鼓動叛亂反對外國占領。巴格達的英國行政機構擔心危機升高，於是逮捕一些他們認為涉嫌煽動叛亂的什葉派活動分子與部族領袖。可預見的是，鎮壓反而讓原本的和平對立惡化成暴力對抗。

伊拉克的反抗運動有組織且有紀律。領導人為共同行動制定指導方針，並且刊登在各地報紙四處流通。一九二〇年七月，納傑夫印行的傳單規定了交戰規則：「每個部族首領務必讓所有成員了解，這場暴亂的目標是要爭取完全獨立。」[30]起事的部族成員接到指示，作戰時要高呼「獨立」來吶喊助威。他們要確保平穩地管理所有攻占下來的城鎮村落，他們要妥善照顧所有英國與印度戰俘，最重要的是，他們必須保存所有從英國人俘獲的一切武器、彈藥、設備與藥品，因為這些補給品是「得勝的最重要憑藉」。

起初，暴亂在三個省分蔓延，不過主要的衝突區域位於巴格達與巴斯拉之間的底格里斯河中游地帶，納傑夫與卡爾巴拉則是這場運動的核心區。在這裡，隨著起事者控制城鎮與鄉村，建立地方政府並且徵稅與維持秩序，英國人也被迫撤離軍隊。雖然英國人努力防止首都爆發大規模暴亂，但巴格達周圍地區很快就被起事者入侵。一九二〇年八月，巴格達東北方的部族發起大規模叛亂，一個月後，他們攻下巴古拜與迪亞拉河以北其他城鎮。另一場大暴亂則發生在巴格達西邊的費盧傑。[31]英國迅速撤軍以鞏固軍力，準備進行復仇式的反擊。

面對全國性的暴亂，英國沒有別的選擇，只能繼續加強已經左支右絀的伊拉克軍力，設法重新在新託管地建立權威。從印度抽調來的部隊使英國駐伊拉克的兵力從一九二〇年七月的六萬人增加到同年十月的十萬人以上。九月與十月，英國藉由壓倒性的武力、重砲與空中轟炸再次征服伊拉克。九月初，英軍重新奪得費盧傑，對當地部族進行嚴懲。九月底，英軍與迪亞拉河的部族交戰。接著英軍推進到底格里斯河中游。納傑夫一名記者描述英軍攻擊的景象：「他們攻擊部族謝赫的房舍，將房舍內外全都燒燬。他們殺死許多人、馬匹與牲畜。」英國人無情地追捕起事者，拒絕任何協商。記者又說：「英國軍官一心只想殺光我們，或抓我們去審判。我們同意停戰的要求，但他們卻違反約定。我們允許他們帶著武器撤離我們攻占的領土，而他們卻違背承諾攻擊我們。近日的血腥殺戮與人口稠密的城鎮遭到摧毀，民眾禮拜的清真寺遭到侵犯，讓人淚流不止。」[32]

十月底，隨著納傑夫與卡爾巴拉叛軍投降，暴亂也進入尾聲。人命與財產的損失極為高昂。根據英國的估計，超過二千二百名英國與印度士兵與大約八千四百五十名伊拉克人傷亡。[33]伊拉克民眾的財產損失則沒有估計數字。

一九二〇年暴亂在伊拉克稱為「一九二〇年革命」，在現代伊拉克國家的民族主義神話中具有特殊地位，足以與美國的一七七六年獨立革命相提並論。這兩場革命都是人民反對外國占領者而爆發的叛亂，而非社會革命，而在這兩個國家，這兩場革命都象徵民族主義運動的起點。絕大多數西方人完全不知道一九二〇年暴亂，但對伊拉克世世代代的學童來說，他們在成長過程中都會學到民族主義英雄如何挺身對抗外國軍隊與帝國主義，這些人在費盧傑、巴古拜與納傑夫奮戰，而這些地方就有如伊拉克的萊

辛頓與康科德。＊

第一次世界大戰與戰後協議共同構成現代阿拉伯歷史最重要的一段時期。一九一八年十月，長達四世紀的鄂圖曼統治在阿拉伯世界劃下決定性的句點。當時的阿拉伯人幾乎無法想像沒有鄂圖曼人的世界。十九世紀的改革使伊斯坦堡藉由更嚴謹的官僚體制、鐵路與電報這些通訊交通基礎設施以及擴大學校制度讓更多阿拉伯臣民都能接受鄂圖曼教育，來加強對阿拉伯省分的控制。二十世紀初的阿拉伯人或許要比過去更覺得自己與鄂圖曼世界有著更緊密的連繫。

一九〇八年之後，在土耳其青年團主政下，阿拉伯人與鄂圖曼人的連結更加緊密。在這個時期，鄂圖曼人幾乎失去了位於巴爾幹的所有歐洲省分。土耳其青年團繼承了土耳其－阿拉伯帝國，他們竭盡全力加強伊斯坦堡對阿拉伯省分的掌握。土耳其青年團的政策也許疏遠了阿拉伯民族主義者，但他們卻成功讓阿拉伯獨立成為難以企及的目標。

隨著鄂圖曼帝國瓦解，阿拉伯民族主義者在追求獨立的夢想驅使下，進入了一段緊鑼密鼓的時期。一九一八年到一九二〇年這段短暫而令人陶醉的時刻，埃及、敘利亞、伊拉克與漢志的政治領袖都以為自己即將踏入獨立的新時代。他們仰望巴黎和約，期待威爾遜的新世界秩序承諾，希望他們的願望能獲得實現。但這些願望卻毫無例外地接連落空。

阿拉伯人面臨的新時代實際上是歐洲帝國主義而非阿拉伯獨立形塑出來的。歐洲列強建立它們的戰略目標，透過戰後和平協商化解彼此的歧見。法國除了北非的阿拉伯屬地，又增添了敘利亞與黎巴嫩。

英國現在成為埃及、巴勒斯坦、外約旦與伊拉克的主人。除了特定邊疆有些許變動，基本上今日所知的中東現代國家疆界都是歐洲列強劃定的（巴勒斯坦是個大例外）。阿拉伯人從未妥協於這種全然不公不義的安排，在往後的戰間期，他們仍不斷與殖民主人爭執並且繼續追求長期以來懷抱的獨立夢想。

注釋

1. 'De Bunsen Committee Report,' in J. C. Hurewitz, ed., *The Middle East and North Africa in World Politics*, vol. 2 (New Haven, CT: Yale University Press, 1979), pp. 26–46.
2. 胡賽因與麥克馬洪的通信，重印於同前，pp. 46–56.
3. 引自卡拉克居民未出版的回憶錄，'Uda al-Qusus, 引自 Eugene Rogan, *Frontiers of the State in the Late Ottoman Empire: Transjordan, 1851–1921* (Cambridge: Cambridge University Press, 1999), pp. 232–233.
4. 賽克斯–皮科協定，重印於 Hurewitz, *Middle East and North Africa*, vol. 2, pp. 60–64.
5. George Antonius, *The Arab Awakening: The Story of the Arab National Movement* (London: Hamish Hamilton, 1938), p. 248.
6. 第一次猶太復國主義大會提出的巴塞爾計畫（The Basel Program），重印於 Paul R. Mendes-Flohr and Jehuda Reinharz, *The Jew in the Modern World: A Documentary History* (New York: Oxford University Press, 1980), p. 429.
7. Tom Segev, *One Palestine, Complete* (London: Abacus, 2001) p. 44.
8. 貝爾福宣言，重印於 Hurewitz, *Middle East and North Africa*, vol. 2, pp. 101–106.

---

* 萊辛頓與康科德戰役可說是美國獨立革命的第一場戰爭。

9. 傑馬爾帕夏的評論，重印於 *al-Sharq* newspaper，引自 Antonius, *Arab Awakening*, pp. 255–256.
10. 一九一八年十一月七日英法宣言，引自同前，pp. 435–436; Hurewitz, *Middle East and North Africa*, vol. 2, p. 112.
11. 費瑟勒－魏茨曼協定，重印於 Walter Laqueur and Barry Rubin, eds., *The Israel-Arab Reader: A Documentary History of the Middle East Conflict* (New York: Penguin, 1985), pp. 19–20.
12. 費瑟勒的備忘錄，重印於 Hurewitz, *Middle East and North Africa*, vol. 2, pp. 130–32.
13. Harry N. Howard, *The King-Crane Commission* (Beirut: Khayyat, 1963), p. 35.
14. 金恩－克蘭恩報告首次出版於 Editor & Publisher 55, 27, 2nd section, December 2, 1922。建議的節縮版重印於 Hurewitz, *Middle East and North Africa*, vol. 2, pp. 191–99.
15. Abu Khaldun Sati' al-Husri, *The day of Maysalun: A Page from the Modern History of the Arabs* (Washington, DC: Middle East Institute, 1966), pp. 107–108.
16. 重印於阿拉伯文版 Sati' al-Husri, *Yawm Maysalun* (Beirut: Maktabat al-Kishaf, 1947), plate 25。關於這些口號的政治用途，見 James L. Gelvin, *Divided Loyalties: Nationalism and Mass Politics in Syria at the Close of Empire* (Los Angeles and Berkeley: University of California Press, 1998).
17. Al-Husri, *Day of Maysalun*, p. 130; 此事在寫給駐巴黎美國代表的金恩－克蘭恩報告的機密附錄裡獲得證實。
18. Yusif al-Hakim, *Suriyya wa'l-'ahd al-Faysali* [Syria and the Faysali era] (Beirut: Dar An-Nahar, 1986), p. 102.
19. 'Resolution of the General Syrian Congress at Damascus,' 重印於 Hurewitz, *Middle East and North Africa*, vol. 2, pp. 180–182.
20. 'King-Crane Recommendations,' in 同前，p. 195.
21. Al-Husri, *Day of Maysalun*, p. 79.
22. Elie Kedourie, 'Sa'ad Zaghlul and the British,' *St. Antony's Papers* 11, 2 (1961): 148–149.
23. 麥克佛森談一九一九年革命的書信，重印於 Barry Carman and John McPherson, eds., *The Man Who Loved Egypt: Bimbashi McPherson* (London: Ariel Books, 1985), pp. 204–221.

24. Huda Shaarawi, *Harem Years: The Memoirs of an Egyptian Feminist*, trans. and ed. Margot Badran (New York: The Feminist Press, 1986), p. 34.
25. 同前，pp. 39–40.
26. 同前，p. 55.
27. 同前，pp. 92–94.
28. 《獨立報》，一九二〇年十月六日，重印於 Abd al-Razzaq al-Hasani, *al-'Iraq fi dawray al-ihtilal wa'l intidab* [Iraq in the occupation and mandate eras] (Sidon: al-'Irfan, 1935), pp. 117–118.
29. Charles Tripp, *A History of Iraq* (Cambridge: Cambridge University Press, 2000), pp. 36–45.
30. Shaykh Muhammad Baqr al-Shabibi 於納傑夫印行，一九二〇年七月三十日，重印於 al-Hasani, al-'Iraq, pp. 167–168.
31. Ghassan R. Atiyya, *Iraq, 1908–1921: A Political Study* (Beirut: Arab Institute for Research and Publishing, 1973).
32. Muhammad Abd al-Husayn 發表於納傑夫《獨立報》，一九二〇年十月六日，重印於 al-Hasani, *al-'Iraq*, pp. 117–118.
33. Aylmer L. Haldane, *The Insurrection in Mesopotamia, 1920* (Edinburgh and London: William Blackwood and Sons, 1922), p. 331.

第七章　大英帝國在中東

當戰後協議決定將伊拉克、外約旦與巴勒斯坦交由英國託管時，大英帝國在阿拉伯世界其實已經有一個世紀的歷史。十九世紀初，英國東印度公司來到波斯灣這個兇險的水域，與對商船威脅日增的海上部族夏爾迦和拉斯海瑪交戰——這兩個部族今日已成為阿拉伯聯合大公國的一部分。波斯灣是東地中海與印度之間的陸海要道，因此英國人決心剿滅波斯灣的海盜。透過征服他們口中的「海盜海岸」，英國人把波斯灣變成英國的湖泊。

英國人不滿夏爾迦與拉斯海瑪共組的卡希米部族聯盟，其歷史可以上溯到一七九七年。東印度公司認為這些人攻擊英國人、鄂圖曼人與阿拉伯人開往卡瓦希姆（Qawasim，卡希米的複數形）的船隻，於是在一八〇九年九月派出由十六艘船艦組成的遠征軍前去征討海盜海岸。艦隊奉命攻擊拉斯海瑪城鎮與焚燬卡希米海盜的船隻與倉庫。一八〇九年十一月到一八一〇年一月，英國艦隊大肆破壞拉斯海瑪與其他四個卡希米港口。英國人焚燒六十艘大船與四十三艘小船，搶走價值約二萬英鎊的可能贓物然後返國。然而，英國人未能與卡瓦希姆訂定正式協定，因此他們的船隻在波斯灣仍繼續受到搶掠。[1]

英國第一次遠征後過了五年，卡希米人重建艦隊並且又開始在海上劫掠。一八一九年，英國從孟買派出第二支艦隊遠征卡希米人。艦隊規模是第一次遠征的兩倍，加上集中攻擊拉斯海瑪，遠征軍不僅成功俘獲與燒燬絕大多數卡希米的船隻，也取得政治協議，避免了一場戰爭。一八二〇年一月八日，阿布達比、杜拜、阿吉曼、烏姆蓋萬與巴林這幾個邦的謝赫，以及統治夏爾迦與拉斯海瑪的卡希米家族，共同簽訂條約保證完全永久停止攻擊英國船隻。他們也接受共通的一套海事法律，以此換取在波斯灣與印度洋英國港口通商的權利。協定讓以海為生的謝赫諸邦與英國控制的港口通商，所有締約者因此有經濟誘因去維護公海與近岸水域的和平。這些規定在一八五三年「永久條約」中獲得確認，該條約宣布波斯灣所有國家在海上交戰為非法行為。「海盜海岸」的幾個小國於是被稱為停戰諸國，這個名稱來自於英國與這些小國訂定的正式停戰和約。

這是十九世紀「不列顛和平」（Pax Britannica）的開始，在這個時期，波斯灣成為不折不扣受英國保護之地。英國透過與個別謝赫國訂定一連串雙邊協議來加強對波斯灣地區的控制。一八八〇年，巴林的謝赫簽訂協議，實質上把外交大權交由英國控制，承諾「在未獲得英國政府同意下，不會與英國以外的國家或政府進行協商或簽訂任何條約」。英國也與波斯灣其他謝赫國簽訂類似協定。[2] 一八九〇年代，英國人甚至更進一步與波斯灣統治者建立「不可讓渡的紐帶關係」，這些統治者保證，「除了英國政府，他們不會割讓、出售、抵押或以其他方式將任何部分的領土給予其他國家」。[3] 藉由這些措施，英國可以確保鄂圖曼帝國以及其他歐洲對手無法威脅英國對這處戰略海路的最高控制權。鄂圖曼帝國從一八七〇年代開始企圖將主權延伸到英國賴以連接屬地印度的波斯灣地區，科威特與卡達為了對抗鄂圖曼的擴張而尋求英國保護，兩國分別於一八九九年與一九一六年加入波斯灣「保護國」。

二十世紀，英國對石油的仰賴使波斯灣更形重要。一九〇七年，皇家海軍從燃煤轉換為石油，波斯灣的阿拉伯謝赫國在英國帝國思維中取得新戰略角色。一九一三年，第一海軍大臣邱吉爾向下議院提到未來英國將會仰賴石油。他表示：「一九〇七年，首批出廠的遠洋驅逐艦完全使用燃煤，此後，每年出廠的驅逐艦『只使用石油』。」邱吉爾又說，到了一九一三年，皇家海軍大約有一百艘新船使用石油。[4]於是，英國對波斯灣的首要著重點從對印度的貿易與交通要道擴及到石油這項新戰略利益。

一九〇八年五月，波斯灣地區第一個大型石油產地在伊朗中部被發現。地質學家有充分理由相信波斯灣阿拉伯國家還有其他可供出口的石油產地。英國開始與波斯灣謝赫國締結協定獨占石油出口權利。一九一三年十月，科威特統治者給予英國特許權，承諾只允許英國政府同意的人士或公司在科威特探勘石油。一九一四年五月十四日，英國與巴林統治者簽訂類似協定。石油探勘，結合商業與帝國交通運輸，使波斯灣在第一次世界大戰時成為英國的戰略要地。一九一五年，英國政府報告認定「維護我國在波斯灣的特殊與最高利益」是「我國東方政策的首要原則」。[5]

一九一三年，有個新阿拉伯國家突然在波斯灣「不列顛和平」中出現。沙烏德家族（他們在十八世紀建立聯盟，挑戰鄂圖曼從伊拉克到聖城麥加與麥地那的統治，直到一八一八年被穆罕默德．阿里的軍隊擊敗為止）與穆罕默德．伊本．阿卜杜．瓦哈卜的子孫重新建立夥伴關係共組新的沙烏地－瓦哈比聯盟。他們的領導人是一名充滿魅力的年輕領袖名叫阿卜杜．阿齊茲．伊本．阿卜杜．拉赫曼．費薩爾．沙烏德，在西方比較常稱為伊本．沙烏德。

伊本．沙烏德崛起於一九〇二年，他率領部眾擊敗宿敵拉希德氏族，取得阿拉伯半島中部綠洲城市利雅德。伊本．沙烏德的戰士又稱伊赫萬（Ikhwan，意指同胞），他們是一群狂熱分子，試圖將嚴苛的瓦哈比派伊斯蘭教義傳布到整個阿拉伯半島。他們征服拒絕接受他們教義的城鎮之後，往往會進行搶掠，而他們認為這種掠奪是他們的宗教允許的。信仰與戰利品結合起來產生的誘因，使得伊赫萬成為半島上最強悍的戰士。伊本．沙烏德以利雅德為首都，往後十一年間，他有效利用伊赫萬將統治的領域從阿拉伯半島內部擴張到波斯灣。

一九一三年，伊本．沙烏德從鄂圖曼帝國奪得阿拉伯半島東部的哈薩地區。一八七一年，鄂圖曼人想把這塊孤立的阿拉伯地區（今日沙烏地阿拉伯的東部省）併入帝國之中，使鄂圖曼的勢力可以延伸到波斯灣，但這個想法遭受英國的阻撓。到了一九一三年，鄂圖曼人只能放棄對當地的統治。沙烏德家族不費一兵一卒取得大城胡富夫，一躍成為阿拉伯波斯灣國家的新興強權。

面對波斯灣強大的新統治者，英國於一九一五年年底與伊本．沙烏德締約。條約確認英國承認伊本．沙烏德的領導地位，並且把英國的保護範圍延伸到伊本．沙烏德控制的阿拉伯半島中部與東部。相對地，沙烏德家族承諾不會在未徵詢英國同意下與其他國家締約或出售土地給任何國家，此外也保證絕不入侵其他波斯灣國家。本質上來說，伊本．沙烏德控制的地區已經成為另一個停戰國。簽訂協定之後，英國給予伊本．沙烏德二萬英鎊，每月五千英鎊薪餉，大量步槍與機關槍，用來對抗第一次世界大戰與德國結盟的鄂圖曼人及其阿拉伯盟友。

但伊本．沙烏德無意與阿拉伯半島上的鄂圖曼人戰鬥，反而運用英國的槍砲與資金來實現自己的目標，往西朝紅海省分漢志，也就是麥加與麥地那兩座聖城的所在地進軍。在這裡，沙烏德家族的野心與英國另一個盟邦麥加的謝里夫胡賽因相衝突，後者在一九一五年秋天與英國成為戰時盟友。與伊本．沙烏德一樣，謝里夫胡賽因也想統治整個阿拉伯半島。一九一六年六月，謝里夫胡賽因發動阿拉伯叛亂反對鄂圖曼統治，他希望在英國支持下實現統治阿拉伯、敘利亞與伊拉克的野心。但是，在延伸達一千三百公里（八百一十英里）的沙漠上與鄂圖曼人作戰，謝里夫的兵力完全分散，他的根據地漢志省防守空虛，成了伊本·沙烏德攻擊的目標。阿拉伯半島雖然遼闊，卻無法容納這兩個人的野心。一九一六年到一九一八年，整個局勢逐漸有利於伊本·沙烏德。

當謝里夫胡賽因於一九一六年十月，也就是阿拉伯叛亂爆發後自立為「阿拉伯諸國的國王」時，沙烏德家族與哈希姆家族之間的衝突已不可避免。就連曾經承諾讓胡賽因建立「阿拉伯王國」的盟友英國，也只願在麥加謝里夫的頭銜外承認他是「漢志國王」。伊本·沙烏德不可能讓自立為王的胡賽因如願以償。

第一次世界大戰期間，英國努力讓兩個阿拉伯盟友維持和平，將他們的力量集中起來對抗鄂圖曼人。然而，就在鄂圖曼帝國崩潰前幾個月，沙烏德與哈希姆的權力爭奪終於浮上檯面。這兩個沙漠君主之間未公開的信件顯示劍拔弩張的氣氛正隨著一九一八年熾熱的夏日逐漸升溫。

當胡賽因國王的軍隊在漢志鐵路沿線與鄂圖曼人奮戰時，也對於手中得到的情報感到憂心，那就是沙烏德家族統治者把武器分發給最近才剛效忠瓦哈比主義的部族。這些無疑是英國人提供給伊本·沙烏德的武器，哈希姆家族統治者擔心英國的武器會用來對付自己的軍隊。一九一八年二月，胡賽因寫信告誡伊本·沙烏德：「伊斯蘭民眾相信真主會保護他們的生命與財產，〔瓦哈比〕部族難道認為自己與這些人開戰，真主會相信他們是無辜的？」胡賽因警告他的對手，武裝穆斯林，讓他們去對抗穆斯林同胞，這是違反真主宗教的行為。[6]

胡賽因的信激怒了伊本·沙烏德，畢竟內志的事與麥加謝里夫毫不相干。一九一八年五月，伊本·

沙烏德的回應刺激胡賽因立刻做出反擊。如果伊本．沙烏德的行動局限於阿拉伯中部的內志省，哈希姆家族也許還不會如此關切。然而，這名沙烏德家族統治者卻爭取胡賽因國王底下的總督向他效忠，這個人名叫哈立德．伊本．盧偉，他統治內志與漢志邊界的綠洲城鎮胡爾瑪。老國王抱怨說：「他毫無理由欺騙或用詭計託詞引誘盧偉。」[7]

夾在兩個敵對阿拉伯統治者之間的綠洲城鎮胡爾瑪，具有戰略地位，人口有五千人，本身就是個重要聚落。哈立德雖然是麥加謝里夫的臣民，但他卻在一九一八年宣布信奉瓦哈比教義，將胡爾瑪改隸伊本．沙烏德統治，並且把原本上繳麥加的稅交給沙烏德家族。在回憶錄中，胡賽因國王的兒子埃米爾阿卜杜拉寫道，哈立德「殺死無辜民眾，甚至處死自己的兄弟，只因為他不願信從他的宗教信仰。他也持續迫害不追隨瓦哈比運動的哈希姆部族」。[8]胡賽因國王試圖說服這名剛愎自用的總督重新返回陣營，但徒勞無功。

胡爾瑪爭端導致哈希姆家族與沙烏德家族的第一場武裝衝突。一九一八年六月，胡賽因國王派出二千六百名以上的步兵與騎兵前去收復胡爾瑪，卻發現該城已經駐守了伊本．沙烏德的伊赫萬戰士。[9]哈希姆部隊在兩次交戰中遭沙烏德家族擊潰。英國為了避免兩個阿拉伯盟邦在還沒擊敗鄂圖曼人之前先陷入自相殘殺，於是施壓伊本．沙烏德，命其與胡賽因國王談和。

由於在胡爾瑪獲勝，伊本．沙烏德於一九一八年八月寫了一封高傲的信給胡賽因。這位沙烏德家族統治者透過頭銜來主張對地理區域的控制權。伊本．沙烏德自稱是「內志、哈薩、卡提夫與這三地屬國的埃米爾」，他只承認謝里夫胡賽因是「麥加的埃米爾」，而未如謝里夫胡賽因所願稱他是「阿拉伯國王」，甚至也不與英國人一樣承認他是漢志國王。伊本．沙烏德刻意忽略漢志不提，彷彿這塊廣大紅海省分的君主仍未確定。

伊本．沙烏德在信中告知胡賽因國王已收到他於五月七日的來信，他語帶保留地說道：「你在信裡提到的一些事，說得並不恰當。」伊本．沙烏德也承認英國人施壓要他們化解歧見，因為對抗鄂圖曼人的戰役已到了關鍵階段，而「爭端將使所有人受害」。但伊本．沙烏德不想輕易放過哈希姆家族先前的挑釁行為。他寫道：「閣下顯然懷疑我在胡爾瑪人民事件上扮演一定角色。」但他反駁說，哈希姆家族才是造成總督倒戈與鎮民改信瓦哈比主義的主因。伊本．沙烏德提到，「我盡可能要求他們克制，直到你的軍隊兩度攻擊他們為止」——這裡指的是哈希姆家族的兩次胡爾瑪戰役——他又沾沾自喜地說，「但真主的懲罰降臨」，沙烏德家族擊敗了哈希姆家族的軍隊。[10]

放眼未來，伊本．沙烏德提議雙方在現有的狀況下停戰。胡爾瑪繼續交由沙烏德家族統治，而胡賽因國王應寫信給胡爾瑪總督，向他保證沙烏德家族與哈希姆家族不會再出現衝突。伊本．沙烏德與胡賽因國王將維持雙方追隨者之間的和平，保證內志與漢志的部族會遵守停戰規定。以後見之明來看，這是胡賽因能從沙烏德家族獲得的最好提議：承認彼此的疆界與領土，哈希姆家族還可以保留漢志的控制權。

但胡賽因國王完全不考慮伊本．沙烏德的提議；他原封不動地退還書信，並且告訴信差：「伊本．沙烏德無權要求我們，我們也無權要求他。」胡賽因國王非但不願停戰，反而於一九一八年八月再派軍隊前往胡爾瑪，想恢復他對這座綠洲城鎮的權威。他派自己最信任的指揮官謝里夫夏基爾．賓．扎伊德統率遠征軍。國王向指揮官保證，他會派出充足的駱駝與補給「讓你完成這件大事」。[11]然而，夏基爾的遠征軍還沒抵達要爭奪的綠洲就被沙烏德家族的軍隊輕易擊敗。

一再遭伊本．沙烏德擊敗，惱羞成怒的胡賽因國王命令他的兒子埃米爾阿卜杜拉率軍攻打胡爾瑪。

阿卜杜拉對於戰鬥意興闌珊。之前他與他的士兵持續圍攻鄂圖曼的麥地那守軍，直到他們的指揮官於一九一九年一月投降為止。軍隊經過數年與鄂圖曼人的戰鬥，普遍感到厭戰。阿卜杜拉也清楚瓦哈比士兵都是驍勇善戰的戰士。他寫道：「瓦哈比戰士渴望上天堂，根據他們的信仰，如果戰死沙場便能進入天堂。」[12]但阿卜杜拉無法違抗父親，一九一九年五月，他擔負起這項任務，率兵與瓦哈比派交戰。

在與沙烏德家族的最後一場戰事中，哈希姆陸軍起初獲得勝利。一九一九年五月，埃米爾阿卜杜拉攻下效忠伊本·沙烏德的綠洲圖拉巴。阿卜杜拉不思爭取三千多名居民的民心，反而放任軍隊掠奪這座反叛城市。他這麼做無疑是為了殺雞儆猴，讓其他邊境綠洲不敢支持沙烏德家族。然而，阿卜杜拉的做法反而讓圖拉巴堅決效忠伊本·沙烏德。埃米爾阿卜杜拉還在圖拉巴的時候，可能有一些鎮民派人向伊本·沙烏德求救。阿卜杜拉從圖拉巴寫信給沙烏德領袖，希望透過攻占圖拉巴這件事與伊本·沙烏德協商和平，為哈希姆家族爭取更好的條件。

沙烏德戰士無意與哈希姆家族談判。到目前為止，他們與哈希姆軍隊每戰必勝，他們相信他們也能擊敗埃米爾阿卜杜拉的部隊。四千多名伊赫萬戰士從三面圍住圖拉巴。他們利用拂曉攻擊阿卜杜拉的據點，幾乎殲滅了他的部隊。根據阿卜杜拉自己的描述，在他率領的一千三百五十名士兵中，只有一百五十三人存活下來。他日後回想，「我能夠逃脫簡直是奇蹟。」阿卜杜拉與他的表親夏基爾·賓·扎伊德割開帳篷後方，且戰且走，負傷逃亡。[13]

這場戰役的影響不僅限於綠洲上的大屠殺。圖拉巴一役充分證明瓦哈比派擁有支配阿拉伯半島的力量，哈希姆家族被趕出漢志只是時間的問題。埃米爾阿卜杜拉回憶說，「這場戰事之後，我們開始對於我們的運動、國家與國王個人的命運感到不安與焦慮。」事實上，他的父親胡賽因國王似乎已經精神崩潰。阿卜杜拉寫道：「回到大本營後，我發現父親染病而且精神緊張。他變得易怒、健忘且多疑。他失去了迅速理解與健全判斷的能力。」[14]

戰爭的結果也讓英國人感到震驚，他們許多人低估了伊本．沙烏德軍隊的戰鬥力。他們不希望看到他們的盟友沙烏德家族擊敗另一個盟友哈希姆家族，如此將會破壞他們在阿拉伯半島處心積慮建立的權力均衡。一九一九年七月，英國駐吉達官員（英屬印度政治局轄下的殖民長官）發信要求伊本．沙烏德立即撤出綠洲城鎮，以圖拉巴與胡爾瑪做為中立區域，直到雙方就疆界達成協議為止。官員警告說，「如果收到我的信之後你還拒絕撤兵，那麼英國政府將會考慮廢止雙方簽訂的條約，並且採取一切必要措施阻止你的交戰行為。」[15]伊本．沙烏德同意他的要求，下令將軍隊撤回利雅德。

為了恢復阿拉伯半島的權力均衡，英國人仍需與漢志的哈希姆家族簽訂正式條約。謝里夫胡賽因與亨利．麥克馬洪爵士之間的通信建立了戰時同盟，但這並未構成像英國與波斯灣統治者（包括伊本．沙烏德）締結的條約。沒有正式條約，英國就沒有理由保護哈希姆盟友不受沙烏德家族的攻擊。但英國寧可見到阿拉伯半島上存在許多國家保持均勢，也不願見到有一個橫跨紅海與波斯灣的霸權興起。因此，維護哈希姆家族，使其做為對抗日漸壯大的沙烏德政權的緩衝，才符合英國的帝國利益。

隨著第一次世界大戰接近尾聲，英國政府急欲與胡賽因國王及哈希姆家族締結正式同盟。勞倫斯上校，即著名的「阿拉伯的勞倫斯」，他曾在阿拉伯叛亂期間擔任英方與哈希姆家族的聯絡人，此時奉命前去與胡賽因協商。

一九二一年七月到九月，勞倫斯試圖說服胡賽因國王簽訂條約承認戰後協議的新現實，但徒勞無功。胡賽因幾乎否定戰後對中東的每一項安排，認為英國完全違背對他的承諾：他拒絕將自己的王國局限在漢志；他反對自己的兒子費瑟勒國王被逐出大馬士革以及敘利亞成為法國的託管地；他反對伊拉克與巴勒斯坦（包括外約旦）成為英國的託管地；他反對猶太人在巴勒斯坦建立民族家園。一九二三年，英國做了最後一次締約的嘗試，但不滿的老國王還是拒絕簽約。結果，正當伊本・沙烏德發起征服漢志的戰役時，胡賽因卻喪失英國的保護。

一九二四年七月，伊本・沙烏德在利雅德召集所有指揮官，準備攻打漢志。他們先攻擊麥加附近的山城塔伊夫，以此測試英國的反應。一九二四年九月，伊赫萬攻下塔伊夫，大掠三天。塔伊夫鎮民抵抗瓦哈比派，遭到瓦哈比派的兇殘對待。估計有四百人被殺，許多鎮民逃亡。塔伊夫的陷落震撼了全漢志。省裡的顯貴齊集吉達，要求胡賽因國王退位。他們認為伊本・沙烏德攻打漢志是對胡賽因國王感到不滿，因此更換君主或許可以改變沙烏德的政策。一九二四年十月六日，老國王順從人民的要求，宣布由兒子阿里繼任王位，自己則流亡國外。然而，這些做法無法制止伊本・沙烏德繼續進軍。

一九二四年十月中，伊赫萬攻占聖城麥加。他們未遭遇任何抵抗，而且未對居民施加任何暴力。伊本・沙烏德派使者去試探英國對於征服塔伊夫與麥加有何反應。英國向他保證會在這場衝突中保持中立。沙烏德統治者於是繼續完成對整個漢志的征服。一九二五年一月，他圍攻吉達港與聖城麥地那。哈希姆家族堅守將近一年，到了一九二五年十二月二十二日，阿里國王向伊本・沙烏德交出他的王國，並且跟父親一樣流亡海外。

征服漢志之後，伊本・沙烏德被擁戴為「內志蘇丹與漢志國王」。伊本・沙烏德控制的廣大領土使他的地位一下子凌駕其他波斯灣停戰諸國統治者之上。一九二七年，英國承認伊本・沙烏德地位的變化，於是與阿卜杜勒・阿齊茲國王（即伊本・沙烏德）簽訂新約，承認他的完整獨立與主權地位，而且不像停戰諸國在外交上受制於英國。伊本·沙烏德繼續開疆拓土，一九三二年，他將自己的王國更名為沙烏地阿拉伯。

伊本·沙烏德不僅成功建立了統治絕大部分阿拉伯半島的王國，他也致力維護自身的獨立地位，不接受英國任何形式的帝國統治。在這方面，他因為英國的嚴重誤判而得利，因為英國人不相信沙烏地阿拉伯有石油。

流亡的漢志國王胡賽因有充分的理由認為自己遭英國人背叛。英國人不只未能實現亨利·麥克馬洪爵士對哈希姆家族的書面承諾，而且在一九二〇年時眼睜睜地看著法國人將他的兒子費瑟勒國王趕出敘利亞，一九二五年時又讓沙烏德家族將他的長子阿里國王趕出漢志。

英國人也不完全滿意自己未能兌現對戰時盟友的承諾，於是他們尋求別的方式來履行諾言，儘管只能實現其中一部分。一九二一年六月，殖民地大臣邱吉爾在下議院解釋說：「對於埃米爾費瑟勒正動身前往的美索不達米亞以及埃米爾阿卜杜拉目前統治的外約旦，我們傾向的做法，我稱之為謝里夫解決方案。」[16]邱吉爾希望讓胡賽因的兒子擔任英國託管地的國王，藉此彌補英國對哈希姆家族的失信，而英國的阿拉伯屬地也能獲得忠誠與可靠的統治者。

英國在中東的帝國屬地最容易統治的是外約旦。然而，外約旦這個新國家一開始就遭遇困難。外約旦的土地面積相當於印第安納州或匈牙利，人口只有三十五萬人，一部分是城市與村落居民，分布於可以俯瞰約旦河谷地的高原地帶，另一部分是游牧的部族民眾，分布於沙漠與大草原之間。外約旦屬於自給型經濟，農牧業的稅收支撐起一個非常小的國家。外約旦的政治運作也很簡單。全國分成幾個特定區域，每個區域都有自己的地方領袖，他們的政治觀是在地的。英國提供的小額補助——每年十五萬英鎊——足以維持這個地方發展。

英國人起初沒有把外約旦視為獨立國家。這個地區一開始是英國巴勒斯坦託管地的一部分。一九二三年，外約旦正式從巴勒斯坦分割出來，理由有二：英國希望將貝爾福宣言承諾的猶太民族家園局限在約旦河「以西」；英國也希望將埃米爾阿卜杜拉的野心局限在英國控制的領土範圍內。

一九二〇年十一月，埃米爾阿卜杜拉未經許可自行進入外約旦。他的身旁圍繞著一群阿拉伯民族主義分子以及他的弟弟費瑟勒被廢之後產生的大馬士革阿拉伯王國政治難民。阿卜杜拉宣示，他將領導阿拉伯志願軍從法國人手中解放敘利亞，恢復他的弟弟費瑟勒在大馬士革的合法王位（阿卜杜拉自己則志在伊拉克王位）。英國政府最不願見到的就是外約旦成為進攻毗鄰法國託管地敘利亞的跳板。英國官員努力想處理整個局勢以免事情失控。

一九二一年三月，邱吉爾與勞倫斯邀請埃米爾阿卜杜拉到耶路撒冷開會，他們告訴他英國在中東所構思的帝國計畫。費瑟勒不可能回到已被法國人牢牢掌握的大馬士革；但他將被安排成為伊拉克國王。英國可以提供給阿卜杜拉的最好提議是讓他成為新國家外約旦的國王。處於內陸的外約旦（當時領土尚未包括紅海港口阿卡巴）無法滿足阿卜杜拉的野心，但邱吉爾建議，如果阿卜杜拉能安穩地待在外約旦並且與法國人建立良好關係，未來有一天也許法國人會請阿卜杜拉代他們管理大馬士革。[17] 雖然成功的機會不大，但阿卜杜拉同意這些提案，於是謝里夫解決方案化身為英國在外約旦的帝國實況。

一九二一年，當埃米爾阿卜杜拉在外約旦首次建立政府時，他非常倚重曾在大馬士革為他的弟弟費瑟勒效力的阿拉伯民族主義分子。英國人與外約旦民眾都不喜歡阿卜杜拉的這批隨員。英國人認為這些人是煽動分子與麻煩製造者，一直對敘利亞的法國人抱持敵意。對外約旦人來說，這些阿拉伯民族主義分子——這些人之後組成了新政黨，稱為獨立黨（Istiqlal）——是一群外國菁英，他們支配政府與官僚體系，將本地人排除在外。

在外約旦，最公然反對獨立黨的是當地的一名法官，名叫奧達·庫蘇斯（一八七七～一九四三年）。庫蘇斯是南部城鎮卡拉克的基督徒，第一次世界大戰之前曾任職於鄂圖曼法院。庫蘇斯能說流利的土耳其語，也向循道宗傳教士學了一點英語，他曾在鄂圖曼帝國各地旅行，也曾與政府高級官員共事。他堅信埃米爾阿卜杜拉應該任用像他一樣的外約旦人組成政府，他們這些人才真正與新國家的福祉休戚相關。他最反對獨立黨的是這些人只關心如何解放大馬士革。庫蘇斯挖苦說，獨立黨建黨時宣告的第一件事就是「犧牲外約旦及其人民來改善敘利亞」。[18]他自己遭受獨立黨迫害的事實顯然證明了這個看法。

庫蘇斯為地方報紙撰稿，他在文章中公開批評獨立黨。他指控大臣在阿卜杜拉不知情的狀況下貪汙腐敗，為了一己之私盜用國庫資金。外約旦民眾響應法官的批評，他們拒絕繳稅給「外來」政府揮霍國家有限的資金。一九二一年六月，外約旦北方村民發動抗稅，情況很快升高成一場嚴重的革命。英國人必須派出皇家空軍進行空襲才能鎮壓這場暴亂。

一九二一年抗稅暴動之後，埃米爾阿卜杜拉政府與外約旦民眾之間的矛盾有增無減。庫蘇斯定期與城鎮職業團體見面，討論埃米爾政府令人失望的裙帶主義與腐敗。這些外約旦異議分子彼此交換對政府施政不良的看法，並且公開討論改革的需要。一九二三年夏天，當埃米爾阿卜杜拉面臨一場大規模部族暴亂時，獨立黨指控庫蘇斯與城鎮異議分子煽動這起暴亂，他們要求阿卜杜拉鎮壓這些國內的反對者。一九二三年九月六日晚間，治安人員猛敲庫蘇斯法官的大門，然後將他帶走。

庫蘇斯被拘留了七個月。埃米爾下令免除他的官職，並且將他流放到鄰近的漢志王國（當時仍在哈希姆家族的統治下）。與他一起遭到流放的還有四名外約旦人：一名陸軍軍官、一名切爾克斯人、一名穆斯林教士與一名日後成為約旦民族詩人的鄉間顯貴穆斯塔法·瓦赫比·塔爾。這五個人被指控「祕密結社」推翻埃米爾政府，並且想以外約旦本地人組成的政府取而代之。有人誣陷他們與阿德萬部族首領共謀，並且煽動部族叛亂以實現他們政變的圖謀。這項指控涉及嚴重的叛國罪，其懲罰之嚴厲反映在庫蘇斯與其他四人遭受的嚴苛對待上。

他們抵達安曼火車站，準備搭乘流放他們的火車，五個人感到憤憤不平。詩人穆斯塔法·瓦赫比唱著民族主義歌曲，激起大家的反抗心。他叫道，「奧達，真主與歷史為證！」這群人渾然不知痛苦的考驗正要開始。曼恩，現在是約旦的一座城市，但當時仍只是漢志的邊境小鎮，當他們抵達此地時，他們被帶往古堡地窖一間陰冷惡臭的小牢房裡。庫蘇斯緊抓著守衛叫道：「你不畏懼真主嗎？像這樣的地方別說關人了，連關牲畜都不適合。」

守衛與他們的長官知道這幾個犯人都是體面的人物，因此感到困窘。他們的文化與社會要求應該善加對待這幾個交由他們看管的人。但他們是軍事人員，必須遵守命令。他們對待犯人的方式因此在兩個極端之間來回交替，要不是極為和善，提供乾淨的床鋪、茶與陪伴他們，就是極為殘酷，拷問他們，讓他們簽字承認犯下政府指控他們的罪名。下令拷問與要求承認罪行的官員當然是埃米爾阿卜杜拉的外國隨員。庫蘇斯與他的同伴在未出席審判下被正式起訴，罪名是「陰謀武裝暴動推翻埃米爾政府」。[19]他們於是被送往漢志監禁，一開始是在阿卡巴，之後則是吉達。

一九二四年三月，胡賽因國王自封為哈里發並且宣布大赦，這幾名流放者因而得以返回故土。土耳其新任總統凱末爾才剛廢除哈里發制度，徹底除去鄂圖曼蘇丹國的影響，遭流放的漢志國王胡賽因便迫不及待抓住這個為家族爭取榮譽的機會。凡是重大的國家活動，赦免犯人經常是慶典的一部分。

煎熬的監獄生活終於結束，這五個人得到頭等艙的船票，從吉達前往埃及港口蘇伊士，然後從蘇伊士返回外約旦。庫蘇斯發了賀電給胡賽因國王，祝賀他就任哈里發（但胡賽因國王終究未能如願以償）。庫蘇斯不久就收到流亡國王回電，預祝他安全迅速返鄉，「外約旦需要你這種對祖國充滿愛國心、友好並且真心擁戴偉大哈希姆家族的人」。老國王是否在諷刺他們，或者是告誡這些政治犯要改過自新，未來要表現得更為忠誠？事實上，庫蘇斯從未做出對埃米爾阿卜杜拉不忠的事；他反對的是埃米爾重用獨立黨來統治外約旦人。

庫蘇斯不知情的是，英國殖民當局充分理解他的關切。庫蘇斯結束漢志的流亡生活返回國內後不久，英國駐安曼武官查爾斯·考克斯中校便邀他見面。他先請這位法官解釋遭到監禁的原因，然後兩人一起討論對埃米爾阿卜杜拉政府的看法。考克斯仔細記錄談話的內容，他感謝庫蘇斯的來訪，然後送他離開。

一九二四年八月，考克斯把英國駐巴勒斯坦高級專員吉爾伯特·克雷頓爵士的最後通牒送交阿卜杜拉。克雷頓在信中警告阿卜杜拉，英國政府對於他的政府「財政上缺乏紀律與鋪張浪費」以及讓外約旦成為鄰邦敘利亞的亂源「深感不滿」。阿卜杜拉被要求以書面承諾六項改革政府的條件，其中最重要的是必須在五天內驅逐獨立黨領導人物。[20]阿卜杜拉不敢拒絕。為了強調最後通牒，英國派四百名騎兵到安曼與三百名士兵到北部城鎮伊爾比德。埃米爾阿卜杜拉擔心英國人罷黜他的速度會跟扶植他的速度一樣快，於是簽署了最後通牒。

在這場對峙之後，埃米爾阿卜杜拉驅逐了獨立黨「不受歡迎人物」，並且改革政府財政與援引外約旦人進入政府。庫蘇斯重回約旦司法單位服務，並且在一九三一年升任司法大臣。一旦埃米爾阿卜杜拉與外約旦菁英站在同一陣線，他便獲得人民的支持與忠誠。直到一九四六年獨立為止，外約旦一直是個和平穩定的模範殖民地，幾乎未曾花費英國納稅人的錢。

雖然外約旦證明是英國最易於治理的中東屬地，但有一段時間伊拉克卻被視為是英國最成功的託管地。費瑟勒於一九二一年成為伊拉克國王，制憲大會則於一九二四年成立，同年稍晚英伊簽訂條約建立外交關係。到了一九三〇年，伊拉克已經是一個穩定的君主立憲國家，而英國身為託管國的使命也大功告成。英國與伊拉克開始協商新條約，為一九三二年伊拉克獨立做好準備工作。國際聯盟承認伊拉克獨立而且允許伊拉克成為國聯的新成員——這是國聯二十六年歷史中唯一成為國聯正式成員的託管地。伊拉克成為英國或法國統治下其他阿拉伯國家羨慕的對象，它的成就成為阿拉伯世界民族主義分子的目標：獨立並且成為國際聯盟的成員國。

英國引領伊拉克這個年輕王國成為主權國家的同時，在成功外表下卻隱藏著非常不同的現實。許多伊拉克人並不接受英國介入他們的內政。他們的反對並未隨著一九二〇年暴亂而結束，而是自始至終持續杯葛英國在伊拉克的計畫。雖然費瑟勒是個受人民擁戴的國王，但他的地位卻因為過於仰賴英國人而受到影響。伊拉克民族主義分子逐漸把費瑟勒視為英國勢力的延伸，他們在譴責帝國主子的同時也會批評費瑟勒。

一九二一年六月，費瑟勒抵達伊拉克，英國開始進行工作，準備將屬意的候選人推上王位。幾名伊拉克當地的王位覬覦者也表態爭取王位，卻遭受英國的強烈反對。薩伊德・塔利伯・那吉伯是巴斯拉顯貴，也想角逐王位，他在參與英國高級專員的妻子考克斯太太的茶會之後，在返家途中遭到逮捕並且被流放到錫蘭。高級專員珀西・考克斯爵士與幕僚為費瑟勒組織了一場相當累人的巡迴旅行，他們在公民投票之前走遍伊拉克訪問城鎮與部族，好讓英國的人選能登上伊拉克王位。無論如何，費瑟勒相當稱職地扮演他的角色，他四處巡視，與伊拉克各個社群見面，贏得了民眾的支持。就算沒有英國的干預，費瑟勒或許也能贏得絕大多數伊拉克人的擁戴成為伊拉克國王。但英國不容許有任何閃失。巴格達的東方書記格特魯德・貝爾曾經說過一句名言，她說她「絕不會再扶立任何君王，那實在太辛苦了」。[21]

一九二一年八月二十三日，費瑟勒被加冕為伊拉克國王。典禮在一大早舉行，希望利用一天中最涼爽的時間避開巴格達夏日的酷熱高溫。超過一千五百名賓客受邀參加這場加冕儀式。摩蘇爾顯貴蘇萊曼・法伊迪描述加冕典禮的「盛大」，「數千名賓客到場觀禮，通往會場的道路擠滿了數萬民眾」。[22]費瑟勒站在高台上，旁邊是英國高級專員與伊拉克大臣會議成員。會議書記起立宣讀珀西爵士的公告，宣布公民投票的結果。費瑟勒獲得百分之九十六的選票，成為伊拉克國王。會場賓客與顯貴紛紛起立為費瑟勒國王歡呼，此時伊拉克國旗在《天佑吾王》的旋律中冉冉升起——伊拉克人尚未譜寫自己的國歌。[23]這段音樂只會更讓人相信費瑟勒是英國選定的國王，事實上也是如此。

費瑟勒與新臣民的蜜月期十分短暫。絕大多數伊拉克人相信費瑟勒是阿拉伯民族主義者，期待他能讓伊拉克從英國統治下解放。然而他們的希望很快落空。穆罕默德・馬赫迪・庫巴在費瑟勒加冕時還是什葉派神學院的學生，他在回憶錄裡描述民眾的情緒。他解釋說，英國人「把埃米爾費瑟勒帶上台，加冕他為伊拉克國王，然後要他實施英國的政策。起初，伊拉克人欣然接受費瑟勒就任國王，他們將希望寄託在他身上，認為由他擔任政府領袖將可開啟獨立與民族主權的新時代」。事實上，有些顯貴領袖向費瑟勒效忠的條件就是他必須捍衛伊拉克的主權與獨立。有一名對費瑟勒充滿懷疑的人士就是抱持這樣的想法，他是一名具影響力的教士，名叫阿亞圖拉・馬赫迪・哈里西，是庫巴在巴格達讀書時的神學院院長。庫巴親眼看到哈里西在學校召開的費瑟勒國王歡迎大會上向國王宣誓效忠。「哈里西為費瑟勒國王禱告……並且握住他的手說道：『我們給予身為伊拉克國王的你我們的忠誠，只要你能以正義統治國家，你的政府是立憲代議政府，以及你不會讓伊拉克向外國做出任何承諾。』」[24]費瑟勒國王承諾自己將全力以赴，並且表示自己來伊拉克完全是為了服務人民。費瑟勒很清楚，自己不可能排除英國的影響統治伊拉克。伊拉克是國聯的託管地，他無論如何都得在英國指導下進行統治，直到英國認為可以讓伊拉克獨立為止。此外，費瑟勒在伊拉克是個外人，他的盟友只有少數幾名在阿拉伯叛亂與短暫的敘利亞王國時期跟隨他的陸軍軍官。在伊拉克站穩腳跟之前，費瑟勒需要英國的支持才能生存。費瑟勒的問題在於，他對英國的仰賴使他喪失伊拉克民族主義者對他的支持。諷刺的是，正因他仰賴英國，所以他一直無法獲得伊拉克人的忠誠，直到他於一九三三年去世時都是如此。

一九二二年，英國人擬訂條約試圖將英國在伊拉克的地位常規化，費瑟勒因此面臨困境。英伊條約毫不掩飾地顯露出英國對哈希姆王國支配的程度，無論是經濟、外交還是法律層面。條約規定，「伊拉克國王陛下同意接受英國國王陛下透過高級專員提供的各項建言，包括在條約有效期間內一切影響國際與財政義務以及英國國王陛下利益的重要事項。」[25]最能呈現英國意圖的是條約的期限有二十年，二十年後將重新檢視情勢，可能更新或終止條約，一切端賴「雙方訂約高層」的想法。這是英國延伸殖民統治的慣用手法，目的絕不是為了協助伊拉克獨立。

這份草約在伊拉克引起民眾廣泛的譴責。就連費瑟勒國王也暗中鼓吹反對條約，因為這份條約不僅限制了他的國王權力，也使他無法擺脫英國的帝國政策。有些大臣辭職以示抗議。大臣會議不願為如此具爭議性的文件負責，他們堅持召開民選的制憲會議來批准條約。英國人同意舉行選舉，但他們希望確保選舉產生的大會能支持他們的條約。民族主義政治人物不僅反對條約也反對選舉，他們察覺到制憲會議只是用來批准協定的橡皮圖章，目的是讓英國能永久控制伊拉克。

費瑟勒的信任度無疑受到條約危機的影響。阿亞圖拉．哈里西在另一場神學院師生集會上表示，「我們向伊拉克國王費瑟勒效忠是有條件的，而他未能做到這些條件。因此，我們與伊拉克人民不需要對他效忠。」哈里西投入到民族主義分子的反對陣營，並且開始頒布伊斯蘭教令，他宣布條約非法而且禁止任何人參與制憲會議選舉，他認為這場大選是「反宗教的行動，是支持非信仰者統治穆斯林的作為」。[26]教士與世俗的民族主義分子抱持共同的宗旨，並且組織杯葛即將舉辦的大選。

最後，英國不得不以武力強制實施條約內容。英國當局禁止所有的示威遊行。哈里西與其他反對派領袖遭到逮捕與流放。英國皇家空軍被派往幼發拉底河中游地區轟炸發動抗爭的部族叛亂分子。反對派被鎮壓後，當局開始進行大選。儘管頒布了伊斯蘭教令而民族主義分子也不斷奔走呼籲，大選還是照常進行，一九二四年三月，制憲會議召開，在經過辯論之後批准了條約。

制憲會議召開後，從一九二四年三月到十月鄭重其事地討論條約內容，最後條約以些微多數過關。雖然會議不受伊拉克人民歡迎，但會議確實推動幾項重要發展：制憲會議為這個新國家通過一部憲法，而且制訂了選舉法做為君主立憲制與多數決民主的基礎。然而，英國不擇手段讓條約通過，讓立憲與議會政府蒙上與帝國主義共謀的汙名，最終削弱了伊拉克的民主體制。在伊拉克民族主義分子眼中，這個新國家並非「民有、民治、民享」的政府，而是讓伊拉克人受英國人統治的政府。

如果英國人以為英伊條約通過後能讓情勢穩定一點，那麼他們可要大失所望。事實上，一九二〇年代的英國經驗讓二〇〇三年的英美戰爭策劃者得到不少教訓。

伊拉克是由三個迥然不同的鄂圖曼省分合併而成，新國家成立後，不同地區與社群很快就出現歧見。國家軍隊是獨立主權國家的重要部分，但伊拉克在組織軍隊時隨即出現問題。費瑟勒國王身旁圍繞著跟隨他參與阿拉伯叛亂的軍事人員，這些人急欲在伊拉克建立軍隊，並且透過全國性的兵役制度將庫德族、順尼派與什葉派整合起來。然而這項計畫遭到什葉派與庫德族的強烈反對而無法實現，這些人反對徵兵就像反對政府其他措施一樣，他們相信這些做法只會讓居於少數的順尼派阿拉伯社群獲得不成比例的權力。

庫德族對於伊拉克的統一與認同提出與眾不同的挑戰。不同於順尼派和什葉派，庫德族在種族上不屬於阿拉伯人，因此他們對於政府想把伊拉克打造成阿拉伯國家感到憎惡。他們認為此舉將抹除掉庫德族的種族認同。有些庫德族人不反對伊拉克的阿拉伯國家主張，反而以此為藉口要求庫德族人口占絕對多數的伊拉克北部能獲得高度自治。

有時看起來伊拉克人民唯一的共通點僅在於他們都反對英國人。費瑟勒國王本身則是對臣民深感絕望。在一九三三年去世前不久，這名伊拉克首任國王在一份機密的備忘錄中表示，「我很難過地說，我們至今依然看不到伊拉克人，在我們眼前的是一群令人無法想像的烏合之眾，他們毫無愛國心，腦子裡充滿宗教傳統與荒謬的想法，他們彼此之間沒有共同的紐帶，不僅容易受邪惡吸引，也傾向於無政府，無論政府做什麼他們總要反對。」[27]

對英國人來說，維持秩序的成本不久便超過伊拉克託管地產生的利益。到了一九三〇年，英國人重新評估自身的處境。他們透過一九二八年「紅線協定」確保了美索不達米亞的石油利益，英國取得土耳其（伊拉克）石油公司百分之四十七點五的股份，法國與美國則各自取得百分之二十三點七五的股份。英國在伊拉克建立了友好而從屬的政府，在「可靠的」國王領導下，英國的利益獲得了保障。英國駐伊拉克官員逐漸了解，透過條約要比長期直接控制更能確保英國的戰略利益。

一九三〇年六月，英國政府締結新協定取代充滿爭議的一九二二年英伊條約。新協定規定英國大使在各國駐伊使節中擁有優越地位。英國皇家空軍在伊拉克保有兩座空軍基地，而且英國軍隊在伊拉克擁有通行權。伊拉克軍隊由英國人負責訓練，武器彈藥供應也全仰賴英國。這種狀況雖未達到完全獨立的地步，卻足以確保伊拉克進入國聯。而這也滿足了伊拉克民族主義者的一項主要訴求，他們希望新協定可以為伊拉克獨立鋪路。

一九三〇年，「優惠同盟條約」批准後，英國與伊拉克同意終止託管制度。一九三二年十月三日，伊拉克獲准以獨立主權國家的地位進入國聯。然而伊拉克的獨立地位有名無實，因為英國的民政與軍事官員依然在伊拉克國境內行使與伊拉克主權扞格的影響力。英國這種非正式控制的手法嚴重損害哈希姆君主的正當性，而這種情況將一直延續到一九五八年哈希姆王朝遭推翻為止。

埃及民族主義者非常羨慕伊拉克的成果。雖然一九三〇年英伊條約與一九二二年英埃條約大同小異（在英埃條約中，英國只讓埃及獲得名義上的獨立地位），但伊拉克人卻獲得英國提名，使其能夠進入唯有獨立國家才能進入的俱樂部，也就是國際聯盟。這成了其他阿拉伯國家民族主義分子衡量自身成果的成功基準。在阿拉伯國家中，埃及的民族主義傳統最為悠久，埃及的政治菁英一直認為埃及理應率先擺脫歐洲殖民統治建立獨立國家。一九三〇年代，埃及領導民族主義的政黨瓦夫德黨承受愈來愈大的民眾壓力，催促他們推動埃及從英國統治下獨立。

在兩次世界大戰中的戰間期，埃及建立了現代阿拉伯世界發展程度最高的多黨民主體制。一九二三年憲法引進政治多元主義、兩院制國會定期選舉、成年男子普選與新聞自由。有幾個新政黨出現在政治舞台上。選舉吸引許多人前來投票。記者享有高度的採訪自由。

這段自由時期在眾人的記憶中與其說是埃及政治的黃金時代，不如說是充滿派系鬥爭的紛擾。有三種不同的權力爭搶埃及的控制權：英國人、埃及國王與透過國會運作的瓦夫德黨。三者之間的較勁使埃及政治陷入混亂。埃及國王富阿德（在位期間一九一七～一九三六年）為了避免國會監督，對民族主義派瓦夫德黨的反對更甚於英國人。瓦夫德黨因此必須周旋於英國人與國王之間，一方面要對抗英國人爭取獨立，另一方面又要提升國會權力制衡國王。英國人則是在瓦夫德黨掌權時與國王聯手對抗瓦夫德黨，而當瓦夫德黨失勢時又轉而與國會合作對抗國王。埃及的政治菁英好鬥成性，在國王與英國人的操弄下陷入自相傾軋的局面。在這種狀況下，埃及的獨立運動毫無進展也就不令人意外。

一九二四年，埃及首次舉行大選。一九一九年民族主義運動英雄薩德·扎格盧勒（一八五九～一九二七年）領導瓦夫德黨獲得壓倒性的勝利，囊括兩院九成席次。富阿德國王任命扎格盧勒為首相，邀請他組織政府，扎格盧勒於一九二四年三月就職。在勝選激勵下，扎格盧勒立即與英國進行協商，討論埃及完全獨立事宜，然而他的主張卻受到一九二二年條約四項「保留要點」的限制：英國控制蘇伊士運河；英國在埃及有駐軍的權利；英國人保留法律特權，又稱「讓步條款」；英國支配蘇丹。

蘇丹特別是關鍵。一八二〇年代穆罕默德·阿里統治時期，埃及首次征服蘇丹。馬赫迪叛亂（Mahdi's Revolt，一八八一～一八八五年）將埃及人驅離蘇丹，之後埃及人又於一八九〇年代晚期與英國人合作再次征服蘇丹。一八九九年，克羅默伯爵提出新的殖民主義形式，稱為「共管」，這個制度讓英國透過與埃及共管的方式將蘇丹併入帝國。從那時起，英國與埃及各自主張蘇丹實際是它們的領土。埃及民族主義分子反對一九二二年條約規定的英國對蘇丹有絕對的裁量權，他們要求保持「尼羅河流域完整」。蘇丹問題比其他三項保留要點更容易引發埃及與英國之間的緊張關係。

一九二四年十一月十九日，緊張升高成暴力事件，一群埃及民族主義分子趁英埃屬地蘇丹總督李·史塔克爵士搭車經過開羅時開槍將其擊斃。英國政府震驚之餘，決心利用這起事件落實統治蘇丹的目標。埃及高級專員艾倫比動爵向扎格盧勒提交懲罰性的九點最後通牒，其中包括改變蘇丹現狀。扎格盧勒拒絕遵從英國針對蘇丹的要求（埃及軍隊撤出蘇丹，允許英國使用尼羅河水灌溉農地），艾倫比於是要求蘇丹政府直接聽從英國的指令，毋須理會埃及首相的反對。扎格盧勒無法貫徹自己的立場，於十一月二十四日辭職。富阿德國王提名保王派人士組成下任政府並且解散國會，這麼做實際上等於讓瓦夫德黨的民族主義分子退出政府。當扎格盧勒看著英國人與國王奪走瓦夫德黨的權力時，他說了一句名言：「射出的子彈對準的不是李．史塔克爵士的胸膛，而是我的。」[28]事實上，扎格盧勒再也沒能重新掌權，他於一九二七年八月二十三日去世，享年六十八歲。接替扎格盧勒的都是些次要人物，他們的派系紛爭與內鬥使埃及民眾對政治領袖喪失信心。

如果瓦夫德黨的扎格盧勒是埃及自由時代的英雄，那麼易司馬儀．希德基就是這個時代的惡棍。一九一九年，希德基與瓦夫德黨代表團一同參加巴黎和會，他因為與扎格盧勒爭吵而在返國途中被開除黨籍。希德基是一九二二年條約的設計者，這個條約賦予埃及有限的獨立地位，而扎格盧勒一直反對這個條約。希德基愈受扎格盧勒敵視，就愈受富阿德國王器重。到了一九三〇年，希德基與國王已經有了共同目標，就是摧毀新領袖穆斯塔法．納哈斯領導的瓦夫德黨。

瓦夫德黨在一九二九年大選中獲得壓倒性勝利，在國會二百三十五個席次中取得二百一十二席，因此於一九三〇年一月再度掌握權力。國王邀請納哈斯組織政府。在選民付託下，納哈斯與英國外交大臣阿瑟．亨德森進行新一輪協商，想藉此實現埃及與希冀的獨立地位。從三月三十一日到五月八日，埃及與英國政府廣泛進行協商。雙方在蘇丹問題上陷入僵局，英國堅持將埃及獨立與蘇丹的未來區別開來，但埃及人不願意在喪失蘇丹的狀況下獨立。英埃協商的破裂讓瓦夫德黨的敵人——國王與敵對政黨——有了組成新政府的可乘之機。一九三〇年六月，納哈斯率領政府總辭。

一九三〇年夏天，國王與英國人達成協議：政府必須由「一雙安穩的手」來掌控。希德基明顯地就是這個人選。

國王派內侍到開羅的紳士俱樂部拜訪希德基，徵詢他是否有意願組織少數政府。希德基回答說：「我很榮幸得到陛下的信任，我想稟明的是，若陛下在這個關鍵時刻決定任命我，我將提出全新的政策，並且依照我對憲法的看法以及穩定政府的需要重新組織國會生態。」[29]

希德基的答覆完全符合國王對他的正面評價。希德基在此之前已經表達他對自由民主體制的敵視，他抨擊「一九二三年憲法造成國會專制與多數凌駕少數的暴政」。他希望政府能不受憲法約束，他將與國王合作來發號施令。國王派內侍告知希德基，表示他「很滿意他的政策」並且邀請他組閣。

一九三〇年六月，首次成為政府首長的希德基開始加強對政府的控制，他一人身兼三個內閣職位。除了擔任首相，希德基還擔任了財政與內政大臣。富阿德國王與希德基聯手解散國會、延宕選舉並且草擬擴張國王權力的新憲法。往後三年，埃及的議會民主遭到推翻，只憑國王的一紙命令來治理國家。

希德基毫不掩飾專制統治的傾向以及對民主程序的不屑。他在回憶錄中表示，一九三〇年六月底，「我不得不中止國會以進行我提出的重整計畫」。當納哈斯及其同志發起大規模遊行抗議中止國會時，希德基毫不猶豫對他們進行鎮壓。他解釋說：「我必須在他們採取行動前做出回應，以免反對運動演變成一場內戰。」他派軍隊壓制遊行，暴力事件隨之爆發。國王頒布詔令中止國會會期的三天後，亞歷山卓有三名抗議民眾遭到殺害，近四百人受傷。希德基嘴上留著捲曲的八字鬍，看起來像極了戲劇裡神氣活現的惡棍，他說道：「遺憾的是，開羅、亞歷山卓與一些鄉間城鎮發生了令人不快的事。政府沒有別的辦法，只能維護秩序與阻止滋事者破壞公共秩序及違法犯紀。」[30]英國雖然希望首相希德基與民族主義領袖納哈斯保持節制，卻不願介入這場衝突，因為埃及的內爭可以轉移埃及人的注意力，使他們停止追求從英國統治下獨立。

希德基為他的政治哲學提出辯解，他認為，在經濟蕭條時，領導人只有建立和平與秩序才能獲得進步與繁榮。一九二九年的經濟大恐慌造成全球經濟衰退，埃及的經濟也因此受到影響。面對經濟蕭條，希德基認為瓦夫德黨及其訴諸的群眾政治對公共秩序造成重大威脅。一九三〇年十月，希德基頒布新憲法，擴大國王的權力並且排除瓦夫德黨。憲法把國會議員從二百三十五席降低為一百五十席，上議院議員由國王任命的比例從四成擴充到六成，民選議員成為少數，國王因此可以控制上議院。希德基的憲法限制了普選資格，以更複雜的二階段投票取代原來的直選。在第一階段，投票年齡提高，到了第二階段，投票資格有財產與學歷限制。這些措施旨在剝奪一般群眾的投票權（瓦夫德黨仰賴這些民眾的支持）而將選舉權集中在有產菁英手上。立法權也受到限制，因為國會開會的會期從六個月縮減為五個月，而國王推遲法案的權力也跟著擴大。

新憲法的內容是赤裸裸的專制，引來各政治派系與一般民眾的一致反對。當報紙批評希德基與一九三〇年憲法時，他直接查封報社並且將記者關起來。就連一開始支持希德基的報社也不能倖免。記者轉入地下印製傳單，對專制政府與專制憲法進行猛烈攻詰。

一九三一年，新政府任期將屆，即將舉行國會大選，希德基開始組織自己的政黨。希德基在政壇上一向獨來獨往，不與政黨有任何連繫，但為了取得國會多數，他知道自己需要政黨支持。他把他的新政黨命名為人民黨，這種違反現實的說法足以媲美喬治·歐威爾的《一九八四》。希德基吸引一些從自由立憲黨與國王的團結黨脫離的野心人士，這些人都是菁英分子而非一般民眾。人民黨黨綱為反對派報紙提供大量的諷刺素材，其中包括人民黨誓言「維護憲政秩序」、「保障人民主權」與支持「國王權利」（富阿德國王做了明智的選擇）。[31]瓦夫德黨與自由立憲黨杯葛一九三一年五月大選，希德基的人民黨因此獲得多數。他的專制革命似乎即將成功。

但最終希德基失敗了。他的專制改革引發真正的人民政黨瓦夫德黨與其他主要政黨的反對。新聞界拒絕被消音，持續而密集地進行批評，試圖帶動輿論反對希德基政府。隨著民眾愈來愈公然反對希德基政府，治安也開始惡化。希德基總是以提供法律與秩序來為專制統治辯護。眼看局勢日益混亂，英國開始施壓新政府恢復民眾信心與遏止政治暴力。希德基的革命遭受挫敗，而且收效甚微。一九三三年九月，國王免除希德基的首相職務。希德基雖然下台，但並未退出政壇，直到一九五〇年去世為止，他一直是埃及最具影響力的政治人物。

富阿德國王短暫嘗試維持絕對統治。他頒布詔令廢除希德基的一九三〇年憲法，卻未恢復更早之前的一九二三年憲法，他解散一九三一年選出的國會，卻未舉行新一輪的大選。在這段過渡時期，國王握有全權，但這段期間要持續多久，誰也不知道。不用說，國王的做法依然無法恢復民眾對埃及政府的信心，而國王也遭受英國與瓦夫德黨施壓要求恢復埃及一九二三年憲法與準備新的選舉。一九三五年十二月十二日，國王承認失敗並且下令恢復原來的憲法。

英國、埃及國王與瓦夫德黨之間的政治僵局終於在一九三六年打破。同年四月，富阿德國王去世，由年輕英俊的兒子法魯克繼位。五月舉行選舉，瓦夫德黨再度贏得多數選票。瓦夫德黨重新掌權與法魯克加冕，這兩件事讓民眾產生強烈的樂觀感受，迎來了開羅之春。而英國也相應地重開協商，討論與埃及的關係。歐洲法西斯主義的興起與一九三五年墨索里尼入侵衣索比亞形成的新局勢使英國急於取得埃及支持。德國與義大利的反英國殖民主義宣傳開始引起埃及民眾的注意。新成立的極端民族主義政黨，如青年埃及黨，公開支持法西斯主義意識形態。

一九三六年三月，為了反制這些危機，英國高級專員藍浦生爵士於開羅展開新一輪協商。一九三六年八月，由埃及各黨派組成的代表團與英國政府締結新約，並且簽署成為法律。優惠同盟條約擴大了埃及的主權與獨立地位，不過就像伊拉克條約一樣，這份條約使英國在各國中擁有優越地位，而且有權在埃及境內保有軍事基地，同時也讓英國控制蘇丹。這份條約的成果足以確保埃及在一九三七年進入國聯，在此之前唯一加入國聯的阿拉伯國家是伊拉克，而那已經是五年前的事。儘管如此，這次擬訂的協定，這份期限二十年的條約，卻將埃及人渴求的獨立推到政治地平線之外。

一九三〇年代的經驗使許多埃及人對自由民主的政黨政治感到幻滅。雖然埃及人反對希德基的專制統治，但他們也對瓦夫德黨取得的結果不滿。一九二二年，扎格盧勒承認要解救埃及免於遭受英國統治，一九三六年，納哈斯也做了相同的承諾，但獨立這個難以到手的美夢卻還要一個世代的時間才得以實現。

英國託管的巴勒斯坦從一開始就注定走上失敗之路。貝爾福宣言的內容寫入國際聯盟公約的託管條款序文裡，正式規定英國在巴勒斯坦的地位。戰後託管地一般都由單一大國負責在單一新國家裡建立自治體制，但英國的巴勒斯坦託管地卻不僅要在巴勒斯坦當地居民之中建立一個可運行的國家，還要為世界各地的猶太人建立民族家園。

貝爾福宣言必然引發族群衝突的結果。巴勒斯坦資源非常稀少，要在此地建立猶太民族家園不可能不減損巴勒斯坦既有的非猶太社群的公民與宗教權利。因此無法避免巴勒斯坦託管地產生民族主義之間的敵對衝突：組織嚴明的猶太復國主義運動，以及由英國帝國主義與猶太復國殖民主義雙重威脅激起的新巴勒斯坦民族主義。巴勒斯坦將證明是英國在中東最大的帝國主義敗筆，這場失敗將使整個中東陷入衝突與暴力，禍延至今。

巴勒斯坦是古老土地上的新國家，是英國為了帝國統治之便而將不同的鄂圖曼省分如鵝卵石般拼接而成。巴勒斯坦託管地原本橫跨約旦河兩岸，從地中海延伸到伊拉克邊境，涵蓋了廣大渺無人煙的沙漠地帶。一九二三年，約旦河以東的土地正式脫離巴勒斯坦託管地，成立由埃米爾阿卜杜拉統治的獨立國家外約旦。同年，英國也將部分戈蘭高地割讓給法國的敘利亞託管地，此時的巴勒斯坦是個面積小於比利時的國家，大約與馬里蘭州*差不多大。

一九二三年，巴勒斯坦的人口已相當多元。巴勒斯坦是基督徒、穆斯林與猶太人的聖地，數百年來吸引來自世界各地人士前來朝聖。從一八八二年開始，新一波的訪客抵達巴勒斯坦，這些人主要是移民而非朝聖者。一方面受到俄國沙皇亞歷山大三世「反猶迫害」的驅趕，另一方面則是受到強大新意識形態猶太復國主義的吸引，成千上萬的東歐與俄羅斯猶太人紛紛前來巴勒斯坦避難。他們來到的社會，人口絕大多數是穆斯林，占了百分之八十五，基督徒是少數，只有百分之九，剩下的則是原本就生活在巴

*美國馬里蘭州面積約三萬二千平方公里。

勒斯坦的猶太社群。一八八二年，原本的依舒夫（Yishuv，對巴勒斯坦猶太社群的稱呼）不超過巴勒斯坦人口的百分之三，而且主要生活在傳承拉比學識的四座城鎮：耶路撒冷、希伯侖、提比里亞與采法特。[32]

第一次世界大戰之前，有特定兩波猶太復國主義移民抵達巴勒斯坦。第一次阿利亞（First Aliya），即第一波猶太移民是在一八八二年到一九〇三年間進入巴勒斯坦，他們讓依舒夫的人口增加一倍，從原本的二萬四千人增加為五萬人。猶太社群在第二次阿利亞（一九〇四～一九一四年）時期擴充更為迅速，到了一九一四年，巴勒斯坦猶太人總人口數估計達到八萬五千人。[33]

巴勒斯坦阿拉伯人眼見猶太移民在一八八二年後不斷增加，開始感到關切。一八九〇年代，阿拉伯報紙開始抨擊猶太復國主義，二十世紀初，領導的阿拉伯知識分子公開批評這場運動。一九〇九年，有人草擬法律試圖禁止猶太人移民巴勒斯坦，一九一一年，鄂圖曼國會兩度針對猶太復國主義活動進行辯論，但最終並未通過任何法案。[34]

支持猶太復國主義成為英國官方政策之後，再加上一九一七年發表的貝爾福宣言，讓阿拉伯人愈來愈感到不安。金恩－克蘭恩委員會一九一九年六月到巴勒斯坦各地巡視，他們接到堆積如山的反對猶太復國主義請願書。委員在報告中解釋說：「在巴勒斯坦，反對猶太復國主義的請願書特別多，二百六十份請願書有二百二十二份（百分之八十五點三）反對猶太復國主義計畫。這是這個地區創下的最高比例。」

巴勒斯坦傳達的訊息很清楚：當地的阿拉伯人數年來一直反對猶太復國主義移民，他們不接受英國以他們的土地為承諾建立猶太民族家園。但這個訊息卻無人在意，因為英國與國際社群在未徵詢或未獲得當地人民同意下就決定了巴勒斯坦的未來。一旦和平手段失敗，絕望的阿拉伯人很快轉向訴諸暴力。

從託管地建立之初，猶太人移入巴勒斯坦購買土地已造成緊張關係升高。阿拉伯人反對英國統治與猶太民族家園計畫，他們認為猶太社群的擴張已直接威脅到阿拉伯人的政治前途。再者，猶太人購買土地不可避免迫使阿拉伯農民離開他們以佃農身分世代耕種的土地。

從一九一九年到一九二一年，猶太人移民到巴勒斯坦開始猛烈加速，超過一萬八千五百名猶太復國主義者移入巴勒斯坦。一九二〇年的耶路撒冷與一九二一年的雅法分別爆發大規模暴亂，造成九十五名猶太人與六十四名阿拉伯人死亡，數百人受傷。一九二二年到一九二九年，大約有七萬名猶太復國主義移民抵達巴勒斯坦。在此同時，猶太國家基金（Jewish National Fund）在巴勒斯坦北部伊茲瑞爾谷地購買二十四萬英畝（九萬公頃）土地。大量移民與大量土地購買引爆新一輪暴力，一九二九年在耶路撒冷、希伯侖、采法特與雅法的暴亂奪走一百三十三名猶太人與一百一十六名阿拉伯人的性命。[35]

每發生一次暴力事件，英國調查單位就會引進新政策來安撫絕大多數巴勒斯坦人的恐懼。一九二二年七月，在第一波暴亂結束後，邱吉爾發表白皮書，試圖讓陷入恐慌的阿拉伯人冷靜下來，他表示，巴勒斯坦不會像「英國是英國人的土地一樣成為猶太人的土地」。*邱吉爾說，貝爾福宣言並未「考慮將整個巴勒斯坦轉變成猶太人的民族家園，而是這座家園將建立在**巴勒斯坦**」。[36]同樣地，一九二九年暴亂的嚴重性也導致新報告與新建議的出現。一九三〇年的「蕭報告」指出猶太移民與土地購買是巴勒

---

*邱吉爾是在反駁世界猶太復國主義組織領袖魏茨曼在巴黎和會上說的話：巴勒斯坦是猶太人的，正如英國是英國人的。

斯坦不安的元兇，並且要求限制猶太復國主義移民以避免未來的問題。之後在一九三九年十月又發表了「帕斯菲爾德白皮書」，要求限制猶太人購買土地與移民。

英國每發表一份同情巴勒斯坦阿拉伯人的白皮書，世界猶太復國主義組織與巴勒斯坦猶太事務局就在倫敦與耶路撒冷的權力中心進行運作以推翻不利他們目標的政策。猶太復國主義者向英國首相拉姆齊．麥克唐納的少數政府施加巨大壓力，並且成功讓麥克唐納否決帕斯菲爾德白皮書。哈伊姆．魏茨曼及其謀士為麥克唐納寫了信件，麥克唐納於一九三一年二月十三日在信上簽字。麥克唐納在信上確認，英國政府「不會下令與考慮停止或禁止猶太移民」，也不會阻止猶太人取得更多巴勒斯坦的土地。阿拉伯人期待處境能獲得改善，卻因為麥克唐納的信件而破滅，他們把這封書信稱為「黑書信」（相對於白皮書）。

惡性循環使巴勒斯坦託管地陷入無休止的暴力：不斷增加的猶太復國主義移民與土地購買引發群體衝突，而衝突又讓英國試圖限制猶太民族家園，於是猶太復國主義者又進行政治遊說來解除這些限制。只要這樣的過程繼續下去，巴勒斯坦就不可能建立政府或自治體制。巴勒斯坦人不想讓託管地正當化以避免託管地日後成為猶太人的民族家園；英國人不想讓占多數的巴勒斯坦人獲得比例代表權，更甭說給予他們自治權力，因為巴勒斯坦人一向敵視託管地的目標；猶太復國主義者則是在各方面與託管地合作，藉此實現他們建立國家的夢想。每發生一起暴力事件，巴勒斯坦的困境就變得更加複雜難解。

巴勒斯坦阿拉伯社群的問題因阿拉伯內部領導階層分裂而雪上加霜。耶路撒冷兩個領導家族——侯賽尼家族與納夏希比家族——競逐巴勒斯坦阿拉伯政治的領導地位。英國人從一開始就對這兩個家族挑撥離間。一九二〇年，巴勒斯坦顯貴創設阿拉伯執行委員會，向英國當局反映他們的需求，他們的領袖是穆薩・卡齊姆・侯賽尼。第二個代表機構是最高穆斯林議會，領導者是哈只*阿敏・侯賽尼，他是耶路撒冷的大穆夫提。納夏希比家族杯葛這兩個由侯賽尼家族支配的機構，而且試圖直接與英國人交涉。領導階層的分裂使巴勒斯坦人在與英國人及猶太復國主義者談判時處於劣勢。

到了一九二九年，巴勒斯坦民族主義領袖的缺失讓許多新角色競相登上民族舞台。如同一九一九年的埃及，民族主義提供了機會之窗，讓女性首次參與公眾生活。女性菁英受到胡達・夏拉維與瓦夫德婦女協會的激勵，對一九二九年暴亂做出回應，她們在一九二九年十月於耶路撒冷召開第一次阿拉伯婦女大會。兩百名來自巴勒斯坦穆斯林與基督徒社群的婦女參與這場會議。她們通過三項決議：要求廢除貝爾福宣言；主張巴勒斯坦有權成立民族政府，由所有社群依照人數比例選出代表組成；發展巴勒斯坦產業。「大會要求所有的阿拉伯人除了土地不要向猶太人購買任何東西，要向猶太人出售土地之外的任何東西。」[37]

這些婦女代表開始打破傳統。巴勒斯坦習俗不允許女性與男性在公開場合見面，但她們一反常態，決定拜訪英國高級專員約翰・錢塞勒爵士，把決議呈交給他。錢塞勒收下她們的決議，承諾會把她們的訊息呈報倫敦，由政府的調查委員會來了解巴勒斯坦問題。與錢塞勒見面之後，代表們返回仍在開會的婦女大會，然後進行公眾遊行示威，此舉更進一步違反既定的婦女禮儀規範。示威演變成一百二十輛汽車的遊行，從大馬士革門出發，行經耶路撒冷大街，她們沿路散發決議給駐耶路撒冷的各國領事館。

大會結束後，婦女代表成立阿拉伯婦女協會，同時提出女性主義與民族主義主張：「支持阿拉伯婦

＊給完成伊斯蘭朝覲之功者的頭銜，也用來尊稱長者。

女改善自身地位；協助貧困之人；鼓勵與提升阿拉伯民族企業。」協會募款協助因反英或反猶太復國主義者攻擊而遭到囚禁或處決的巴勒斯坦人家庭。她們不斷向高級專員提交請願書與備忘錄，希望他能赦免政治犯，並且抗議猶太人購買武器與譴責英國未能與阿拉伯執行委員會達成政治協定：這些婦女與阿拉伯執行委員會成員多半有婚姻與血親關係。

阿拉伯婦女協會是個奇妙的混合體，結合了巴勒斯坦民族主義政治與英國地方貴婦的上層中產階級文化。她們以丈夫的姓名稱呼彼此，如卡齊姆帕夏．侯賽尼夫人與奧尼．阿卜杜．哈迪夫人，而且會利用下午茶的時間討論策略。但是與一九一九年的埃及一樣，婦女參與民族運動有著巨大的象徵價值。這群受過良好教育、口若懸河的女性為新興的巴勒斯坦民族主義運動增添洪亮的聲音。舉例來說，一九三三年在協會發動的第二次示威抗議上，奧尼．阿卜杜．哈迪夫人發表演說痛責艾倫比勳爵：「阿拉伯婦女親眼看到英國人過去十五年來如何違背自己的誓言、分化她們的國家以及將政策強加在人民身上，這些做法勢必導致阿拉伯人滅亡，允許世界各地猶太人移入巴勒斯坦，最終將使猶太人取代阿拉伯人。」[38]她的訊息很清楚：整個巴勒斯坦民族，不只是男性，全認為英國必須要為託管地政策負責。

巴勒斯坦的阿拉伯菁英能言善道，但說的畢竟比做的容易。阿拉伯人發表激昂的民族主義演說並且不斷與英國當局協商，但猶太復國主義分子仍大量移入，英國人也毫無准許巴勒斯坦阿拉伯人獨立的跡象。帕斯菲爾德白皮書發表之後，一九二九年到一九三一年，猶太復國主義移民減少到每年五千到六千人。然而，一九三一年的麥克唐納信件卻反轉了英國政策，加上納粹在德國取得政權，新一批大量的猶太移民開始湧入巴勒斯坦。一九三二年，將近一萬名猶太移民進入巴勒斯坦，一九三三年超過三萬人，一九三四年超過四萬二千人。一九三五年是移民人數的高峰，將近六萬二千名猶太人進入巴勒斯坦。從一九二二年到一九三五年，巴勒斯坦的猶太人口從占總人口的百分之九增加到將近百分之二十七。[39]猶太人購買土地使許多巴勒斯坦農工流離失所，帕斯菲爾德白皮書在猶太人口達到一九三五年的半數時就已經對這種現象感到憂心。巴勒斯坦領導階層清一色由城市菁英組成，他們的無能使這些問題完全落到農村窮人肩上。

一九三五年，有一個人決定透過武裝暴動的方式來宣洩農村社群的憤怒。在過程中，這個人提供的火花使巴勒斯坦成為舉世皆知的火藥庫。

伊扎爾丁．卡薩姆出生於敘利亞，一九二〇年代逃離被法國託管的故鄉來到巴勒斯坦。他是一名穆斯林教士，在北方港口海法信徒眾多的獨立清真寺講道。他也率領了青年穆斯林協會，一個民族主義與反猶太復國主義的青年團體。卡薩姆謝赫在講道壇上召喚民眾反對英國與猶太復國主義。他很快就獲得最直接受到猶太移民影響的窮困巴勒斯坦人的歡迎，這些人希望由卡薩姆而非好鬥無能的城市顯貴來領導他們。

一九三一年麥克唐納簽署黑書信後，卡薩姆便開始倡導以武裝鬥爭反抗英國人與猶太復國主義者。他的訴求獲得清真寺會眾的熱情響應。一些人自願加入戰鬥，其他人則貢獻資金購買武器彈藥。然後，在無預警下，卡薩姆突然在一九三五年秋天消失無蹤。他的支持者對此感到關切。有些人擔心他遭遇不測；有些人懷疑他捲款潛逃。一九三五年十一月，阿克蘭姆．祖維提爾與一名和卡薩姆相熟的泥水匠討論他神祕失蹤的事。祖維提爾說，指控卡薩姆的人真是可恥。泥水匠回答說：「兄弟，我同意你的說法，但他為什麼要躲起來呢？」[40]

有個人走上前來打斷他們的談話，那人告訴他們，前些日子有一群阿拉伯人與英軍在傑寧山區發生激戰。叛軍與叛軍殺死的警察屍體全被運到傑寧的英軍堡壘。年輕的祖維提爾認為這是個獨家消息，於是打電話給耶路撒冷的阿拉伯新聞社社長，要他留意此事。社長於是立即動身前往傑寧，他要祖維提爾留守辦公室並且知會巴勒斯坦各家報社有大事即將發生。

三小時後，吃驚的社長從傑寧回來，他說的話清楚簡潔，幾乎可以當成新聞標題。「重要事件，」他上氣不接下氣地說道：「極其危險的新聞。伊扎爾丁．卡薩姆謝赫與他的四名同志殉難。」在傑寧警察局，社長訪問一名受傷的卡薩姆徒眾生還者。那人雖然承受極大的痛苦，卻還是努力詳細說明卡薩姆的行動。

那名受傷的男子解釋說，卡薩姆在一九三三年組織了武裝部隊。他只錄用準備為國家赴死的虔誠穆斯林。他們募集資金購買步槍軍火，準備進行武裝鬥爭「殺死英國人與猶太人，因為這些人占領我們的國家」。一九三五年十月，卡薩姆與他的手下祕密離開海法——祖維提爾與泥水匠當天稍早談到的謠言就是由此而來。

卡薩姆的武裝部隊在巴伊桑平原遭遇警察巡邏隊並且殺死一名猶太中士。英國人搜索山區並且在納布盧斯通往傑寧的路上意外碰見卡薩姆的一名手下。雙方交火，阿拉伯叛亂分子遭擊斃。生還的卡薩姆手下解釋說：「我們得知有同志殉難後，隔天早晨，我們決定攻擊警察。」叛亂分子發現英國軍警人數遠超過他們，在寡不敵眾下躲入傑寧附近的雅巴德村的洞穴裡。英國皇家空軍在上空盤旋，英國人與阿拉伯人歷經兩小時槍戰，卡薩姆與其他三人被打死。四名生還者成為階下囚。一名英國士兵死亡，兩名受傷。

祖維提爾聽到這些事，感到震驚不已，但他腦子裡浮現的第一個念頭卻是葬禮。依照伊斯蘭習慣，正常來說卡薩姆與他的手下應該要在日落前下葬。然而，這些「殉難者」的屍體仍扣留在警方手中。祖維提爾打電話給海法的一名同事，由他與英國人協商，將遺體交還給死者家人以安排後續的喪葬事宜。英國人同意合作，但有兩個條件：葬禮必須在隔天早上十點舉行，送葬隊伍必須從卡薩姆家中往東直接前往墓地，不許進入海法市中心。英國人非常擔心情勢有變，希望避免暴力事件。相對地，祖維提爾卻想讓葬禮成為政治事件，刺激巴勒斯坦人反對託管地。當天午夜，祖維提爾在《伊斯蘭社會報》發表文章，呼籲所有巴勒斯坦人前來海法參加送葬行列。他直接向民族主義領袖提出挑戰：「巴勒斯坦領袖會在信眾陪伴下，與巴勒斯坦年輕人一起參與偉大宗教學者的送葬行列嗎？」[41]

隔天，祖維提爾起了個大早，他檢視阿拉伯新聞報導，然後動身前往海法。祖維提爾寫道，「當我閱讀報紙上對戰鬥的描述以及我呼籲民眾參與送葬行列的文字時，我心想今天將會是海法深具歷史意義的一日。今天是殉難者日。」他是對的，數千名民眾前來海法參與國殤日。與英國的期望相反，喪禮在海法的中央清真寺舉行，送葬隊伍穿過市中心。「花了一番工夫，殉難者才穿過群眾從清真寺抬到外面的大廣場。這裡的景象一言難盡。數千名群眾簇擁著送葬隊伍，殉難者的遺體被高抬至肩上，眾人口中高喊『真主至大，真主至大』，婦女在屋頂與窗邊哀嚎痛哭。」哀悼者唱著激烈的反抗歌曲。「然後，當遺體被高舉時，一片呼聲響起：復仇！復仇！數千人不約而同地發出雷鳴般的呼聲：復仇！復仇！」

憤怒群眾衝到海法警察局，用石塊丟擲建築物並且破壞停在外面的警車。他們沿路追打英國士兵與警察，英國人紛紛撤離以避免雙方傷亡。群眾也攻擊火車站，這是另一個群眾厭惡的英國統治象徵。整個送葬過程持續三個半小時，卡薩姆與他的手下終於可以安息。「想像親眼目睹殉難英雄身穿沾著血跡的吉哈德衣物入土時，群眾內心產生的衝擊，」祖維提爾回想說。他也提到巴勒斯坦北方城鎮如阿卡、傑寧、巴伊桑、圖爾卡姆、納布盧斯、海法派代表參加這場葬禮，「但我沒看見民族主義政黨的領袖前來，他們必須受到指責。」[42]

卡薩姆謝赫的叛亂雖然短暫，卻就此改變巴勒斯坦的政治。領導民族主義運動的城市顯貴失去廣大民眾的信任。他們與英國人協商了十五年，卻沒有任何進展。巴勒斯坦人在獨立或自治上毫無進展，英國人依然牢牢掌控巴勒斯坦，而猶太人增長的速度很快將與阿拉伯人口勢均力敵。巴勒斯坦人需要能直接對抗英國與猶太復國主義威脅的行動者，而其結果是連續三年的叛亂，摧毀了巴勒斯坦的城鎮與鄉野。

卡薩姆叛亂之後，巴勒斯坦政黨領袖試圖重新掌握民族主義運動的領導權。一九三六年四月，領導的各政黨結合成一個新組織，阿拉伯高等委員會。他們號召所有阿拉伯工人與政府雇員進行大罷工，並且全面杯葛與依舒夫的一切經濟往來。大罷工也伴隨著對英國軍隊與猶太移民的暴力攻擊。

民族主義領袖的策略造成的結果不如人意。杯葛對巴勒斯坦阿拉伯人經濟的損害遠大於依舒夫。英國派遣兩萬名士兵前來鎮壓叛亂。英國也要求鄰近阿拉伯國家盟邦說服巴勒斯坦領袖停止大罷工。一九三六年十月九日，沙烏地阿拉伯與伊拉克國王，連同外約旦與葉門的統治者共同發布宣言，呼籲「我們巴勒斯坦的阿拉伯子弟追求和平，避免更多流血」。為此，國王們甚至說出難以置信的話，「我們仰賴你們的朋友英國的善意，英國宣稱將會公平處理此事。」[43]

當阿拉伯高等委員會回應國王們的宣言，呼籲停止罷工時，巴勒斯坦人覺得自己遭到領袖與阿拉伯弟兄背叛。巴勒斯坦民族主義詩人阿布・薩爾曼表達他們的看法，他尖刻的詩文指控巴勒斯坦領袖與英國支持的阿拉伯君主出賣阿拉伯運動：

珍愛祖國的人啊
挺身反抗公然的壓迫
從國王的手中解救祖國
從傀儡的手中解救祖國
我還以為有國王來領導我們[44]

阿布·薩爾曼說出了幻滅的巴勒斯坦民眾的心聲，他認為巴勒斯坦的解放將來自於民眾而非領袖。

大罷工之後，英國再度成立調查委員會。一九三七年七月七日的皮爾委員會報告震撼整個巴勒斯坦。英國首次承認巴勒斯坦動亂源自於水火不容的民族運動。報告指出：「無法壓制的衝突來自於小國狹窄的領域內同時存在兩個民族社群。大約一百萬名阿拉伯人與大約四十萬名猶太人處於敵對狀態，即使不是公然衝突，也處於隨時可能爆發的狀態。阿拉伯人與猶太人之間毫無妥協空間。」

皮爾委員會的解決方案是分治。猶太人獲得建國，並且取得巴勒斯坦兩成的土地，包括大部分的海岸線與巴勒斯坦幾處最肥沃的農耕地，如伊茲瑞爾谷地與加利利。阿拉伯人分配到巴勒斯坦最貧瘠的土地，包括內蓋夫沙漠、阿拉巴谷地、約旦河西岸山區與加薩走廊。

巴勒斯坦人口與分治的地理不相符。問題特別嚴重的地方在於主要的阿拉伯城鎮全位於提議的猶太國領土內。為了解決這些特例，皮爾委員會提出「人口轉移」的可能性，把分配給猶太國的領土上的阿拉伯人遷移出去——在二十世紀晚期，我們把這種做法稱為種族淨化。英國強制轉移的建議使猶太事務局主席戴維・本-古里安（一八八六～一九七三年）轉而支持分治計畫。他充滿興趣地表示，「這個方案將使我們獲得從未擁有過的東西，即使在古代我們自己治理自己的時候」，我們也從未有過完全由猶太人組成的「真正猶太人」國家。[45]

更讓阿拉伯人不滿的是，分治計畫並未設想一個獨立的巴勒斯坦國，而是將阿拉伯領土併入外約旦受埃米爾阿卜杜拉統治。巴勒斯坦民眾一向不信任阿卜杜拉，認為他是貪圖巴勒斯坦土地的英國間諜。巴勒斯坦人認為皮爾委員會的建議對他們的民族鬥爭而言代表了最糟的結果。他們不僅無法確保自治權利，反而四處離散受到帶有惡意的外國人——猶太復國主義者與埃米爾阿卜杜拉——統治。

猶太事務局同意這項建議，埃米爾阿卜杜拉也接受皮爾委員會的提案，巴勒斯坦人於是向英國人與依舒夫宣戰。

一九三七年秋天到一九三九年，第二階段的巴勒斯坦阿拉伯叛亂持續了兩年。一九三七年九月二十六日，巴勒斯坦極端主義分子殺死加利利地區專員路易斯・安德魯斯。英國逮捕二百名巴勒斯坦民族主義領袖，將許多人放逐到塞席爾，並且宣布阿拉伯高等委員會非法。少了領導中心，叛亂淪為一盤散沙，只能在巴勒斯坦鄉間四處劫掠。叛亂分子攻擊英國警察、軍方巡邏隊與猶太屯墾區，暗殺英國與猶太官員，殺害涉嫌與占領當局勾結的巴勒斯坦人。他們破壞經過巴勒斯坦的鐵路、通信設施與油管。村民發現自己困在叛亂分子與英國人之間進退兩難，前者要求他們協助，後者則懲罰涉嫌支持叛亂分子的人。影響所及，巴勒斯坦人深受其害。

每當阿拉伯人攻擊英國人與依舒夫，都會引來大規模報復。英國決心以軍事手段鎮壓叛亂，派遣了二萬五千名軍警到巴勒斯坦，這是一次大戰結束後最大規模的海外軍力部署。英國成立軍事法庭，依照「緊急命令」賦予託管地軍事獨裁的合法權限。英國人根據緊急命令的法律權威，將涉嫌攻擊的民眾與確知或懷疑幫助叛亂分子的民眾房舍全數摧毀。據估計，從一九三六年到一九四〇年，共有二千間房舍遭到摧毀。作戰人員與無辜民眾都被監禁在集中營裡，到了一九三九年，超過九千名巴勒斯坦人被關押在擁擠不堪的牢房裡。嫌犯受到暴力偵訊，承受羞辱到拷問各種手法。七歲到十六歲的少年犯則遭受鞭刑。一九三八年到一九三九年，超過一百名阿拉伯人被判處死刑，超過三十人被實際處死。英軍利用巴勒斯坦人充當人肉盾牌來清除叛亂分子埋在道路上的地雷。[46]

英國使用壓倒性武力與集體懲罰，逐漸淪為虐待與殘暴，而這些行為使託管地在巴勒斯坦記憶中留下永遠的汙點。最令人髮指的殘暴行徑是為了報復叛亂分子對英軍的殺戮。有個記錄十分詳細的例子，英國士兵為了報復一九三八年九月同袍遭地雷炸死，他們在巴薩村的道路中央埋設地雷，然後將二十多名男性村民趕上公車，用槍指著他們，要他們把公車開過這片雷區。公車上的村民全被炸死，他們四散的軀體被英軍拍照留念，之後其餘的村民被迫將這些人的屍骨埋在亂葬坑裡。[47]

巴勒斯坦阿拉伯人被徹底擊潰，到了一九三九年，他們已無力掀起任何戰端。大約五千人被殺，一萬人受傷，總計超過百分之十的成年男性被殺、受傷、遭到囚禁或流亡。儘管如此，英國人幾乎無法宣稱獲得勝利。他們既負荷不了鎮壓叛亂的成本，也無法將政策加諸在巴勒斯坦阿拉伯人身上。隨著歐洲戰雲再起，白廳沒有能力繼續部署如此龐大的軍隊進行殖民地戰爭。為了讓動盪的巴勒斯坦託管地恢復和平，英國決定擱置皮爾委員會的一九三七年分治計畫。皇家委員會再度成立，重新檢視巴勒斯坦的處境，委員會再度發布白皮書，試圖解決巴勒斯坦阿拉伯人的苦難。

在英國人提供給巴勒斯坦阿拉伯人的交易中，一九三九年白皮書是條件最好的一次。新政策規定五年內，猶太人每年最多移入一萬五千人，或者總數限制在七萬五千人。這將使依舒夫人口提升到巴勒斯坦總人口的百分之三十五，這是數量龐大到足以自主的少數族群，但還不足以控制整個國家。除非獲得占多數的阿拉伯人同意，否則猶太人不能再繼續移民巴勒斯坦，而各方都了解阿拉伯人絕不可能同意。根據地區不同，猶太人購買土地將受到禁止或嚴格限制。最後，巴勒斯坦將在十年內獲得獨立，由阿拉伯人與猶太人共組政府，「確保每個社群的核心利益都能獲得保障」。48

巴勒斯坦阿拉伯人與猶太人都不滿意一九三九年白皮書。阿拉伯社群反對白皮書條款，因為它允許猶太人繼續移民（儘管移民人數已予以減少），而且同意保留政治現狀並且將獨立的時程延長到十年。依舒夫也反對白皮書內容，因為正當納粹對猶太人的迫害不斷升高之際，巴勒斯坦卻將猶太移民拒於門外。（一九三九年十一月，納粹黨員在「水晶之夜」〔或稱「碎玻璃之夜」〕對德國猶太公民進行恐嚇脅迫，這是直到當時為止歐洲發生過最惡劣的反猶迫害。）白皮書也排除在巴勒斯坦建立猶太國的可能，而將依舒夫認定為未來巴勒斯坦阿拉伯國家裡的少數民族。

依舒夫的領導階層因一九三九年白皮書而分裂。戴維・本－古里安從一開始就反對白皮書。然而本－古里安認為納粹德國對猶太人福祉的威脅較大，因此他無視白皮書，堅定宣誓站在英國陣營向納粹宣戰。猶太復國主義運動的極端主義分子如伊爾貢與斯特恩幫，他們回應白皮書的方式是宣告英國是猶太人的敵人。他們反對英國人繼續留在巴勒斯坦，認為英國反對猶太人獨立，是不具正當性的帝國主義國家，這群人於是轉而以恐怖手段爭取猶太人在巴勒斯坦建國。第二次世界大戰結束，納粹失敗，英國人發現他們面對的猶太人叛亂規模之大遠超過阿拉伯叛亂。

第一次世界大戰結束時，英國對中東的掌控無可匹敵。英國軍隊占領從埃及到伊拉克的阿拉伯世界，對波斯灣的控制也無懈可擊。阿拉伯世界幾乎沒有人願意接受英國統治，然而絕大多數人儘管心懷怨恨，卻依然對這個殖民地大君主感到敬畏。英國人有效率、莫測高深、秩序井然、科技進步且軍事強大。英國確實偉大，在殖民屬地面前宛如龐然大物。

二十年的殖民統治顯示這座龐然大物的雙足不過是泥土做的。在整個中東地區，英國面對各式各樣的反對，包括溫和的民族主義政治到激進的武裝叛亂。在伊拉克、巴勒斯坦與埃及，英國人被迫協商與再協商不受歡迎的自己在這些國家逗留的期限。英國每次對阿拉伯反對勢力讓步，每次政策轉彎，都顯示出帝國力量的捉襟見肘。

然而，直到歐洲法西斯主義威脅逐漸擴大，中東屬地才真正成為大英帝國的罩門。有時看起來阿拉伯殖民地似乎即將脫離英國的控制。第二次世界大戰期間，英國在伊拉克與埃及的行動充分顯示英國地位的弱不禁風，而這也預示未來英國支配中東的結束。

一九四一年四月一日，英國在伊拉克遭遇一場親軸心國的政變。伊拉克當時是由不得民心的阿卜杜・伊拉親王（統治期間一九三九～一九五三年）統治，他是幼主費瑟勒二世（統治期間一九五三～一九五八年）的攝政。阿卜杜・伊拉支持英國要求受歡迎的首相拉希德・阿里・蓋拉尼辭職，原因在於他有親軸心國的傾向，但伊拉克的重要軍官卻支持首相。高層軍官相信德國與日本將贏得戰爭，因此伊拉克應該與軸心國建立良好關係才符合伊拉克的利益。阿卜杜．伊拉擔心發生軍事政變，於是逃離伊拉克前往外約旦，伊拉克因此被拉希德．阿里與軍方掌握。

拉希德．阿里在攝政出逃期間持續掌握政治權威，英國認為這已經構成政變。雖然拉希德．阿里努力向英國證明伊拉克政局沒有任何根本上的變化，但新內閣的民族主義色彩（其中包括巴勒斯坦領袖阿敏．侯賽尼，這位大穆夫提因為極端民族主義立場而遭到流放，但現在他卻成為拉希德．阿里的重要謀士）卻加深了英國的憂慮。英國以一九三〇年英伊條約為依據，要求伊拉克當局准許英國派兵登陸。拉希德．阿里與民族主義軍官反對，他們懷疑英國不懷好意。但英國卻在未得到官方准許下大膽派兵登陸。伊拉克人威脅要對未經授權進入領空的英國飛機開火，但英國警告這將構成開戰的理由。在這種狀況下，雙方演變成騎虎難下的局面。

一九四一年五月，英國與伊拉克開戰。戰事從英國位於哈巴尼亞的基地外圍開始，戰鬥持續數日，之後伊拉克軍隊退守費盧傑，並且在此重新集結保衛巴格達。英國從印度與外約旦調來增援部隊。拉希德．阿里向德義兩國求援。軸心國設法送來三十架飛機與少數輕兵器，但在時間緊迫下，無法以更直接的方式介入。當英軍逼近巴格達時，拉希德．阿里與他的政治盟友，包括阿敏．侯賽尼，紛紛逃離伊拉克。他們留下巴格達市長與英國人協議停戰，全國陷入混亂狀態。

一九四一年拉希德．阿里政府倒台後，巴格達的猶太社群淪為混亂的受害者。反英情緒加上對猶太復國主義者移民巴勒斯坦的憎恨以及德國反猶太主義的觀念，引發阿拉伯歷史上前所未有的反猶迫害，阿拉伯文稱之為 Farhud。巴格達的猶太社群人數眾多而且已經同化到社會各階層，從菁英到市集到音樂廳堂，伊拉克許多最知名的音樂家都是猶太人。但這一切都在兩天的社群暴力與流血中遭抹去，這場暴動奪走了兩百條性命，猶太人的店鋪與房舍也遭到劫掠破壞，直到英國當局進城才恢復秩序。

拉希德·阿里政府倒台後，哈希姆王室在伊拉克復辟。攝政阿卜杜勒·伊拉與最支持英國的伊拉克政治人物，全在前殖民主子的安排下重掌政權。伊拉克民族主義分子憤憤不平。他們認為拉希德·阿里獲得廣大伊拉克人民的支持。顯然，英國只允許倫敦當局認可的人來擔任伊拉克人的領袖。伊拉克獲得名義上的獨立地位才九年，這場武力干預使得英國與哈希姆王室在伊拉克人民心目中毫無信譽可言。

然而，英國在伊拉克最終還是成為輸家。伊拉克託管地過去一度是成功的典範，現在卻只剩下搖搖欲墜的王室、危險的軍隊以及對於英國在中東扮演的角色充滿敵意的民眾，這些人寧可加入與英國敵對的軸心國陣營。

軸心國在埃及也有支持者。埃及民族主義者對於一九三六年英埃條約給予的部分獨立地位深感不滿。英國仍持續不成比例地干預埃及內政與完全掌控蘇丹。第二次世界大戰爆發後，埃及擁入大量英國軍隊，獨立後的埃及政府似乎比獨立前對英國更加卑躬屈膝。新一代的埃及民族主義者無法容忍這種狀況，他們對英國的厭惡促使他們轉向英國的敵人軸心國。

義大利人與德國人挑動民族主義情緒，使英國在埃及陷入孤立。義大利人架設功率強大的新電台，向埃及與東地中海地區進行宣傳。巴里廣播電台大力頌揚墨索里尼法西斯政府的成就。對埃及民族主義分子來說，極端民族主義、強人領導與法西斯主義的軍事力量，三者結合起來自然要比英國強加給埃及的多黨民主的爭吵不休更有吸引力。德義與英國開戰之後，許多埃及人希望軸心國獲得勝利，迫使英國就此離開埃及。

一九四〇年，北非戰役開打，一些埃及民族主義分子相信解放的時刻即將到來。義大利軍隊從利比亞出發進攻英軍在埃及的據點。德國軍隊加入在北非的義大利軍的行列，德國派出受過特別訓練的非洲軍，由傑出的陸軍元帥埃爾溫．隆美爾指揮。一九四二年冬天，軸心國部隊已對英國在埃及的據點構成實際威脅。一些埃及政治領袖，甚至包括法魯克國王，似乎認為德國會為他們把英國人逐出埃及。

英國不信任埃及首相阿里．馬希爾的法西斯主義傾向，在一九四〇年六月，要求馬希爾遞出辭呈。這種干預顯示英國完全無視埃及的主權與獨立地位，因此更進一步破壞了英埃之間的關係。當德國與義大利軍隊在北非戰場占上風時，英國企圖打擊埃及政治圈對軸心國的支持。諷刺的是，在埃及政黨中，唯一貫徹反法西斯信念的是民族主義的瓦夫德黨。一九四二年二月四日，英國高級專員藍浦生爵士向法魯克國王遞交最後通牒，要求他提名納哈斯組織一個完全由瓦夫德黨組成的政府，否則將廢除他的王位。為了迫使對方接受，藍浦生派英國戰車將位於開羅市中心的法魯克阿卜丁宮團團圍住。

阿卜丁宮最後通牒粉碎英埃二十年來建立的政治關係，因為此舉破壞了英埃體制的三大支柱：埃及國王、瓦夫德黨與英國本身。法魯克國王向英國屈服並且允許外國勢力強行設立政府，形同國王背叛了國家。許多民族主義分子認為國王應該挺身對抗英國，即便可能因此喪失生命。瓦夫德黨過去因為對抗帝國主義而獲得廣大埃及民眾支持，此時卻在英國的刺刀下同意掌權。最後通牒背後透露的歇斯底里情緒，顯示英國在面對軸心國從西部沙漠進逼時的軟弱與一籌莫展。英國人既要對抗軸心國，又要防範埃及民族主義，完全陷於左支右絀的局面。英國、埃及國王與瓦夫德黨三方的權力鬥爭在一九四二年二月崩潰。三者將在十年後，也就是一九五〇年代的革命騷動中被一掃而空。

英國進入中東時，原本打算將阿拉伯世界整合成一個帝國，並且認為這個帝國將永遠存續下去。但他們從一開始就遭遇強烈的反對，特別是在埃及、伊拉克與巴勒斯坦。當民族主義的反對聲浪不斷高漲而維持帝國形式的成本持續增加時，英國嘗試修改帝國的內容，包括允許名義上的獨立與藉由條約確保戰略上的利益。然而，即使向民族主義反對陣營讓步，還是無法讓阿拉伯人接受英國在中東的地位。到了第二次世界大戰時，殖民地內部的反對使英國在阿拉伯屬地進退維谷。德義兩國很快利用英國的弱點，挑動阿拉伯人的民族情緒，使其朝向有利於軸心國的方向發展。隨著阿拉伯世界脫離英國的控制，大英帝國在中東的一切與其說是資產，不如說更像是負債。

對英國人來說，唯一可能的安慰是他們的帝國對手法國在阿拉伯屬地的表現也同樣不光采。

注釋

1. Charles E. Davies, *The Blood-Red Arab Flag: An Investigation into Qasimi Piracy, 1797–1820* (Exeter: Exeter University Press, 1997), pp. 5–8, 190. 也可見 Sultan Muhammad al-Qasimi, *The Myth of Arab Piracy in the Gulf* (London: Croom Helm, 1986).
2. 英國與巴林謝赫簽訂協定，一八八〇年十二月二日，J. C. Hurewitz, *The Middle East and North Africa in World Affairs*, vol. 1 (New Haven, CT: Yale University Press, 1975), p. 432.
3. 巴林與英國的獨占協定，一八九二年三月十三日，同前，p. 466.
4. Great Britain, *Parliamentary Debates, Commons*, 5th ser., vol. 55, cols. 1465–1466, cited in 同前，p. 570.
5. 德．本生報告，一九一五年六月三十日，重印於 Hurewitz, Middle East and North Africa, vol. 2, pp. 28–29
6. Middle East Centre Archives, St. Antony's College, Oxford (hereafter MECA), Philby Papers 15/5/241, 謝里夫胡賽因給

伊本・沙烏德的信，一九一八年二月八日。

7. MECA, Philby Papers 15/5/261, 謝里夫胡賽因給伊本・沙烏德的信，一九一八年五月七日。
8. King Abdullah of Transjordan, *Memoirs* (New York: Philosophical Library, 1950), p. 181.
9. 第二次胡爾瑪戰役（一九一八年六月二十三日到七月九日）中，沙烏地部隊俘獲的文件顯示，哈希姆部隊有一千六百八十九名步兵，九百多名騎兵與其他部隊，總數是二千六百三十六人。MECA, Philby Papers 15/5/264.
10. MECA, Philby Papers 15/2/9 and 15/2/30, 伊本・沙烏德給謝里夫胡賽因的信，兩份複本，一九一八年八月十四日。
11. MECA, Philby Papers 15/2/276, 謝里夫胡賽因給夏基爾・賓・扎伊德的信，一九一八年八月二十九日。
12. King Abdullah, *Memoirs*, p. 181.
13. 同前，p. 183; *Mary Wilson, King Abdullah, Britain, and the Making of Jordan* (Cambridge: Cambridge University Press, 1987), p. 37.
14. King Abdullah, *Memoirs*, p. 183.
15. Alexei Vassiliev, *The History of Saudi Arabia* (London: Saqi, 2000), p. 249.
16. 引自 Timothy J. Paris, *Britain, the Hashemites, and Arab Rule, 1920–1925* (London: Frank Cass, 2003), p. 1.
17. 引自 Wilson, *King Abdullah, Britain, and the Making of Jordan*, p. 53.
18. 庫蘇斯（一八七七～一九四三年），一名來自南部城鎮卡拉克的基督徒，他的回憶錄從未出版。這裡引用的文字全部來自外約旦埃米爾阿卜杜拉的阿拉伯文打字稿第九章。
19. 一九二三年十一月一日，庫蘇斯重印起訴書回憶錄，頁一六三。起訴書複本一九二四年一月九日寄到吉達給他。
20. Uriel Dann, *Studies in the History of Transjordan, 1920–1949: The Making of a State* (Boulder, CO: Westview Press, 1984), pp. 81–92.
21. 書信，一九二一年七月八日。格特魯德・貝爾的書信可線上閱讀，見 University of Newcastle upon Tyne Library's Gertrude Bell Project, http://www.gerty.ncl.ac.uk/.
22. Sulayman Faydi, *Mudhakkirat [Memoirs of] Sulayman Faydi* (London: Saqi, 1998), pp. 302–303.

23. 格特魯德・貝爾，書信，一九二一年八月二十八日。
24. Muhammad Mahdi Kubba, *Mudhakkirati fi samim al-ahdath, 1918–1958* [My memoirs at the center of events, 1918–1958] (Beirut: Dar al-Tali'a, 1965), pp. 22–25.
25. 一九二二年條約本文，重印於 Hurewitz, *Middle East and North Africa*, vol. 2, pp. 310–312.
26. Kubba, *Mudhakkirati*, pp. 26–27.
27. 費瑟勒的機密備忘錄，引自 Hanna Batatu, *The Old Social Classes and the Revolutionary Movements of Iraq* (Princeton, NJ: Princeton University Press, 1978), pp. 25–26.
28. 扎格盧勒的評論，引自 'Bitter Harvest,' Al-Ahram Weekly Online, October 12–18, 2000, http://weekly.ahram.org.eg/.
29. Ismail Sidqi, *Mudhakkirati* [My memoirs] (Cairo: Madbuli, 1996), p. 85.
30. 同前，p. 87. 這裡的傷亡人數來自支持希德基的政治傳記，Malak Badrawi, *Isma'il Sidqi, 1875–1950: Pragmatism and Vision in Twentieth-Century Egypt* (Richmond, UK: Curzon, 1996), p. 61.
31. Sidqi, *Mudhakkirati*, p. 97.
32. 鄂圖曼時代的人口數字特別不可靠。巴勒斯坦－以色列衝突的高度政治化性質也讓人口統計更加困難。最可靠的資料是 Justin McCarthy, *The Population of Palestine* (New York: Columbia University Press, 1990). 本文數據來自 table 1.4D, p. 10.
33. 同前，p. 224.
34. Neville J. Mandel, *The Arabs and Zionism Before World War I* (Berkeley and Los Angeles: University of California Press, 1976); Hasan Kayali, *Arabs and Young Turks: Ottomanism, Arabism, and Islamism in the Ottoman Empire, 1908–1918* (Berkeley and Los Angeles: University of California Press, 1997), pp. 103–106.
35. 移民人數出自 McCarthy, Population of Palestine, p. 224；傷亡人數出自 Charles Smith, *Palestine and the Arab-Israeli Conflict*, 4th ed. (Boston and New York: Bedford/St Martin's, 2001), pp. 113, 130.
36. 邱吉爾的備忘錄，重印於 Hurewitz, *Middle East and North Africa*, vol. 2, pp. 301–305. 粗體字強調部分來自原文。

37. Matiel E. T. Mogannam, *The Arab Woman and the Palestine Problem* (London: Herbert Joseph, 1937), pp. 70–73.
38. 同前，p. 99.
39. McCarthy, *Population of Palestine*, pp. 34–35.
40. Akram Zuaytir, *Yawmiyat Akram Zu'aytir: al-haraka al-wataniyya al-fi lastiniyya, 1935–1939* [The diaries of Akram Zuaytir: The Palestinian national movement, 1935–1939] (Beirut: Institute for Palestine Studies, 1980), pp. 27–30.
41. 同前，p. 29.
42. 同前，pp. 32–33.
43. 引自 Wilson, King Abdullah, Britain, and the Making of Jordan, p. 119.
44. 阿布・薩爾曼的詩，重印於 Palestinian novelist Ghassan Kanafani in his essay 'Palestine, the 1936–1939 Revolt' (London: 1982).
45. 本－古里安日記，引自 Tom Segev, One Palestine, Complete (London: Abacus, 2001), pp. 403–404.
46. 湯姆・塞傑夫（Tom Segev）詳細描述英國人為了對付阿拉伯叛亂而採取的壓制措施，見 *One Palestine, Complete*, pp. 415–443. 也可見 Matthew Hughes, 'The Banality of Brutality: British Armed Forces and the Repression of the Arab Revolt in Palestine, 1936–39,' *English Historical Review* 124 (2009): 313–354.
47. Harrie Arrigonie, *British Colonialism: 30 Years Serving Democracy or Hypocrisy* (Devon: Edward Gaskell, 1998) 描述這些事件，這些事件就發生在艾里戈尼（Arrigonie）抵達巴薩的一個星期之前。艾里戈尼也重刊了炸毀的公車與村民屍體照片。阿拉伯人對這場屠殺的敘述出自艾德・哈達德（Eid Haddad），他的父親在十五歲時目睹這起暴行，不過他把這起事件發生的時間記成一九三六年九月：'Painful memories from Al Bassa,' http://www.palestineremembered.com. 泰德・斯維登堡（Ted Swedenburg）也聽聞了庫維卡特村（Kuwaykat）有類似故事：*Memories of Revolt: The 1936–1939 Rebellion and the Palestinian National Past* (Fayetteville: University of Arkansas Press, 2003), pp. 107–108.
48. 一九三九年白皮書，重印於 Hurewitz, *Middle East and North Africa*, vol. 2, pp. 531–538.

第八章 法蘭西帝國在中東

為了在阿拉伯世界建立帝國，長久以來法國一直垂涎大敘利亞，這片廣大領域包括今日的敘利亞、黎巴嫩、巴勒斯坦、以色列與約旦。一七九九年，拿破崙從埃及入侵敘利亞，遭到阿卡的鄂圖曼守軍奮勇抵抗，拿破崙無功而返。一八三〇年代，法國支持穆罕默德・阿里入侵敘利亞，希望藉由埃及盟友將法國的勢力延伸到當地。當埃及於一八四〇年撤離敘利亞時，法國已經與敘利亞當地的天主教社群建立深厚的紐帶關係，特別是黎巴嫩山的馬龍派。一八六〇年，德魯茲派屠殺黎巴嫩山馬龍派，法國派遣六千名戰鬥部隊前來，公然宣稱自己擁有敘利亞海岸的權利。但法國再度受挫，在往後半個世紀，鄂圖曼政府設法再次控制了這個阿拉伯省分。

終於，第一次世界大戰讓法國有機會確保在敘利亞的權利。對鄂圖曼帝國作戰勝利後，法國與協約國盟邦公開討論如何瓜分鄂圖曼領土。法國政府的野心獲得英國支持，從一九一五年到一九一六年，馬克・賽克斯爵士與弗朗索瓦・喬治－皮科密集協商，最後簽訂了賽克斯－皮科協定。在此之前法國已經殖民了阿爾及利亞、突尼西亞與摩洛哥，法國認為自己有知識與經驗可以順利統治阿拉伯人。法國人認為，在摩洛哥行得通的事，在敘利亞也一定行得通。不僅如此，過去數十年來，法國已經贏得黎巴嫩山馬龍派基督徒社群的忠誠與支持。事實上，第一次世界大戰結束時，黎巴嫩或許是唯一有龐大群眾主動遊說要成為法國託管地的國家。

鄂圖曼統治晚期的黎巴嫩是個劃分得很奇怪的區域。一八六〇年基督徒屠殺事件後，鄂圖曼人與歐洲強權商議要在往西可以俯瞰地中海、往東可以瞭望貝卡谷地的高地設立黎巴嫩山特別省。鄂圖曼人保留具戰略地位的海岸線，沿海港口城市泰爾、賽達、貝魯特與的黎波里全直屬鄂圖曼控制。一八八八年，敘利亞沿海地區被重新劃分為貝魯特省。黎巴嫩山絕大部分與大海切斷，而貝魯特省許多地方寬度不過數公里。

黎巴嫩山自治省的一個主要缺點是地理限制。領域太狹小，土地貧瘠，無法養活龐大人口，鄂圖曼統治晚期許多黎巴嫩人不得不離鄉背井尋找更好的經濟機會。從一九〇〇年到一九一四年，估計約有十萬名黎巴嫩人（或許占了總人口的四分之一）離開黎巴嫩山到埃及、西非與美洲工作。[1]這件事讓十二名成員組成的行政會議感到關切，行政會議是黎巴嫩山的統治機構，成員依照比例從省裡各個社群選出。第一次世界大戰接近尾聲時，行政會議成員希望建立更大的國家，為了實現抱負，他們向長期以來的庇護者法國求助。

黎巴嫩山行政會議於一九一八年十二月九日召開會議，會中通過希望向巴黎和會提交的要求。委員會試圖畫定「自然疆界」使黎巴嫩獲得完全獨立，並且由法國託管。委員會的「自然疆界」指擴大黎巴嫩山的範圍，使其涵蓋濱海城市的黎波里、貝魯特、賽達與泰爾，以及東部貝卡谷地直到前黎巴嫩山脈西坡為止。黎巴嫩的「自然疆界」將是南北以河流為界，東鄰山脈，西傍地中海。

黎巴嫩山民眾知道法國從一八六〇年代以來就支持「大黎巴嫩」的構想，他們希望藉由法國託管來取得必要的領土範圍。結果，黎巴嫩山行政會議獲得法國政府正式邀請到巴黎和會上表達要求——與埃及或敘利亞這類令人為難的阿拉伯國家不同，這些國家在巴黎和會上要不是受到冷落就是吃了閉門羹，因為他們的民族主義期望牴觸與會者的帝國野心。

行政會議派五人代表團前往巴黎，團長達伍德．安穆恩是首要的馬龍派政治人物。[2]一九一九年二月十五日，安穆恩在巴黎和會十人會議上提出黎巴嫩山的訴求：

我們想要一個不受奴役的黎巴嫩，一個自由追求民族命運的黎巴嫩，我們希望能在自然疆界內重建黎巴嫩——這是黎巴嫩賴以自由生活與和平繁榮不可或缺的條件。然而我們心知肚明，沒有大國的協助，我們不可能發展經濟與維持自由，因為我們缺乏受過現代生活與西方文明訓練的技術人員。過去，法國一直捍衛我們，支持我們，引領、指導與保護我們。我們與法國是老朋友。我們希望法國能支持我們組織起來與保障我們獨立。[3]

黎巴嫩代表團尋求的不是法國殖民黎巴嫩，而是希望法國支持他們的最終目標，也就是追求獨立。但法國似乎只聽到自己想聽的部分，而且樂於利用黎巴嫩代表團來正當化法國對黎巴嫩的主張。

然而，行政會議的發言不代表所有黎巴嫩人的想法。超過十萬名黎巴嫩人在國外生活，他們居住在非洲、歐洲與美洲，同樣熱切關注故鄉的政治未來。許多黎巴嫩僑民社群認為自己是大敘利亞人的成員，這裡的大敘利亞人涵蓋來自巴勒斯坦、敘利亞內陸地區與外約旦的移民。「敘利亞人」也包括一些黎巴嫩最知名的文人，如神祕主義傑作《先知》的作者紀伯倫。他們認為黎巴嫩是大敘利亞獨特但不可或缺的一部分，並且進行遊說希望在法國託管下讓大敘利亞尋求獨立。由於這些人也支持法國統治，因此擁護大敘利亞的黎巴嫩人也受邀到巴黎和會陳述意見。

舒克里．加尼姆是名聲顯赫的黎巴嫩海外僑民，身為敘利亞中央委員會主席，委員會的民族主義網絡遍及巴西、美國與埃及。加尼姆於一九一九年二月出席十人會議，呼籲在法國託管下建立敘利亞聯邦。他認為：「敘利亞必須分成三個部分，如果巴勒斯坦也包含在內，那就是四個部分。大黎巴嫩或腓尼基、大馬士革地區與阿勒坡地區應該各自成為獨立的民主國家。」但加尼姆不認為敘利亞人生而平等，他下了一個不祥的結論：「法國會在當地指導、建議與衡量一切事務，我們必須大膽對我們的同胞這麼說，我們的同胞都是講理的人，法國將會依據不同的道德健康狀況分配自由給我們。」[4]雖然我們無法確知加尼姆的「道德健康」是什麼意思，但清楚的是，加尼姆認為黎巴嫩遠比敘利亞其他部分來得先進，而且黎巴嫩遠比大馬士革、阿勒坡與其他地區做了更充分的準備，可以在法國保護下享有充分的政治自由。從各方面來說，加尼姆的訴求要比安穆恩代表黎巴嫩山行政會議提出的呼籲更符合法國的立場。

然而，黎巴嫩政治還有第三種走向，這種方向公然敵視法國介入黎凡特地區。濱海城市的黎波里、貝魯特、賽達與泰爾的順尼派穆斯林與希臘正教基督徒不希望孤立於敘利亞政治社會主流之外，但他們發現自己在基督徒支配的黎巴嫩國家裡成為少數。黎巴嫩山的政治方針仰賴法國，而濱海省分貝魯特則主張阿拉伯主義，兩者之間有著明顯區隔。貝魯特被鄂圖曼統治了數百年，這裡的民族主義分子希望成為大阿拉伯帝國的一部分，因此他們支持大馬士革的埃米爾費瑟勒政府。一九一六年到一九一八年，費瑟勒從漢志來到大馬士革，發動阿拉伯叛亂反抗鄂圖曼統治。一九一九年二月，費瑟勒在巴黎十人會議上為黎巴嫩沿海平原的政治未來發聲。費瑟勒表示，英國高級專員亨利．麥克馬洪爵士承諾讓他的父親謝里夫胡賽因建立阿拉伯王國，而黎巴嫩是阿拉伯王國不可或缺的一部分，黎巴嫩理應由他的大馬士革阿拉伯政府統治，而非成為託管地。

在貝魯特，埃米爾費瑟勒向各大國提出的請求獲得貝魯特阿拉伯民族主義分子的廣泛支持。年輕的知識分子穆罕默德．賈米爾．巴伊胡姆成為費瑟勒的熱情支持者。一九一九年七月，巴伊胡姆被推舉為貝魯特代表，前去參加趕在金恩－克蘭恩委員會抵達前召開的敘利亞國民大會。巴伊胡姆回憶說：「法國當局千方百計阻撓選舉進行，不僅向選民施壓，也向候選人施壓。然而他們軟硬兼施的做法終歸無效。」[5]在敘利亞國民大會上，黎巴嫩代表全員到齊，總共從黎巴嫩全境選出了二十二名代表。

巴伊胡姆參加敘利亞國民大會，大會於一九一九年六月六日開議，會場充滿高昂興奮的情緒。與會代表深信他們在此開會是為了將敘利亞人民的政治意願透過金恩－克蘭恩委員會傳達給巴黎和會列強。他們渴望在受到些許或甚至不受外力干預之下，由大馬士革的費瑟勒領導，在整個大敘利亞地區建立單一的阿拉伯國家。巴伊胡姆形容大馬士革的政治氣氛充滿樂觀與崇高理想，足以媲美一七八九年法國大革命時的巴黎。「我們參與這場大會，會中有來自巴勒斯坦、約旦、安提阿、亞歷山德瑞塔與大馬士革的代表，大家都期盼協約國盟邦能聆聽我們的訴求，給予我們他們承諾的自由與獨立。」[6]

巴伊胡姆待在大馬士革全程參與敘利亞國民大會所有會期，他甚至待到一九一九年七月，也就是金恩－克蘭恩委員會抵達與離開大馬士革之後。一九一九年十月，他看到英軍撤離敘利亞並且交由法軍接管，心裡感到十分沮喪。一九一九年到一九二〇年的冬天，法國開始對孤立的埃米爾費瑟勒政府提出更加嚴苛的條件，大敘利亞因此四分五裂，費瑟勒政府也被剝奪獨立地位。一九二〇年三月，敘利亞國民大會放手一搏宣布大敘利亞獨立，想藉由既成事實向歐洲列強宣示反對託管制度。敘利亞國民大會宣稱黎巴嫩是敘利亞不可分離的一部分並且在獨立宣言中主張：「我們將考慮黎巴嫩人所有的愛國意願，包括黎巴嫩的行政組織與戰前疆域，條件是黎巴嫩必須與所有外國勢力保持距離。」

黎巴嫩山行政會議立即對敘利亞國民大會的宣言表示抗議並且堅持費瑟勒政府無權「代表黎巴嫩發言、為黎巴嫩劃定疆界與限制其獨立，更無權禁止黎巴嫩尋求與法國合作」。[7]然而另一方面，黎巴嫩山的政治領袖也對法國的意圖漸感憂心。一九二〇年四月，英國與法國在聖雷莫會議確認對鄂圖曼帝國阿拉伯省分的最終分配方案。黎巴嫩與敘利亞劃歸法國，巴勒斯坦與伊拉克則交由英國統治。雖然馬龍派社群有許多人尋求法國的技術援助與政治支持，但他們也期望法國的行動能出於無私而非基於帝國本身的利益。當法國開始準備對黎巴嫩進行託管時，法國的軍事官員也開始要求黎巴嫩山行政會議遵從法國的政策。而這也使得黎巴嫩山的政治人物開始質疑尋求法國支持建國的決定是否明智。

一九二〇年七月，行政會議十一名委員有七名態度出現一百八十度轉變，他們打算與大馬士革的費瑟勒國王和解。這些委員草擬備忘錄，呼籲敘利亞與黎巴嫩共同採取行動，為兩國爭取完全獨立，此外也要求針對兩國之間的領土與經濟歧見進行協商並做成決議。這些立場轉變的黎巴嫩委員希望組成敘利亞－黎巴嫩代表團向仍在巴黎開會的歐洲列強表達主張。然而，當法國接獲消息時，便在七名委員前往大馬士革的路上將他們逮捕。

黎巴嫩最受尊敬的幾名政治人物遭到逮捕，震撼了整個地區。比夏拉．胡里（一八九〇～一九六四年）是年輕的馬龍派律師，曾在黎巴嫩與法國軍事官員共事（他後來成為黎巴嫩獨立後第一任總統）。一九二〇年七月十日深夜，法國高級專員亨利．古羅將軍要求胡里到他的住所討論緊急事務。胡里看到古羅在一群軍官之中焦慮地來回踱步。高級專員告知胡里，法國剛剛逮捕了七名異議委員。

古羅解釋說，「他們是叛徒，企圖勾結埃米爾費瑟勒，將黎巴嫩併入敘利亞，行政會議被解散了。」

胡里感到震驚。「你憑哪一點採取這個激烈做法？」

古羅回答說，從他們身上搜出了備忘錄，上面載明他們的目標。這名法國人對胡里說：「你是黎巴嫩的重要人物。你同意他們的行動嗎？」

胡里不知道委員的備忘錄寫著什麼，他小心翼翼地回答：「凡是追求獨立的人，我都支持，但我不會求助於黎巴嫩以外的人。」一名法國軍官回道，「我們同意。」古羅告訴胡里，七名委員將在軍事法庭受審。

異議委員的審判使黎巴嫩一些最堅定支持法國的人開始動搖。胡里身為受過訓練的律師，對於這樣一件重要審判竟然只花兩天就審理完畢感到吃驚，他形容整個訴訟程序是在「恐怖主義的氣氛」下進行。令胡里生氣的是，黎巴嫩證人在作證時居然要宣示自己「愛戴法國」。被告被處以罰金，禁止在黎巴嫩工作，並且被流放到科西嘉島。更糟的是，當胡里終於看到委員的備忘錄時，他發現自己其實支持他們提出的絕大多數目標。[8]法國人實行的高壓手段，嚴重破壞法國在黎巴嫩的支持基礎。

儘管如此，法國的新黎巴嫩國計畫依然如火如荼進行。一九二〇年八月三十一日，黎巴嫩山的邊疆擴展到黎巴嫩民族主義者主張的自然疆界，次日，大黎巴嫩在法國支持下「獨立」建國。然而法國資助得愈多，黎巴嫩就愈難享有獨立地位。已經解散的行政會議被行政委員會取代，由法國總督擔任主席，而法國總督直接聽命於古羅高級專員。

法國在黎巴嫩建立新的行政結構，開始依照他們對黎巴嫩社會的觀點來塑造新國家的政治文化。法國人認為黎巴嫩是由幾個而非由單一明確的民族社群組成，是個不穩定的混合體，他們根據這個觀點來塑造黎巴嫩的政治體制。依據宗教社群分權主義（confessionalism）制度，新行政委員會的席次按宗教社群分配。這表示政治職位由黎巴嫩各宗教社群（法文的說法是 confessions）擔任，理想上來說，比例是依照各宗教社群人口多寡分配。法國長期以來一直是黎巴嫩天主教徒的庇護者，法國因此決心確保黎巴嫩成為基督教國家。

法國面臨的挑戰是，在擴大黎巴嫩疆界的同時，又不希望基督徒在黎巴嫩淪為少數。基督徒在黎巴嫩山占了百分之七十六的人口，但在新併入的濱海城市以及貝卡谷地與前黎巴嫩山脈這些東部領土卻明顯屬於少數。基督徒在大敘利亞的比例只占總人口的百分之五十八，如果將生育率的差異考慮進去，基督徒占的比例還會繼續下滑。[9]法國人無視黎巴嫩人口的新現實而偏袒他們庇護的基督徒，他們在行政委員會這個統治機構裡給予基督徒不成比例的代表席次：十名基督徒對四名順尼派穆斯林、兩名什葉派穆斯林與一名德魯茲派代表。

雖然法國專家相信這種古老的政府制度最適合黎巴嫩的政治文化，但許多黎巴嫩知識分子逐漸對宗教社群分權主義感到不滿並且渴望建立民族認同。一名記者在《覺醒報》寫道：「我們希望成為一個真正而完整的民族嗎？還是成為一個可笑的社群混合體，總是像彼此敵視的部族般對立，然後對此感到滿足？我們必須擁有一個獨特的統一象徵：民族。民族花朵不可能在尖塔與宣禮塔的陰影下繁盛，它只會在旗幟下綻放。」[10]然而法國人允許獨立的黎巴嫩擁有的第一面旗幟卻是法國三色旗，差別只在於中間有一棵雪松。法國開始顯露它對黎巴嫩的真正意圖。

一九二二年三月，古羅宣布解散行政委員會，以選舉產生的代表會議取代。這項措施激怒了黎巴嫩政治人物，一方面是因為法國人片面採取行動，另一方面是因為新的民選大會負擔的職責甚至比之前的行政委員會更少。代表會議其實不是民選立法機構，它不許討論政治議題，而且一年開會的會期只有三個月。命令將立法權賦予法國高級專員，他可以任意要求代表會議休會或解散。就連最熱烈支持法國的黎巴嫩人也感到憤怒。一名幻滅的親法移民寫道：「這道奴役法令給予（法國）一種征服強權的形象，把條約與友誼踩在勝利的軍靴腳下。」11

黎巴嫩人對法國人的統治日益反感，但法國人毫不在乎，依然繼續推動代表會議選舉。法國人毫不掩飾地確保他們的支持者勝選以及讓他們的反對者落選。

巴伊胡姆是一九一九年敘利亞國民大會的貝魯特代表，他反對託管原則而且公開批評法國在黎巴嫩實施的行政措施。雖然他從未考慮參加競選，但他的好友勸他加入反對黨的候選名單。巴伊胡姆與負責辦理選舉的法國官員見面，想知道當局會不會反對他參選。官員高提耶先生向他保證，選舉是自由參加，法國當局絕不會干預選舉。受到高提耶回應的激勵，巴伊胡姆宣布代表民族主義陣營參加競選，而且很快就獲得最多的民意支持。

儘管高提耶提出保證，但很快就明顯看出，法國有充分的意圖干預選舉過程。一旦法國人發現民族主義陣營勝選的呼聲較高，他們就設法阻止對方繼續競選。在巴伊胡姆與高提耶首次開會的幾個星期後，高提耶把巴伊胡姆叫到他的辦公室，要求他退選，還說這是「來自最高當局的命令」。這一個月來密集拜票的巴伊胡姆聽了非常生氣。高提耶話說得很直接：「我們將在選舉中反對你，如果你當選，我們會強制將你逐出代表會議。」當巴伊胡姆拒絕退出選舉時，卻發現自己遭指控選舉舞弊。在法院聽證會上，法官傳喚高提耶作證。

「尊貴的閣下，您不是有許多針對巴伊胡姆先生的指控，指證他賄賂第二選舉人，向他們買票？」法官問道。

「當然，當然。」高提耶回道。

法官轉頭對巴伊胡姆說道：「我有許多指證你的檔案。」他指著文件夾。「這裡有一大堆人指控你買票，買票是違法的。」

巴伊胡姆為自己辯護，但徒勞無功。選舉舞弊指控威脅巴伊胡姆，逼迫他退出代表會議選舉。

聽證會結束後，巴伊胡姆返家與其他民族主義陣營成員討論因應之道。其中一個朋友是高提耶的私人醫生，他提議由他去見這名法國行政官員，他會試著說服他撤銷指控。醫生與高提耶見面後，帶著笑容回來，巴伊胡姆與朋友們都感到十分驚訝。高提耶拒絕醫生為巴伊胡姆說情，他回道：「我的朋友，你完全不懂政治。依我來看，這是巴伊胡姆逼著我們不讓他進入大會。我們要的是：如果我們把一塊玻璃安裝在窗台上，這塊玻璃將會留在原位，不容許有半根頭髮的偏差。」

醫生聽懂高提耶的訊息：這名法國人不容許任何人挑戰他們要施行的制度。而像巴伊胡姆這樣的人卻威脅要從黎巴嫩窗台上敲掉法國殖民統治這塊「玻璃」。巴伊胡姆回憶說：「所有的人都跟醫生一起嘲笑這個由託管國強加在我們國家的荒謬政策。而這個國家過去還曾經承諾協助我們取得獨立。」巴伊胡姆決定退選，而且完全不支持代表會議。[12]

選舉證實法國把黎巴嫩當成殖民地進行統治的意圖，而非協助黎巴嫩獲得獨立。法國的做法使最堅定支持法國的人士轉而加入日益成長的黎巴嫩民族主義陣營並且參與對法國統治的鬥爭。這對戰間期法蘭西帝國在中東的統治來說是個不祥的開始。如果法國的做法在黎巴嫩都無法成功，在其他阿拉伯領土又怎麼可能行得通？

正當法國人在黎巴嫩面臨選戰之時，摩洛哥的殖民地行政官員也遭遇反對西班牙與法國統治的大規模武裝暴動。一九二一年到一九二六年的里夫戰爭（Rif War）為歐洲在阿拉伯世界的殖民統治帶來史無前例的最大挑戰。

一九一二年，法國在歐洲列強容許下將摩洛哥併入北非屬地。摩洛哥蘇丹阿卜杜·哈菲茲（統治期間一九〇七～一九一二年）於一九一二年三月簽訂費茲條約，保留家族在摩洛哥的統治權，但把國家絕大部分主權讓渡給法國，成為法國殖民統治的保護國。原則上，這表示法國會保護摩洛哥政府不受外在威脅，但實際上，法國雖然沒有直接統治，卻藉由蘇丹與大臣建立起絕對統治的地位。

法國首先未能保護的是摩洛哥的領土完整。西班牙在摩洛哥擁有的帝國利益可以上溯到十六世紀，西班牙的海岸要塞經過長期的發展形成殖民飛地（休達與梅利利亞直到今日依然在西班牙的統治下，是滅絕帝國的化石）。法國必須與西班牙協商條約，載明雙方在摩洛哥各自擁有的「權利」，協商於一九一二年十一月結束，雙方簽訂馬德里條約。條約規定，西班牙在摩洛哥北端與南端擁有保護地。北部地區包括瀕臨大西洋與地中海的海岸線與內陸地區，面積約二萬平方公里（八千平方英里），南部地區涵蓋二萬三千平方公里（九千二百平方英里）的沙漠地區，稱為西屬撒哈拉或西撒哈拉。此外，直布羅陀海峽的海港城市丹吉爾也交由國際控制。一九一二年後，摩洛哥蘇丹統治的是一個被削減大半的國家。

摩洛哥在淪為保護國之前曾經維持數百年的獨立地位，但摩洛哥統治者從未成功將權威擴展到全國各地。蘇丹在城市的控制力最強，在鄉村的控制力最弱。這種狀況在摩洛哥受帝國統治時更加惡化。士兵們譁變，許多人返回自己的部族，在鄉村發動叛亂。一九一二年五月，當第一任法國總督抵達摩洛哥就職時，摩洛哥的鄉村地區陷入騷亂。

赫伯特・利奧泰元帥（一八五四～一九三四年）在摩洛哥任職十三年，他是偉大的帝國行政改革者。就在他抵達費茲的第二天，譁變的士兵與部族支持者大舉攻擊費茲。此外，對於法國外交人員爭取歐洲同意法國統治摩洛哥面臨的諸多限制，利奧泰也深有體會。

雖然利奧泰接受的是軍事人員的訓練，但他不想重蹈阿爾及利亞的覆轍。過去數十年來，以武力「平定」鄉村的結果，造成數十萬阿爾及利亞人與法國人傷亡。利奧泰因此不施行歐式的行政體系，為了贏得摩洛哥人支持，他保留當地制度，透過當地領袖來進行統治，並且從蘇丹開始著手。

利奧泰試圖透過蘇丹政府外圍制度來控制摩洛哥城市，這些制度稱為馬克贊（Makhzan，原意是庫房之地）。利奧泰對蘇丹主權的象徵展現極大的尊重，他在重大場合演奏摩洛哥國歌，在公共建築物升起摩洛哥國旗。但這類對蘇丹「官署」的尊重不一定擴及到任官者本身。利奧泰首先採取的行動是逼迫現任蘇丹阿卜杜・哈菲茲退位，他認為這名蘇丹很不可靠，取而代之的是比較聽話的統治者尤瑟夫（統治期間一九一二～一九二七年）。

利奧泰對鄉村地區的控制主要建立在當地的三大支柱上：「大卡伊德」（big qa'ids），即部族領袖；「塔里卡」（tariqas），即神祕主義的伊斯蘭兄弟會，其集會所網絡遍及整個鄉村地區；當地的柏柏人。大卡伊德獲得部族民眾的效忠，有能力號召數百名武裝人員。利奧泰抵達費茲後不久面臨部族攻擊，他充分了解爭取部族支持法國統治的重要性。塔里卡代表超越部族紐帶之上的信仰網絡，分布各地的集會所用來收容異議分子與動員宗教反對者驅逐非穆斯林入侵者。利奧泰知道阿爾及利亞的塔里卡在一八三〇與四〇年代阿卜杜・卡迪爾抵抗法國的行動中扮演重要角色，因此決心吸收他們來支持他的政府。柏柏人是非阿拉伯人的少數民族社群，有著特定的語言與文化。法國人想採取他們慣用的分而治之策略，試圖挑撥北非柏柏人對抗他們的阿拉伯鄰居。一九一四年九月頒布的法律規定，摩洛哥的柏柏人部族將在法國人監督下依據柏柏人自身的法律與習俗治理，如同在保護國裡另設一個保護國。

就保存當地制度而言，利奧泰體制其實仍帶有濃厚的帝國作風。法國行政官員統治「現代」政府的所有部門：財政、公共工程、衛生、教育、司法與其他。宗教事務、虔誠捐贈、伊斯蘭法庭等一類事務則交由摩洛哥當局管理。但利奧泰體制為當地領袖提供誘因，使他們願意與法國殖民政府合作而非進行顛覆。摩洛哥顯貴愈能參與法國統治，利奧泰就愈不需要在戰場上「降伏」他們。利奧泰被譽為偉大的改革者，他致力保存當地的習慣與傳統，當時的人把他的做法稱為同情的殖民主義。

然而，即使在利奧泰體制下，摩洛哥仍有大部分地區有待征服。為了減少法國陸軍的損耗，利奧泰招募與訓練一批願意接受法國統治的摩洛哥士兵。利奧泰雖然想全面征服摩洛哥，但他的重點還是放在摩洛哥的經濟核心地帶，也就是他口中的「有用的摩洛哥」，這個地區涵蓋了最重要的農業、礦業與水資源。

鄉村地區的頑抗使「有用的摩洛哥」的征服進展緩慢。從一九一二年建立保護國到一九一四年第一次世界大戰爆發，法國的控制地區從費茲延伸到馬拉喀什，包括了濱海城市拉巴特、卡薩布蘭卡與新港口蓋尼特拉，後來改名為利奧泰港。這些城市留下了許多戰時遺跡，當時三萬四千名摩洛哥士兵接受徵召參與法國對德國的戰爭，為了帝國主子而蒙受驚人的傷亡。一九一六年到一九一七年，利奧泰被召回法國擔任戰爭部長。即使如此，利奧泰體制依然繼續運作，充分顯示大卡伊德是法國在摩洛哥最堅定的支持者。一九一四年八月，鄉村顯貴在馬拉喀什集會，他們承認對法國的仰賴。一名領導的顯貴表示：「我們是法國的朋友，無論好壞，我們終將與法國共患難。」13

第一次世界大戰結束後與巴黎和會期間，利奧泰重新進行摩洛哥的征服工作，這回他卻面臨前所未有的反抗。一九二三年，超過二萬一千名法軍與估計約七千名摩洛哥叛軍作戰。然而，利奧泰最大的挑戰位於法國保護國領土之外，也就是來自北方西班牙區里夫山脈的柏柏人。利奧泰的死對頭是一名小鎮法官，名叫穆罕默德．伊本．阿卜杜．克里姆．哈塔比，更常見的稱呼是阿卜杜．克里姆。一九二一年到一九二六年，阿卜杜．克里姆從可以俯瞰地中海海岸線的家鄉里夫山脈發動長達五年的叛亂，奪走數萬名西班牙士兵的性命，而這也成為二十世紀非洲殖民軍隊最慘烈的敗仗。14

里夫人與西班牙人的衝突於一九二一年夏天爆發。阿卜杜．克里姆從伊斯蘭社會與宗教改革辯論中獲得啟發，決心反抗法國與西班牙的統治，並且在與摩洛哥王國分隔的里夫地區建立獨立國家。阿卜杜．克里姆解釋說，「我想讓里夫成為像法國與西班牙那樣的獨立國家，並且建立一個擁有完整主權的自由國家。獨立可以確保我們有完整的自由可以自決與管理自己的事務，並且締結我們認為適合的條約與同盟。」15

阿卜杜．克里姆是個深具魅力的領袖，他徵召數千名里夫人組成紀律嚴明具有戰鬥意志的軍隊。里夫人擁有雙重優勢，一方面他們為了不讓家鄉與家人受到外國入侵者欺凌而戰，另一方面他們作戰的地區是他們熟悉的險惡山區。一九二一年七月到八月，阿卜杜．克里姆的軍隊在摩洛哥擊潰西班牙軍隊，殺死一萬多名士兵與俘虜數百人。西班牙加派援軍，並且在一九二二年試圖收復被阿卜杜．克里姆攻占的領土。然而，里夫人再度擊敗西班牙軍隊而且俘獲超過二萬支步槍、四百門山砲與一百二十五門大砲，這些武器隨即分配給里夫戰士。

里夫領袖要求西班牙支付贖金換取戰俘，藉此資助里夫戰費。一九二三年一月，阿卜杜．克里姆獲得西班牙政府支付的四百多萬比塞塔*並且釋放從開戰以來俘虜的戰俘。這筆龐大的資金使阿卜杜．克里姆得以實現他的抱負，為建立獨立國家而戰。

一九二三年二月，阿卜杜．克里姆在里夫建立獨立國家的基礎。他獲得里夫部族的效忠並且接受政治領袖的頭銜，成為里夫山區的埃米爾（指揮官或統治者）。西班牙人聞訊再度動員作戰部隊征討里夫。一九二三年到一九二四年，里夫人數度擊敗西班牙人，一九二四年秋天攻占山城沙溫為輝煌的戰果再添一筆。在這場戰役中，西班牙人又損失了一萬名士兵。這一連串的勝利給予阿卜杜．克里姆與他的里夫軍隊更大的信心，但也讓他們變得輕忽大意。如果可以如此輕易擊敗西班牙人，擊敗法國人又有何難？

里夫戰爭在法國引發廣泛的關注。一九二四年六月，利奧泰巡視北方前線，他驚訝地發現西班牙軍隊的潰敗使法軍據點暴露在里夫人的攻擊之下。里夫是個貧瘠的山地區域，極為仰賴從法國區肥沃谷地

---

*比塞塔（pesetas）是西班牙在歐元流通前所使用的法定貨幣。

進口糧食。利奧泰必須增援費茲與西班牙區之間的地區，防範里夫人為確保糧食需要而入侵此地。

八月，利奧泰返回巴黎向總理愛德華・赫里歐與政府進行簡報，報告中提到阿卜杜・克里姆叛軍造成的威脅。但法國此時備多力分，除了占領萊茵蘭，還要在敘利亞及黎巴嫩建立殖民政府，因此連利奧泰要求為防守摩洛哥據點需要的最低限度兵力與物力都無法提供。利奧泰希望立刻加派四個營的步兵，但政府卻只能派出兩個營。利奧泰終其一生都是保守黨員，他意識到自己無法得到赫里歐激進社會黨政府的支持。七十歲高齡的利奧泰拖著病體返回摩洛哥，他既無人力物力，也無政治實力圍堵里夫人。

一九二五年四月，阿卜杜・克里姆揮師南進入侵法國區。他們尋求擁有里夫南部農耕地區的當地部族的支持。阿卜杜・克里姆的指揮官與部族領袖見面，向他們說明眼前的局勢。「阿卜杜・克里姆，摩洛哥的真正蘇丹，他以恢復伊斯蘭教偉大榮耀為名，宣示發起驅逐異教徒的聖戰，尤其是法國人。」他們表示，阿卜杜・克里姆的軍隊占領全摩洛哥，「不過是遲早的事」。[16]阿卜杜・克里姆逐漸把他的運動視為宗教戰爭，目的在於對抗占領穆斯林土地的非穆斯林，而且主張建立全摩洛哥的蘇丹國，而不只是小小的里夫共和國。

正如利奧泰擔心的，里夫人迅速掃蕩法軍防守薄弱的北方農耕地區。法國人不得不疏散所有歐洲民眾，並且在傷亡慘重下把軍隊從鄉村撤往費茲。短短兩個月的時間，法國人在對抗里夫人的行動中喪失四十三處軍隊哨站，陣亡一千五百人，受傷與失蹤者達到四千七百人。

六月，阿卜杜・克里姆的軍隊駐紮在離費茲僅四十公里（約二十五英里）之地，他寫信給該城著名的卡魯因清真寺大學的伊斯蘭學者，希望贏得他們的支持。他寫道：「我們要告訴諸位與諸位的同事……你們都是虔信之人，與偽善者或異教徒毫無瓜葛，今日的摩洛哥由於四分五裂，因此遭人奴役。」他指控現任蘇丹尤瑟夫將自己的國家出賣給法國，在他的周圍全是腐敗的官吏。阿卜杜．克里姆要求費茲的宗教領袖支持他以盡到自己的宗教責任。[17]

這是個具說服力的論點，除了提出充分的神學看法，也廣泛引用《古蘭經》來說明發動吉哈德的必要。但費茲的阿拉伯宗教學者卻不支持這群來自里夫的柏柏人。當阿卜杜．克里姆的軍隊抵達費茲外圍地區時，他們遭逢的是利奧泰體制下由法國人堅實控制的「有用的摩洛哥」。面對里夫人充滿雄心的民族解放運動與法蘭西帝國統治下堅實的殖民制度，費茲的穆斯林學者選擇相信利奧泰體制是較強大的一方。

一九二五年六月，阿卜杜．克里姆的軍隊止步於費茲城牆之前。如果法國統治鄉村的三大支柱是神祕主義的穆斯林兄弟會、領導的部族顯貴與柏柏人，那麼利奧泰在這三者當中已取得兩個勢力的支持。阿卜杜．克里姆日後回憶說：「我失敗的最大原因是宗教狂熱。」如果對照阿卜杜．克里姆利用伊斯蘭教號召群眾對帝國強權發動聖戰，那麼他的說法顯然是矛盾的。但這名里夫領袖實際指的是神祕主義的穆斯林兄弟會。「塔里卡的謝赫是讓我吃足苦頭的敵人，也是我的國家的大敵。」他說道。而在面對大卡伊德時，他也未獲得成功。「起初，我試著藉由論點與證明來說服群眾接受我的看法，」阿卜杜．克里姆寫道，「但我遭受勢力強大的大家族堅決反對。」他表示，除了一個例外，「其他全是我的敵人。」[18]大卡伊德與兄弟會的謝赫全反對阿卜杜．克里姆，他們一如利奧泰的盤算，完全支持法國在摩洛哥的統治。至於柏柏人——阿卜杜．克里姆與他的里夫戰士都是柏柏人——他們把利奧泰的柏柏人分離主義政策實施得比利奧泰設想得更為徹底。顯然，里夫人的柏柏人認同讓摩洛哥阿拉伯人打了退堂鼓，使他們不願與柏柏人共同對抗法國人。

雖然利奧泰維持住殖民政府體制，但他還是投入心力面對里夫的挑戰。對於巴黎的批評者來說，里夫戰爭延燒到法國保護國證明利奧泰未能讓摩洛哥全面臣服。一九二五年七月，法國大批援軍湧入摩洛哥，利奧泰此時歷經數月勞苦地與里夫人作戰，再加上身體欠佳，於是要求加派另一名指揮官協助他。法國政府派了一次大戰凡爾登（Verdun）之役的英雄菲利普．貝當元帥前來。八月，貝當全權負責摩洛哥的法軍行動。九月，利奧泰辭職。一九二五年十月，利奧泰離開摩洛哥，從此未再返回。

利奧泰走了，阿卜杜．克里姆也好不到哪兒去。法國與西班牙兩股軍力合流共同打擊里夫叛軍。一九二五年九月，里夫軍隊已經撤回摩洛哥北部的山區根據地，並且遭受法國與西班牙大軍的兩面夾攻。到了十月，歐洲軍隊已經完全包圍並且封鎖里夫山脈，企圖切斷里夫人的補給逼他們投降。阿卜杜．克里姆想進行協商卻遭到拒絕，一九二六年五月，十二萬三千名歐洲聯軍進攻里夫山脈。里夫叛軍被擊潰，五月二十六日，阿卜杜．克里姆向法國投降。之後他被流放到印度洋的留尼旺島，在那裡一直待到一九四七年。

里夫戰爭告終，法國與西班牙在平定內部叛亂後重建摩洛哥殖民政府。里夫戰爭雖然未能在摩洛哥建立持續反抗法國與西班牙的運動，但阿卜杜．克里姆的起事卻激起整個阿拉伯世界民族主義分子的想像。他們把里夫人視為阿拉伯人（而非柏柏人），認為他們英雄般地反抗歐洲統治，為捍衛自己的家園與信仰數次擊敗現代軍隊。他們為反抗西班牙與法國而進行的五年叛亂（一九二一～一九二六年），激勵敘利亞民族主義分子於一九二五年發起對法國的叛亂。

在敘利亞中部城鎮哈馬，一名年輕軍官熱切地閱讀報紙上關於里夫戰爭的報導。法齊．卡武齊曾經對抗過法國人。他來自的黎波里，這座城市後來成為大黎巴嫩的領土。他響應費瑟勒國王的號召，加入了缺乏組織的小部隊，於一九二〇年七月在梅薩倫汗與法國殖民軍隊交戰。慘敗的結果使卡武齊深信敘利亞人不可能驅逐法國人——至少目前來說。

梅薩倫戰役之後過了幾星期，卡武齊採取實用主義而非理想主義的立場，他接受徵召加入法國人成立的新敘利亞陸軍，又稱特種部隊或敘利亞軍團。然而，卡武齊對於身穿法國軍服與外來帝國強權合作統治自己的國家感到不自在。在哈馬軍營裡閱讀報紙，卡武齊與其他民族主義分子受到里夫戰爭激勵，把阿卜杜．克里姆視為自己的模範。卡武齊在回憶錄裡寫道：「從他們的英勇作戰中，我們可以感受到阿拉伯人獨特的性格復甦了。犧牲奉獻的精神感染了我們。我鍥而不捨地留意摩洛哥的事件，而且找來了衝突地區的地圖。」[19]

如果里夫戰爭激勵了敘利亞的民族主義分子，那麼帝國行政官員也從利奧泰在摩洛哥實施的帝國統治方法得到啟發。接受任命統治敘利亞的法國官員絕大多數是利奧泰「學校」的畢業生：亨利．古羅將軍，敘利亞第一高級專員，他曾在摩洛哥擔任利奧泰的助理。其他重要的敘利亞殖民地官員也曾在利奧泰底下做事，包括卡特魯上校，他是古羅駐大馬士革的代表；德拉莫特將軍是駐阿勒坡代表；以及兩名擔任駐阿拉維屬地代表的上校。此外還有許多低階官員從摩洛哥來到敘利亞。可以預料這些人會試圖在敘利亞重建修正版的利奧泰體制。[20]

占領敘利亞之初，法國人同時在城市與鄉村遭遇民族主義分子的反對。一九一九年，一場反法暴亂於敘利亞西部的阿拉維山區爆發，花了兩年才平定。阿拉維派是一個宗教社群，他們是什葉派的分支，這些人只想保留自己的自治權，並未提出民族獨立的口號。法國人為了滿足阿拉維派地方自治的心願，在海港城市拉塔基亞與阿拉維高地建立小國，讓當地顯貴與法國行政官員共治。

一九一九年，北方城市阿勒坡周圍鄉村地區爆發一場更嚴重的民族主義叛亂，領導者是當地一名顯貴名叫易卜拉辛．哈納努。哈納努是一名地主，第一次世界大戰前，他曾是鄂圖曼官員，大戰期間，他對鄂圖曼的壓迫感到幻滅。一九一六年到一九一八年的阿拉伯叛亂，哈納努志願加入埃米爾費瑟勒的軍隊，並且參與一九一九年的敘利亞國民大會。哈納努是言出必行之人，他覺得敘利亞國民大會只是個空談的場所，於是他返回北方的阿勒坡，組織游擊隊有效嚇阻法國人。他在鄉村發起暴動反抗法國統治的威脅，一九二〇年，法國占領阿勒坡之後，暴亂迅速擴大成民族主義叛亂。從一九二〇年夏天到秋天，叛軍人數從八百人急遽增加到將近五千名志願者。[21]敘利亞民族主義分子從鄰近土耳其人手中獲得武器與資金，而土耳其人自己則正與短暫占領安那托利亞南部濱海地區的法國人作戰。法國人迅速部署軍隊並且重新控制阿勒坡，以免哈納努的叛亂在敘利亞全境引發廣泛的民族主義亂事。一九二一年秋天，哈納努逃往約旦，在那裡遭英國人捕獲並且送交法國司法單位。法國人讓哈納努受審，他們很明智地讓這名民族主義分子無罪釋放，而非讓他成為殉難者。對於已經入伍加入敘利亞軍團的卡武齊來說，哈納努叛亂的失敗恰恰證明他的看法，敘利亞人還沒有能力反抗法國人。

但卡武齊想不到的是，法國人其實認為自己很容易遭受民族主義暴動的攻擊。為了避免各地民族主義運動統合成一個戰線，法國人決定採取分而治之的策略，把敘利亞分成四個小國。阿勒坡與大馬士革分別成為兩個行政區的首府，讓敘利亞大城市的都市民族主義分子無法建立共同宗旨。法國人也讓兩個歷史悠久擁有領土自治權的宗教社群各自成立國家：敘利亞西部的阿拉維派與南部的德魯茲派。依照利奧泰的柏柏人政策模式，法國希望透過這些手段讓阿拉維派與德魯茲派在託管地獲得既有利益，使他們與都市民族主義分子區隔開來。古羅高級專員把敘利亞分成幾個自治區，並且任命當地人擔任總督，他解釋自己的做法時提到他是在利奧泰元帥學校學習了這套學說。[22]

法國當局一方面確保敘利亞德魯茲派與阿拉維社群對法親善，另一方面卻對大馬士革的民族主義領袖毫不退讓。一九二〇年代初最具影響力的敘利亞民族主義者阿卜杜·拉赫曼·夏班達爾（一八八二～一九四〇年）是一名醫生，在貝魯特美國大學受過訓練。結束醫學訓練之後，英語流利的夏班達爾在一九一九年擔任金恩－克蘭恩委員會的嚮導與口譯，而且與查爾斯·克蘭恩建立私交。一九二〇年五月，他短暫擔任費瑟勒國王最後一屆內閣的外交大臣，同年七月，費瑟勒政府倒台後他前往埃及避難。一年後，也就是一九二一年夏天，法國宣布大赦，夏班達爾於是返回大馬士革。

回到敘利亞之後，夏班達爾醫生繼續從事民族主義活動，而且成立祕密組織鐵手會。鐵手會聚集過去鄂圖曼時期參與祕密阿拉伯主義組織的成員以及大馬士革費瑟勒阿拉伯政府的支持者，他們有著共同信念，就是將法國人趕出敘利亞。鐵手會的活動因為法國當局的嚴密監控而受到限制。一九二二年四月七日，法國當局以涉嫌密謀叛亂的罪名逮捕夏班達爾與其他四名運動領袖。

法國的逮捕行動反而掀起敘利亞異議人士的怒火。第二天，一群民族主義分子利用主麻拜在市中心的伍麥亞清真寺號召八千名會眾發起大規模抗議。鐵手會成員率領由宗教領袖、鄰里首領、商人與學生組成的群眾。他們行經大馬士革的中央市場朝城堡走去，在那裡遭到法國安全部隊驅散，數十名大馬士革人受傷，四十六人被捕。

法國的鎮壓未能遏止抗爭，因為有更多的大馬士革人響應民族主義者的號召。四月十一日，四十名婦女在夏班達爾妻子的帶領下進行大規模抗議。法國士兵對群眾開火，打死三人，擊傷更多人，包括數名婦女。當法國人審判夏班達爾與其他反對領袖時，大馬士革進行了大罷工，店鋪也罷市兩星期。所有人都被判處重刑，夏班達爾被判處二十年，其他人則分別處以五到十五年的刑期。鐵手會解散，民族主義分子噤聲，接下來過了一段平靜的時期，儘管只維持了三年。

經過三年相對平靜的時期，一九二五年，法國開始重新思考他們在敘利亞的政治安排。維持數個小國運作耗費甚鉅。古羅高級專員已結束任期，他的繼任者下令將阿勒坡與大馬士革合併為一個國家，並且排定新代表大會選舉在一九二五年十月舉行。

經過三年的政治平靜後，法國人放鬆對敘利亞政治的管制。新任高級專員莫里斯・薩拉伊將軍在代表大會選舉前赦免政治犯，允許大馬士革民族主義分子組黨參選。夏班達爾在服刑兩年後獲得大赦，他出獄後於一九二五年六月組織新的民族主義政黨人民黨。夏班達爾招募幾個最知名的大馬士革人入黨。為了反制，託管地當局也贊助親法政黨敘利亞統一黨。敘利亞人擔心法國會像在黎巴嫩一樣操縱選舉結果。然而，政治過程的混亂卻來自於德魯茲山區而非高級專員辦公室。

一九二一年起，騷亂逐漸在法國人與德魯茲派之間滋長。卡特魯將軍，利奧泰學校的另一名畢業生，他以法國在摩洛哥施行的柏柏人政策為範本，於一九二一年與德魯茲派簽訂條約。根據條約規定，德魯茲山區將成為獨立於大馬士革的特別行政單位，擁有民選的本地總督與代表會議。換言之，德魯茲山區政府表面上看來是在德魯茲派的掌握之下。做為交換，德魯茲派必須接受法國託管地當局的條件，由法國在山區派駐顧問與駐軍。許多德魯茲人對於條約內容感到不安，擔心條約給予法國人過多的權限干預德魯茲內政。絕大多數人聽其言觀其行，對法國採取觀望態度，而往後幾年的經歷確實未能消除他們的疑慮。

法國一開始犯了錯誤，疏遠了最有權力的德魯茲派領袖蘇丹帕夏・阿特拉什。法國當局公然減損德魯茲山區最有權力之人的權威，於一九二一年任命蘇丹帕夏的晚輩薩利姆・阿特拉什擔任山區總督。此舉使法國人與蘇丹帕夏陷入水火不容的局面。一九二二年七月，蘇丹帕夏的屬下釋放一名法國人逮捕的人犯，帝國當局為此派出陸軍與空軍摧毀蘇丹帕夏的房子。蘇丹帕夏毫不畏懼，他率領游擊隊襲擊山區的法軍據點，這場戰役持續了九個月，直到一九二三年四月德魯茲軍事首領被迫投降為止。法國人與蘇丹帕夏達成停戰協議，避免這名強大地方領袖受審時可能造成的風險。但此時德魯茲山區名義上的總督薩利姆帕夏已遞出辭呈，而且其他德魯茲派領袖也沒有人願意接下燙手山芋，他們不願在蘇丹帕夏反對下成為山區總督。

在找不到適合的德魯茲總督人選下，法國人違背利奧泰體制的核心原則，同時也違反與德魯茲派訂定的條約，於一九二三年指定一名法國軍官擔任山區總督。更糟的是，他們指定擔任總督的加布里爾・卡比耶上尉是個熱心的改革者，他把摧毀他所謂的德魯茲山區「古代封建體制」視為自己的使命，他認為這種體制是「退化的」。德魯茲人對卡比耶怨聲載道。夏班達爾諷刺地說，德魯茲派許多民族主義分子把這名法國軍官視為提倡敘利亞民族主義的功臣，因為是他逼迫德魯茲人走向叛亂一途。[23]

德魯茲派領袖拒絕接受法國違反一九二一年條約並且決定直接向託管地當局申訴。一九二五年春天，山區領袖組成代表團前往貝魯特與高級專員見面，並且提出他們對卡比耶的種種不滿。但薩拉伊高級專員非但沒有抓住這個機會安撫不滿的德魯茲人，反而拒絕接見他們，公開羞辱了這群山區重要人物。德魯茲派領袖憤怒地返回山區，決定反叛法國並且開始尋找夥伴。他們很自然地轉向都市民族主義分子尋求結盟。

一九二五年，民族主義活動逐漸在敘利亞各城鎮取得支持。在大馬士革，夏班達爾新成立的人民黨集結了重要的民族主義分子。在哈馬，卡武齊創立了完全宗教傾向的政黨，並且命名為真主黨。就這點來說，卡武齊是最早認識到伊斯蘭「政治」力量並以此來動員民眾反對外國統治的人。他蓄了鬍子，每晚到哈馬各清真寺訪視，試圖說服信眾支持暴動。他與哈馬的穆斯林講道者建立良好關係，鼓勵他們利用主麻拜講道時引用《古蘭經》經文說服信眾參與吉哈德。他也獲得哈馬富有地主家族的資金援助。真主黨獲得的人力與財務資源日漸增長。一九二五年初，卡武齊派使者到大馬士革與夏班達爾見面，希望夏班達爾的人民黨與哈馬的真主黨能建立更密切的合作關係。夏班達爾拒絕了來自哈馬的使者的要求，他警告說：「在目前的環境下叛亂顯然會損害民族的利益。」[24]一九二五年五月，德魯茲派加入民族主義陣營之後，夏班達爾認為支持者已達到關鍵數量，成功已經在望。

五月，德魯茲派領導人與夏班達爾及大馬士革民族主義分子接觸。首次會議在一名經驗老到的記者家中召開，對話的內容圍繞在如何發動叛亂上。夏班達爾向德魯茲人提到卡武齊在哈馬的活動，並且討論同時開啟數條戰線，在敘利亞全國各地發起亂事。之後的幾次會議在夏班達爾家中召開，參加者有阿特拉什氏族的領導成員。在祕密宣誓與訂定盟約之後，所有參與者立誓致力民族統一與獨立。[25]對雙方而言，這個盟約是權宜之下的產物。夏班達爾與夥伴樂於見到德魯茲派在他們自己的地盤發動武裝行動，因為相較於大馬士革的民族主義分子，德魯茲派在山區擁有較多的機動性而且武裝程度較高；做為交換，德魯茲派可以避免獨自與法國人對抗。大馬士革的民族主義分子承諾將在全國各地發動叛亂，並且給予德魯茲派率先發難所需的支持。

一九二五年七月，德魯茲派發動叛亂反對法國統治。蘇丹帕夏．阿特拉什率領數千名戰士攻擊山區第二大城塞勒海德的法軍，於七月二十日占領該城。第二天，他繼續率軍包圍德魯茲山區的行政首府蘇韋達，將大批法國行政官員與士兵團團圍住。

在突襲之下，法國人缺乏兵力與策略對抗德魯茲叛軍。往後幾個星期，由八千到一萬名志願者組成的德魯茲陸軍擊敗每一支派來對付他們的法國軍隊。薩拉伊高級專員決心趁著亂事還在初始階段趕快予以平定，以免延燒成全國性的亂事，屆時將成為一場噩夢。他把駐紮在敘利亞北部與中部的法軍與敘利亞軍團調往南方去平定德魯茲山區的叛亂。八月，當局針對所有民族主義嫌犯進行鎮壓，在未經審判下進行逮捕與流放。夏班達爾與最親密的共謀者一同逃離大馬士革，前去投靠德魯茲山區的阿特拉什氏族。儘管法國盡全力圍堵，亂事還是開始延燒。下一場暴亂來自於哈馬。

在哈馬，卡武齊已做好叛亂的準備，只等待恰當的時機發動。回顧過去敘利亞叛亂的興起與失敗，卡武齊認為一九二五年的狀況與以往不同。反對法國統治的各個勢力，如德魯茲派、大馬士革人以及他在哈馬建立的政黨，已經建立新的合作關係。德魯茲派發起的叛亂對法國人帶來極大的破壞。卡武齊仍然持續關注摩洛哥里夫戰爭的消息，他知道法國在當地的戰事正處於不利的狀況：「法軍與阿卜杜．克里姆領導的里夫部族交戰，並且陷入泥淖之中。克里姆勝利的消息開始傳來。我們也開始收到法國增兵馬拉喀什的消息。」卡武齊知道，一旦法國出兵摩洛哥，敘利亞的法軍就得不到援助。他的結論是，「我的準備已經完成，剩下的就是執行。」[26]

一九二五年九月，卡武齊派使者到德魯茲山區去見蘇丹帕夏．阿特拉什。卡武齊提議，由德魯茲派擴大攻擊吸引所有的法軍到南方，而他自己將於十月初在哈馬起事。德魯茲領袖為了開闢第二條反法戰線，因此同意卡武齊的計畫，讓德魯茲戰士承受激烈的戰鬥。

十月四日，卡武齊率領敘利亞軍團譁變，而且獲得鄰近貝都因部族戰士以及哈馬居民的支持。他們俘虜了一些法軍士兵而且將哈馬官員圍困在官署之中。到了午夜，哈馬已經落入叛軍的掌握。

法國人迅速做出回應。雖然如卡武齊預料的，絕大多數法軍都派往德魯茲山區，但法國人還有空軍。法國人開始空襲住宅區而且夷平市中心部分市場，殺死將近四百名平民，其中許多是婦孺。哈馬的顯貴原本允諾支持卡武齊的行動，此時卻率先叛離與法國人達成協議，以停止叛亂來換取中止空襲。起事不過三天，卡武齊與他的屬下就被迫撤退到鄉村，任由法國人收復哈馬。

卡武齊與屬下不受哈馬起事失敗影響，他們繼續在敘利亞其他城鎮掀起叛亂。卡武齊誇口說，「敘利亞的原野敞開大門歡迎我們叛亂。藉由這些策略，法國人的情報與狡詐無從施展，因為阿拉伯人比他們棋高一著。」[27]

經過幾天的時間，叛亂已經擴散到大馬士革周圍的村落。法國人試圖用極端的暴力手段來遏止他們的行動。整個村落都被大砲或空襲摧毀。首都腹地將近一百座村子被夷為平地。村民的屍體被帶回大馬士革成為毛骨悚然的戰利品，目的是為了嚇阻其他人支持叛亂分子。可以預見的是，暴力只會衍生暴力。十二名聽命於法國人的當地士兵屍體遭人肢解丟棄在大馬士革城門外，做為與殖民地當局勾結的警告。

到了十月十八日，暴動已經蔓延敘利亞首都，城裡的男女都加入抵抗的行列。負責戰鬥的男性仰賴妻子與姊妹私運糧食與武器到他們的藏身之處。一名大馬士革妻子在法國士兵警戒的目光下，把糧食與武器運給藏匿的丈夫與他的叛軍同志。大馬士革記者希漢姆・特格曼在回憶錄裡提到：「法國哨兵絕對想不到，婦女會協助叛軍翻過屋頂逃走，或者把武器與糧食藏在斗篷下偷偷運送給革命分子。」[28]

對於大馬士革的民族主義領袖來說，這場叛亂已經成為神聖的吉哈德，作戰人員則成為聖戰士。大約四百名志願軍進入大馬士革，他們設法攻占夏古爾與梅丹兩區，把法國行政官員趕入城堡避難。一支叛軍隊伍前往阿茲姆宮，這座宮殿是十八世紀阿薩德帕夏・阿茲姆的奢華建築，被法國人占用做為總督官邸。叛軍打算追捕高級專員薩拉伊將軍，但薩拉伊早已離開，宮中爆發激烈槍戰，整座古老宮殿陷入火海。然而這些只不過是開端。

法國人利用優勢兵力擊敗大馬士革叛軍。他們從城堡無差別地砲轟大馬士革市區。夏班達爾寫道：「到了指定時間，那些地獄般的武器張開大口，朝著城市最好的地區噴射灰燼。往後二十四小時，毀滅與火燄的砲彈燒光了六百間以上的美好房舍。」之後則是連續數日的空襲。夏班達爾在回憶錄中提到：「轟炸從星期日正午持續到星期二晚間。我們永遠無法知道瓦礫堆中埋著多少死者。」[29]之後估計認為在這三天的猛烈攻擊下死亡人數達到一千五百人。

民眾傷亡慘重促使叛軍結束在大馬士革的軍事行動。夏班達爾說道：「當叛軍看到持續砲擊市區與盤旋空中的飛機無差別地轟炸房舍造成的恐怖奪走大批婦孺性命時，決定離開這座城市。」雖然叛軍被逐出哈馬與大馬士革，但他們卻成功解除德魯茲山區的壓力，後者三個月以來一直承受法軍的猛烈攻擊。法國人如果想靠著無差別攻擊來嚇阻叛亂擴大，那麼他們可要失望了。一九二五年到一九二六年冬，隨著亂事蔓延到全國各地，法軍也必須疲於奔命地四處鎮壓。

法國人在平定敘利亞北部與中部之後，終於能回過頭來對付德魯茲山區，而蘇丹帕夏．阿特拉什依然在此地積極進行反抗運動。一九二六年四月，法軍收復德魯茲地區首府蘇韋達。一九二六年五月以後，摩洛哥的阿卜杜．克里姆終於投降，法國人得以將大批部隊轉移到敘利亞，根據卡武齊的說法，此時法軍總數達到九萬五千人。敘利亞的抵抗遭法國擊敗，反抗軍領袖紛紛流亡。一九二六年十月一日，蘇丹帕夏．阿特拉什與夏班達爾跨越邊界逃往鄰邦外約旦。

其他民族主義領袖放棄之後，卡武齊仍持續抗爭一段時間。一九二六年十月到一九二七年三月，卡武齊努力不懈地作戰，但敘利亞民眾已普遍厭戰，他們不願招來法國激烈的報復行動。一九二七年三月，在最後一場戰役中，卡武齊設法招募了七十四名戰士，其中只有二十七名有馬匹。他們繞過大馬士革前往沙漠，卻被先前支持他們的沙漠部族出賣。靠著狡猾與欺詐，他們好不容易撤退到外約旦，雖然逃過了追捕，但他們的國家卻落到法國人的手裡。[30]

敘利亞叛亂未能從法國統治下獲得獨立。民族主義運動逐漸被都市菁英的新領導方式取代，後者避免武裝鬥爭，並且透過政治協商程序與非暴力抗爭來追求自己的目標。直到一九三六年，敘利亞民族主義者始終未能有所突破。

雖然整個一九二〇年代法國殖民當局一直忙著鎮壓從摩洛哥到敘利亞的叛亂，但至少在阿爾及利亞他們擁有一個可仰賴的政黨。

一個世紀之前，一八二七年，阿爾及爾迪伊因為一時氣憤揮舞手中的蠅撣，結果斷送自己國家的命運。自從一八三〇年六月第一批部隊登陸西迪費魯什以來，法國人不僅驅逐鄂圖曼人，擊敗埃米爾阿卜杜·卡迪爾，也平定數次大規模暴亂——最後一次發生在一八七一年到一八七二年。到了二十世紀初，法國人已經征服從地中海到撒哈拉的區域。

到了一九二〇年代，超過八十萬人從法國移居阿爾及利亞。[31]阿爾及利亞的法國人腳踩的已不再是外國土壤；一八四八年，阿爾及利亞成為法國領土，奧蘭、阿爾及爾與君士坦丁三省已成為法國行省，可以選出代表參加巴黎的法國議會。「阿爾及利亞人」代表——或者更精確地說是法裔阿爾及利亞人代表，因為本地阿爾及利亞人無權選舉或參選擔任公職——在議會裡享有不成比例的影響力，他們往往結合成一個集團來保護移民利益。

隨著一九三〇年百年紀念的到來，法裔阿爾及利亞人抓住這個機會向宗主國法國人與本地阿爾及利亞人強調法國在阿爾及利亞的勝利與永續經營。慶祝活動的策劃早在數年前就已展開。起初是由阿爾及利亞總督於一九二三年十二月提出，他下令成立委員會，「準備於一九三〇年舉行法國占領阿爾及爾百年慶祝活動」。法國議會授權四千萬法郎的預算與成立委員會負責組織活動。最後，這場慶祝活動耗費超過一億法郎。

為了一九三〇年的慶祝活動，阿爾及利亞進行一連串的改造。藝術家接受委託建立紀念碑，表彰法屬阿爾及利亞歷史進展到重要的里程碑，城市與鄉村也做了裝飾。大城市如阿爾及爾、君士坦丁、奧蘭也興建博物館。全國各地也大興土木——學校、醫院、孤兒院與濟貧院、農業大學與職業學校，以及世界功率最大的廣播電台，確保百年慶祝活動的新聞能發送到阿爾及利亞全境。西部濱海城市奧蘭舉辦盛大的展覽會，內容之豐富不下於世界博覽會。此外還舉辦五十場以上的國際會議與大會，主題包羅萬象。運動競賽、跨撒哈拉汽車拉力賽與遊艇賽成為年度大事。夜裡，城市燈火通明，重要建築物張燈結綵，還有華麗的煙火表演。

百年慶祝活動最重要的象徵莫過於表彰這項成就的紀念碑。在阿爾及爾南方幾公里的布法里克有一個巨大石造基座，寬四十五公尺，高九公尺（大約寬一百四十八英尺，高三十英尺），用來彰顯「法國殖民英雄的榮耀」。雕刻家亨利・布夏爾（曾經設計日內瓦的新教改革紀念牆）在紀念碑的中心安放了一群法國「文明先驅英雄」的雕像，領頭的是比若將軍與德拉莫里希耶將軍，這些軍事統帥在一八三〇與四〇年代在阿爾及利亞執行焦土政策擊敗了埃米爾阿卜杜・卡迪爾。在軍人身後是一群法國顯貴、市長與「模範移民」，他們昂然而立地排成一列。從穿著軍服與西裝的法國人往後看去，在隊伍的後方，雕刻家安排了幾名穿著民族服裝的阿拉伯人，他們代表「第一批主動投誠的原住民，這些人的效忠使法國的殖民任務得以大功告成」。[32]

法國人甚至在一八三〇年軍事紀念碑中暗示阿爾及利亞人對法國殖民的支持。法國新聞界熱烈討論這座表彰一八三〇年六月十四日法軍在西迪費魯什登陸的紀念碑是否會「激怒當地人」。百年紀念的官方史家梅西耶寫道：「凡是了解阿爾及利亞的人，以及平常就跟阿拉伯柏柏人有接觸的人，絕不會擔心這點。」梅西耶堅稱，所有本地阿爾及利亞人的真正感受充分表現在部族領袖布瓦吉茲・賓・加薩說的話上：「要是一八三〇年時，本地人能了解法國人，他們就不會在槍裡裝子彈，而是插上鮮花來歡迎他們。」這種情感也表現在十公尺高的紀念碑上，碑文描繪瑪麗安娜（法蘭西共和國的象徵）頭戴鑲花飾的帽子，往下凝視恭順的阿拉伯子民的眼睛：「一百年後，法蘭西共和國賜予這個國家繁榮、文明與正義，感恩的阿爾及利亞將永遠向祖國效忠。」彷彿法國人希望把阿爾及利亞人塑造成一個支持自己的國家被外國殖民的角色。[33]

一九三〇年六月十四日，百年慶祝活動在西迪費魯什達到高潮。還是一樣，舉辦者試圖把阿爾及利亞殖民地塑造成法國與阿拉伯結合的產物，官方的說法是「慶祝法國人與本地人合而為一」。大批群眾聚集在新建立的西迪費魯什紀念碑旁觀看閱兵與聆聽演說。總督率領由殖民軍官組成的方陣隊伍。空軍進行低空編隊飛行，並且將花瓣撒向紀念碑周圍的群眾。依照奧運模式，手持火炬者開始從紀念碑奔向往東三十公里（約十九英里）處的阿爾及爾。

法國人的演說不斷在炫耀法國的功業，這點在意料之中，但讓人驚訝的是阿爾及利亞顯貴上台後說的內容。代表清真寺學校同仁發言的宗教學者哈吉・哈穆對於自己能自由不受干擾地教授伊斯蘭教義表示感謝。他表示，所有上清真寺的信眾，都在伊瑪目的引領下，受到「世俗而神聖的法蘭西共和國共同的關愛」——世俗而神聖，一個相當好聽的矛盾修辭。穆斯林知識分子代表貝爾哈吉在慶祝活動致詞時表示，「法國人與本地人廣泛地合而為一」，轉變成「單一而獨特的民族，在相同的旗幟與祖國相同的關愛下過著和平而和諧的生活」。阿拉伯的領導顯貴烏拉巴祈求說：「指導我們，讓我們更加提升，讓我們往上達到你的層次。讓我們同心齊聲呼喊：法國萬歲，願法國更加偉大！阿爾及利亞萬歲，願阿爾及利亞更加法國！」[34]

在阿拉伯民族主義風起雲湧的時代，阿爾及利亞似乎擁抱了帝國主義。但阿爾及利亞人並不滿意自己的處境。許多受過教育的菁英知道自己無法擊敗法國人，因此決定加入他們，但直到一九三〇年為止，他們依然無法獲得完整的法國公民權。接受法國統治既然不可避免，這些阿爾及利亞人於是選擇從事民權運動而非追求民族主義。他們的發言人是阿爾及爾大學藥學系學生，名叫費爾哈特·阿巴斯。

費爾哈特·阿巴斯（一八九九～一九八五年）出生於阿爾及利亞東部小鎮一個省府官員與地主家庭。他在法國學校接受訓練，因此也接受了法國價值。他最想得到的就是享有法國人的完整權利。但法國法律對於阿爾及利亞穆斯林的法律與政治權利設下嚴格的限制。這些法律從地理上區隔了阿爾及利亞：歐洲人口相對較多的地區適用法國的普通法；少數歐洲人口居住的鄉村地區同時適用軍事與平民法律；阿拉伯地區完全受軍事管理。

法律也明確區別阿爾及利亞的歐洲人與穆斯林。一八六五年，法國參議院通過法律，將所有阿爾及利亞穆斯林視為法國臣民。雖然他們可以服兵役與任公職，但他們並非真正的法國「公民」。想取得法國公民資格，本地的阿爾及利亞人必須放棄穆斯林身分，同意生活在法國的個人身分法律之下。由於穆斯林的婚姻、家庭權利義務與遺產分配完全規定在伊斯蘭律法之中，這樣的條件等於要求穆斯林放棄自己的信仰。因此不令人意外地，在這項法律施行的八十年間，只有二千名阿爾及利亞人申請法國的公民身分。

在未受到法國法律保障下，阿爾及利亞穆斯林實際上適用的是一連串歧視性立法，稱為「本地人法」。就像美國南北戰爭後通過的吉姆·克勞法讓非裔美國人處於隔離與從屬的地位，一八七一年阿爾及利亞最後一場大叛亂後通過的本地人法也規定，歐洲人可以合法從事的行為，本地的阿爾及利亞人不一定可以從事，例如批評法蘭西共和國及其官員。本地人法規定的犯罪絕大多數都是輕罪，而且懲罰也很輕微，刑期不超過五天，罰金也不超過十五法郎。然而這項法律的適用愈來愈普遍，因為它規定的內容非常的瑣碎。此外，跟其他法律相比，本地人法會讓阿爾及利亞人覺得自己在自己的土地上是二等公民。對於像費爾哈特·阿巴斯這種接受法國共和思想教育的人來說，這樣的屈辱是不可忍受的。

阿巴斯用法文寫了一篇尖刻的批評文章來回應百年慶祝活動，這篇文章反映了法國統治百年後一名年輕阿爾及利亞人的幻滅。阿巴斯的作品《青年阿爾及利亞人：從殖民地到行省》是一篇頗具說服力的請求，希望法國在阿爾及利亞能以更開明的共和主義取代殖民主義。

過去這一百年，是充滿血淚的百年，其中哭泣流血的尤其是我們本地人……百年慶祝活動很不得體地讓人想起痛苦的過去，是在窮困的眾人面前展示少數人的財富……如果未來的一百年未能讓這個國家的不同分子立足於相同的社會階級並且讓貧弱者有提升地位的憑藉，那麼種族之間的諒解不過是空話。[35]

阿巴斯的作品呼應了西迪費魯什百年慶祝活動上穆斯林顯貴的發言，他們說道，「讓我們更加提升，讓我們往上達到你的層次」。但阿巴斯提出要求時語氣更加果斷自信。

阿巴斯主張，阿爾及利亞人在戰時的投入已為他們贏得公民的權利。從一九一三年阿爾及利亞首次實施徵兵制開始，法國便將沉重的負擔加諸於本地的阿爾及利亞人身上。第一次世界大戰期間，超過二十萬名阿爾及利亞穆斯林被徵召，許多人一去不回。估計阿爾及利亞人在戰爭中的死亡人數介於二萬五千人到八萬人之間。傷者更多於此數。[36]

即使在戰後，阿爾及利亞人仍被徵召到法國軍中。阿巴斯主張，他在一九二二年入伍服役已經為他贏得公民權。他表示，法國並未依照種族與宗教來區隔士兵，在法律上也不應該這麼做。他又說：「我們是穆斯林而我們是法國人。我們是本地人而我們是法國人。在阿爾及利亞，這裡有歐洲人與本地人，但大家都是法國人。」[37]但本地的阿爾及利亞人卻在自己的國家被殖民社會與殖民法律貶低為下層階級。「還有什麼比本地人每日在自己出生的土地上、在街上、在咖啡館、在日常生活中最基本的交易中受到侮辱更令人難以忍受？理髮師當著他的面把門關上，旅館拒絕讓他入住。」[38]

阿巴斯尤其批評法國的歸化法，因為歸化法要求穆斯林必須放棄個人身分。「為什麼阿爾及利亞人需要申請歸化？成為法國人？他已經是法國人，因為他的國家已經被宣示為法國的土地。」在提到阿爾及利亞的法國統治者時，他隨口問道：「他們希望把這個國家提升到更高的層次或是想分而治之？」對阿巴斯來說，答案是自明的。「如果我們真的希望引導穆斯林阿爾及利亞邁向更高等的文明，那麼我們需要的是一套適用於所有人的法律。」[39]即使如此，阿巴斯還是堅持阿爾及利亞人在無損身為法國公民應有的權利下，在文化上有權保存自己的宗教與傳授自己的語言：阿拉伯語。

阿巴斯不是完整公民權的首倡者；早在二十世紀初，青年阿爾及利亞人運動就已經要求進行改革。阿巴斯也不代表全阿爾及利亞人的看法。阿卜杜．哈米德．賓．巴迪斯（一八八九～一九四〇年）領導的伊斯蘭改革運動明確反對阿巴斯的同化觀點。阿巴斯與賓．巴迪斯的不同可以從一九三六年社論的攻防看出，阿巴斯提出著名的說法，他認為沒有阿爾及利亞民族這種東西：「阿爾及利亞是祖國，這種說法完全是神話。我並未發現這種東西。我質疑歷史；我質疑死者與生者；我造訪墓園：沒有人跟我說有這種東西。」他認為，阿爾及利亞是法國，阿爾及利亞人是法國人。事實上，阿巴斯愈說愈得意，接下來他居然說自己就是法國（'La France, c'est moi'）。[40]

「不，先生！」賓．巴迪斯反駁說：

我們仔細檢視歷史篇章與當前處境。我們發現了阿爾及利亞穆斯林民族……這個群體有自己的歷史，充滿了豐功偉業。它的宗教與語言自成一體。就像所有民族一樣，它有自己的文化，自己的習慣與風俗，無論好壞。更重要的是，這個阿爾及利亞與穆斯林民族不是法國。它不知道如何成為法國。它不想成為法國。即使它想，也不可能成為法國。

儘管如此，賓．巴迪斯與阿巴斯一樣不主張阿爾及利亞獨立。阿巴斯尋求與法國人平起平坐，賓．巴迪斯則希望阿爾及利亞穆斯林與法國人「區隔但地位平等」。賓．巴迪斯要求法國人給予本地的阿爾及利亞人自由、正義與平等，尊重他們的獨特文化、阿拉伯語言與穆斯林信仰。賓．巴迪斯在文章末尾堅持主張「阿爾及利亞穆斯林祖國是法國的忠誠朋友」。[41]世俗的同化主義者與伊斯蘭改革者之間的歧見幾乎不可能化解。

諷刺的是，唯一要求阿爾及利亞完全獨立的活動分子竟是來自僑居法國的工人社群。在法國的阿爾及利亞工人有十萬多人，其中一些關心政治的人因為共產黨的關係而傾向民族主義。他們的領袖是梅薩利．哈吉（一八九八～一九七四年），他在一九二六年建立工人民族主義協會「北非之星」。一九二七年二月，梅薩利在布魯塞爾的反殖民壓迫同盟大會上提交新組織章程。裡面提出的方針包括阿爾及利亞獨立、撤離法國占領軍、組織國民軍、沒收移民種植園與重新分配農地給本地農民，以及在獨立的阿爾及利亞進行一連串社會與經濟改革。[42]這個協會的主張合乎公義，但就那個時代來說是不切實際，而且這些主張無論在國內或國外都未能獲得阿爾及利亞人支持。

一九三〇年代，在所有阿爾及利亞政治活動分子中，阿巴斯的影響力最大。許多受過教育的阿爾及利亞人與法國決策者都讀過他的作品。一九三一年，前阿爾及利亞總督莫里斯·維歐雷特在給阿巴斯的信上寫道：「我仔細讀過你的書。如果由我來寫的話，我不會寫成那個樣子。我對於裡面的描述感到遺憾，有些地方確實激怒了我……我知道對你來說要維持冷靜是困難的，我能諒解。」維歐雷特用的是上對下的口氣，但阿巴斯不以為意（他在書衣上引用維歐雷特的話做為對這本書的讚賞）。他知道，藉由維歐雷特的說法，他的論點將成為法國政府高層討論的對象。

維歐雷特在結束阿爾及利亞總督任期返回巴黎之後變得更有影響力。他被提名進入法國參議院，一九三五年三月，他開始討論是否要依照法國文化與價值的同化程度給予阿爾及利亞菁英公民權，法文稱這些人為 évolués。這個詞指「更高度演化的」，這是一種純粹的社會達爾文主義，認為當阿爾及利亞人擺脫阿拉伯文化而擁抱「優越的」法國價值時，就是從較低等的文明狀態進展到較高等的文明狀態。這個「文明開化使命」是法國人用來合理化他們帝國計畫的一項原則。維歐雷特在參議院提出「文明開化使命」的理想，認為應該授予進步的穆斯林阿爾及利亞人公民權，如此可以遏止民族主義與鼓勵同化。

然而，法國的殖民地遊說團體（包括移民代表與他們在巴黎的支持者）太強大，他們阻擋了維歐雷特一九三五年的動議。這些人擔心就算授予完整公民權的對象僅限於阿爾及利亞菁英，也將造成公民權授予的浮濫，最後會削弱歐洲人對阿爾及利亞的支配。

一九三六年，維歐雷特在萊昂·布魯姆領導的社會主義人民陣線政府擔任內閣職位，他發現自己提出的爭議性觀點在這個政府裡獲得較多支持。人民陣線主張法國與殖民地應建立全新的關係，阿爾及利亞的政治菁英因此認為維歐雷特可以成為他們的盟友，協助他們達成目的。賓．巴迪斯領導的伊斯蘭改革者決定與阿巴斯的同化主義者合作。一九三六年六月，雙方在第一屆阿爾及利亞穆斯林大會中見面並且支持維歐雷特的提議：授予親法的阿爾及利亞菁英完整的公民權而且不要求他們放棄穆斯林身分。大會於是派代表團前往巴黎向政府表達政治訴求。代表團獲得布魯姆與維歐雷特接見，他們承諾將滿足阿爾及利亞人大部分的需求。

一九三六年十二月底，布魯姆與維歐雷特起草法案送交國會。他們相信布魯姆－維歐雷特法案是開明的立法，可以藉著與阿爾及利亞政治與經濟菁英合作徹底鞏固法國在阿爾及利亞的地位。他們在法案的前言寫道，「在這麼多政府做了這麼多承諾之後——特別是在百年慶祝活動時（一九三〇年）——我們不可能不認識到同化這個必要任務的急迫性，它極大程度影響了阿爾及利亞的道德健康。」43

法案對有資格獲得公民身分的本地阿爾及利亞穆斯林進行分類。總計有九類，首先是在法國陸軍擔任軍官或職業士官長的阿爾及利亞人或因英勇而獲得授勳的阿爾及利亞士兵；在法國或穆斯林學院獲得高等教育文憑以及經由考試錄取成為公務員的阿爾及利亞人；受推舉成為商會或農會成員或者在財政、市政或地方議會擔任行政官員的本地人，此外還有擔任阿迦或卡伊德等傳統職位的顯貴。最後，凡是獲頒榮譽軍團勳章或勞動獎章等法國榮譽勳章的阿爾及利亞人。上述這幾種人均有資格獲得完整的公民權。總之，依照布魯姆－維歐雷特法案的規定，在阿爾及利亞四百五十萬人口中，有資格成為法國公民的不超過二萬五千人。

雖然法案的目標限制很多，而且制訂者清楚表示這麼做是為了讓法國能永續統治阿爾及利亞，但令人驚訝的是，布魯姆－維歐雷特改革還是遭遇強烈的反對。殖民地遊說團體再度採取行動，他們要確保法案連辯論程序都無法進入，更不用說進行投票。殖民地報紙猛烈抨擊法案開啟了法國伊斯蘭化與法屬阿爾及利亞終結的閘門。

法國議會的辯論在阿爾及利亞引發支持者與反對者的街頭騷動。本地阿爾及利亞人上街進行大規模示威抗議，要求取得公民權。阿爾及利亞的動盪不安更證實了保守派與殖民地遊說團體的看法，他們認為布魯姆政府的災難性政策將帶來麻煩。當法案只是送交議會各委員會審議而未交由議員進行辯論時，阿爾及利亞的法國市長開始罷工，民選的阿爾及利亞政治人物也跟進。最後，殖民地遊說團體贏了。一九三八年，布魯姆－維歐雷特法案完全未經國民議會討論就被放棄。

百年紀念結束。儘管做出許多神聖承諾，法國政府還是不願承認同化的急迫性。阿爾及利亞菁英幻滅的程度難以評估，他們的期盼來到新高點，卻因為布魯姆政府未能實現承諾而跌入谷底。從此以後，阿爾及利亞反對運動的主要潮流將是民族主義。法國在阿爾及利亞將不會有另一個百年。十六年後，兩國將兵戎相見。

布魯姆的人民陣線政府也希望化解法國與敘利亞及黎巴嫩兩處託管地的歧見。數年的對立加上毫無建樹的協商，巴黎政府的輪替使貝魯特與大馬士革的民族主義分子看到一線曙光。一九三六年似乎將迎來普遍阿拉伯獨立的新時代以及帝國控制的鬆綁。英國於一九三〇年承認伊拉克獨立，到了一九三六年即將與埃及訂定類似協定。敘利亞與黎巴嫩的民族主義分子有充分的理由相信，對帝國抱持開明觀點的

人民陣線政府將追踵其後，訂定條約允許他們在埃及與伊拉克之後以名義上的主權國家地位進入國際聯盟。

一九二五年到一九二七年叛亂之後，敘利亞民族主義分子以非暴力與協商的方式追求民族解放，他們採行一種稱為「光榮合作」的政策。民族集團在富有的都市顯貴領導下，成為囊括各政黨派系的主導同盟，朝著敘利亞獨立的共同目標邁進。一九三〇年，伊拉克獲得名義上的獨立地位之後，敘利亞人開始加倍努力。然而，面對保守法國殖民地遊說團體的持續反對，民族集團的合作毫無進展。一九三三年十一月，法國提議的第一個條約由於遠遠達不到實現獨立的要求，而遭敘利亞議會拒絕。光榮合作逐漸被有系統的抵抗取代，一九三六年年初，敘利亞民族主義分子發動長達五十天的大罷工，抵抗運動來到最高潮。

布魯姆人民陣線政府一方面同情敘利亞民族主義分子訴求，另一方面又把恢復託管地的和平與穩定列為首要之務。一九三六年六月，布魯姆再次上台後不久，法國政府與敘利亞民族集團進行新一回合協商。雙方獲得很大的進展，法國協商人員承認民族主義分子提出的諸多要求。一九三六年九月，法國與敘利亞協商人員締結優惠同盟草約，然後送交雙方國會尋求通過。敘利亞相信自己即將邁過獨立的門檻。

鑑於敘利亞的成功，黎巴嫩人催促法國人草擬類似允許黎巴嫩獨立的條約。協商於一九三六年十月展開。根據敘利亞條約模式，法黎草約只花二十五天就草擬完成，然後送交巴黎與貝魯特國會批准。

敘利亞與黎巴嫩的民族主義分子對於與法國的新條約內容感到滿意，這點可以從貝魯特與大馬士革的順利批准看出。黎巴嫩議會於一九三六年十一月批准條約，敘利亞議會於十二月底批准，兩國都以無異議的票數通過。然而，與布魯姆－維歐雷特法案的命運相同，法國殖民地遊說團體成功在法國國民議會阻擋一九三六年對敘利亞與黎巴嫩條約的辯論或投票，這種狀況一直持續到一九三七年六月布魯姆政府下台為止。黎巴嫩與敘利亞的獨立希望也隨著布魯姆政府崩潰瓦解。

一九三九年，戰爭陰影逐漸籠罩歐洲，法國國民議會拒絕批准條約。雪上加霜的是，法國殖民當局進一步把敘利亞西北部領土亞歷山德瑞塔割讓給土耳其，該地人口有百分之三十八是土耳其人，土耳其一直主張該地是土耳其的領土，法國為了確保土耳其在歐洲即將迫近的戰爭中保持中立，因此做了這項決定。憤怒的敘利亞民族主義分子發動大型集會與示威抗議，造成法國當局的大規模鎮壓以及擱置敘利亞憲法與解散國會。

當法國與兩個黎凡特託管地隨時可能引發重大衝突時，一九四〇年五月，納粹德國占領法國並且推翻法國政府。凡爾登的英雄、在摩洛哥里夫戰爭白熱化的時期取代利奧泰擔任統帥的菲利普・貝當元帥，建立了與納粹德國合作的法國政府：維琪政權。在新政權下，敘利亞與黎巴嫩交由維琪高級專員亨利・頓茲將軍統治。

此時的英國正因埃及、伊拉克與巴勒斯坦的阿拉伯民族主義分子傾向軸心國而焦頭爛額，在英國眼中，維琪政權控制下的敘利亞與黎巴嫩等同於交戰國。一九四一年五月，頓茲高級專員提供敘利亞空軍基地給德國使用，英國迅速採取干預行動。一九四一年六月到七月，英國聯合夏爾・戴高樂將軍率領的反維琪自由法國部隊攻占敘利亞與黎巴嫩。

英國占領敘利亞之後，自由法國承諾給予敘利亞與黎巴嫩完整的獨立地位。在英法入侵後不久，卡特魯將軍以戴高樂將軍的名義宣讀宣言：「我前來終結託管地政權並且宣布你們將獲得自由與獨立。」[44] 法國發表的敘利亞與黎巴嫩獨立宣言獲得英國政府的保證。但敘利亞與黎巴嫩民族主義分子又空歡喜一場。戰後，自由法國並未放棄維持帝國的希望。敘利亞與黎巴嫩將在法國強烈反對下進行艱難的戰鬥來爭取自己的獨立地位。

自由法國一宣布結束託管，黎巴嫩人就開始準備獨立。一九四三年，各宗教社群的民族主義領袖訂立不成文協定，對於權力分配進行安排，這個協定稱為國家協定。在與會所有社群政治領袖見證下，黎巴嫩人認為沒有必要將內容記錄在官方文件上，並且一致支持國家協定。根據協定的內容，黎巴嫩總統由馬龍派基督徒擔任，總理是順尼派穆斯林，國會議長是什葉派穆斯林。其他重要內閣職位則分配給德魯茲派、東正教基督徒與其他宗教社群。國會席次則以六名基督徒議員對五名穆斯林議員的比例組成（為此，順尼派、什葉派與德魯茲派都視為穆斯林）。

國家協定看似化解了黎巴嫩各社群的緊張關係，並且讓他們在國家政治體制裡各自獲得一席之地。不過，國家協定規定了法國人所支持的「宗教社群分權主義」，僵化地根據宗教社群來分配職位，這麼做不僅破壞了黎巴嫩的政治生態，也讓黎巴嫩無法真正整合成一個國家。就這點而言，法國人在結束對黎巴嫩的統治之後，還留給當地一個分裂的遺產。

一旦黎巴嫩顯貴化解了政治歧見，他們便於一九四三年舉辦新的國會大選。為了符合黎巴嫩憲法規定，一九四三年九月二十一日，五十五名新任國會議員共同選舉總統，他們選出民族主義律師比夏拉・胡里擔任黎巴嫩獨立後第一任總統。

擔任律師的胡里，過去曾經向古羅將軍建言，早期也曾批評法國託管黎巴嫩。一九三四年，胡里成為全國知名的人物，他與其他志同道合的政治人物共同組成立憲集團，企圖以法黎條約取代法國託管。

從那時起，胡里便一直致力於結束法國對黎巴嫩的統治。當胡里被任命為總統時，議員們爆出熱烈的掌聲，議會裡也施放白鴿。胡里回憶說，「宣布最後結果時，我登上講台準備發表演說，外頭的吶喊聲與槍砲聲幾乎讓我聽不見自己的聲音。但我努力讓大家聽見我的聲音，並且表示我們將與阿拉伯各國合作，終結黎巴嫩的孤立狀態。」45

黎巴嫩人認為自己已經完全獨立，而且認為法國人毫無理由反對。自由法國曾經保證要終結託管制度，而維琪政權也已經被英國人趕出黎凡特。黎巴嫩國會進行修憲，宣布黎巴嫩獨立，從而廢除法國人特權與干預黎巴嫩內政的權利。然而，當自由法國當局得知黎巴嫩國會在一九四三年十一月九日排定的議程時，他們要求與胡里見面。他們警告黎巴嫩總統，戴高樂將軍不會容忍任何片面重新定義法黎關係的做法。這是一場氣氛緊繃的會議，最後雙方的歧見並未獲得解決。

黎巴嫩人對於法國的警告不以為意。自由法國是個四分五裂的流亡政府，黎巴嫩人認為自由法國無法阻止他們提出具正當性的獨立主張，況且英國也已經做出保證。黎巴嫩國會議員依照計畫開會修改憲法第一條，將「法蘭西共和國政府官方承認」的範圍界定為黎巴嫩的疆界，主張黎巴嫩在目前承認的疆界之內擁有「完整的主權」，並且在憲法中詳細載明疆界的劃定。他們規定阿拉伯語為唯一官方語言，把法語降為次要語言。他們授權黎巴嫩總統而非法國政府可以在國會同意下締結所有外交協定。國聯委託給法國的所有權力與特權，憲法都正式予以廢除。最後，議員投票修改憲法第五條對國旗的定義：以水平的紅、白與紅三個色帶取代法國的三色旗，民族象徵雪松依然裝飾於國旗中央。從法律與象徵來說，黎巴嫩已然主張了它的主權。接下來就是要讓法國同意這項新秩序。

法國當局對於黎巴嫩憲法的修改做出迅速而決定性的回應。十一月十一日清晨，胡里總統被闖入他家的法國海軍陸戰隊叫醒。他的第一個念頭是這些人是叛軍，他們來這裡是為了刺殺他。他對鄰居叫喊，要他們報警，但沒人回應。一名法軍上尉手持手槍撞開他的房門，另一隻手還抓著他的兒子。這名法國人說道：「我無意傷害你，我只是奉高級專員的命令來逮捕你。」

胡里回道：「我是獨立共和國的總統，高級專員沒有權力命令我。」

「我會把命令念給你聽，」上尉回道。於是他宣讀打字的聲明稿，指控胡里陰謀顛覆託管地。這名軍官拒絕將命令拿給胡里看，而且只給他十分鐘打包行李。他被「全副武裝」的士兵包圍著，看到這些士兵全是黎巴嫩人，他的內心感到不安。法國人用汽車把胡里載到南部城鎮拉恰亞要塞。途中他們與其他幾輛車會合，這些車上分別載著總理里雅德·索爾赫與其他內閣重要成員。到了下午，六名黎巴嫩政府成員全被帶到拉恰亞。

當逮捕的消息傳開，貝魯特爆發激烈的示威抗爭。胡里的妻子加入抗議者的行列，顯示人民團結一致抗議她的丈夫與黎巴嫩政府遭遇不公。黎巴嫩人求助於英國人，因為英國人在一九四一年七月自由法國宣布黎巴嫩獨立宣言時曾做出保證，英國人於是介入並且迫使法國人釋放胡里總統與其他黎巴嫩政治人物。黎巴嫩的修憲成果被保存下來，但法國依然藉由安全部隊持續控制黎凡特託管地。往後三年，黎巴嫩政府為了取得軍隊與警察的指揮權而持續與法國進行鬥爭。[46]

一九四一年七月，自由法國發表宣言之後，敘利亞獨立前景不像黎巴嫩那麼樂觀。大馬士革的自由法國當局明白向敘利亞政治領袖表示，除非締結新條約確保法國在兩國的利益，否則法國絕不可能讓敘利亞或黎巴嫩獨立。民族集團必須動員與法國人激烈對抗，強力地推動獨立訴求。

民族集團領袖舒克里・庫瓦特利是一名富有的大馬士革人，出身顯貴地主家庭。一九二七年，庫瓦特利因從事民族主義活動而遭法國人流放，一九四二年，他返回國內並且成為民族集團的領導人物。當敘利亞國會大選於一九四三年舉行時，庫瓦特利率領的民族集團取得明顯的多數並且選舉庫瓦特利擔任總統。民族集團政府對法國採取安撫的政策，希望說服自由法國放棄威權統治，直到敘利亞確保自身的獨立為止。然而，與黎巴嫩一樣，敘利亞人發現法國人不願意交出國家安全部隊，包括國家的陸軍，又稱敘利亞軍團，以及國內的治安部隊。

敘利亞的庫瓦特利政府與黎巴嫩的胡里政府密切合作，共同尋求國際援助對抗法國。一九四四年冬天到一九四五年春天，爆發了大規模反法示威遊行。當法國宣布除非敘利亞政府簽訂條約，否則法國絕不會讓渡敘利亞軍隊的控制權時，敘利亞與黎巴嫩政府決定拒絕繼續協商。

一九四五年五月，法國毫不妥協的態度導致敘利亞各地爆發示威與反法抗爭。大馬士革做為首都與國家政治中心，首當其衝成為反對的中心。法國缺乏充足的武裝部隊來控制局勢，以至於情況逐漸惡化失控，法國於是動用致命武力，對政府採取斬首行動以及轟炸平民迫使敘利亞屈服。

法國攻擊的第一個目標就是敘利亞政府。哈立德・阿茲姆是民族集團成員，一九四三年被選為國會議員而且被任命為財政部長。一九四五年五月二十九日晚間，他在大馬士革鬧區的總統府與幾名議員討論這場危機，六點時，他們聽見第一輪砲擊。[47]阿茲姆與同僚對於法國升高危機與猛烈砲擊感到震驚。他們試圖求救，卻發現辦公室所有電話線都被切斷。阿茲姆收到信差送來的報告，得知法軍已經攻入國會大樓而且殺死所有敘利亞衛兵。法軍攻占國會大樓之後，很快就占據總統府周邊的據點。他們對總統府開火，將窗戶打個粉碎。

法軍切斷大馬士革的電力供應，入夜之後，整座城市一片漆黑。總統府的政治人物與衛兵合力用桌椅堵住建築物入口，徒勞地想阻止法軍入內。午夜之前，阿茲姆與同僚接獲法軍打算占領總統府的密報，於是他們從後窗逃出，沿著城市後街行走以躲避法軍的注意，然後前往大馬士革舊城中心阿茲姆寬敞的自宅避難。阿茲姆的大庭院一下子擠進一百多人，除了部長、議員外，還有衛兵。他們的行蹤終於被法國人發現，因為總理賈米爾・馬爾達姆愚蠢地使用阿茲姆的電話，而他的電話早已被法國人監聽。一旦得知他們的藏身處，法國人便將砲口對準阿茲姆家所在地區並且無情地砲轟。部長與議員躲在阿茲姆家最安全的房間裡。在砲擊與空襲下，他們腳下的地面震動搖晃，屋內的灰泥與磚瓦也紛紛落下。在毀滅城市的轟隆巨響下，他們度過心驚膽跳的一夜。

第二天，法軍加大攻擊力道，想一舉讓敘利亞政府屈服。庫瓦特利總統在薩利希亞市郊山區建立辦公室，絕大多數部長都前往加入。阿茲姆選擇與家人繼續待在大馬士革與城市共存亡。法國人的攻擊愈來愈猛烈。他們開始向城市住宅區施放燃燒彈，火勢一發不可收拾。阿茲姆回憶說，「恐怖在居民之間蔓延，大家擔心整個鄰里付之一炬。砲彈持續落下，消防隊既不願意也無能力救火，因為法軍不讓他們履行職務。」歷經第二天的砲擊。阿茲姆決定放棄家園，帶著自己的家人前往相對安全的市郊，與庫瓦特利及其他政府官員會合。

庫瓦特利總統從薩利希亞的安全住處向英國官員求助，希望他們進行干預。他援引一九四一年英國對敘利亞獨立做的保證，正式要求英國說服法國停止砲轟大馬士革。敘利亞總統的求助使英國有正當理由干預法國的帝國事務，而英國也成功讓他們的戰時盟友停止攻擊。當法軍的大砲歸於寂靜時，已經有四百多名敘利亞人死亡，數百棟民宅遭到摧毀，敘利亞國會大樓也在猛攻下成為瓦礫堆。法國拚命想保住這塊黎凡特帝國屬地，但終究還是失敗，敘利亞人長久以來為了追求完整獨立而遭受磨難，沒有任何事物可以說服他們妥協。

一九四五年七月，法國終於承認失敗，同意將軍隊與警察的控制權移轉給敘利亞與黎巴嫩政府。法國不再要求與兩國訂定條約。國際社群承認敘利亞與黎巴嫩獨立，這兩個阿拉伯國家於一九四五年十月二十四日獲准成為聯合國創始成員國，與法國立於平等地位。最後剩下的就是法國必須從黎凡特地區撤軍。一九四六年春，法軍撤離敘利亞，同年八月，法軍從貝魯特搭船返國。

大馬士革記者特格曼當時還是年輕女性，她記得一九四六年四月的「撤離日」，也就是最後一名法國士兵離開首都那天，大馬士革大肆慶祝。她形容大馬士革歡呼獲得真正獨立的首夜，彷彿那是一場「自由的婚禮」，而大馬士革是「充滿魅力的幸福新娘」。「賓客搭乘大小車輛前來，火炬照亮了城市所有房舍的屋頂、旅館與人行道、電線杆、殉難者廣場花園與漢志鐵路沿線的木樁、巴拉達河的鐵欄杆，以及所有通衢大街與十字路口。」特格曼與家人狂歡一整夜，歌手與樂手則為市中心殉難者廣場的群眾高歌助興。特格曼回憶說：「敘利亞獨立的婚禮一直持續到天明。」[48]

敘利亞的歡天喜地與法國因託管制度結束而嘗到的苦澀形成對比。雖然法國依然擁有北非阿拉伯屬地，但是喪失對地中海東部的影響力仍讓法國感到憾恨。經營貝魯特與大馬士革二十六年，所有的努力全付諸東流。更糟的是，法國懷疑戰時盟友與帝國勁敵英國支持敘利亞與黎巴嫩完全是為了將黎凡特各國拉攏到自己的勢力範圍內。即使如此，大英帝國在中東也遭受壓力，並且在一九四六年撤離。事實上，與一九四六年英國在巴勒斯坦面臨的危機相比，法國在敘利亞與黎巴嫩遭遇的麻煩還算輕微。

注釋

1. Meir Zamir, *The Formation of Modern Lebanon* (London: Croom Helm, 1985), p. 15.
2. 與安穆恩同行的還有一名馬龍派、一名順尼派穆斯林、一名希臘正教基督徒與一名德魯茲派。Lyne Lohéac, *Daoud Ammoun et la Création de l'État libanais* (Paris: Klincksieck, 1978), p. 73.
3. 安穆恩的訴求刊登於具影響力的巴黎日報《時報》（*Le Temps*），一九一九年一月二十九日，重印於 George Samné, *La Syrie* (Paris: Editions Bossard, 1920), pp. 231–232.
4. 加尼姆的開場白，Samné, *La Syrie*, pp. xviii–xix.
5. Muhammad Jamil Bayhum, *Al-'Ahd al-Mukhdaram fi Suriya wa Lubnan, 1918–1922* [The era of transition in Syria and Lebanon] (Beirut: Dar al-Tali'a, n.d. [1968]), p. 109.
6. 同前，p. 110.
7. Lohéac, *Daoud Ammoun*, pp. 84–85.
8. Bishara Khalil al-Khoury, *Haqa'iq Lubnaniyya* [Lebanese realities], vol. 1 (Harisa, Lebanon: Basil Brothers, 1960), p. 106.
9. Lohéac, *Daoud Ammoun*, pp. 91–92.
10. Alphonse Zenié, 引自同前，p. 96.
11. Yusif Sawda，亞歷山卓居民，引自同前，p. 139.
12. Bayhum, *al-'Ahd al-Mukhdaram*, pp. 136–140.
13. Si Madani El Glaoui，引自 C. R. Pennell, *Morocco Since 1830: A History* (London: Hurst, 2000), p. 176.
14. Pennell, *Morocco Since 1830*, p. 190.
15. 阿卜杜·克里姆被法國人捕獲之後，發表了一份關於他的政治觀點的聲明，並且刊載於 Rashid Rida 具影響力的雜誌 *al-Manar* 27, 1344–1345 (1926–1927): 630–634。譯文見 C. R. Pennell, *A Country with a Government and a Flag:*

The Rif War in Morocco, 1921–1926 (Wisbech: MENAS Press, 1986), pp. 256–259.

16. 引自 Quoted in Pennell, *Country with a Government*, 出自阿卜杜・克里姆失敗後法國人對部族民眾的訪談，p. 186.
17. 同前，pp. 189–190.
18. 同前，pp. 256–259.
19. Fawzi al-Qawuqji, *Mudhakkirat* [Memoirs of] *Fawzi al-Qawuqji*, vol. 1, 1914–1932 (Beirut: Dar al-Quds, 1975), p. 81.
20. Edmund Burke III, 'A Comparative View of French Native Policy in Morocco and Syria, 1912–1925,' *Middle Eastern Studies* 9 (1973): 175–186.
21. Philip S. Khoury, *Syria and the French Mandate: The Politics of Arab Nationalism, 1920–1945* (Princeton, NJ: Princeton University Press, 1987), pp. 102–108.
22. Burke, 'Comparative View,' pp. 179–180.
23. Abd al-Rahman Shahbandar, *Mudhakkirat* [Memoirs] (Beirut: Dar al-Irshad, 1967), p. 154.
24. Al-Qawuqji, *Mudhakkirat*, p. 84.
25. Shahbandar, *Mudhakkirat*, pp. 156–157.
26. Al-Qawuqji, *Mudhakkirat*, pp. 86–87.
27. 同前，p. 89; Michael Provence, *The Great Syrian Revolt and the Rise of Arab Nationalism* (Austin: University of Texas Press, 2005), pp. 95–100.
28. Siham Tergeman, *Daughter of Damascus* (Austin: University of Texas Press, 1994), p. 97.
29. Shahbandar, *Mudhakkirat*, pp. 186–189.
30. Al-Qawuqji, *Mudhakkirat*, pp. 109–112.
31. John Ruedy, *Modern Algeria: The Origins and Development of a Nation*, 2nd ed. (Bloomington and Indianapolis: University of Indiana Press, 2005), p. 69.
32. Gustave Mercier, *Le Centenaire de l'Algerie*, vol. 1 (Algiers: P & G Soubiron, 1931), pp. 278–281.

33. 同前，vol. 1, pp. 296–300.
34. 同前，vol. 2, pp. 298–304.
35. Ferhat Abbas, *Le jeune Algérien: De la colonie vers la province* [The young Algerian: From the colony toward the province] (Paris: Editions de la Jeune Parque, 1931), p. 8.
36. 根據 Ruedy 的數據，二十萬六千名阿爾及利亞人被徵召，其中二萬六千人死亡，七萬二千人受傷：p. 111。阿巴斯宣稱有二十五萬名阿爾及利亞人被徵召，其中八萬人死亡：p. 16。
37. Abbas, *Le jeune Algérien*, p. 24.
38. 同前，p. 119.
39. 同前，pp. 91–93.
40. Claude Collot and Jean-Robert Henry, *Le Mouvement national algérien: Textes 1912–1954* [The Algerian national movement: Texts 1912–1954] (Paris: L'Harmattan, 1978), pp. 66–67.
41. 同前，pp. 68–69.
42. 同前，pp. 38–39. 關於梅薩利，見 Benjamin Stora, *Messali Hadj (1898–1974): pionnier du nationalism algérien* [Messali Hadj (1898–1974): Pioneer of Algerian nationalism] (Paris: L'Harmattan, 1986).
43. 法案的完整譯文重印於 J. C. Hurewitz, *The Middle East and North Africa in World Affairs*, vol. 2 (New Haven, CT: Yale University Press, 1975), pp. 504–508.
44. Al-Khoury, *Syria and the French Mandate*, p. 592.
45. Bishara al-Khoury, *Haqa'iq Lubnaniyya* [Lebanese realities], vol. 2 (Beirut: Awraq Lubnaniyya, 1960), pp. 15–16.
46. 同前，pp. 33–52.
47. Khalid al-Azm, *Mudhakkirat* [Memoirs of] *Khalid al-'Azm*, vol. 1 (Beirut: Dar al-Muttahida, 1972), pp. 294–299.
48. Tergeman, *Daughter of Damascus*, pp. 97–98.

第九章　巴勒斯坦災難及其結果

一九四四年一月，巴勒斯坦猶太極端主義分子向英國宣戰。地下抵抗運動表示：「以色列地（Eretz Israel）的猶太人與英國政府已終止停戰，因為英國將我們的同胞交給希特勒。我們的人民將與這個政權作戰，直到最後。」[1]

猶太移民向英國政府宣戰看似不可能，因為讓猶太復國主義者實現在巴勒斯坦建立民族家園夢想的正是英國政府。然而在第二次世界大戰期間，英國卻逐漸受到巴勒斯坦猶太社群的抨擊。一九三九年白皮書嚴格限制猶太移民人數，到了一九四九年又呼籲在阿拉伯人多數統治下實現巴勒斯坦獨立，這些都讓猶太復國主義領袖感到氣憤。

眼看英國與納粹德國即將開戰，戴維・本－古里安一方面無視白皮書的存在，保證協助英軍對抗法西斯主義，另一方面又無視戰爭的存在，反對白皮書的內容。巴勒斯坦絕大多數猶太復國主義者遵從本－古里安的政策，勉為其難地支持英國對抗德國的納粹政權。但其他較激進的猶太復國主義者卻認為英國帶來的威脅更大。他們高舉將英國逐出巴勒斯坦的旗號，發動武裝暴動。

兩個猶太恐怖主義組織，伊爾貢與斯特恩幫，要為最嚴重的暴力事件負責。伊爾貢（Irgun，是

Irgun Zvai Leumi 的簡寫，即民族軍事組織）於一九三七年組成，在一九三六年到一九三九年阿拉伯叛亂期間保護猶太屯墾區免於遭受攻擊。然而，一九三九年五月英國國會批准白皮書之後，伊爾貢成員轉而把英國視為真正的敵人。伊爾貢對巴勒斯坦的英國官署與警察局發動一連串炸彈攻擊，直到一九四〇年六月才中止交戰狀態。隨著英國與德國開戰，伊爾貢領導人決定遵從本－古里安的政策，與英國合作對抗納粹主義。

伊爾貢的一個派系不同意這種做法，而且仍繼續攻擊英國人。這個分裂出來的團體逐漸以希伯來文首字母萊希（Lehi）為人所知，Lehi 是 Lohamei Herut Yisrael 的縮寫，指以色列自由戰士，在西方，更為人熟知的名稱是斯特恩幫，得名於派系首領亞伯拉罕・斯特恩。斯特恩與他的追隨者認為，猶太人對以色列土地擁有不可讓與的權利，他們的責任是取回這些土地，必要時使用武力。對斯特恩而言，一九三九年白皮書使英國成為不具正當性的占領者。斯特恩非但不幫助英國對抗納粹，反而主動接觸納粹共同對抗英國。與一些阿拉伯民族主義分子一樣，斯特恩希望與德國合作使巴勒斯坦從英國統治下解放，儘管納粹抱持著反猶太主義。對斯特恩而言，納粹德國只是猶太人的迫害者，但英國卻是阻止猶太人在巴勒斯坦建國的敵人。

一九四〇年年底，斯特恩派代表前往貝魯特與德國官員見面，主張「在德國人詮釋的歐洲『新秩序』目標與猶太人的真實建國渴望」之間存在利益的趨同。斯特恩透過代表主動向德國提出以猶太軍隊將英國逐出巴勒斯坦，來換取無限制從德國移出猶太人到巴勒斯坦以及德國承認猶太人國家。他表示，這個同盟可以解決歐洲的猶太人問題與猶太人的建國渴望，並且在地中海東部重重打擊他們的共同敵人英國。[2]

斯特恩一直沒收到第三帝國的回應。他顯然錯估納粹反猶太主義的種族滅絕本質。斯特恩由於主動向德國人提議而遭受伊爾貢與猶太事務局的嚴厲指責，猶太事務局甚至提供情報給英國人，協助英國人鎮壓萊希。託管地當局因為斯特恩幫在巴勒斯坦犯下一連串攻擊與銀行搶案而對他們緊追不捨。一九四二年二月，英國軍官在襲擊特拉維夫一間公寓時殺死了斯特恩。斯特恩死後，萊希的領導階層一團混亂，組織也陷入癱瘓。一九四二年到一九四四年，正當第二次世界大戰激烈進行時，依舒夫與英國人訂定了脆弱的停戰協定。

一九四三年，伊爾貢進行整頓，重新將組織定位為反抗英國統治的抵抗運動。這個運動由精力旺盛的梅納罕．比金（一九一三～一九九二年）領導。比金生於波蘭，曾經參與猶太復國主義青年運動，於一九三九年德國入侵波蘭時逃離家鄉。後來他在蘇聯自願參加波蘭軍事部隊。一九四二年，他的單位被派往巴勒斯坦，比金在此接受招募加入伊爾貢。他很快竄升到領導階層，並且與萊希的新領袖伊扎克．沙米爾接觸。這兩個人在晚年時都成為以色列總理，但他們在巴勒斯坦的政治事業卻是以從事恐怖活動為開端。猶太人移民巴勒斯坦持續遭到限制，加上納粹死亡營與猶太人大屠殺的消息逐漸公諸於世，讓激進的猶太復國主義運動與英國駐巴勒斯坦當局之間的關係愈來愈緊張。到了一九四四年，伊爾貢與萊希已不想再受到停戰協議約束，他們決定再度對巴勒斯坦英國人展開攻擊。

伊爾貢與萊希都反對英國人，但兩者採取的戰術大不相同。比金率領的伊爾貢攻擊英國在巴勒斯坦的託管地官署與通訊基礎設施。對比之下，沙米爾率領的萊希則鎖定英國官員進行暗殺。萊希因為一場暗殺事件而惡名昭彰，一九四四年十一月六日，兩名萊希成員在英國中東駐辦公使莫因勳爵的開羅宅邸外將勳爵刺殺身亡。莫因勳爵是英國駐中東層級最高的官員，他曾支持一九三九年白皮書限制猶太人移民巴勒斯坦。兩名刺客被埃及警方逮捕，隨後被處以絞刑。猶太事務局及其準軍事組織派系哈加拿由於害怕英國報復，於是與萊希及其採取的行動劃清界線。

一直要到第二次世界大戰結束後，伊爾貢、萊希與哈加拿才聯合起來共同對抗英國人。納粹死亡營的解放揭露了猶太人大屠殺的可怕罪行。依舒夫領袖決心把種族滅絕下倖存的猶太人從流落異國的歐洲難民營帶回巴勒斯坦。他們拒絕遵守一九三九年白皮書的猶太移民限制，而且揚言將在英國託管地發動叛亂。一九四五年到一九四六年的短暫時間，哈加拿祕密與萊希和伊爾貢聯合行動，透過暴力迫使英國改變政策。

十個月的時間，哈加拿與伊爾貢和萊希合作犯下一連串銀行搶案、攻擊基礎設施與綁架英國人員。本－古里安領導的猶太事務局始終否認涉入這些行動而且不讓人知道哈加拿參與其中。然而英國當局懷疑依舒夫是這些暴力事件的共犯，於是展開大規模取締行動進行反制。一九四六年六月二十九日到七月一日，超過二千七百名依舒夫成員被捕，其中包括數名猶太事務局領袖。英國當局也查獲猶太事務局的文件，並且將這些文件帶回託管祕書處，當時祕書處辦公室位於大衛王酒店的翼樓。

對猶太事務局而言，英國人取得這批文件並非單純的行政問題，因為這些文件裡有猶太事務局與哈加拿攻擊英國人的證據。[3]如果託管地當局找到哈加拿與猶太事務局牽涉恐怖活動的證據，那只會讓英國人下定決心禁止更多猶太人移民巴勒斯坦，並且將接受巴勒斯坦阿拉伯人的要求。從這些犯罪文件被帶回託管祕書處那天起，大衛王酒店的命運就已經注定。在此之前伊爾貢早已擬定詳細計畫，要攻擊這家位於西耶路撒冷做為巴勒斯坦民政與軍事總部的高樓層飯店，但哈加拿按兵不動，他們擔心如此殘暴的行動會「嚴重激怒英國」。七月一日，英國拿走猶太事務局檔案後不久，哈加拿便命令伊爾貢盡快對大衛王酒店發動攻擊。

大衛王酒店的炸彈攻擊行動準備了三個星期。七月二十二日，一群伊爾貢技工把幾個裝了五百磅強力炸藥的牛奶罐送進酒店地下室。這些「牛奶送貨員」被兩名英國士兵驚動，雙方爆發槍戰。但恐怖分子已經安裝定時器，於三十分鐘後引爆炸彈。

比金日後寫道：「每一分鐘就像一天。十二點三十一分，三十二分。引爆的時間愈來愈近。半小時幾乎就要到了。十二點三十七分……突然間，整座城市似乎都在震動。」[4]

英國當局宣稱他們事前並未收到任何警告。伊爾貢堅稱他們已經打電話警告酒店與其他機構。無論何者的說法為真，可以確定的是，大衛王酒店並未進行人員疏散。炸藥在人潮最多的午餐時間於咖啡館下方引爆，爆炸威力將整棟翼樓從酒店本體剪開，整棟六層樓建築就這樣塌陷到地下室中。爆炸造成九十一人死亡，超過一百人受傷，英國人、阿拉伯人與猶太人都成了受害者。

這項暴行震驚了全世界，猶太事務局抨擊這是「由一群暴徒犯下的卑劣罪行」。但英國政府很清楚是哈加拿策劃這起恐怖攻擊事件。在大衛王飯店爆炸案發生後才過了兩天，英國政府就出版了巴勒斯坦恐怖主義白皮書，並且在書中指明這一點。

英國人知道他們對抗的不只是激進的少數派人士。猶太事務局與哈加拿的戰術與方法也許和伊爾貢與萊希不同，但目的是一致的：驅逐英國人，讓猶太人在巴勒斯坦建國。

第二次世界大戰之後，英國既無資源也無決心維持巴勒斯坦。巴勒斯坦猶太人與阿拉伯人的歧見難以化解。如果英國人向猶太人讓步，他們擔心阿拉伯人會像一九三六年到一九三九年一樣發動叛亂。如果他們向阿拉伯人讓步，那麼現在可以明顯看出猶太人會做出什麼事。一九四六年九月，英國人想召集阿拉伯與猶太領導人到倫敦開會，但兩方都拒絕參加。一九四七年二月於倫敦舉行的雙邊會談，因雙方對建國的看法相左而不歡而散。

英國人陷入僵局，貝爾福宣言的謬誤如今已完全顯露：英國不可能在協助「建立猶太民族家園」的同時，又不損害「巴勒斯坦既有非猶太社群的公民與宗教權利」。英國政府無計可施，而且對於巴勒斯坦的爭議雙方也無法施加任何影響力。於是，一九四七年二月二十五日，英國外交大臣歐內斯特・貝文把巴勒斯坦問題交給新成立的聯合國，希望這個國際組織能更成功地解決這個問題。

聯合國召集十一國成立巴勒斯坦問題特別調查委員會。除了伊朗外，委員會成員都與中東事務毫無利害關係：澳大利亞、加拿大、捷克斯洛伐克、瓜地馬拉、印度、伊朗、荷蘭、祕魯、瑞典、烏拉圭與南斯拉夫。一九四七年五月到六月，代表們在巴勒斯坦待了五個星期。阿拉伯政治領袖拒絕與委員會代表見面，反觀猶太事務局卻利用機會向國際組織提出最具說服力的論點，以爭取支持猶太人在巴勒斯坦建國。

當委員會代表抵達巴勒斯坦時，好幾波非法猶太移民也在猶太事務局協助下搭乘廢棄蒸汽船從歐洲湧入巴勒斯坦。這些人絕大多數是猶太人大屠殺的倖存者，英國當局傾盡全力要防堵這些難民進入。在這些船隻中，最著名的是「出埃及號」（Exodus），七月十八日，它載運四千五百名旅客抵達海法港。船上旅客遭拒絕入境巴勒斯坦，並且在第二天原船送回法國，繼續監禁在德國難民營裡。英國對猶太難民危機的處理方式，尤其是出埃及號事件，引來國際間廣泛的指責。

就在委員會代表進行調查的同時，英國人與猶太社群之間的暴力也在升高。英國人針對一九四七年七月的恐怖罪行判處伊爾貢三名成員死刑。七月十二日，伊爾貢抓了兩名英軍中士克里夫・馬丁與馬文・佩斯做為人質，想阻止英國人絞死伊爾貢成員。當英國人執行絞刑時，伊爾貢也於七月二十九日絞死馬丁與佩斯做為報復。殺手戲謔地用英國的法律術語在一張清單上寫滿指控的罪名，然後毛骨悚然地釘在死者的遺體上。馬丁與佩斯被指控是從事「反希伯來犯罪活動」的「英國間諜」，他們犯下的罪名包括「非法進入希伯來祖國」與「加入英國恐怖主義犯罪組織，也就是英國占領軍」。[5]更糟的是，遺體上還設了詭雷，只要一卸下來就會引爆。這麼做是為了盡可能激怒英國，並且削弱英國繼續在巴勒斯坦作戰的意志。

兩名中士被絞死的消息上了英國報紙頭版。小報用巨大的橫幅標題寫著〈絞死的英國人：震驚世界的照片〉，藉此煽起反猶太人的仇恨情緒。很快地，在八月第一個星期，反猶太人示威逐漸升高為暴動，並且延燒到英格蘭與蘇格蘭各地。最嚴重的暴力事件發生在港口城市利物浦，持續五天的暴動有三百間以上的猶太人房產遭到攻擊，約八十八名市民遭警方逮捕。《猶太紀事報》報導倫敦、格拉斯哥與普利茅斯發生了猶太會堂遭到攻擊，而其他城市的猶太廟宇也遭到威脅。從納粹死亡營解放才過兩年，卐字形標誌與「絞死所有猶太人」和「希特勒是對的」這類標語就出現在英國城市裡。[6]

一九四七年八月，當委員會代表向聯合國草擬報告時，他們完全可以感受到巴勒斯坦情勢的複雜。代表們無異議要求終止英國託管，而且以八比三的多數建議巴勒斯坦分割為猶太人國家與阿拉伯人國家。只有印度、伊朗與南斯拉夫反對分治，它們傾向於統一的巴勒斯坦聯邦。

英國甚至沒有耐心等到聯合國對委員會提案建議進行討論。出埃及號醜聞、英國中士被絞死、隨後發生的反猶太暴動與委員會報告，一連串事件徹底瓦解英國繼續維持巴勒斯坦的決心。一九四七年九月二十六日，英國政府片面宣布撤離巴勒斯坦並且將託管責任委託給聯合國。英國撤離的時間定在一九四八年五月十四日。

恐怖分子達成他們的第一個目標：逼迫英國撤離巴勒斯坦。雖然猶太事務局領袖公開抨擊這種做法，但伊爾貢與萊希卻在移除猶太建國主要障礙上扮演著關鍵角色。他們藉由恐怖戰術達成政治目的，但也因此在中東歷史上留下危險的先例——這項先例至今仍荼毒著中東地區。

一九四七年十一月，巴勒斯坦問題特別調查委員會報告提交聯合國大會討論。討論的內容是委員會絕大多數建議的將巴勒斯坦分割成猶太人國家與阿拉伯人國家。分治決議把巴勒斯坦分割成由六個部分組成的棋盤，阿拉伯人與猶太人各擁有三個部分，耶路撒冷由國際託管。這項計畫把巴勒斯坦百分之五十五的土地分配給猶太國，包括加利利的鍋柄狀地區到巴勒斯坦的東北部，以及從海法到雅法這段具戰略地位的地中海海岸線，還有往南到阿卡巴灣的阿拉伯沙漠地帶。

猶太復國主義者努力不懈地遊說聯合國成員，試圖爭取三分之二多數通過分治決議與實現猶太人建國的承諾。美籍猶太復國主義者則是在確保杜魯門政府支持決議上扮演重要角色。杜魯門日後在回憶錄裡提到：「我在這件事情上遭遇了前所未有的壓力以及針對白宮而來的鼓吹宣傳。」[7]在最後一刻，美國扭轉了原本不干預的立場，主動施壓其他成員國支持分治案。一九四七年十一月二十九日，分治決議以三十三票對十三票通過，當中有十票棄權。

猶太復國主義者在國際授權下至少可以在一部分巴勒斯坦土地上建國，接下來他們開始採取另一個重要步驟以實現他們的建國目標。然而，阿拉伯世界，特別是巴勒斯坦阿拉伯人，依然堅持反對分治與猶太人在巴勒斯坦建國。

巴勒斯坦阿拉伯人的立場不難理解。到了一九四七年，相較於六十萬名巴勒斯坦猶太人，巴勒斯坦阿拉伯人超過一百二十萬，占總人口三分之二以上。許多巴勒斯坦阿拉伯人占多數的城市，例如瑪依法，被分配給猶太國。雅法雖然名義上屬於阿拉伯國家所有，四周卻被猶太國包圍，形成孤立的飛地。此外，阿拉伯人擁有巴勒斯坦總土地面積的百分之九十四與大約八成的可耕地。[8]基於這些事實，巴勒斯坦阿拉伯人拒絕承認聯合國有權將他們的國家一分為二。

一九四七年九月，耶路撒冷顯貴賈馬爾．侯賽尼對巴勒斯坦問題特別調查委員會的提議做出回應，他的說法反映出巴勒斯坦人的挫折感。「巴勒斯坦阿拉伯人的問題應根據國際正義原則來解決；每一個民族都想無憂無慮地生活在神意與歷史安排給他們的國家裡。巴勒斯坦阿拉伯人無法理解，為什麼他們自由與和平生活的權利，根據自己的傳統發展國家的權利，要受到質疑與遭受持續不斷地調查。」侯賽尼在評論巴勒斯坦問題特別調查委員會時指出：「有一件事是確定的，那就是巴勒斯坦阿拉伯人的神聖職責是守護國家抵抗一切威脅。」[9]

沒有人心存幻想，以為分治不會招致任何挑戰。巴勒斯坦猶太人不僅要為聯合國分治決議分配給他們的土地而戰，也要為他們想取得但已經分配給阿拉伯國家的領土而戰。另一方面，對阿拉伯人而言，如果他們想阻止猶太人取得巴勒斯坦的土地，那麼他們必須打敗猶太人。

分治決議宣布的第二天，阿拉伯人與猶太人開始為一場無可避免的戰爭做準備——一場爭奪巴勒斯坦的內戰。

阿拉伯人與猶太人為爭奪巴勒斯坦交戰六個月。巴勒斯坦猶太社群對戰爭做了萬全準備。哈加拿在第二次世界大戰期間獲得廣泛的訓練與戰鬥經驗，他們也儲備了大量武器與軍火。相較之下，巴勒斯坦阿拉伯人並未做好準備，他們相信自己的宗旨出於正義，而且仰賴鄰近阿拉伯國家的支持。

巴勒斯坦阿拉伯社群領袖是流亡的耶路撒冷大穆夫提阿敏．侯賽尼，此人的爭議性極大。阿敏所到之處必引發對立，不僅在巴勒斯坦如此，在巴勒斯坦以外地區亦然。他在第二次世界大戰期間叛逃到納粹德國陣營，因此遭到英國與其他西方列強的譴責，而巴勒斯坦阿拉伯領袖也對他抱持程度不一的懷疑。一些巴勒斯坦顯貴與阿敏爭奪領導地位，使阿拉伯社群在面臨最嚴厲的挑戰時陷入分裂。阿敏流亡埃及期間仍試圖在海外領導巴勒斯坦運動，此舉削弱了巴勒斯坦阿拉伯人共同行動的可能，也破壞了巴勒斯坦阿拉伯人與其他阿拉伯國家實質合作的前景。

許多阿拉伯國家才剛從歐洲殖民統治下獲得獨立，這些國家也面臨分裂與民心低迷的問題。它們才剛蒙受首次外交挫敗，在激烈反對下，仍無法阻止聯合國通過分治決議。面對分割巴勒斯坦的決定，阿拉伯內部的傾軋終於浮上檯面。

唯一支持分治的阿拉伯國家是外約旦，一九三七年首次提出分治方案以來，外約旦一直站在贊同這一方。阿卜杜拉國王（前埃米爾，於一九四六年五月加冕為國王）欣然見到有機會為自己幾乎處於內陸的王國增添一塊位於巴勒斯坦的阿拉伯領土。阿卜杜拉對分治的支持，引來巴勒斯坦政治菁英的憎恨，也招致穆夫提阿敏的敵視。阿卜杜拉在阿拉伯世界幾乎完全受到孤立。他只能從伊拉克的哈希姆親族獲得些許援助。阿卜杜拉也不受敘利亞政府信任，從一九二〇年代初開始，敘利亞人就擔心阿卜杜拉對他們的領土存有野心；哈希姆家族的宿敵，阿拉伯的沙烏德家族，長年來也與阿卜杜拉交惡；埃及國王也對阿卜杜拉心懷芥蒂，他擔心後者可能挑戰埃及自認為在阿拉伯事務上的主導權。

鄰近的阿拉伯國家並未彼此協調共同調集軍隊採取行動，反而找來非正規志願軍——決心守護阿拉伯巴勒斯坦的阿拉伯民族主義分子與穆斯林兄弟會。就像在西班牙內戰中，美國人與歐洲人響應號召前去與法西斯主義奮戰，這些阿拉伯「林肯旅」*也前去巴勒斯坦對抗猶太復國主義。他們稱為阿拉伯解放軍，其中最著名的指揮官是法齊·卡武齊。

卡武齊從未錯過任何一個在阿拉伯世界對抗歐洲帝國主義的機會。他參與的每一場戰役都以光榮的失敗收場。一九二〇年，法軍擊敗費瑟勒的阿拉伯王國，當時卡武齊就在從梅薩倫撤退的敗軍之中。他在敘利亞城鎮哈馬反抗法國人，而且在一九二五年到一九二七年的敘利亞叛亂中扮演關鍵角色。他也曾參與一九三六年到一九三九年的巴勒斯坦阿拉伯叛亂。他在一九四一年拉希德·阿里政變中加入伊拉克軍隊對抗英國人，政變失敗後，他投奔納粹德國，娶了德國妻子，然後靜待二次大戰結束。

卡武齊迫不及待地從歐洲返回阿拉伯政壇。德國戰敗後，他逃到法國，一九四七年二月，他與妻子用假身分持偽造護照搭機飛往開羅。同年十一月，他前往大馬士革，在當地受到敘利亞政府的款待，每

---

*林肯旅（Lincoln Brigades）：西班牙內戰（一九三六～一九三九）時，來自美洲的自願者組成的混和軍旅，他們擔任士兵、軍醫、技術人員、飛行員等，加入西班牙共和軍對抗佛朗哥將軍的國民軍。

個月享有津貼。

對敘利亞政府而言，卡武齊是天賜之物。敘利亞不願將自己的微小兵力投入到巴勒斯坦戰爭中，而寧可在背後全力支持阿拉伯解放軍，卡武齊正是這支軍隊的理想指揮官。現在，這名五十七歲頭髮斑白的指揮官將營區設在大馬士革並且開始招兵買馬組織他的非正規軍。

一九四八年二月，黎巴嫩記者薩米爾・蘇基刊載了他對卡武齊的訪談，這篇訪談描述開戰前卡武齊大馬士革總部的氣氛：

這名充滿決心的阿拉伯領袖，把軍隊總部設在自己家中，由穿著美軍制服的非正規軍守衛。從早到晚不斷有貝都因人、農民與穿著現代服裝的年輕人出現在他的門口自願加入阿拉伯解放軍。他在卡塔納也設有總部，志願者在這裡接受軍事訓練，等著被派往巴勒斯坦。10

阿拉伯國家在新地區組織阿拉伯聯盟裡協同合作，卻不願派出自己的正規軍，而寄望由阿拉伯解放軍擊敗巴勒斯坦的猶太軍隊。阿拉伯聯盟任命伊拉克將領易司馬儀・薩夫瓦特擔任阿拉伯解放軍總司令，要他制定戰爭計畫，指揮調度非正規志願軍。薩夫瓦特根據總計畫將巴勒斯坦分成三個主要戰線，從三方同時展開軍事行動。他讓卡武齊負責北部戰線與地中海海岸線，南部戰線則交由埃及將領指揮。中部戰線，又稱耶路撒冷戰線，則由阿敏負責，他指派深具魅力的阿卜杜・卡迪爾・侯賽尼擔任指揮官。

阿卜杜・卡迪爾雖然是穆夫提的侯賽尼家族成員，但他毫無派系之見，因此受到巴勒斯坦各階層民眾的尊敬。阿卜杜・卡迪爾曾就讀於開羅美國大學，也曾參加過巴勒斯坦阿拉伯叛亂，他以英勇和領導力著稱，曾兩度負傷。與卡武齊一樣，他於一九四一年在伊拉克對抗英國人。

巴勒斯坦與鄰近阿拉伯國家的阿拉伯指揮官面臨的最大問題是武器與軍火的短缺。哈加拿的猶太士兵接受英軍訓練已超過十年，二次大戰期間與英軍交戰又獲得作戰經驗，反觀巴勒斯坦阿拉伯人則是從未有機會建立本地的民兵。此外，猶太事務局持續走私武器與軍火到巴勒斯坦，巴勒斯坦阿拉伯人則是沒有獨立的武器管道。在缺乏後勤補給下，巴勒斯坦戰士很快耗盡了有限的軍火。

然而，後勤不足無法阻止巴勒斯坦戰士。一九四七年十一月三十日，猶太屯墾區開始出現零星攻擊，並且從城市蔓延到鄉村。阿拉伯軍隊試圖切斷通往屯墾區的道路以孤立猶太村落。一九四八年冬天，猶太組織哈加拿努力鞏固據點，希望在五月中英國依照計畫撤離之前確保分治決議分配給猶太國的領土。

一九四八年三月底，猶太軍隊採取攻勢。他們第一個目標是特拉維夫到耶路撒冷之間的道路。耶路撒冷的猶太區遭阿拉伯軍隊圍困。哈加拿決心打開補給線，為耶路撒冷的猶太據點解圍。

耶路撒冷的阿拉伯軍隊遠比猶太指揮官想像來得脆弱。阿卜杜・卡迪爾率領的巴勒斯坦戰士沒有武器來防守據點。阿拉伯人控制了戰略城鎮卡斯塔爾，此城居高臨下扼守特拉維夫到耶路撒冷之間的道路。當猶太軍隊朝卡斯塔爾推進時，阿卜杜・卡迪爾急忙於四月初前往大馬士革取得防守需要的武器。

阿卜杜・卡迪爾的任務從一開始就受到阿拉伯國家內爭掣肘。敘利亞政府敵視穆夫提阿敏，因此拒絕支持穆夫提的親戚阿卜杜・卡迪爾。敘利亞支持的阿拉伯解放軍與阿卜杜・卡迪爾率領的巴勒斯坦當地軍隊之間嚴重對立，進一步造成阿拉伯軍隊的分裂。當阿卜杜・卡迪爾到大馬士革與敘利亞和阿拉伯聯盟領導人見面時，他發現自己陷入阿拉伯內部的政治鬥爭。

正當阿拉伯領袖與指揮官在大馬士革爭吵不休時，卡斯塔爾已於四月三日落入哈加拿菁英部隊帕爾瑪赫手中。阿拉伯人試圖收復這座城鎮未果，猶太軍隊則不斷鞏固防務。卡斯塔爾是第一座被猶太軍隊攻下的城鎮，消息傳來，大馬士革的與會者大為震驚。哈加拿軍隊占領這處戰略要地，對耶路撒冷構成真實的威脅。但阿拉伯聯盟的指揮官依然無法採取有意義的行動，他們似乎深陷在自己的幻想世界裡。

阿拉伯解放軍總司令，來自伊拉克的薩夫瓦特將軍，他對阿卜杜・卡迪爾說：「卡斯塔爾已經被攻下來了。你的責任就是收復它，阿卜杜・卡迪爾。如果你做不到，告訴我們，我們會把這個工作交給卡武齊。」

阿卜杜・卡迪爾生氣地說：「給我們我要的武器，我們會收復這座城。現在局勢已經惡化，猶太人有大砲、飛機與士兵。我無法在沒有大砲的狀況下占領卡斯塔爾。給我我要的，我保證能得到勝利。」

「什麼？阿卜杜・卡迪爾，你沒有大砲？」薩夫瓦特不悅地回道。他不情願地承諾這位巴勒斯坦指揮官，他會將大馬士革剩下的槍砲彈藥給他，包括一〇五支老舊步槍、二十一挺機槍、少得可憐的彈藥與一些地雷，但這些日後才會送到。實際上，他們是讓阿卜杜・卡迪爾空著手回去。

阿卜杜・卡迪爾憤怒地咆哮，然後衝出會議廳：「你們是叛徒。你們是罪犯。歷史會記下這一筆，是你們丟失了巴勒斯坦。我會收復卡斯塔爾，我會跟我的弟兄們，聖戰者，死在一起。」[11]

四月六日當晚，阿卜杜・卡迪爾離開大馬士革，在五十名阿拉伯解放軍志願者追隨下於隔天拂曉抵達耶路撒冷。短暫休息之後，他率領三百名巴勒斯坦人與四名脫隊加入阿拉伯人的英國士兵前往卡斯塔爾。[12]

四月七日晚間十一點，阿拉伯人開始反攻卡斯塔爾。阿拉伯軍隊分成幾個小隊，分三路對村落進行攻擊。其中一支小隊傷亡慘重且彈藥用盡。當受傷的領隊撤退時，阿卜杜．卡迪爾率領小隊接替他們的位置，並且試圖朝猶太軍隊建立的防線衝鋒。但阿卜杜．卡迪爾與他的手下受制於猶太守軍的猛烈砲火，很快地，他們發現自己已被鄰近猶太屯墾區派來的猶太援軍包圍。

四月八日黎明，阿卜杜．卡迪爾與他的手下被圍的消息如野火般傳遍每個阿拉伯戰士；卡斯塔爾戰役似乎已確定失敗。然而，阿拉伯援軍開始湧入，大約有五百名士兵加入這場圍城戰。他們奮戰一天，努力在傍晚攻下這座城鎮。但收復卡斯塔爾的喜悅隨即因為阿拉伯戰士在城鎮東緣發現阿卜杜．卡迪爾的屍體而消失無蹤。巴勒斯坦戰士殺死五十名猶太戰俘來宣洩他們的怒氣。對雙方而言，這場內戰都是一場殘暴的殺戮。

阿卜杜．卡迪爾於隔天下葬。十萬名哀悼者到耶路撒冷阿克薩清真寺參加他的葬禮。阿里夫．阿里夫是耶路撒冷人，也是一九四八年事件的史家，他回憶說：「民眾為他哭泣。他們稱他是卡斯塔爾的英雄。」[13]對巴勒斯坦人而言，阿卜杜．卡迪爾的死是無法回復的損失。巴勒斯坦再也沒有其他領袖起而領導全國抵抗猶太軍隊，他的死對民心士氣造成重大的打擊。更糟的是，他的死證明這一切都是徒勞。士氣低落的阿拉伯守軍只留下四十人駐守卡斯塔爾。不到四十八小時，猶太軍隊又攻下這座城鎮，並且再也未被阿拉伯人攻占。

四月九日巴勒斯坦代爾亞辛村民大屠殺事件加深了阿卜杜．卡迪爾的死與卡斯塔爾陷落的陰影。大屠殺與阿卜杜・卡迪爾的葬禮發生在同一天，全巴勒斯坦因此陷入恐懼。從那天起，巴勒斯坦人失去了戰鬥意志。

代爾亞辛是個平靜的阿拉伯村落，有七百五十名居民，位於耶路撒冷的西邊。村子裡混居了農民、泥水匠與商人。有兩座清真寺，兩間學校，一間男校，一間女校，還有一個運動俱樂部。這是猶太人最不可能攻擊的村子，因為居民已經與耶路撒冷的猶太指揮官簽訂互不侵犯協議。伊爾貢與萊希並未對他們無故攻擊代爾亞辛做出任何解釋。巴勒斯坦史家阿里夫認為，猶太恐怖組織以代爾亞辛為目標是為了「給予他們的人民希望並且讓阿拉伯人的心充滿恐懼」。[14]

代爾亞辛於一九四八年四月九日拂曉前遭受攻擊。僅僅八十五名武裝男子面對人數占優勢且配備武裝車輛與飛機的猶太軍隊，村民隨即陷入恐慌。戰事開始時，一名農婦正在給孩子餵奶。「我聽到坦克與步槍的聲音，聞到煙硝味。我看到他們過來。每個人都在對鄰居叫喊，『能走的快走，快走！』有長輩的人試圖帶長輩走。有妻子的則帶妻子走。」她抱著襁褓裡的兒子逃命，前往鄰近的村落艾恩・卡拉姆。[15]

雖然艾恩・卡拉姆有阿拉伯解放軍的部隊，鄰近地區也有英國警察，但沒有人去解救村民。目擊者表示，猶太攻擊者把所有守衛的武裝阿拉伯人集結起來槍決。巴勒斯坦史家阿里夫在事件發生後不久訪談了幾位代爾亞辛的倖存者，記錄了當天的恐怖情景，他不僅列出人名，也詳細說明死亡狀況。他寫道：「發生了許多殘暴的事，」

> 他們殺害九十歲的賈比爾・穆斯塔法，把他的屍體從陽台扔到街上。他們也用同樣的手法殺害九十

歲的易司馬儀．阿提亞，還殺死他八十歲的妻子與他們的孫子。他們殺死一名眼盲的青年穆罕默德．阿里．哈里爾．穆斯塔法與試圖保護他的妻子，還有她十八個月的小孩。他們殺死一名照顧傷患的老師。[16]

總計，代爾亞辛有超過一百一十名村民被殺。

阿里夫的資料指出，要不是一名年長的猶太指揮官下令停止，恐怕這場殺戮還會繼續下去。然而，倖存者被迫徒步走到耶路撒冷的猶太區，在那裡「被當成罪犯遭受猶太民眾的公然辱罵」，之後他們終於在米斯瑪拉附近的義大利醫院獲得釋放。[17]無辜村民遭到屠殺，倖存者遭受嚴厲羞辱，這段時間整起事件已在國際引起軒然大波。猶太事務局抨擊這個殘暴行徑，並且讓哈加拿軍隊與極端主義分子伊爾貢和萊希劃清界線。

代爾亞辛大屠殺造成巴勒斯坦阿拉伯人大量出走，這種狀況一直持續到五月十五日英國撤離的時候。阿里夫解釋說，屠殺的消息一傳開，巴勒斯坦各地民眾「開始逃離家園，每個人對猶太人的殘暴各有一番說法，聞者莫不恐怖顫慄」。政治領袖公開提到代爾亞辛的惡行，阿拉伯報章雜誌也報導這起殘暴事件，然而這麼做只是加深了恐懼。巴勒斯坦領袖想藉由人道危機迫使阿拉伯國家介入，但他們的說法卻造成恐慌，村民們紛紛拋棄自己的家園。[18]當時的報導經常提到巴勒斯坦城鎮與村落的民眾擔心又會發生另一起代爾亞辛大屠殺，他們於是帶著家人放棄自己的財產，離開自己的家園。

其實在同年春天，已經有巴勒斯坦人開始逃離國內。一九四八年二月到三月，大約有七萬五千名阿拉伯人離開淪為戰場的城鎮，如耶路撒冷、雅法與海法，前往約旦河西岸或鄰近阿拉伯國家這些相對安全的地方避難。[19]同年四月，代爾亞辛事件之後，涓涓細流的難民隊伍突然暴增成難民潮。

有些巴勒斯坦人選擇以恐怖還擊恐怖。四月十三日，也就是代爾亞辛大屠殺的四天後，一支猶太醫護車隊在前往耶路撒冷市郊斯科普斯山途中遭巴勒斯坦戰士伏擊。兩輛救護車上明顯標示著醫療標章，乘客實際上是哈達薩醫院的醫護人員與希伯來大學的雇員。車隊有一百一十二名乘客，只有三十六人存活。

一連串恐怖照片捕捉到伏擊的暴行，照片中攻擊者站在受害者遺體旁擺出勝利的動作。這些野蠻的照片在耶路撒冷出售牟利，彷彿是在向巴勒斯坦阿拉伯人展示，他們有能力摧毀猶太人的威脅。但殘暴的照片無法驅散一九四八年四月瀰漫在巴勒斯坦城市與鄉間的失敗氣氛。

巴勒斯坦人的士氣已經瓦解，斯科普斯山猶太人屠殺事件只是加強對未來暴力事件與猶太人報復的恐懼。哈加拿感受到民心的崩解，於是加快腳步，依據他們制訂的軍事計畫，又稱D計畫，對巴勒斯坦城鎮與鄉村進行人口減少與摧毀的行動，他們認為這是讓猶太國得以存在的必要條件。

四月二十一日到二十三日，猶太軍隊攻占海法，再度震撼了巴勒斯坦。海法由於擁有港口與煉油廠而成為巴勒斯坦的經濟重鎮。這裡的阿拉伯人口超過七萬人。海法也是北巴勒斯坦的行政中心。

依照聯合國分治決議，海法被分配給猶太國，猶太軍隊花了幾個月時間計畫攻取這座城市。一九四七年十二月，海法首次遭受猶太軍隊攻擊。海法市府領袖拉希德·哈吉·易卜拉辛寫道：「攻擊讓民眾驚慌離開城市，許多人看到猶太人已做好萬全準備，而阿拉伯人則是無力保護自己，面對這樣的威脅，於是開始逃離自己的家園。」[20] 海法民族委員會主席易卜拉辛與市府同仁努力讓城市恢復平靜，遏止當地與外來非正規軍的攻擊，這些非正規軍有許多是阿拉伯解放軍志願者。但他們的努力終歸徒勞。從冬天到春天，阿拉伯非正規軍與哈加拿戰士不斷激烈交戰。到了四月初，已有二萬到三萬名居民離開海法。

四月二十一日，最終的屠殺開始了。當英國軍隊撤離在海法的據點時，哈加拿大舉進攻這座城市。接下來的四十八小時，猶太軍隊持續以迫擊砲與槍砲轟炸阿拉伯社區。易卜拉辛提到，四月二十三日星期五早上，猶太戰機轟炸海法，「先前深受代爾亞辛大屠殺影響的婦孺，現在更是恐懼得無以復加。」[21] 他們湧向岸邊，船隻已經在那裡等候，準備疏散恐慌的海法居民。

易卜拉辛描述他在岸邊看到的悲劇：「數千名婦女、孩童與男子爭相趕往港區，場面混亂而恐怖，這是阿拉伯民族史上前所未有的事。他們光腳赤裸離家逃往岸邊，等著輪到自己上船前往黎巴嫩。他們放棄自己的家園、房子、財產、金錢、福祉與生計，他們捨棄自己的尊嚴與靈魂。」[22] 海法的阿拉伯人原本人數超過七萬，到了五月初，只剩下三千到四千名阿拉伯人留在海法接受猶太人的統治。

取得海法之後，猶太軍隊把目標轉向聯合國分配給猶太國的其餘海岸地區。伊爾貢不接受哈加拿的命令自行採取行動，開啟戰端攻占另一座阿拉伯大港市雅法，雅法的位置鄰近猶太城市特拉維夫。四月二十五日破曉，攻擊開始。四月二十七日，伊爾貢以三門迫擊砲與二十噸炸彈攻克雅法北區曼希亞。往後三天，伊爾貢從新占領的據點無情地砲轟雅法鬧區。

雅法居民的士氣與抵抗在連番攻擊下瓦解。伊爾貢的攻擊引發另一場代爾亞辛大屠殺的恐懼。幾天前海法的陷落更讓城裡剩下的五萬名居民（四月時已經有二萬名居民逃離城市）感到絕望，他們認為雅法絕對抵擋不了這波攻擊。隨著居民大量出逃，整座城市也陷入恐慌。城市領袖搜羅船隻將居民疏散到黎巴嫩，他們也協商讓部分民眾穿過猶太人防線前往加薩走廊。到了五月十三日雅法投降時，全城只剩下四千到五千名居民。

眼看英軍即將完成撤離，猶太軍隊開始集中全力攻擊分治決議劃定給他們的東北領土。采法特有一萬二千名阿拉伯人與一千五百名猶太人，該城在哈加拿菁英部隊帕爾瑪赫猛攻下於五月十一日陷落。貝特謝安人口有六千人，於五月十二日遭到征服，居民被驅逐到拿撒勒與外約旦。在此同時，哈加拿的軍事行動，造成加利利地區、海岸平原與特拉維夫到耶路撒冷的道路沿線的村落居民大舉疏散與遭受驅逐。巴勒斯坦各地道路充斥無家可歸的難民，他們只帶著隨身行李，為了躲避戰禍而逃離家園。一名阿拉伯目擊者描述難民遭遇的苦難：「民眾離開自己的國家，舉目茫然，不知要走向何方，無家可歸，身無分文，漂泊於各地，染病垂死，只能在窪地與洞穴棲身，衣不蔽體，糧食無著，飢餓難耐。山區的氣溫不斷下降，沒有人能保護他們。」[23]

戰爭結束時，巴勒斯坦猶太人已經取得海岸平原主要城市與加利利的鍋柄狀地區。過程中，他們把二十萬到三十萬名巴勒斯坦人逐出家園。恢復平靜後，巴勒斯坦難民想要返回家園，卻不被允許。一九四八年六月，本－古里安向內閣表示，「我們必須不惜一切代價阻止他們回來。」[24]

英國託管的最後一天即內戰結束之日。一九四八年五月十四日，巴勒斯坦猶太人宣布建國，國名為以色列。戰敗的阿拉伯人失去國家，他們的巴勒斯坦身分頓失依托。他們只能指望阿拉伯鄰國，這些國家的軍隊聚集在巴勒斯坦邊界，等待英國撤軍完畢。

五月十四日，英國人依照承諾，吹奏完「最後崗位」，降下國旗，然後上船，留下他們製造的災難給巴勒斯坦。

英國從巴勒斯坦撤離的第二天，鄰近阿拉伯國家的軍隊便大舉入侵。一九四八年五月十五日，巴勒斯坦阿拉伯人與猶太人的內戰結束，第一次阿以戰爭開始。埃及、外約旦、伊拉克、敘利亞與黎巴嫩政府派出軍隊，看起來要捍衛阿拉伯巴勒斯坦與擊敗以色列。但事實上，阿拉伯聯盟直到一九四八年五月十二日，也就是英國撤離巴勒斯坦的前兩天才決定派出正規軍。如果這些國家的干預能稍做協調與預先擬定計畫，彼此之間能多一點信任與建立共同目的，那麼阿拉伯軍隊也許有獲勝的機會。然而阿拉伯人進入巴勒斯坦之後，與其說是與猶太國交戰，不如說大部分的時間都忙於彼此傾軋。

第一次阿以戰爭前夕，阿拉伯國家陷入一團混亂。巴勒斯坦衝突惡化的程度超乎所有人的預期。卡武齊滿口大話，在戰場上的表現卻是一場災難，他的軍隊訓練不足缺乏紀律，每次遭遇哈加拿都兵敗如山倒。對遭受圍困的巴勒斯坦人來說，阿拉伯解放軍完全是負擔而非解脫，仰賴阿拉伯志願軍的戰略證明完全失敗。隨著英國撤離的日子愈來愈近，鄰近阿拉伯國家開始了解自己必須投入正規部隊才能阻止猶太軍隊征服巴勒斯坦全境。

阿拉伯國家進退兩難。他們認為巴勒斯坦衝突是阿拉伯人應該出手幫助的事，而且覺得自己負有道德義務，應該干預保護巴勒斯坦的阿拉伯同胞。更何況阿拉伯國家已經組成阿拉伯聯盟，可以協調共同採取行動。然而，每一個阿拉伯國家都有自己的國家利益，與其說他們是以阿拉伯人的身分參與這場戰爭，倒不如說是以埃及人、約旦人與敘利亞人的身分前來。他們也將彼此的嫌隙帶到巴勒斯坦戰場上。

一九四七年秋天與一九四八年冬天，阿拉伯聯盟舉行數次會議試圖解決巴勒斯坦危機。新成立的阿拉伯國家，彼此的利益衝突逐漸浮上檯面。每個阿拉伯國家各有所圖，彼此缺乏信任。外約旦國王阿卜杜拉尤其讓其他阿拉伯國家感到懷疑。他支持分治決議，顯示他有併吞巴勒斯坦阿拉伯領土來壯大自己的野心。這為他招來巴勒斯坦領袖阿敏．侯賽尼的敵視、埃及國王法魯克的競爭與敘利亞人的懷疑。在敘利亞，舒克里．庫瓦特利總統努力防堵軍官「君主制運動」帶來的威脅，這些人支持外約旦國王阿卜杜拉與響應大敘利亞的號召，希望將敘利亞與外約旦合而為一，接受哈希姆王室的統治。敘利亞在之後戰爭中所做的絕大多數都是為了防堵外約旦。阿拉伯國家參戰最終是為了防止彼此破壞阿拉伯世界的權力平衡，而非拯救阿拉伯巴勒斯坦。

阿拉伯民眾未意識到阿拉伯領袖損人利己的心態，他們一心支持政府干預，保護阿拉伯巴勒斯坦不受猶太復國主義威脅。阿拉伯民眾與在阿拉伯軍中奮戰的士兵，全被冠冕堂皇的說詞打動，相信自己是為了正義而戰。戰敗後，民眾對政治人物感到失望，因此「失去」巴勒斯坦之後，阿拉伯世界隨即引發巨變。

一九四八年五月，阿拉伯國家的軍隊並未做好作戰準備，主要是因為大部分國家才剛從殖民統治下獨立。直到一九四六年為止，法國一直控制敘利亞與黎巴嫩的武裝部隊，當法軍不情願地撤離時，幾乎未留下任何武器與軍火。英國人壟斷埃及、外約旦與伊拉克武裝部隊的武器供應。英國限制對半獨立盟邦的武器供應，以確保這些國家的軍隊無法對英國駐當地的軍力構成威脅。

當時，阿拉伯軍隊的數量也相當少。黎巴嫩陸軍總計或許不超過三千五百名士兵，武器也完全過時。敘利亞陸軍不超過六千人，對敘利亞總統庫瓦特利來說，這支陸軍不是資產，反倒像是威脅，光是一九四七年，每個月都會接到陰謀軍事政變的傳聞。最終敘利亞人只投入不到半數的軍力，大約二千五百人，前往巴勒斯坦作戰。伊拉克陸軍派出三千人。外約旦阿拉伯軍團是該地區訓練最精良最有紀律的軍隊，但開戰時，也只從總人數六千人中派出四千五百人。埃及擁有數量最龐大的軍隊並且派出一萬人前往巴勒斯坦。儘管存在這些限制，阿拉伯戰爭決策者仍預測可以在十一天內迅速戰勝猶太軍隊。坦白說，這樣的估算只證明了阿拉伯陣營不了解即將來臨的衝突的嚴重性。

在所有阿拉伯國家中，只有外約旦有清楚的政策而且對巴勒斯坦衝突有切身利益。外約旦國王阿卜杜拉一直對一九二一年英國劃給他的領土感到不滿。他渴望恢復家族對大馬士革的統治（因此而有「大敘利亞」的呼聲），從一九三七年起，他支持巴勒斯坦分治，巴勒斯坦的阿拉伯領土將併入他的沙漠王國（穆夫提與阿卜杜拉國王因此勢同水火）。

阿卜杜拉國王與猶太事務局的廣泛接觸可以追溯到一九二〇年代。聯合國辯論巴勒斯坦分治期間，雙方的接觸發展成祕密協商。一九四七年十一月，阿卜杜拉國王與果爾達・麥爾森（日後把姓氏改為梅爾，並且當上以色列總理）見面，雙方在聯合國分治決議通過前兩個星期達成基本的互不侵犯協定。阿卜杜拉不反對在聯合國授權的領土上成立猶太國；做為交換，外約旦將併吞相鄰的巴勒斯坦阿拉伯部分領土，也就是約旦河西岸地區。[25]

外約旦需要英國同意才能實行合併巴勒斯坦阿拉伯的計畫。一九四八年二月，阿卜杜拉派首相陶菲克・阿布・胡達前往倫敦，同行的還有英國指揮官約翰・巴戈特・格拉布將軍（比較常聽到的稱呼是格拉布帕夏），準備爭取英國同意這項計畫。二月七日，外約旦首相阿布・胡達向英國外交大臣歐內斯特・貝文說明計畫：巴勒斯坦一結束託管，外約旦政府將派遣阿拉伯軍團越過約旦國境占領與外約旦接壞的巴勒斯坦阿拉伯領土。

貝文回應時表示：「這件事顯然該這麼做，但不許進入與入侵分配給猶太人的土地。」

阿布・胡達則說：「就算我們想這麼做，我們也沒有兵力。」貝文感謝外約旦首相，並且表示他完全同意他的巴勒斯坦計畫，這等於給了阿卜杜拉國王放行燈號，允許他入侵與吞併約旦河西岸。[26]

因此，不同於其他阿拉伯國家，外約旦很清楚自己為什麼要介入巴勒斯坦的衝突威脅，也知道自己要的是什麼。問題是其他阿拉伯國家也很明瞭阿卜杜拉國王的野心，因此他們把更多心力投入在防堵外約旦而非拯救巴勒斯坦上面。敘利亞、埃及與沙烏地阿拉伯針對約旦的野心組成祕密集團，他們的行動處處阻撓戰事的正常進行。雖然阿拉伯聯盟任命阿卜杜拉國王擔任阿拉伯聯軍總司令，但阿拉伯各國部隊指揮官卻拒絕與他見面，更不用說聽從他的指揮。阿卜杜拉自己也對阿拉伯聯盟的意圖起了疑心，在戰爭前夕，他質問埃及軍事代表：「阿拉伯聯盟任命我擔任阿拉伯聯軍總司令。這項榮譽難道不該授予給最大的阿拉伯國家埃及嗎？還是說，這項任命案背後的真正目的是為了在失敗時把所有的過錯與責任都推到我們頭上？」[27]

雖然阿拉伯國家敵視阿卜杜拉的意圖，但他們並不因此較同情巴勒斯坦人，因為他們同樣憎惡巴勒斯坦領袖阿敏・侯賽尼。伊拉克人抱怨阿敏於一九四一年支持拉希德・阿里・蓋拉尼對哈希姆王朝發動政變。外約旦國王阿卜杜拉長久以來一直與阿敏爭奪阿拉伯巴勒斯坦的統治權。埃及與敘利亞僅給予阿敏杯水車薪的援助，特別在一九四八年四月與五月巴勒斯坦守軍潰敗後。

因此，阿拉伯聯盟是帶著消極目的參與巴勒斯坦戰爭：阻止外來的猶太人在阿拉伯人的土地上建國；阻止外約旦的勢力進入巴勒斯坦；阻止穆夫提建立巴勒斯坦國。懷抱這樣的戰爭目標，阿拉伯軍隊遭一心一意建國的猶太軍隊擊潰也就不令人意外了。

猶太人在戰場上的優勢並非源自於意志力，而是表現在人力與火力上。猶太人被一群虎視眈眈的阿拉伯人包圍，這種大衛對抗歌利亞*的形象，並未反映在猶太人與阿拉伯人軍隊的相對數量上。五月十五日，黎巴嫩、敘利亞、伊拉克、外約旦與埃及這五個阿拉伯國家共同出兵時，阿拉伯軍隊的總數不超過二萬五千人，反觀以色列國防軍（以色列成立後軍隊的名稱）則有三萬五千人。戰爭期間，阿拉伯人與以色列人持續增加兵力，但阿拉伯人一直未能與以色列軍隊抗衡，後者在七月中旬達到六萬五千人，到了一九四八年十二月更達到巔峰的九萬六千人以上。[28]

以色列人需要數量優勢。在戰爭的第一階段，也就是從五月十五日到六月十一日第一次停戰為止，以色列人為了生存必須多線作戰。外約旦陸軍，又稱阿拉伯軍團，於五月十五日黎明跨越國境進入約旦河西岸。阿拉伯軍團起初不願進入耶路撒冷，因為依照聯合國分治決議規定，該城已被宣布為國際區，但五月十九日阿拉伯軍團還是進駐耶路撒冷阿拉伯區，企圖阻止以色列軍隊通過。在此同時，伊拉克軍隊於五月二十二日取得西岸北半部，占領納布盧斯與傑寧後便按兵不動。埃及軍隊從西奈半島進入加薩走廊與內蓋夫沙漠，往北與阿拉伯軍團會師。敘利亞與黎巴嫩軍隊進攻北巴勒斯坦。在第一階段的衝突中，各方損失慘重，但以色列的狀況或許最為脆弱，因為以色列必須同時面對來自各方的攻擊。

隨著以色列與阿拉伯國家爆發戰爭，聯合國召開會議商討和平對策。五月二十九日，聯合國要求停

＊以色列國王大衛年輕時勇敢與非利士巨人歌利亞（*Goliath*）戰鬥的故事出自《撒母耳記》十七。

火，協議於六月十一日生效。瑞典外交官福克・伯納多特伯爵被正式任命為這場衝突的仲裁者，擔負起恢復巴勒斯坦和平的任務。第一次停戰為期二十八天，該區實施完全的武器禁運。阿拉伯國家試圖為軍火耗盡的部隊取得武器，卻發現英國、法國與美國嚴格遵守禁運規定。對照之下，以色列人卻經由捷克斯洛伐克取得軍火，而且軍隊人數也擴充到六萬人以上。當停火於七月九日結束時，以色列已經比對手做好更充分的準備來重啟戰火。

戰爭的第二階段，以色列人利用軍隊人數與武器優勢在每一條對抗阿拉伯人的戰線上扭轉劣勢。他們在加利利痛擊敘利亞軍隊而且將黎巴嫩人逐出國界之外。他們從阿拉伯軍團手中奪得呂大與拉姆拉，並且集中攻擊南方的埃及據點。聯合國驚覺巴勒斯坦出現人道危機，數萬名難民逃離戰場，於是重新展開密集外交協商促成新一輪停火。聯合國外交人員發現阿拉伯國家多數已耗盡武器彈藥而且迫切希望停火。第二次停火於七月十九日生效，一直持續到十月十四日。

五月十五日之前，無論阿拉伯國家懷抱著何種共同期望，兩個月災難性的戰事已然將這個期望粉碎殆盡。早在開戰前，阿拉伯國家之間已存有很深的嫌隙，前兩輪戰事讓各國軍隊傷亡慘重，更是加深了彼此的不合。阿拉伯聯盟決策者樂觀預期的迅速獲勝並未發生，相反地，阿拉伯國家發現自己的軍隊正深陷在一場似乎愈來愈不可能得勝的衝突裡。而且沒有任何一個阿拉伯國家有清楚的退場策略。當阿拉伯民眾發現他們的軍隊被他們眼中的「猶太烏合之眾」擊敗時，他們露出了不可置信的驚訝神情。

阿拉伯國家不承認自己未做好準備與缺乏合作協調，反而彼此推諉責任。埃及人與敘利亞人將矛頭指向外約旦。阿卜杜拉國王難道事前沒有跟猶太人祕密會商？他的英國指揮官格拉布帕夏難道沒有試圖實現承諾，協助猶太人在巴勒斯坦建國？阿拉伯軍團控制住約旦河西岸與阿拉伯東耶路撒冷，並且對抗以色列充滿決心的攻擊，反而成為約旦變節以及與猶太復國主義者勾結的明證，而非英勇奮戰的表現。這些爭吵為阿拉伯國家進行的戰爭帶來可怕的後果。阿拉伯國家愈是分崩離析與各行其是，以色列軍隊就愈容易將他們各個擊破。

停火為期三個月，聯合國特使伯納多特伯爵試圖在這段期間找出化解阿以危機的辦法。九月十六日，他提議修改巴勒斯坦分治計畫，將阿拉伯領土併入外約旦，包括已經被以色列人控制的拉姆拉與呂大，以及聯合國分治決議原本分配給猶太國的內蓋夫沙漠。以色列國涵蓋加利利與沿岸平原，耶路撒冷仍維持國際共管。雖然阿拉伯人與以色列人很快拒絕伯納多特的計畫，但他的外交努力仍遭到粗暴打斷，九月十七日，萊希的恐怖分子刺殺了這名瑞典外交官。以外交方式解決已不可能，十月十四日，停火期滿，戰爭再次開打。

戰爭的第三階段從一九四八年十月十五日到十一月五日，以色列人完全征服了加利利地區，並且將敘利亞、黎巴嫩與阿拉伯解放軍趕回敘利亞與黎巴嫩境內。之後，以色列人把所有兵力集中用來對付埃及軍隊。以色列陸軍將孤立的埃及軍隊團團圍住，以色列空軍則對埃及據點連續轟炸了三個星期。

埃及軍隊在巴勒斯坦遭受的損失為埃及帶來嚴重的政治影響。一支人數眾多的埃及派遣軍在巴勒斯坦南部加薩東北三十二公里處的村落費盧傑遭受圍困。他們受困在當地無法脫身，時間長達數星期，士兵們覺得自己遭到背叛。他們被派來打仗，卻未受過適當的訓練，也沒有充足的武器彈藥。比較有政治頭腦的軍官有很多機會思索埃及君主制度與政府的政治破產。受困費盧傑的軍官中包括了賈邁勒・阿布杜勒・納瑟爾、扎卡里亞・莫傑丁與薩拉・薩勒姆，這三名自由軍官團成員日後密謀推翻埃及君主制度。納瑟爾說道：「我們在巴勒斯坦作戰，但我們的夢想在埃及。」[29]阿以戰爭的經驗使這些自由軍官將巴勒斯坦的失敗轉變成埃及的勝利，並且剷除背叛他們的政府。

阿拉伯國家繼續徒勞地召開會議，想透過集體行動來避免這場災難。十月二十三日，阿拉伯領袖在約旦首都安曼開會討論援救埃及軍隊的計畫，但敘利亞、外約旦與伊拉克之間的不信任使各國無法攜手合作。埃及人不願向阿拉伯兄弟坦承自己遭到痛擊，即使各國共同採取軍事行動可以解救被圍困的軍隊，埃及也不願接受。

阿拉伯內爭對以色列有利。十二月，除了被圍困在費盧傑的埃及部隊，以色列人已經成功迫使所有的埃及軍隊撤出巴勒斯坦，而且還入侵埃及的領土西奈半島。法魯克國王別無選擇，只能援引一九三六年英埃條約——民族主義分子多半鄙視這個條約，因為這個條約讓英國持續對埃及擁有影響力——要求英國干預，迫使以色列人撤出西奈半島。一九四九年一月七日，埃及與以色列締結停戰協定。以色列在內蓋夫沙漠發動最後一波攻勢，奪取往南直到阿卡巴灣烏姆．拉什拉什的領土，烏姆．拉什拉什日後成為興建艾拉特港的所在地。

新成立的以色列國征服內蓋夫沙漠之後，最終取得巴勒斯坦託管地百分之七十八的領土。外約旦取得西岸，埃及取得加薩走廊，這兩處是阿拉伯人僅存的巴勒斯坦領土。一九四八年，以色列人擊敗埃及、敘利亞與黎巴嫩軍隊，圍困阿拉伯軍團與伊拉克陸軍，獲得全面勝利，並且將他們的條件強加在阿拉伯國家身上。聯合國提議停火，邀請以色列與阿拉伯鄰國在地中海羅得島進行停火協議。以色列分別與埃及（二月）、黎巴嫩（三月）、外約旦（四月）以及敘利亞（七月）簽訂停戰協定。第一次阿以戰爭結束。

對巴勒斯坦人來說，一九四八年將成為記憶中的一場「災難」（al-Nakba）。從內戰到阿以戰爭這段時間，大約有七十五萬名巴勒斯坦人淪為難民。他們湧入黎巴嫩、敘利亞、外約旦、埃及與殘存的巴勒斯坦阿拉伯領土。阿拉伯人控制的領土只剩下加薩走廊與約旦河西岸（包括東耶路撒冷）。加薩走廊由埃及託管，名義上屬於自治領土。西岸併入外約旦，現在，外約旦的領土橫跨約旦河兩岸，於是國名縮短為約旦。

第一次阿以戰爭結束時，地圖上已找不到一個名叫巴勒斯坦的地方，只有散布各地接受異國統治或四處流散的巴勒斯坦人，在往後的歷史中，他們將持續為爭取民族權利獲得承認而戰。

巴勒斯坦災難的慘重震驚了整個阿拉伯世界。然而在這個危機時刻，阿拉伯知識分子卻證明他們對於造成巴勒斯坦喪失的原因與結果有著真知灼見。

第一次阿以戰爭結束後隨即出現兩部批判性作品，這兩部作品為阿拉伯的自我批評與改革建立基調。第一部是名列二十世紀偉大阿拉伯知識分子的康斯坦丁·祖瑞克的作品。祖瑞克於一九〇九年出生於大馬士革，他獲得貝魯特美國大學學士學位、芝加哥大學碩士學位，以及普林斯頓大學博士學位，這三個學位都在他二十一歲那年獲得。祖瑞克的一生貢獻於黎巴嫩學術界與敘利亞公職生活，他撰寫了一系列對阿拉伯民族主義影響深刻的著作。祖瑞克稱一九四八年戰爭為「災難」，即阿拉伯文的 al-Nakba。這個名詞源自他在一九四八年八月，也就是阿以戰爭巔峰時在貝魯特出版的一本具影響力的小冊子《災難的意涵》。[30]

第二部劃時代作品出自巴勒斯坦顯貴穆薩・阿拉米。阿拉米是前耶路撒冷市長之子，在劍橋大學攻讀法律，然後到巴勒斯坦託管地政府任職。他一路晉升，擔任高級專員與檢察官的祕書，然後在一九三七年阿拉伯叛亂最激烈的時期辭職，轉而在民間工作並且支持民族主義運動。阿拉米以巴勒斯坦代表的身分參與了一九三九年與一九四六年到一九四七年的倫敦會議，之後又代表巴勒斯坦參與阿拉伯聯盟的成立大會。一九四九年三月，他發表作品《巴勒斯坦的教訓》，反思阿拉伯人的潰敗與阿拉伯民族復興之路。[31]

祖瑞克與阿拉米都認為，巴勒斯坦的喪失與以色列建國為阿拉伯歷史開啟危險的新頁。祖瑞克警告說：「阿拉伯人在巴勒斯坦的失敗，並非單純的挫折或輕微而短暫的禍害。從各方面來看，這都是一場災難，而且是阿拉伯人充滿試煉與苦難的漫長歷史中遭逢最嚴酷的一場災難。」[32]阿拉伯人未能正視這場新的危難，故將遭受分而治之的命運，這種狀況與他們剛擺脫的殖民時代不能相提並論。

祖瑞克與阿拉米對於阿拉伯病症的診斷很類似，因此不意外地，兩人提出的藥方也如出一轍。阿拉伯分裂造成的後果讓兩人充分感受到阿拉伯有統一的必要。第一次世界大戰後的解決方案以及英國與法國分治阿拉伯世界，造成阿拉伯民族的分裂與弱化。祖瑞克與阿拉米都主張，阿拉伯人只有透過統一才能克服帝國主義秩序造成的分裂，從而了解自己身為一個民族的潛力。他們認識到狹義民族國家的民族主義（例如埃及人或敘利亞人這種界線分明的民族主義）與他們渴望的廣義阿拉伯民族之間的矛盾。祖瑞克認為，短期內形式上的統一是不可能的，因為剛獨立的阿拉伯國家各自抱持根深柢固的國家利益。所以，祖瑞克首先要求在長期的統一目標之前，先讓既有的阿拉伯國家做出「廣泛而全面的改變」。[33]阿拉米把希望寄託在「阿拉伯普魯士」，認為可以透過武力來實現渴求的統一。[34]阿拉伯普魯士的角色吸引一些阿拉伯陸軍上層人士的注意，因為在巴勒斯坦災難後，這些軍事人員已準備好要登上政治舞台。

阿拉米與祖瑞克回應巴勒斯坦災難時都呼籲以阿拉伯復興做為阿拉伯統一的序曲，並且以此為前提來收復巴勒斯坦與重建阿拉伯在現代世界的自尊。他們的作品獲得廣泛的流通而且有著龐大的影響力，主要是因為他們的分析反映了時代的精神。阿拉伯民眾逐漸對他們的領袖不抱幻想。老一輩的政治菁英過去曾領導民族獨立鬥爭，現在卻變得腐化而且與帝國主子沆瀣一氣。這些人在歐洲的大學受教育，說的是歐洲的語言，穿的是西方的服飾，他們透過殖民主義建立的制度進行運作——從各方面來看，他們已淪為帝國主義的共犯。這些人追逐小利，世界觀完全受限於帝國主義者為他們劃定的國家疆界裡。

阿拉伯世界的政治人物忘卻了大阿拉伯民族這個仍讓許多阿拉伯民眾心生嚮往的觀念。阿拉伯人在巴勒斯坦的表現是一場災難，這場災難充分顯示阿拉伯政治人物的無能。因此，阿拉米與祖瑞克提出的解救之道是由一群擁有權利的民眾組成大阿拉伯民族，在統一的力量下共同面對現代的挑戰。巴勒斯坦的教訓告訴他們，一旦分裂，阿拉伯人必然走向衰弱，唯有統一，阿拉伯人才有希望抵擋現代世界的挑戰。

時代正在改變。阿拉伯統治者因為巴勒斯坦的慘敗而大幅削弱。新一代的阿拉伯人起而響應阿拉伯民族主義的號召，並且把自己的政府當成第一個目標。

阿拉伯在巴勒斯坦的失敗與以色列國的興起讓剛獨立的阿拉伯國家陷入動盪。巴勒斯坦災難後的幾個月，埃及、敘利亞、黎巴嫩與約旦一連發生數起政治暗殺與政變。

巴勒斯坦災難後，埃及陷入政治混亂。對某個新成立的宗教政黨而言，穆斯林土地遭奪取做為猶太人建國之地，等同於背叛伊斯蘭教。一九二八年三月，哈桑．班納創立埃及穆斯林兄弟會，他同時也是蘇伊士運河城市易司馬儀利亞的小學教師。班納是個具領袖魅力的改革者，他反對西方勢力，認為西方勢力破壞了埃及的伊斯蘭價值。班納主張，無論是歐洲啟迪下的改革還是英國帝國主義，都讓埃及人「背離了信仰的目標」。[35]穆斯林兄弟會原本只是埃及社會裡的信仰復興運動，之後卻演變成強大的政治力量，到了一九四〇年代晚期，甚至可以與既有的政黨瓦夫德黨一較高下。

兄弟會宣布巴勒斯坦戰爭是吉哈德，並且派遣志願軍到巴勒斯坦阻止猶太人建國。與阿拉伯解放軍裡其他的志願軍一樣，兄弟會部隊低估了猶太人的力量與組織。他們不僅沒準備好面對戰爭，也沒準備好面對失敗。他們認為阿拉伯在巴勒斯坦的失敗是背叛了宗教，並且將責任歸咎於阿拉伯各國政府，特別是埃及政府。他們回到埃及後組織了示威遊行，指控政府應負起戰爭責任。

埃及政府迅速鎮壓穆斯林兄弟會。在一九四八年最後幾個月，兄弟會被指控煽動暴亂與陰謀顛覆埃及政府。一九四八年十二月八日，首相馬哈茂德．法赫米．努克拉希宣布戒嚴，下令解散穆斯林兄弟會。兄弟會資產遭到凍結，文件被查抄，許多領袖遭到逮捕。

穆斯林兄弟會領袖班納未在逮捕之列，他試圖在兄弟會內部極端人士與政府之間進行協調。然而無論他怎麼奔走，雙方都不願屈服。首相努克拉希拒絕與班納見面，也不願對兄弟會做出任何讓步。兄弟會極端分子採取暴力手段。十二月二十八日，埃及首相在進入內政部時遭一名獸醫系大學生近距離槍擊身亡，這名大學生從一九四四年起就是兄弟會的成員。努克拉希成為巴勒斯坦災難後緊張情勢下第一個遇難的阿拉伯領袖。

政府沒有因為努克拉希遇刺而逮捕班納，但這位穆斯林兄弟會領袖對自己未遭到逮捕感到不安，他知道只要自己還是自由之身，就有可能遭到行刺報復。班納試圖與努克拉希的繼任者協商，卻發現所有政府部門都拒絕見他。他對於兄弟會天真地想推翻政治制度表達抗議，卻徒勞無功。

一九四九年二月十二日，班納在青年穆斯林協會總部外頭遭槍擊身亡。一般認為這起事件是在國王支持下由政府下令執行。短短六個星期內發生的兩起政治謀殺，使埃及的政治情勢達到前所未有的緊繃狀態。

在敘利亞，巴勒斯坦災難引發了軍事政變。庫瓦特利總統長久以來一直擔心軍隊會推翻他，一九四九年三月三十日，他的擔憂終於成真。陸軍參謀長胡斯尼．扎伊姆上校發動不流血政變，敘利亞經驗老到的政治人物阿迪爾．阿爾斯蘭形容這是「敘利亞近期歷史最重要也最奇怪的事件」。阿爾斯蘭在日記裡寫道：「一般民眾歡喜慶賀，大多數大學生卻利用這個機會上街抗議。然而，政治菁英卻因為憂心國家的命運而保持沉默。」[36]敘利亞的政治菁英急切地想保住新生敘利亞共和國的民主制度。他們擔心軍事獨裁，而且理由很充分。雖然扎伊姆政府持續不到一百五十天，但他發動的政變為軍方干政立下先例。往後一整個世紀，敘利亞除了短暫的中斷，其餘的時間幾乎全掌握在軍方之手。

根據外交部長阿爾斯蘭的說法，扎伊姆政府最奇怪的一項決策是在敘利亞戰敗後不久就決定與以色列協商。一九四九年七月二十日，扎伊姆政府與以色列締結停戰協定。然而扎伊姆背地裡卻希望達成比停戰協定更進一步的目標，那就是與以色列簽訂全面性的和約。在美國政權充分支持下，扎伊姆透過敘利亞停戰協商人員向以色列總理本－古里安傳達締結和約的提議。扎伊姆希望敘利亞與猶太國的關係正常化：互派大使、開放邊界與全面經濟交流。

扎伊姆表示可以由敘利亞收留三十萬名巴勒斯坦難民，這項提議吸引美國與聯合國官員的注意。顯而易見，難民問題是最重要的人道議題與解決阿以衝突的癥結。扎伊姆希望美國能對幼發拉底河北岸的賈茲拉區提供發展援助，並且打算讓巴勒斯坦難民移居此地。他認為巴勒斯坦的勞動力與美國的資金能協助敘利亞現代化與發展經濟。[37]

以色列總理對於扎伊姆的提議不感興趣。儘管杜魯門政府、聯合國調停人拉爾夫·本奇博士與以色列外交部長摩西·夏里特盡了最大的努力，本－古里安依然拒絕與扎伊姆見面或甚至不願討論他的提議。本－古里安堅持敘利亞必須先簽訂停戰協定。他知道扎伊姆想調整敘利亞國界，讓敘利亞與以色列平分提比里亞湖，但這點他絕不容許。以色列總理不急著與阿拉伯鄰國締結和約，他顯然不想立下以割讓領土來換取和平的先例。本－古里安真正擔心的是，從以色列與阿拉伯鄰國訂定的停戰協定來看，以色列的國界顯然無法滿足猶太國的需要。

當本－古里安拒絕與扎伊姆會面時，美國政府建議由敘利亞與以色列兩國外長先行開會。美國駐大馬士革大使詹姆斯·基利向扎伊姆的外交部長阿爾斯蘭提議開會。阿爾斯蘭是德魯茲派貴族後裔，他在進入扎伊姆政府時，內心其實帶著些許不安。在日記裡，他形容扎伊姆上校既像朋友又像瘋子。一九四九年六月六日，阿爾斯蘭在日記裡提到，基利的提議使他深信扎伊姆已經自亂陣腳。

阿爾斯蘭質問美國大使，「你為什麼要我同意跟以色列外長夏里特開會？你明知道我絕不會相信猶太人那一套，身為阿拉伯人，我絕不可能向他們讓步。」

基利回答說：「你的問題使我不得不給你坦白的答覆，然而事屬機密，我沒有權力自由討論這個問題。但我知道你是個高尚的人，我希望你能承諾不將此事洩漏出去。」

阿爾斯蘭做了承諾，於是基利說道：「扎伊姆提議與本－古里安見面……但本－古里安拒絕了，所以我們〔即美國政府〕認為也許可以讓敘利亞與以色列兩國外長開個會。夏里特同意，並且提出開會的建議，但現在你卻拒絕了。」

當基利暴露扎伊姆與以色列人的祕密外交時，阿爾斯蘭極力掩飾內心的震驚，並且試圖婉拒敘利亞總統提出的外交計畫。美國大使並未堅持，之後隨即離去，他讓阿爾斯蘭自己思考接下來的做法。[38]

當晚，阿爾斯蘭在辦公室待到深夜。他與一名參與停戰協定的代表商議，這名代表相信扎伊姆確實想與夏里特會談。阿爾斯蘭考慮辭職，但最後還是決定留任，以防止以色列與敘利亞單獨締結和約，因為此舉將使敘利亞與其他阿拉伯國家決裂。他開始接觸其他阿拉伯政府，警告他們有「極大的危險」將要發生，但他很謹慎地未透露危險的事情是什麼。

阿爾斯蘭的反應顯示扎伊姆有多麼不了解敘利亞民情與政治菁英的觀點。慘敗之後，敘利亞人沒有心情與以色列談和，軍隊尤其如此。如果扎伊姆的和平計畫曝光，他將在國內面臨排山倒海的反對。即使如此，太多受敬重的國際人士，包括美國國務卿迪安・艾奇遜、聯合國調停人拉爾夫・本奇與一些以色列政治與情報人士都深信扎伊姆計畫的優點，這點不是身處今日的我們所能輕易否定。根據以上的描述，有一件事可以確定的，那就是本－古里安否決了第一次阿拉伯和平提案。面對美國與聯合國背書的和平計畫，本－古里安說了不。

扎伊姆領導敘利亞的時間不夠長，因此和平的機會轉瞬即逝。他的改革（與以色列締結和約只是其中一小部分）使原本支持他上台的各個社會團體與他疏遠，導致他遭受孤立。有些支持政變的軍官開始陰謀推翻他。一九四九年八月十四日，他們如法炮製了三月政變，逮捕政府領導人物，掌握廣播電台。六輛裝甲車包圍扎伊姆宅邸，在經過短暫交火後，他們逮捕了被罷黜的總統。扎伊姆與總理被帶到監禁中心，不久就被處決。

逮捕與處決扎伊姆的人是阿拉伯世界最具影響力的民族主義領袖安圖恩．薩阿達的追隨者，薩阿達是基督教知識分子，於一九三二年從巴西返回故鄉黎巴嫩建立敘利亞社會民族黨。身為貝魯特美國大學講師，薩阿達反對法國託管與法國分裂大敘利亞的做法，並且鼓吹建立大敘利亞聯邦。他的政治觀點提供了泛阿拉伯民族主義以外的選擇，他的政教分立原則也獲得廣大少數族群的支持，這些少數族群擔心順尼派穆斯林將會支配泛阿拉伯國家。

一九四九年七月，薩阿達發動游擊戰，試圖推翻黎巴嫩政府。他的叛亂維持不久，起事後不到幾天，他遭敘利亞人捕獲，並且將他轉交給黎巴嫩當局，他迅訴遭到審判，一九四九年七月八日，這名功虧一簣的革命分子遭到處決。

薩阿達的狂熱追隨者隨即展開報復。一九五一年七月十六日，薩阿達一名黨羽在前黎巴嫩總理里雅德．索爾赫（他的政府處決了薩阿達）訪問約旦首都安曼途中將其刺殺。

阿拉伯政治漸趨暴力，政變、處決與暗殺構成阿拉伯國家領導人的遞嬗。里雅德．索爾赫遭刺殺後才過了四天，外約旦國王阿卜杜拉在進入耶路撒冷阿克薩清真寺做主麻拜時也遇刺身亡。他的十五歲孫子，未來的約旦國王胡笙，在他遇刺時就在他的身旁。胡笙在自傳裡寫道：「我現在不禁感到懷疑，經過這些年，回想起來，我的祖父是否心裡早已知道這件悲劇即將發生。」胡笙記得阿卜杜拉國王死亡那天早上跟他的對話。胡笙表示，老國王說的話「就像預言一樣，要不是當場聽見這句話的十幾個人現在還活著，我真的會猶豫要不要把這些話講出來。他說，『如果我一定得死，我希望能被一個無名小卒拿槍對準我的頭把我打死。那是最簡單的死法，我寧可那樣死，也不願變成一個年老無用之人。』」老國王將發現，他的願望比他預期的更早實現。

阿卜杜拉國王知道自己的生命有危險。剛併入他的王國的巴勒斯坦領土滿是他的敵人。許多巴勒斯坦人指控他與猶太人交易，犧牲巴勒斯坦人的權利來擴張他的國家，阿敏・侯賽尼也指責他背叛巴勒斯坦。但是，沒有人可以預見到，新興的阿拉伯政治暴力文化居然入侵到最神聖的穆斯林敬拜所。

槍殺阿卜杜拉國王的「無名小卒」是耶路撒冷一名二十一歲的裁縫學徒，名叫穆斯塔法・阿舒。阿舒其實是受僱的槍手，而非政治狂熱分子，「他當場就被國王的護衛擊斃。大規模搜捕隨即展開，有十個人被控涉及此次暗殺，不過審判並未透露誰才是殺害國王的元兇。十人中有四人無罪釋放，兩人在缺席下被判處死刑（他們都逃亡到埃及），四人因參與暗殺而被絞死。被處死的三人只是有前科的一般營生民眾：一名牛販子，一名屠夫與一名咖啡館老闆。第四個人，穆薩・侯賽尼，則是穆夫提的遠親。[39] 穆夫提與埃及國王法魯克都涉嫌資助這起暗殺行動，不過真相已永遠石沉大海。總之，阿卜杜拉國王是巴勒斯坦災難另一個受害者。

第一次世界大戰結束後曾實施中東分治計畫，巴勒斯坦災難則是繼這場計畫後二十世紀阿拉伯歷史最重要的轉捩點。我們至今仍受這場災難的影響。

這場戰爭持續最久的影響就是綿延至今的阿以衝突。阿拉伯人拒絕接受失去巴勒斯坦，以色列人則渴望更多的領土，在這種狀況下，接續的阿以戰爭勢所難免，過去六十年間，阿以之間的衝突也以驚人的頻率不斷發生。

阿以衝突的人命代價是巨大的。巴勒斯坦難民問題依然無法解決。根據聯合國的紀錄，原本的七十五萬流離失所的人口，現在已經暴增到四百三十萬難民，這是一九六七年更進一步的領土喪失與過去六十年來人口自然成長的結果。而在這六十年間，巴勒斯坦人建立了代議政府以實現建國的目標，但另一方面他們也透過武裝鬥爭來尋求建國，從騷擾以色列邊境到對以色列的海外設施進行恐怖攻擊，從民眾暴動到在占領區加薩走廊與約旦河西岸發動武裝抗爭，乃至於對以色列本土進行恐怖攻擊。儘管使用了這些策略，巴勒斯坦人建國的渴望至今仍未能實現（有些人則認為，正因他們使用了這些策略所以未能實現）。

巴勒斯坦災難對阿拉伯政治帶來可怕的衝擊。剛獨立的阿拉伯國家，他們的希望與渴望完全被一九四八年的失敗所掩蓋。巴勒斯坦戰敗後，阿拉伯世界經歷巨大的政治動盪。與巴勒斯坦託管地接鄰的四個國家成了政治暗殺、政變與革命重災區。重大的社會革命爆發，老一輩的菁英被新一代的軍事強人推翻，這些軍事強人多半來自農村，他們比戰間期接受外國教育的政治菁英更了解民眾政治。老一輩保守的政治人物在國境內為國家獨立進行鬥爭，但新一代充滿煽動性的自由軍官團卻是一群支持泛阿拉伯統一的阿拉伯民族主義分子。「舊體制」說的是歐洲語言，但新一代尖兵說的卻是阿拉伯街頭語言。

從最實際的觀點來說，巴勒斯坦災難標誌著歐洲對阿拉伯世界影響力的終結。巴勒斯坦是歐洲造成的問題，歐洲無法解決巴勒斯坦問題反映出第二次世界大戰後歐洲的衰微。這場衝突使英法成為二流強權。英國經濟在戰後陷入崩潰，法國的民心士氣也在德國占領歲月中消磨殆盡。兩國重建國內尚且力有未逮，更何況投資海外。歐洲勢力撤出，新強權支配了國際體系。

少壯派軍官起而掌握政權，如一九四九年的敘利亞、一九五二年的埃及與一九五八年的伊拉克，這些人與英法並無紐帶關係，他們轉而求助於新的世界強權：超級強權美國及其對手蘇聯。這是帝國主義時代的終結與新冷戰時期的開始。阿拉伯人將必須適應新的一套規則。

注釋

1. Communiqué of the Jewish Underground Resistance in Palestine, 引自 Menachem Begin, The Revolt (London: W. H. Allen, 1951), pp. 42–43.
2. 斯特恩的話重印於 Joseph Heller, *The Stern Gang: Ideology, Politics and Terror, 1940–1949* (London: Frank Cass, 1995), pp. 85–87.
3. Begin, *The Revolt*, p. 215.
4. 同前，pp. 212–230.
5. 《曼徹斯特衛報》（Manchester Guardian），一九四七年八月一日，頁五，引自 Paul Bagon, 'The Impact of the Jewish Underground upon Anglo Jewry: 1945–1947' (M.Phil. thesis, Oxford, 2003), pp. 118–119.
6. 《猶太紀事報》，一九四七年八月八日，引自 Bagon, 'Impact of the Jewish Underground,' p. 122.
7. 引自 William Roger Louis, *The British Empire in the Middle East, 1945–1951* (Oxford: Oxford University Press, 1985), p. 485.
8. Charles D. Smith, *Palestine and the Arab-Israeli Conflict*, 4th ed. (Boston and New York: Bedford/St. Martin's, 2001) pp.

190–192.

9. 重印於 T. G. Fraser, *The Middle East*, 1914–1979 (London: E. Arnold, 1980), pp. 49–51.
10. 《金字塔報》，一九四八年二月二日。
11. 卡西姆・里瑪維（Qasim al-Rimawi ）隨阿卜杜・卡迪爾前往大馬士革，並且向巴勒斯坦史家陳述這場一九四八年巴勒斯坦「災難」；見 al-Arif, *al-Nakba: Nakbat Bayt al-Maqdis wa'l-Firdaws al-Mafqud* [The catastrophe: The catastrophe of Jerusalem and the lost paradise], vol. 1 (Sidon and Beirut: al-Maktaba al-'Asriyya, 1951), pp. 159–161.
12. 同前，p. 161. 在注釋中，阿里夫（Arif）提醒讀者，哈加拿軍中也有其他英國士兵。
13. 同前，p. 168.
14. 同前，pp. 171 and 170.
15. 工廠主之子哈里爾（Ahmad Ayesh Khalil）與出身小農家庭當時十七歲的吉丹（Aisha Jima Ziday〔Zaydan〕）的證言，重印於 Staughton Lynd, Sam Bahour, and Alice Lynd, eds., *Homeland: Oral Histories of Palestine and Palestinians* (New York: Olive Branch Press, 1994), pp. 24–26.
16. Arif, al-Nakba, p. 173.
17. 同前，pp. 173–174.
18. 同前，pp. 174–175.
19. Benny Morris, *The Birth of the Palestinian Refugee Problem, 1947–1949* (Cambridge: Cambridge University Press, 1987), p. 30.
20. Rashid al-Hajj Ibrahim, *al-Difa' 'an Hayfa wa qadiyyat filastin* [The defense of Haifa and the Palestine problem] (Beirut: Institute for Palestine Studies, 2005), p. 44.
21. 同前，p. 104.
22. 同前，pp. 109–112.
23. 出自 Khalil al-Sakakini 的日記，引自 Tom Segev, *One Palestine, Complete* (London: Abacus, 2000), p. 508.

24. Morris, *Birth of the Palestinian Refugee Problem*, p. 141.
25. Avi Shlaim, *The Politics of Partition: King Abdullah, the Zionists, and Palestine, 1921–1951* (Oxford: Oxford University Press, 1998).
26. John Bagot Glubb, *A Soldier with the Arabs* (New York: Harper & Brothers, 1957), p. 66.
27. 引自 Fawaz Gerges, 'Egypt and the 1948 War,' in Eugene Rogan and Avi Shlaim, eds., *The War for Palestine: Rewriting the History of 1948* (Cambridge: Cambridge University Press, 2001), p. 159.
28. Avi Shlaim, 'Israel and the Arab Coalition in 1948,' in 同前，p. 81. 在戰爭期間，只有埃及陸軍的數量大舉擴充，初期為一萬人，戰爭結束時數量達到巔峰，有四萬五千人。Gerges, 'Egypt and the 1948 War,' p. 166.
29. Gamal Abdel Nasser, *The Philosophy of the Revolution* (Buffalo, NY: Economica Books, 1959), pp. 28–29.
30. Constantine K. Zurayk, *The Meaning of the Disaster*, trans. R. Bayly Winder (Beirut: Khayat, 1956).
31. Musa Alami, 'The Lesson of Palestine,' *Middle East Journal* 3 (October 1949): 373–405.
32. Zurayk, *Meaning of the Disaster*, p. 2.
33. 同前，p. 24.
34. Alami, 'Lesson of Palestine,' p. 390.
35. Richard P. Mitchell, *The Society of the Muslim Brothers* (Oxford: Oxford University Press, 1993), p. 6.
36. 'Adil Arslan, *Mudhakkirat al-Amir 'Adil Arslan* [The memoirs of Amir'Adil Arslan], vol. 2 (Beirut: Dar al-Taqaddumiya, 1983), p. 806.
37. Avi Shlaim, 'Husni Za'im and the Plan to Resettle Palestinian Refugees in Syria,' *Journal of Palestine Studies* 15 (Summer 1986): 68–80.
38. Arslan, *Mudhakkirat*, p. 846.
39. Mary Wilson, *King Abdullah, Britain, and the Making of Jordan* (Cambridge: Cambridge University Press, 1987), pp. 209–213.